中华人民共和国行业标准

公路钢筋混凝土及预应力
混凝土桥涵设计规范

Specifications for Design of Highway Reinforced Concrete
and Prestressed Concrete Bridges and Culverts

JTG 3362—2018

主编单位:中交公路规划设计院有限公司
批准部门:中华人民共和国交通运输部
实施日期:2018 年 11 月 01 日

人民交通出版社股份有限公司
北 京

律 师 声 明

　　本书所有文字、数据、图像、版式设计、插图等均受中华人民共和国宪法和著作权法保护。未经人民交通出版社股份有限公司同意,任何单位、组织、个人不得以任何方式对本作品进行全部或局部的复制、转载、出版或变相出版。

　　本书封面贴有配数字资源的正版图书二维码,扫描二维码后关注"交通社公路中心"公众号,可获得更多数字资源。本书扉页前加印有人民交通出版社股份有限公司专用防伪纸。任何侵犯本书权益的行为,人民交通出版社股份有限公司将依法追究其法律责任。

　　有奖举报电话:(010)85285150

北京市星河律师事务所

2020 年 6 月 30 日

图书在版编目(CIP)数据

　　公路钢筋混凝土及预应力混凝土桥涵设计规范 : JTG
3362—2018 / 中交公路规划设计院有限公司主编. — 北
京 : 人民交通出版社股份有限公司, 2018.7
　　ISBN 978-7-114-14951-1

　　Ⅰ. ①公… Ⅱ. ①中… Ⅲ. ①公路桥—钢筋混凝土桥
—设计规范—中国 Ⅳ. ①U448.142.5

　　中国版本图书馆 CIP 数据核字(2018)第 179365 号

标准类型:**中华人民共和国行业标准**
标准名称:**公路钢筋混凝土及预应力混凝土桥涵设计规范**
标准编号:**JTG 3362—2018**
主编单位:中交公路规划设计院有限公司
责任编辑:吴有铭　李　农　李　沛
责任校对:刘　芹
责任印制:张　凯
出版发行:人民交通出版社股份有限公司
地　　址:(100011)北京市朝阳区安定门外外馆斜街 3 号
网　　址:http://www.ccpcl.com.cn
销售电话:(010)85285857
总 经 销:人民交通出版社股份有限公司发行部
经　　销:各地新华书店
印　　刷:北京市密东印刷有限公司
开　　本:880×1230　1/16
印　　张:17
字　　数:390 千
版　　次:2018 年 8 月　第 1 版
印　　次:2025 年 1 月　第 11 次印刷
书　　号:ISBN 978-7-114-14951-1
定　　价:90.00 元
(有印刷、装订质量问题的图书,由本公司负责调换)

中华人民共和国交通运输部

公　　告

第 59 号

交通运输部关于发布
《公路钢筋混凝土及预应力混凝土
桥涵设计规范》的公告

现发布《公路钢筋混凝土及预应力混凝土桥涵设计规范》（JTG 3362—2018），作为公路工程行业标准，自 2018 年 11 月 1 日起施行，原《公路钢筋混凝土及预应力混凝土桥涵设计规范》（JTG D62—2004）及其英文版同时废止。

《公路钢筋混凝土及预应力混凝土桥涵设计规范》（JTG 3362—2018）的管理权和解释权归交通运输部，日常解释和管理工作由主编单位中交公路规划设计院有限公司负责。

请各有关单位注意在实践中总结经验，及时将发现的问题和修改建议函告中交公路规划设计院有限公司（地址：北京市西城区德胜门外大街 85 号，邮政编码：100088），以便修订时研用。

特此公告。

中华人民共和国交通运输部

2018 年 7 月 16 日

前　言

根据交通运输部厅公路字〔2011〕115号《关于下达2011年度公路工程标准制修订项目计划的通知》要求,由中交公路规划设计院有限公司作为主编单位承担对《公路钢筋混凝土及预应力混凝土桥涵设计规范》(JTG D62—2004)的修订工作。

经批准颁发后,以《公路钢筋混凝土及预应力混凝土桥涵设计规范》(JTG 3362—2018)颁布实施。

在修订过程中,规范修订组进行了大量的专题研究工作,吸取了国内其他单位的研究成果和实际工程设计经验,参考借鉴了国内外相关标准规范。在规范条文初稿编写完成以后,通过多种方式广泛征求了设计、施工、建设、管理等有关单位和专家的意见,经过反复讨论、修改,最终定稿。

本次修订的主要内容包括:调整了混凝土桥涵用钢筋等级;增加了桥梁结构设计的基本要求;强化了混凝土桥涵的耐久性设计要求;补充了混凝土箱梁桥抗倾覆验算要求、针对复杂桥梁的实用精细化分析方法、体外预应力桥梁设计方法、混凝土桥梁应力扰动区设计方法;调整了圆形截面受压构件的正截面承载力计算方法;增加了不同边界条件下确定受压构件计算长度系数的计算公式;调整了钢筋混凝土及B类预应力混凝土结构裂缝宽度计算方法;补充调整了构造设计要求。

请各有关单位在执行过程中,将发现的问题和意见,函告本规范日常管理组,联系人:李会驰(地址:北京市西城区德胜门外大街85号,中交公路规划设计院有限公司,邮政编码:100088,传真:010-82017041,电子邮箱:sssohpdi@163.com),以便修订时研用。

主　编　单　位:中交公路规划设计院有限公司
参　编　单　位:同济大学
　　　　　　　　东南大学
　　　　　　　　交通运输部公路科学研究院
　　　　　　　　大连理工大学
　　　　　　　　中交公路长大桥建设国家工程研究中心有限公司

主　　　　　编:袁　洪
主要参编人员:赵君黎　徐国平　徐　栋　刘　钊　吕建鸣
　　　　　　　　贡金鑫　冯　苠　李会驰　李文杰

主　　　　　审:沈永林
参与审查人员:余培玉　杨耀铨　冯鹏程　席广恒　张少青

李怀峰　马健中　刘俊起　刘东旭　戴本良
徐宏光　韩大章　李　正　史方华　钟明全
田　波　梁立农　包琦玮　秦大航　徐　岳

目　次

1　总　则

1.0.1　为规范公路钢筋混凝土及预应力混凝土桥涵设计,保障工程质量,制定本规范。

1.0.2　本规范适用于各等级公路新建的钢筋混凝土及预应力混凝土桥涵结构的设计,不适用于采用特种混凝土的桥涵结构的设计。

1.0.3　本规范采用以概率理论为基础、按分项系数表达的极限状态设计方法进行设计。

1.0.4　公路钢筋混凝土及预应力混凝土桥涵结构设计除应符合本规范的规定外,尚应符合国家和行业现行有关标准的规定。

2 术语和符号

2.1 术语

2.1.1 普通钢筋 steel bar
用于混凝土结构构件中的各种非预应力钢筋的总称。

2.1.2 预应力钢筋 prestressing tendon and/or bar
用于混凝土结构构件中施加预应力的钢丝、钢绞线和预应力螺纹钢筋的总称。

2.1.3 钢筋混凝土结构 reinforced concrete structure
配置受力普通钢筋的混凝土结构。

2.1.4 预应力混凝土结构 prestressed concrete structure
配置预应力钢筋并通过张拉或其他方法建立预加应力的混凝土结构。

2.1.5 极限状态 limit states
结构整体或结构一部分达到不能满足设计规定的某一功能要求的特定状态,此特定状态为该功能的极限状态。

2.1.6 设计状况 design situation
结构从形成过程到使用全过程,代表一定时段内相应条件下所受影响的一组设定的设计条件;作为结构不超越有关极限状态的依据。

2.1.7 材料强度标准值 characteristic value of material strength
结构构件设计时采用的材料强度的基本代表值,由标准试件按规定的标准试验方法经数理统计以具有95%保证率的分位值确定。

2.1.8 分项系数 partial safety factor
用概率极限状态设计法设计时,为保证所设计的结构具有规定的可靠度,在设计表达式中采用的系数;分为作用分项系数和抗力(材料)分项系数。

2.1.9 材料强度设计值 design value of material strength

材料强度标准值除以抗力（材料）分项系数后的值。

2.1.10 安全等级 safety class

为使桥涵具有合理的安全性，根据桥涵结构破坏所产生后果的严重程度而划分的设计等级。

2.1.11 结构重要性系数 coefficient for importance of a structure

对不同设计安全等级的结构，为使其具有规定的可靠度而对作用组合效应设计值的调整系数。

2.1.12 几何参数标准值 nominal value of geometrical parameter

结构或构件设计时采用的几何参数的基本代表值；其值可按设计文件规定值确定。

2.1.13 承载力设计值 design value of ultimate bearing capacity

结构或构件按承载能力极限状态设计时，用材料强度设计值计算的结构或构件极限承载能力。

2.1.14 开裂弯矩 cracking moment

构件出现裂缝时的理论临界弯矩。

2.1.15 施工荷载 site load

按短暂状况设计时，施工阶段施加在结构或构件上的临时荷载；包括结构自重、附着在结构和构件上的模板、材料、机具、人员等荷载。

2.1.16 耐久性设计 durability design

按照结构或构件的设计使用年限开展的材料选控、构造措施、附加防护等方面的技术要求。

2.1.17 应力扰动区 disturbed region

混凝土结构中截面应变分布不符合平截面假定的区域，也称 D 区。

2.1.18 拉压杆模型 strut and tie model

反映混凝土结构应力扰动区力流传递路径的桁架模型。

2.1.19 劈裂力 bursting force

在后张预应力锚固区，由锚固集中力的力流扩散引起的横向拉力。

2.1.20 剥裂力 spalling force

在后张预应力锚固区,由锚固集中力的锚下压缩变形引起的垫板周边混凝土的拉力。

2.1.21 混凝土保护层厚度 concrete cover depth

混凝土构件中钢筋外边缘到构件表面之间的距离。

2.1.22 锚固长度 anchorage length

钢筋依靠其表面与混凝土的黏结作用或端部构造的挤压作用而达到设计承受应力所需要的长度。

2.2 符号

2.2.1 材料性能有关符号

C30——立方体抗压强度标准值为 30MPa 的混凝土;

E_c、G_c——混凝土弹性模量、剪切变形模量;

E_s、E_p——普通钢筋、预应力钢筋的弹性模量;

$f_{ce,d}$——拉压杆模型中混凝土压杆的等效抗压强度设计值;

f_{ck}、f_{cd}——混凝土轴心抗压强度标准值、设计值;

f'_{ck}、f'_{tk}——短暂状况施工阶段的混凝土轴心抗压、抗拉强度标准值;

f_{cu}——边长为 150mm 的混凝土立方体抗压强度;

f'_{cu}——边长为 150mm 的施工阶段混凝土立方体抗压强度;

$f_{cu,k}$——边长为 150mm 的混凝土立方体抗压强度标准值;

f_{pk}、f_{pd}——预应力钢筋抗拉强度标准值、设计值;

f_{sk}、f_{sd}——普通钢筋抗拉强度标准值、设计值;

f'_{sd}、f'_{pd}——普通钢筋、预应力钢筋抗压强度设计值;

f_{tk}、f_{td}——混凝土轴心抗拉强度标准值、设计值。

2.2.2 作用和作用效应有关符号

F_{ld}——集中反力或局部压力设计值;

M_{1Gd}、M_{2Gd}——组合式受弯构件第一阶段、第二阶段结构自重产生的弯矩设计值;

M_{1Qd}——组合式受弯构件第一阶段结构附加的其他荷载产生的弯矩设计值;

M_{2Qd}——组合式受弯构件第二阶段结构的可变作用组合产生的弯矩设计值;

M_{cr}——受弯构件正截面的开裂弯矩值;

M_d——弯矩设计值;

M_k——按作用标准值进行组合计算的弯矩值;

M_s、M_l——按作用频遇组合、准永久组合计算的弯矩值;

N_d——轴向力设计值;

N_p——后张法构件预应力钢筋和普通钢筋的合力；

N_p0——构件混凝土法向应力等于零时预应力钢筋和普通钢筋的合力；

T_d——扭矩设计值；

V_d——剪力设计值；

V_cs——构件斜截面内混凝土和箍筋共同的抗剪承载力设计值；

V_sb——与构件斜截面相交的普通弯起钢筋抗剪承载力设计值；

V_pb——与构件斜截面相交的预应力弯起钢筋抗剪承载力设计值；

W_cr——计算的受弯构件最大裂缝宽度；

σ_cc——构件开裂截面按使用阶段计算的混凝土法向压应力；

σ_con、σ'_con——构件受拉区、受压区预应力钢筋张拉控制应力（对后张法构件为梁体内锚下应力）；

σ_kc、σ_kt——由作用标准值产生的混凝土法向压应力、拉应力；

σ_l、σ'_l——构件受拉区、受压区预应力钢筋相应阶段的预应力损失；

σ_p0、σ'_p0——截面受拉区、受压区纵向预应力钢筋合力点处混凝土法向应力等于零时预应力钢筋的应力；

σ_pc——由预加力产生的混凝土法向预压应力；

σ_pe、σ'_pe——截面受拉区、受压区纵向预应力钢筋的有效预应力；

σ_pt——由预加应力产生的混凝土法向拉应力；

σ_s、σ_p——正截面承载力计算中纵向普通钢筋、预应力钢筋的应力或应力增量；

σ_ss——由作用频遇组合产生的开裂截面纵向受拉钢筋的应力；

σ_st、σ_lt——在作用频遇组合、准永久组合下，构件抗裂边缘混凝土的法向拉应力；

σ_tp、σ_cp——构件混凝土中的主拉应力、主压应力；

τ——构件混凝土的剪应力。

2.2.3 几何参数有关符号

A——构件毛截面面积；

A_0、A_n——构件换算截面面积、净截面面积；

A_cor——钢筋网、螺旋筋或箍筋范围以内的混凝土核心面积；

A_cr——开裂截面换算截面面积；

A_l、$A_{l\mathrm{n}}$——混凝土局部受压面积、局部受压净面积；

A_p、A'_p——构件受拉区、受压区纵向预应力钢筋的截面面积；

A_s——构件受拉区纵向普通钢筋的截面面积，或圆形截面构件全部纵向普通钢筋的截面面积；

A'_s——构件受压区纵向普通钢筋的截面面积；

A_sb、A_pb——同一弯起平面内普通弯起钢筋、预应力弯起钢筋的截面面积；

A_sv——同一截面内箍筋各肢的总截面面积；

B——开裂构件等效截面的抗弯刚度；

B_0——全截面换算截面的抗弯刚度；

B_{cr}——开裂截面换算截面的抗弯刚度；

I——毛截面惯性矩；

I_0、I_n——换算截面、净截面的惯性矩；

I_{cr}——开裂截面换算截面惯性矩；

S_0、S_n——换算截面、净截面计算纤维以上（或以下）部分面积对截面重心轴的面积矩；

W——毛截面受拉边缘的弹性抵抗矩；

W_0、W_n——换算截面、净截面受拉边缘的弹性抵抗矩；

a、a'——构件受拉区、受压区普通钢筋和预应力钢筋合力点至截面近边的距离；

a_s、a_p——构件受拉区普通钢筋合力点、预应力钢筋合力点至受拉区边缘的距离；

a'_s、a'_p——构件受压区普通钢筋合力点、预应力钢筋合力点至受压区边缘的距离；

b——矩形截面宽度，T 形或 I 形截面腹板宽度；

b_f、b'_f——T 形或 I 形截面受拉区、受压区的（有效）翼缘宽度；

h_f、h'_f——T 形或 I 形截面受拉区、受压区的翼缘厚度；

c——混凝土保护层厚度；

d——钢筋公称直径；

e、e'——轴向力作用点至受拉区纵向钢筋合力点、受压区纵向钢筋合力点的距离；

e_0——轴向力对截面重心轴的偏心距；

e_s、e_p——轴向力作用点至受拉区纵向普通钢筋合力点、预应力钢筋合力点的距离；

e'_s、e'_p——轴向力作用点至受压区纵向普通钢筋合力点、预应力钢筋合力点的距离；

e_{p0}、e_{pn}——预应力钢筋与普通钢筋的合力对换算截面、净截面重心轴的偏心距；

l——受弯构件的计算跨径或受压构件节点间的长度；

l_0——受压构件的计算长度；

l_n——受弯构件的净跨径；

r——圆形截面半径；

s_v、s_p——箍筋、竖向预应力钢筋的间距；

y_0、y_n——构件换算截面重心、净截面重心至截面计算纤维处的距离；

y_p、y'_p——构件受拉区、受压区预应力钢筋合力点至换算截面重心轴的距离；

y_{pn}、y'_{pn}——构件受拉区、受压区预应力钢筋合力点至净截面重心轴的距离；

y_s、y'_s——构件受拉区、受压区普通钢筋重心至换算截面重心轴的距离；

y_{sn}、y'_{sn}——构件受拉区、受压区普通钢筋重心至净截面重心轴的距离；

x——截面受压区高度；

z——内力臂，即纵向受拉钢筋合力点至混凝土受压区合力点之间的距离。

2.2.4 计算系数及其他有关符号

k_{qf}——横向倾覆安全系数；

α_{ES}、α_{EP}——普通钢筋弹性模量、预应力钢筋弹性模量与混凝土弹性模量的比值；

β_{cor}——配置间接钢筋时局部承压承载力提高系数；

β_a——箱形截面抗扭承载力计算时有效壁厚折减系数；

β_t——剪扭构件混凝土抗扭承载力降低系数；

γ——受拉区混凝土塑性影响系数；

γ_0——桥涵结构的重要性系数；

η——偏心受压构件轴向力偏心距增大系数；

η_θ——构件挠度长期增长系数；

ρ——纵向受拉钢筋配筋率或纵向钢筋配筋率；

ρ_{sv}——箍筋配筋率；

ρ_{te}——纵向受拉钢筋的有效配筋率；

φ——轴心受压构件稳定系数。

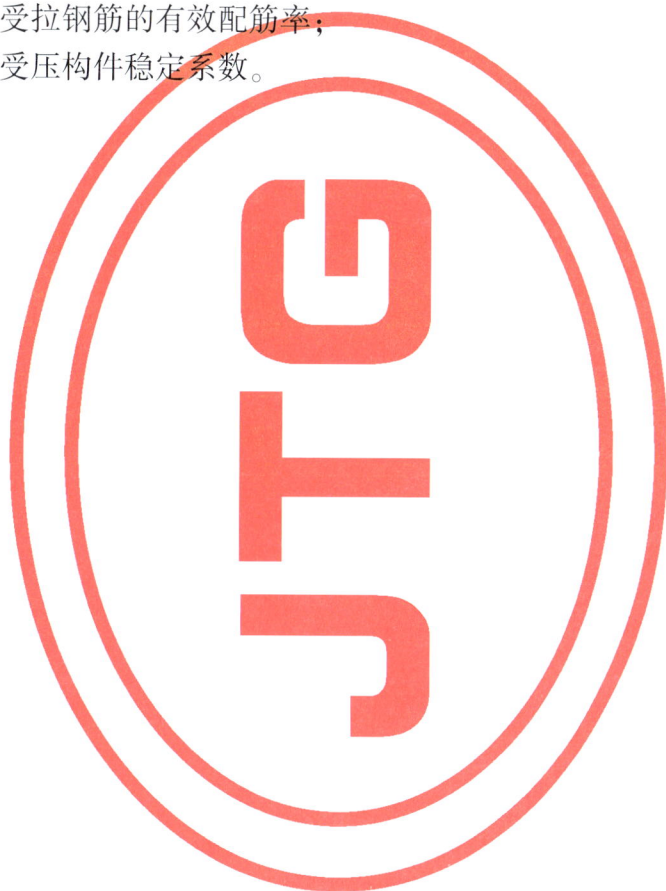

3 材料

3.1 混凝土

3.1.1 混凝土强度等级应按边长为 150mm 立方体试件的抗压强度标准值确定。

3.1.2 公路桥涵受力构件的混凝土强度等级应按下列规定采用：

1 钢筋混凝土构件不低于 C25；当采用强度标准值 400MPa 及以上钢筋时，不低于 C30。

2 预应力混凝土构件不低于 C40。

3.1.3 混凝土轴心抗压强度标准值 f_{ck} 和轴心抗拉强度标准值 f_{tk} 应按表 3.1.3 采用。

表 3.1.3　混凝土强度标准值

强度等级	C25	C30	C35	C40	C45	C50	C55	C60	C65	C70	C75	C80
f_{ck}（MPa）	16.7	20.1	23.4	26.8	29.6	32.4	35.5	38.5	41.5	44.5	47.4	50.2
f_{tk}（MPa）	1.78	2.01	2.20	2.40	2.51	2.65	2.74	2.85	2.93	3.00	3.05	3.10

3.1.4 混凝土轴心抗压强度设计值 f_{cd} 和轴心抗拉强度设计值 f_{td} 应按表 3.1.4 采用。

表 3.1.4　混凝土强度设计值

强度等级	C25	C30	C35	C40	C45	C50	C55	C60	C65	C70	C75	C80
f_{cd}（MPa）	11.5	13.8	16.1	18.4	20.5	22.4	24.4	26.5	28.5	30.5	32.4	34.6
f_{td}（MPa）	1.23	1.39	1.52	1.65	1.74	1.83	1.89	1.96	2.02	2.07	2.10	2.14

3.1.5 混凝土受压或受拉时的弹性模量 E_c 宜按表 3.1.5 采用。当有可靠试验依据时，E_c 可按实测数据确定。

表 3.1.5　混凝土的弹性模量

强度等级	C25	C30	C35	C40	C45	C50	C55	C60	C65	C70	C75	C80
E_c（$\times 10^4$MPa）	2.80	3.00	3.15	3.25	3.35	3.45	3.55	3.60	3.65	3.70	3.75	3.80

注：当采用引气剂及较高砂率的泵送混凝土且无实测数据时，表中 C50 ~ C80 的 E_c 值乘以折减系数 0.95。

3.1.6 混凝土的剪切变形模量 G_c 可按表 3.1.5 中 E_c 值的 0.4 倍采用,混凝土的泊松比 ν_c 可采用 0.2。

3.2　钢筋

3.2.1 公路桥涵混凝土结构的钢筋应按下列规定采用:

1　钢筋混凝土及预应力混凝土构件中的普通钢筋宜选用 HPB300、HRB400、HRB500、HRBF400 和 RRB400 钢筋,预应力混凝土构件中的箍筋应选用其中的带肋钢筋;按构造要求配置的钢筋网可采用冷轧带肋钢筋。

2　预应力混凝土构件中的预应力钢筋应选用钢绞线、钢丝;中、小型构件或竖、横向用预应力钢筋,可选用预应力螺纹钢筋。

3.2.2 普通钢筋的抗拉强度标准值 f_{sk} 和预应力钢筋的抗拉强度标准值 f_{pk},应分别按表 3.2.2-1 和表 3.2.2-2 采用。

表 3.2.2-1　普通钢筋抗拉强度标准值

钢筋种类	符　号	公称直径 d(mm)	f_{sk}(MPa)
HPB300	φ	6～22	300
HRB400 HRBF400 RRB400	Φ Φ^F Φ^R	6～50	400
HRB500	Φ	6～50	500

表 3.2.2-2　预应力钢筋抗拉强度标准值

钢筋种类		符　号	公称直径 d(mm)	f_{pk}(MPa)
钢绞线	1×7	ϕ^S	9.5、12.7、15.2、17.8	1 720、1 860、1 960
			21.6	1 860
消除应力钢丝	光面 螺旋肋	ϕ^P ϕ^H	5	1 570、1 770、1 860
			7	1 570
			9	1 470、1 570
预应力螺纹钢筋		ϕ^T	18、25、32、40、50	785、930、1 080

注:抗拉强度标准值为 1 960MPa 的钢绞线作为预应力钢筋使用时,应有可靠工程经验或充分试验验证。

3.2.3 普通钢筋的抗拉强度设计值 f_{sd} 和抗压强度设计值 f'_{sd} 应按表 3.2.3-1 采用;预应力钢筋的抗拉强度设计值 f_{pd} 和抗压强度设计值 f'_{pd} 应按表 3.2.3-2 采用。

表3.2.3-1 普通钢筋抗拉、抗压强度设计值

钢 筋 种 类	f_{sd}（MPa）	f'_{sd}（MPa）
HPB300	250	250
HRB400、HRBF400、RRB400	330	330
HRB500	415	400

注：1. 钢筋混凝土轴心受拉和小偏心受拉构件的钢筋抗拉强度设计值大于330MPa时，应按330MPa取用；在斜截面抗剪承载力、受扭承载力和冲切承载力计算中垂直于纵向受力钢筋的箍筋或间接钢筋等横向钢筋的抗拉强度设计值大于330MPa时，应取330MPa。

2. 构件中配有不同种类的钢筋时，每种钢筋应采用各自的强度设计值。

表3.2.3-2 预应力钢筋抗拉、抗压强度设计值

钢 筋 种 类	f_{pk}（MPa）	f_{pd}（MPa）	f'_{pd}（MPa）
钢绞线1×7（七股）	1 720	1 170	390
	1 860	1 260	
	1 960	1 330	
消除应力钢丝	1 470	1 000	410
	1 570	1 070	
	1 770	1 200	
	1 860	1 260	
预应力螺纹钢筋	785	650	400
	930	770	
	1 080	900	

3.2.4 普通钢筋的弹性模量 E_s 和预应力钢筋的弹性模量 E_p 宜按表3.2.4采用；当有可靠试验依据时，E_s 和 E_p 可按实测数据确定。

表3.2.4 钢筋的弹性模量

钢 筋 种 类	弹性模量 E_s（$\times 10^5$ MPa）	钢 筋 种 类	弹性模量 E_p（$\times 10^5$ MPa）
HPB300	2.10	钢绞线	1.95
HRB400、HRB500 HRBF400、RRB400	2.00	消除应力钢丝	2.05
		预应力螺纹钢筋	2.00

4 结构设计基本规定

4.1 一般规定

4.1.1 公路钢筋混凝土及预应力混凝土桥涵应进行下列两类极限状态设计：

1 承载能力极限状态：对应于结构及其构件达到最大承载能力或出现不适于继续承载的变形或变位的状态。

2 正常使用极限状态：对应于结构及其构件达到正常使用的某项限值的状态。

4.1.2 混凝土桥涵结构设计应包括下列内容：

1 结构方案设计。

2 结构及构件的构造设计。

3 作用及作用效应分析。

4 结构及构件的极限状态验算。

5 结构及构件满足特殊要求的专项设计。

4.1.3 跨径不大于 50m 的桥梁宜采用标准化跨径。

4.1.4 钢筋混凝土梁桥跨径宜满足下列要求：

1 装配式钢筋混凝土板桥的跨径不大于 10m。

2 整体现浇钢筋混凝土板桥，简支时跨径不大于 10m，连续时跨径不大于 16m。

3 装配式钢筋混凝土 T 梁桥的跨径不大于 16m。

4 整体现浇箱形截面梁桥，简支时跨径不大于 20m，连续时跨径不大于 25m。

4.1.5 预应力混凝土梁桥跨径宜满足下列要求：

1 装配式预应力混凝土空心板桥的跨径不大于 20m。

2 整体现浇预应力混凝土板桥，简支时跨径不大于 20m，连续时跨径不大于 25m。

3 装配式预应力混凝土 T 梁桥的跨径不大于 50m。

4 装配式预应力混凝土组合箱梁桥的跨径不大于 40m。

4.1.6 跨径大于 100m 桥梁的混凝土主梁宜按全预应力混凝土构件设计。

4.1.7 作用效应计算宜采用弹性理论,并应满足下列要求:

1 结构构件成桥状态的内力根据设计施工方案逐阶段计算累加确定。

2 结构构件成桥状态的应力根据设计施工方案,采用相应的净截面或换算截面逐阶段计算累加确定。

3 汽车荷载的作用效应计入汽车荷载的偏载效应,偏载效应可采用精细化有限元模型计算,或根据可靠的工程经验确定。

4 弯、宽、斜及变宽或分岔等复杂混凝土桥梁结构,可采用实体有限元或本规范附录 A 的实用精细化分析模型计算。

4.1.8 持久状况下,梁桥不应发生结构体系改变,并应同时满足下列规定:

1 在作用基本组合下,单向受压支座始终保持受压状态。

2 按作用标准值进行组合时(按本规范第 7.1.1 条取用),整体式截面简支梁和连续梁的作用效应应符合式(4.1.8)的要求:

$$\frac{\sum S_{bk,i}}{\sum S_{sk,i}} \geq k_{qf} \tag{4.1.8}$$

式中:k_{qf}——横桥向抗倾覆稳定性系数,取 $k_{qf}=2.5$;

$\sum S_{bk,i}$——使上部结构稳定的效应设计值;

$\sum S_{sk,i}$——使上部结构失稳的效应设计值。

4.1.9 构件中的应力扰动区可按照拉压杆模型(见本规范附录 B)、实体有限元模型或特殊受力情形的简化公式进行计算。

4.1.10 公路桥梁混凝土结构宜根据需要提出使用阶段的检测、监测、维修或更换要求,并设置相应的通道、空间或装置。

4.2 板的计算

4.2.1 四边支承的板,当长边长度与短边长度之比大于或等于 2 时,可按短边计算跨径的单向板计算;否则,应按双向板计算。

4.2.2 简支板的计算跨径应为两支承中心之间的距离。与梁肋整体连接的板,计算弯矩时其计算跨径可取为两肋间的净距加板厚,但不得大于两肋中心之间的距离。此时,弯矩可按下列简化方法计算:

1 支点弯矩

$$M = -0.7M_0 \tag{4.2.2-1}$$

2 跨中弯矩

1）板厚与梁肋高度比大于或等于 1/4 时：

$$M = +0.7M_0 \tag{4.2.2-2}$$

2）板厚与梁肋高度比小于 1/4 时：

$$M = +0.5M_0 \tag{4.2.2-3}$$

式中：M_0——与计算跨径相同的简支板跨中弯矩。

与梁肋整体连接的板，计算剪力时其计算跨径可取两肋间净距，剪力按该计算跨径的简支板计算。

4.2.3 整体单向板计算时，通过车轮传递到板上的荷载分布宽度宜按下列规定计算：

1 平行于板的跨径方向的荷载分布宽度

$$b = b_1 + 2h \tag{4.2.3-1}$$

2 垂直于板的跨径方向的荷载分布宽度

1）单个车轮在板的跨径中部时：

$$a = (a_1 + 2h) + \frac{l}{3} \geqslant \frac{2}{3}l \tag{4.2.3-2}$$

2）多个相同车轮在板的跨径中部时，当各单个车轮按式（4.2.3-2）计算的荷载分布宽度有重叠时：

$$a = (a_1 + 2h) + d + \frac{l}{3} \geqslant \frac{2}{3}l + d \tag{4.2.3-3}$$

3）车轮在板的支承处时：

$$a = (a_1 + 2h) + t \tag{4.2.3-4}$$

4）车轮在板的支承附近，距支点的距离为 x 时：

$$a = (a_1 + 2h) + t + 2x \tag{4.2.3-5}$$

但不大于车轮在板的跨径中部的分布宽度；

5）按本款算得的所有分布宽度，当大于板全宽时取板全宽；

6）彼此不相连的预制板，车轮在板内分布宽度不大于预制板宽度。

以上式中：l——板的计算跨径；

h——铺装层厚度；

t——板的跨中厚度；

d——多个车轮时外轮之间的中距；

a_1、b_1——垂直于板跨和平行于板跨方向的车轮着地尺寸。

4.2.4 当支承轴线的垂直线与桥纵轴线的夹角即斜交角不大于 15°时，整体式斜板桥的斜交板可按正交板计算；当 $l/b \leqslant 1.3$ 时，其计算跨径取两支承轴线间的垂直距离；当 $l/b > 1.3$ 时，其计算跨径取斜跨径长度。以上 l 为斜跨径，b 为垂直于桥纵轴线的板宽。

装配式铰接斜板桥的预制板块，可按宽为两板边间的垂直距离、计算跨径为斜跨径的正交板计算。

4.2.5 当 $l_c \leqslant 2.5\mathrm{m}$ 时,悬臂板垂直于其跨径方向的车轮荷载分布宽度可按下列规定计算:

$$a = (a_1 + 2h) + 2l_c \qquad (4.2.5)$$

式中:a——垂直于悬臂板跨径方向的车轮荷载分布宽度;

$\quad a_1$——垂直于悬臂板跨径方向的车轮着地尺寸;

$\quad l_c$——平行于悬臂板跨径方向的车轮着地尺寸的外缘,通过铺装层45°分布线的外边线至腹板外边缘的距离(图4.2.5);

$\quad h$——铺装层厚度。

4.2.6 与梁肋整体连接且具有承托的板(图4.2.6),当进行承托内或肋内板的截面验算时,板的计算高度可按式(4.2.6)计算:

$$h_e = h_f' + s \cdot \tan\alpha \qquad (4.2.6)$$

式中:h_e——自承托起点至肋中心线之间板的任一验算截面的计算高度;

$\quad h_f'$——不计承托时板的厚度;

$\quad s$——自承托起点至肋中心线之间的任一验算截面的水平距离;

$\quad \alpha$——承托下缘与悬臂板底面夹角,当 $\tan\alpha > 1/3$ 时,取 $1/3$。

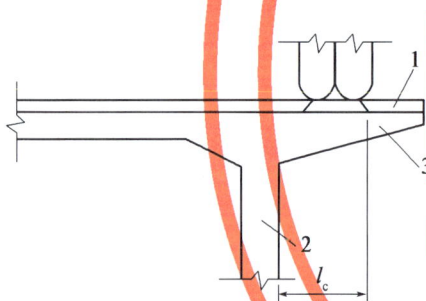

图4.2.5 车轮荷载在悬臂板上的分布
1-桥面铺装;2-腹板;3-悬臂板

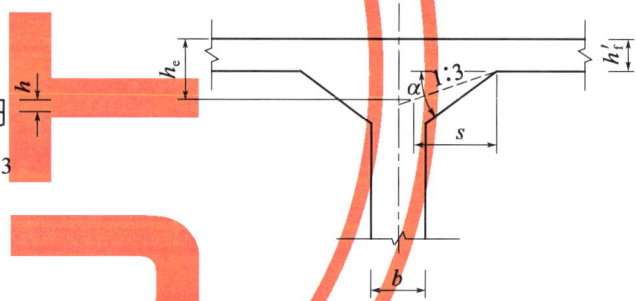

图4.2.6 承托处板的计算高度

4.3 梁的计算

4.3.1 分析超静定结构的作用效应时,构件的抗弯刚度应按下列规定取用:

允许开裂构件 $\qquad 0.8E_cI$

不允许开裂构件 $\qquad E_cI$

其中 I 为毛截面惯性矩。

4.3.2 在计算截面承载力和应力时,T形、I形及箱形截面梁的受压翼缘应取有效宽度。

4.3.3 T形、I形截面梁受压翼缘的有效宽度 b_f' 应按下列规定采用:

1 内梁取下列三者中的最小值：

1）对于简支梁，取计算跨径的1/3。对于连续梁，各中间跨正弯矩区段，取该计算跨径的0.2倍；边跨正弯矩区段，取该跨计算跨径的0.27倍；各中间支点负弯矩区段，取该支点相邻两计算跨径之和的0.07倍。

2）相邻两梁的平均间距。

3）$(b + 2b_h + 12h'_f)$，此处，b为梁腹板宽度，b_h为承托长度，h'_f为受压区翼缘悬出板的厚度。当$h_h/b_h < 1/3$时，上式b_h应以$3h_h$代替，此处h_h为承托根部厚度。

2 外梁取相邻内梁翼缘有效宽度的一半，加上腹板宽度的1/2，再加上外侧悬臂板平均厚度的6倍或外侧悬臂板实际宽度两者中的较小者。

4.3.4 箱形截面梁在腹板两侧上、下翼缘的有效宽度 b_{mi} 可按下列规定计算：

1 简支梁和连续梁各跨中部梁段、悬臂梁中间跨的中部梁段

$$b_{mi} = \rho_f b_i \tag{4.3.4-1}$$

$$\rho_f = -6.44(b_i/l_i)^4 + 10.10(b_i/l_i)^3 - 3.56(b_i/l_i)^2 - 1.44(b_i/l_i) + 1.08 \tag{4.3.4-2}$$

2 简支梁支点、连续梁边支点及中间支点、悬臂梁悬臂段

$$b_{mi} = \rho_s b_i \tag{4.3.4-3}$$

$$\rho_s = 21.86(b_i/l_i)^4 - 38.01(b_i/l_i)^3 + 24.57(b_i/l_i)^2 - 7.67(b_i/l_i) + 1.27 \tag{4.3.4-4}$$

式中：b_{mi}——腹板两侧上、下翼缘的有效宽度，$i = 1,2,3,\cdots$（图4.3.4）；

b_i——腹板两侧上、下翼缘的实际宽度，$i = 1,2,3,\cdots$（图4.3.4）；

ρ_f——有关简支梁、连续梁各跨中部梁段和悬臂梁中间跨的中部梁段翼缘有效宽度的计算系数；

ρ_s——有关简支梁支点、连续梁边支点和中间支点、悬臂梁悬臂段翼缘有效宽度的计算系数；

l_i——理论跨径，按表4.3.4确定。

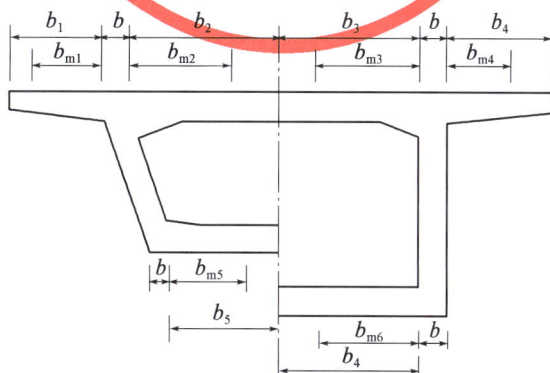

图4.3.4 箱形截面梁翼缘有效宽度

当梁高 $h \geq b_i/0.3$ 时，翼缘有效宽度应采用翼缘实际宽度。

表 4.3.4　ρ_s、ρ_f 的应用位置和理论跨径 l_i

结 构 体 系		理论跨径 l_i
简支梁		$l_i = l$
连续梁	边跨	边支点或跨中部分梁段 $l_i = 0.8l$
	中间跨	跨中部分梁段 $l_i = 0.6l$，中间支点 l_i 取 0.2 倍两相邻跨径之和
悬臂梁		$l_i = 1.5l$

注:1. a 为与所求的翼缘有效宽度 b_{mi} 相应的翼缘实际宽度 b_i，但 a 不应大于 $0.25l$。

2. l 为梁的计算跨径。

3. $c = 0.1l$。

4. 在长度 a 或 c 的梁段内，有效宽度可用直线插入法在 $\rho_s b_i$ 与 $\rho_f b_i$ 之间求取。

4.3.5 计算连续梁中间支承处的负弯矩时，可考虑支座宽度对弯矩折减的影响；折减后的弯矩按下列公式计算(图 4.3.5)；但折减后的弯矩不得小于未经折减弯矩的 0.9 倍。

$$M_e = M - M' \tag{4.3.5-1}$$

$$M' = \frac{1}{8}qa^2 \tag{4.3.5-2}$$

式中:M_e——折减后的支点负弯矩；

　　　M——按理论公式或方法计算的支点负弯矩；

　　　M'——折减弯矩；

　　　q——梁的支点反力 R 在支座两侧向上按 45°分布于梁截面重心轴 G-G 的荷载强度，$q = R/a$；

　　　a——梁支点反力在支座两侧向上按 45°扩散交于重心轴 G-G 的长度(圆形支座可换算为边长等于 0.8 倍直径的方形支座)。

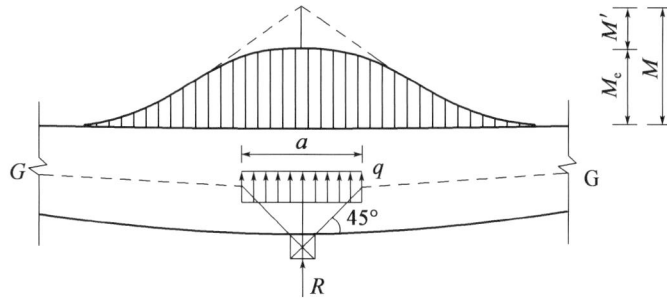

图 4.3.5 中间支承处折减弯矩计算图

4.3.6 变高度或支点设有承托的等高度连续梁,计算作用效应时应考虑截面惯性矩的变化;支点截面惯性矩与跨径中点截面惯性矩之比小于或等于 2 时,可不考虑其影响。

4.3.7 当连续梁中间支承处设有横隔梁时,支承处梁的计算截面可采用横隔梁侧面的连续梁截面。

4.3.8 计算连续梁或其他超静定结构的作用效应时,应根据情况考虑温度、混凝土收缩和徐变、基础不均匀沉降等作用影响。对于预应力混凝土连续梁等超静定结构,尚应考虑预加力引起的次效应。

4.3.9 计算混凝土徐变时,可假定徐变与混凝土应力呈线性关系。当缺乏符合当地实际条件的数据和计算方法时,混凝土徐变系数可按本规范附录 C 计算。

混凝土的收缩应变可按本规范附录 C 计算。

4.3.10 由于日照正温差和降温反温差引起的梁截面应力,可按本规范附录 D 计算。竖向日照温差梯度曲线可按《公路桥涵设计通用规范》(JTG D60—2015)取用。

4.4 拱的计算

4.4.1 拱的计算可不考虑拱上建筑与主拱圈的联合作用;当考虑拱上建筑与主拱圈的联合作用时,拱上建筑结构的构造应符合计算的预设条件。本节有关拱的计算规定,均适用于主拱圈裸拱受力而不考虑其与拱上建筑的联合作用。

当采用车道荷载计算拱的正弯矩时,各截面的折减系数宜按表 4.4.1 取用。

表 4.4.1 正弯矩折减系数

截 面	跨径 L(m)		
	$L \leq 60$	$60 < L < 100$	$L \geq 100$
拱顶、1/4 拱跨	0.7	直线内插	1.0
拱脚	0.9	直线内插	1.0
其他截面	直线内插		

4.4.2 拱桥设计应优选拱轴线,使拱在作用组合下,轴向力的偏心距较小。对大跨径拱桥,如某些截面的结构自重压力线与拱轴线偏离过大,或在结构重力及其所引起的弹性压缩和温度下降、混凝土收缩等作用下轴向力偏心距较大时,应作适当调整,且应考虑拱轴线偏离结构重力压力线引起的偏离弯矩。

4.4.3 拱上建筑为立柱排架式墩的箱形截面板拱,应考虑活载的横向不均匀分布。拱上建筑为墙式墩的板拱,当活载横桥向布置不超过拱圈以外时,活载可按均匀分布于拱圈全宽计算。

4.4.4 上承式肋式拱桥活载可通过拱上排架墩的盖梁和立柱分配于拱肋。

4.4.5 拱上建筑横桥向排架的盖梁可参照本规范第8.4节计算。

4.4.6 拱桥在施工阶段或成拱过程中,应验算各阶段的截面强度和拱的稳定性。

4.4.7 拱圈应按本规范第5.3.1条验算拱的平面内纵向稳定。此时,拱的轴向力设计值 N_d 可按式(4.4.7)计算:

$$N_d = H_d / \cos\varphi_m \tag{4.4.7}$$

式中: H_d——拱的水平推力设计值;

　　 φ_m——拱顶与拱脚连线与水平线的夹角。

在施工阶段,拱的平面内纵向稳定验算时的构件自重效应分项系数应取1.2,施工时附加的其他荷载效应分项系数应取1.4;在使用阶段,拱的平面内纵向稳定验算的作用效应的分项系数,按《公路桥涵设计通用规范》(JTG D60—2015)取用。

计算平面内纵向稳定时,拱圈的计算长度可按下列规定采用:

三铰拱,$0.58L_a$;

双铰拱,$0.54L_a$;

无铰拱,$0.36L_a$。

L_a 为拱轴线长度。

4.4.8 当板拱的宽度小于计算跨径的1/20时,应验算拱圈的横向稳定。计算以横系梁联结的肋拱横向稳定时,可将其视为长度等于拱轴线长度的平面桁架,根据其支承条件,按受压组合构件确定其计算长度和长细比。拱的平均轴向力可按式(4.4.7)计算。

4.4.9 计算风力或离心力引起的拱脚截面的荷载效应时,可按下列假定近似计算:

1 拱圈视作两端固定的水平直梁,其跨径等于拱的计算跨径,全梁平均承受风力或离心力,计算梁端弯矩 M_1。

2 拱圈视作下端固定的竖向悬臂梁,其跨径等于拱的计算矢高,悬臂梁平均承受1/2拱跨风力,在梁的自由端承受1/2拱跨的离心力,计算固定端弯矩 M_2。

3 拱的弯矩 M 为上述两项弯矩在垂直于曲线平面的拱脚截面上的投影之和:

$$M = M_1\cos\varphi + M_2\sin\varphi \qquad (4.4.9)$$

式中:φ——拱脚处拱轴线的切线与跨径的夹角。

4.4.10 大跨径拱桥应验算拱顶、拱跨3/8、拱跨1/4 和拱脚四个截面;对于中、小跨径拱桥,拱跨1/4 截面可不验算;特大跨径拱桥,除上述四个截面外,视截面配筋情况,还应选择相应的控制截面进行验算。截面承载力应按本规范第5.3节的规定进行验算,其构件的计算长度可按本规范第4.4.7条的规定采用。

4.4.11 多跨无铰拱桥应按连拱计算。当桥墩抗推刚度与主拱抗推刚度之比大于37时,可按单跨拱桥计算。

4.4.12 桁架拱可采用双铰拱支承体系。桁架拱的节点按固接考虑;当按简化计算时,可将节点按铰接计算,但其下弦截面强度,应留有不小于20%的余量。

桁架拱的结构自重可按全跨均布计算,由桁架拱拱片承受;但如采用下弦杆合龙后再拼装其他杆件的施工方法时,下弦杆应承受合龙前的全部结构自重。桥面板可考虑与上弦杆共同承受桥上活荷载。

上弦杆及与上弦杆在节点处相连的腹杆(竖杆和斜杆),应考虑桥面上局部荷载引起的弯矩。

桁架拱应考虑活载的横向分布。

桁架拱的拱轴线宜采用与结构自重压力线接近的曲线,如采用拱轴系数 m 值较小的悬链线或二次抛物线。

4.4.13 刚架拱在上弦杆两端应设置活动支座。桥面板可与刚架拱片联合作用承受桥上活载。

刚架拱应考虑活载的横向分布。

4.4.14 系杆拱当其拱肋截面的抗弯刚度与系杆截面的抗弯刚度的比值小于1/100时,拱肋可视为仅承受轴向压力的柔性拱肋;当拱肋截面的抗弯刚度与系杆截面的抗弯刚度的比值大于100 时,系杆可视为仅承受轴向拉力的系杆。上述杆件的节点均可视为铰接。

系杆拱当其拱肋截面的抗弯刚度与系杆截面的抗弯刚度比值为1/100 至100 时,系杆与拱肋应视为刚性连接,此时荷载引起的弯矩在系杆和拱肋之间应按抗弯刚度分配。

4.5 耐久性设计要求

4.5.1 公路桥涵混凝土结构及构件的设计使用年限应符合《公路工程技术标准》（JTG B01—2014）的规定。

4.5.2 公路桥涵混凝土结构及构件应根据其表面直接接触的环境按表 4.5.2 的规定确定所处环境类别。

表 4.5.2　公路桥涵混凝土结构及构件所处环境类别划分

环境类别	条件
Ⅰ类--般环境	仅受混凝土碳化影响的环境
Ⅱ类-冻融环境	受反复冻融影响的环境
Ⅲ类-近海或海洋氯化物环境	受海洋环境下氯盐影响的环境
Ⅳ类-除冰盐等其他氯化物环境	受除冰盐等氯盐影响的环境
Ⅴ类-盐结晶环境	受混凝土孔隙中硫酸盐结晶膨胀影响的环境
Ⅵ类-化学腐蚀环境	受酸碱性较强的化学物质侵蚀的环境
Ⅶ类-磨蚀环境	受风、水流或水中夹杂物的摩擦、切削、冲击等作用的环境

4.5.3 各类环境下混凝土强度等级最低要求应符合表 4.5.3 的规定。

表 4.5.3　混凝土强度等级最低要求

构件类别	梁、板、塔、拱圈、涵洞上部		墩台身、涵洞下部		承台、基础	
设计使用年限（年）	100	50、30	100	50、30	100	50、30
Ⅰ类--般环境	C35	C30	C30	C25	C25	C25
Ⅱ类-冻融环境	C40	C35	C35	C30	C30	C25
Ⅲ类-近海或海洋氯化物环境	C40	C35	C35	C30	C30	C25
Ⅳ类-除冰盐等其他氯化物环境	C40	C35	C35	C30	C30	C25
Ⅴ类-盐结晶环境	C40	C35	C35	C30	C30	C25
Ⅵ类-化学腐蚀环境	C40	C35	C35	C30	C30	C25
Ⅶ类-磨蚀环境	C40	C35	C35	C30	C30	C25

4.5.4 公路桥涵混凝土结构及构件应采取下列耐久性技术措施：

1　钢筋的混凝土保护层厚度满足本规范第 9.1.1 条的要求。

2　预应力混凝土结构中的预应力体系根据具体情况采用相应的多重防护措施。

3　有抗渗要求的混凝土结构，混凝土的抗渗等级符合有关标准的要求。

4　严寒和寒冷地区的潮湿环境中，混凝土应满足抗冻要求，混凝土抗冻等级符合有关标准的要求。

5　桥涵结构形式、结构构造有利于排水、通风，避免水气凝聚和有害物质积聚。

5 持久状况承载能力极限状态计算

5.1 一般规定

5.1.1 公路桥涵的持久状况设计应按承载能力极限状态的要求,对构件进行承载力及稳定计算,必要时尚应对结构进行倾覆和滑移的验算。

5.1.2 当采用内力的形式表达时,桥涵构件的承载能力极限状态计算应采用下列表达式:

$$\gamma_0 S \leqslant R \tag{5.1.2-1}$$

$$R = R(f_d, a_d) \tag{5.1.2-2}$$

式中:γ_0——桥涵结构重要性系数,按桥涵结构设计安全等级,一级、二级、三级分别取用 1.1、1.0、0.9,桥涵结构设计安全等级应符合《公路桥涵设计通用规范》(JTG D60—2015)的规定;

S——作用组合(其中汽车荷载应计入冲击作用)的效应设计值,按《公路桥涵设计通用规范》(JTG D60—2015)的规定,对持久设计状况应按作用基本组合计算;

R——构件承载力设计值;

$R(\cdot)$——构件承载力函数;

f_d——材料强度设计值;

a_d——几何参数设计值,当无可靠数据时,可采用几何参数标准值 a_k,即设计文件规定值。

5.1.3 构件正截面承载力应按下列基本假定计算:

1 构件弯曲后,其截面仍保持平面。

2 截面受拉混凝土的抗拉强度不予考虑。

3 纵向体内钢筋的应力等于钢筋应变与其弹性模量的乘积,但其值应符合下列要求:

$$-f'_{sd} \leqslant \sigma_{si} \leqslant f_{sd} \tag{5.1.3-1}$$

$$-(f'_{pd} - \sigma_{p0i}) \leqslant \sigma_{pi} \leqslant f_{pd} \tag{5.1.3-2}$$

式中：σ_{si}、σ_{pi}——第 i 层纵向普通钢筋、预应力钢筋的应力，按式（5.1.5-1）、式（5.1.5-2）
计算，正值表示拉应力、负值表示压应力；

f_{sd}、f'_{sd}——纵向普通钢筋的抗拉强度设计值和抗压强度设计值，按表 3.2.3-1
采用；

f_{pd}、f'_{pd}——纵向预应力钢筋的抗拉强度设计值和抗压强度设计值，按表 3.2.3-2
采用；

σ_{p0i}——第 i 层纵向预应力钢筋截面重心处混凝土法向应力等于零时，预应力钢
筋中的应力，按本规范第 6.1.6 条计算。

5.1.4 受弯和偏心受力构件正截面受压区混凝土压应力计算应符合下列规定：

1 正截面受压区混凝土的压应力图形简化为等效的矩形应力图。

2 矩形应力图高度与实际受压区高度的比值 β，按表 5.1.4 取用。

3 矩形应力图的压力强度取混凝土的轴心抗压强度设计值 f_{cd}。

表 5.1.4 系数 β 值

混凝土强度等级	C50 及以下	C55	C60	C65	C70	C75	C80
β	0.80	0.79	0.78	0.77	0.76	0.75	0.74

5.1.5 纵向体内钢筋的应力应按下列规定确定：

对普通钢筋

$$\sigma_{si} = \varepsilon_{cu} E_s \left(\frac{\beta h_{0i}}{x} - 1 \right) \tag{5.1.5-1}$$

对预应力钢筋

$$\sigma_{pi} = \varepsilon_{cu} E_p \left(\frac{\beta h_{0i}}{x} - 1 \right) + \sigma_{p0i} \tag{5.1.5-2}$$

式中：x——截面受压区矩形应力图的高度；

h_{0i}——第 i 层纵向钢筋截面重心至截面受压边缘（偏压构件取受压较大边）的距离；

E_s、E_p——普通钢筋、预应力钢筋的弹性模量；

β——截面受压区矩形应力图高度与实际受压区高度的比值，按表 5.1.4 取用；

ε_{cu}——截面非均匀受压时混凝土的极限压应变，当混凝土强度等级为 C50 及以下
时，取 $\varepsilon_{cu} = 0.0033$；当混凝土强度等级为 C80 时，取 $\varepsilon_{cu} = 0.003$；中间强度等
级用直线插入求得。

按式（5.1.5-1）、式（5.1.5-2）计算的纵向体内钢筋应力，应符合本规范第 5.1.3 条第
3 款的规定。

5.1.6 计算先张法预应力混凝土构件端部锚固区的正截面和斜截面抗弯承载力时，锚
固区内预应力钢筋的抗拉强度设计值，在锚固起点处取为零，在锚固终点处取为 f_{pd}，两点
之间按直线内插法取值。预应力钢筋的锚固长度 l_a 应按表 5.1.6 采用。

表 5.1.6　预应力钢筋锚固长度 l_a

预应力钢筋种类	混凝土强度等级					
	C40	C45	C50	C55	C60	≥C65
1×7 钢绞线 $f_{pd} = 1\,260\text{MPa}$	130d	125d	120d	115d	110d	105d
螺旋肋钢丝 $f_{pd} = 1\,200\text{MPa}$	95d	90d	85d	83d	80d	80d

注:1. 当采用骤然放松预应力钢筋的施工工艺时,锚固长度应从离构件末端 $0.25l_{tr}$ 处开始, l_{tr} 为预应力钢筋的预应力传递长度,按表 6.1.8 采用。

2. 当预应力钢筋的抗拉强度设计值 f_{pd} 与表值不同时,其锚固长度应根据表值按强度比例增减。

3. d 为预应力钢筋的公称直径。

5.2　受弯构件

5.2.1　受弯构件的正截面相对界限受压区高度 ξ_b 应按表 5.2.1 采用。

表 5.2.1　相对界限受压区高度 ξ_b

钢筋种类	混凝土强度等级			
	C50 及以下	C55、C60	C65、C70	C75、C80
HPB300	0.58	0.56	0.54	—
HRB400、HRBF400、RRB400	0.53	0.51	0.49	—
HRB500	0.49	0.47	0.46	—
钢绞线、钢丝	0.40	0.38	0.36	0.35
预应力螺纹钢筋	0.40	0.38	0.36	

注:1. 截面受拉区内配置不同种类钢筋的受弯构件,其 ξ_b 值应选用相应于各种钢筋的较小者。

2. $\xi_b = x_b/h_0$, x_b 为纵向受拉钢筋和受压区混凝土同时达到各自强度设计值时的受压区矩形应力图高度。

5.2.2　仅采用纵向体内钢筋的矩形截面或翼缘位于受拉边的 T 形截面受弯构件,其正截面抗弯承载力计算应符合下列规定(图 5.2.2):

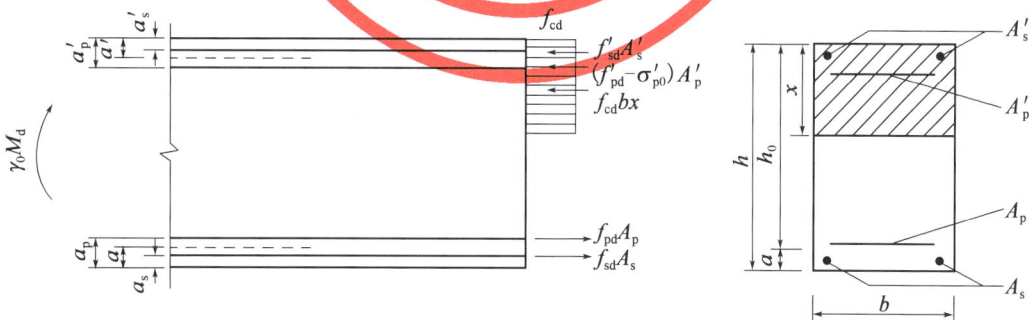

图 5.2.2　矩形截面受弯构件正截面承载力计算

$$\gamma_0 M_d \leqslant f_{cd}bx\left(h_0 - \frac{x}{2}\right) + f'_{sd}A'_s(h_0 - a'_s) + (f'_{pd} - \sigma'_{p0})A'_p(h_0 - a'_p) \qquad (5.2.2\text{-}1)$$

混凝土受压区高度 x 应按下式计算：

$$f_{sd}A_s + f_{pd}A_p = f_{cd}bx + f'_{sd}A'_s + (f'_{pd} - \sigma'_{p0})A'_p \qquad (5.2.2\text{-}2)$$

截面受压区高度应符合下列要求：

$$x < \xi_b h_0 \qquad (5.2.2\text{-}3)$$

当受压区配有纵向普通钢筋和预应力钢筋，且预应力钢筋受压，即 $(f'_{pd} - \sigma'_{p0})$ 为正时：

$$x \geqslant 2a' \qquad (5.2.2\text{-}4)$$

当受压区仅配纵向普通钢筋，或配有普通钢筋和预应力钢筋且预应力钢筋受拉，即 $(f'_{pd} - \sigma'_{p0})$ 为负时：

$$x \geqslant 2a'_s \qquad (5.2.2\text{-}5)$$

式中：γ_0——桥涵结构重要性系数，按本规范第 5.1.2 条的规定采用；

$\quad\ M_d$——弯矩设计值，按本规范第 5.1.2 条的规定计算；

$\quad\ f_{cd}$——混凝土轴心抗压强度设计值，按表 3.1.4 采用；

$\quad\ f_{sd}$、f'_{sd}——纵向普通钢筋抗拉强度设计值和抗压强度设计值，按表 3.2.3-1 采用；

$\quad\ f_{pd}$、f'_{pd}——纵向预应力钢筋抗拉强度设计值和抗压强度设计值，按表 3.2.3-2 采用；

$\quad\ A_s$、A'_s——受拉区、受压区纵向普通钢筋截面面积；

$\quad\ A_p$、A'_p——受拉区、受压区纵向预应力钢筋截面面积；

$\quad\ b$——矩形截面宽度或 T 形截面腹板宽度；

$\quad\ h_0$——截面有效高度，$h_0 = h - a$，此处 h 为截面全高；

$\quad\ a$、a'——受拉区、受压区普通钢筋和预应力钢筋的合力点至受拉区边缘、受压区边缘的距离；

$\quad\ a'_s$、a'_p——受压区普通钢筋合力点、预应力钢筋合力点至受压区边缘的距离；

$\quad\ \sigma'_{p0}$——受压区预应力钢筋合力点处混凝土法向应力等于零时预应力钢筋的应力，先张法构件按式(6.1.6-2)计算，后张法构件按式(6.1.6-5)计算。

5.2.3 仅采用纵向体内钢筋的翼缘位于受压区的 T 形或 I 形截面受弯构件，其正截面抗弯承载力应按下列规定计算：

1 当符合下列条件时：

$$f_{sd}A_s + f_{pd}A_p \leqslant f_{cd}b'_f h'_f + f'_{sd}A'_s + (f'_{pd} - \sigma'_{p0})A'_p \qquad (5.2.3\text{-}1)$$

应以宽度为 b'_f 的矩形截面［图 5.2.3a)］，按本规范第 5.2.2 条的相关公式计算。

2 当不符合式(5.2.3-1)的条件时，应按下列规定计算［图 5.2.3b)］：

$$\gamma_0 M_d \leqslant f_{cd}\left[bx\left(h_0 - \frac{x}{2}\right) + (b'_f - b)h'_f\left(h_0 - \frac{h'_f}{2}\right)\right] + f'_{sd}A'_s(h_0 - a'_s) +$$

$$(f'_{pd} - \sigma'_{p0})A'_p(h_0 - a'_p) \qquad (5.2.3\text{-}2)$$

受压区高度 x 应按下列公式计算，并应符合式（5.2.2-3）及式（5.2.2-4）或式

(5.2.2-5)要求。

$$f_{sd}A_s + f_{pd}A_p = f_{cd}\left[bx + (b'_f - b)h'_f\right] + f'_{sd}A'_s + (f'_{pd} - \sigma'_{p0})A'_p \qquad (5.2.3-3)$$

式中:h'_f——T 形或 I 形截面受压翼缘厚度;

b'_f——T 形或 I 形截面受压翼缘有效宽度,按本规范第 4.3.3 条的规定采用。

仅采用纵向体内钢筋的箱形截面受弯构件的正截面抗弯承载力可参照本条计算。

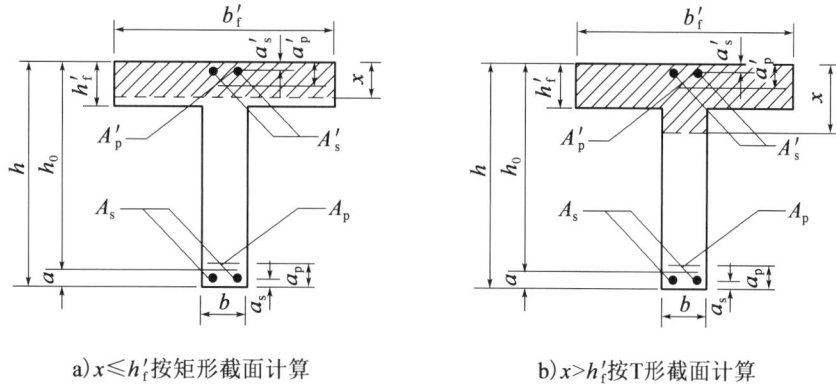

a)$x \leqslant h'_f$按矩形截面计算   b)$x > h'_f$按T形截面计算

图5.2.3 T形截面受弯构件正截面承载力计算(截面内力作用方向与图5.2.2 相同)

5.2.4 当计算中考虑受压区纵向钢筋但不符合式(5.2.2-4)或式(5.2.2-5)条件时,仅采用纵向体内钢筋的受弯构件正截面抗弯承载力的计算应符合下列规定(图5.2.2):

1 当受压区配有纵向普通钢筋和预应力钢筋,且预应力钢筋受压时:

$$\gamma_0 M_d \leqslant f_{pd}A_p(h - a_p - a') + f_{sd}A_s(h - a_s - a') \qquad (5.2.4-1)$$

2 当受压区仅配纵向普通钢筋,或配有普通钢筋和预应力钢筋、且预应力钢筋受拉时:

$$\gamma_0 M_d \leqslant f_{pd}A_p(h - a_p - a'_s) + f_{sd}A_s(h - a_s - a'_s) - (f'_{pd} - \sigma'_{p0})A'_p(a'_p - a'_s)$$

$$(5.2.4-2)$$

式中:a_s、a_p——受拉区普通钢筋合力点、预应力钢筋合力点至受拉区边缘的距离。

5.2.5 采用纵向体外预应力钢筋的 T 形截面受弯构件,其正截面抗弯承载力计算应符合下列规定(图5.2.5):

1 翼缘位于受拉区

$$\gamma_0 M_d \leqslant f_{cd}bx\left(h_0 - \frac{x}{2}\right) + f'_{sd}A'_s(h_0 - a'_s) + (f'_{pd} - \sigma'_{p0})A'_p(h_0 - a'_p) \qquad (5.2.5-1)$$

$$f_{sd}A_s + f_{pd}A_p + \sigma_{pe,ex}A_{ex} = f_{cd}bx + f'_{sd}A'_s + (f'_{pd} - \sigma'_{p0})A'_p \qquad (5.2.5-2)$$

式中:$\sigma_{pe,ex}$——使用阶段体外预应力钢筋扣除预应力损失后的有效应力,按本规范第6.1.6条计算;

A_{ex}——体外预应力钢筋的截面面积。

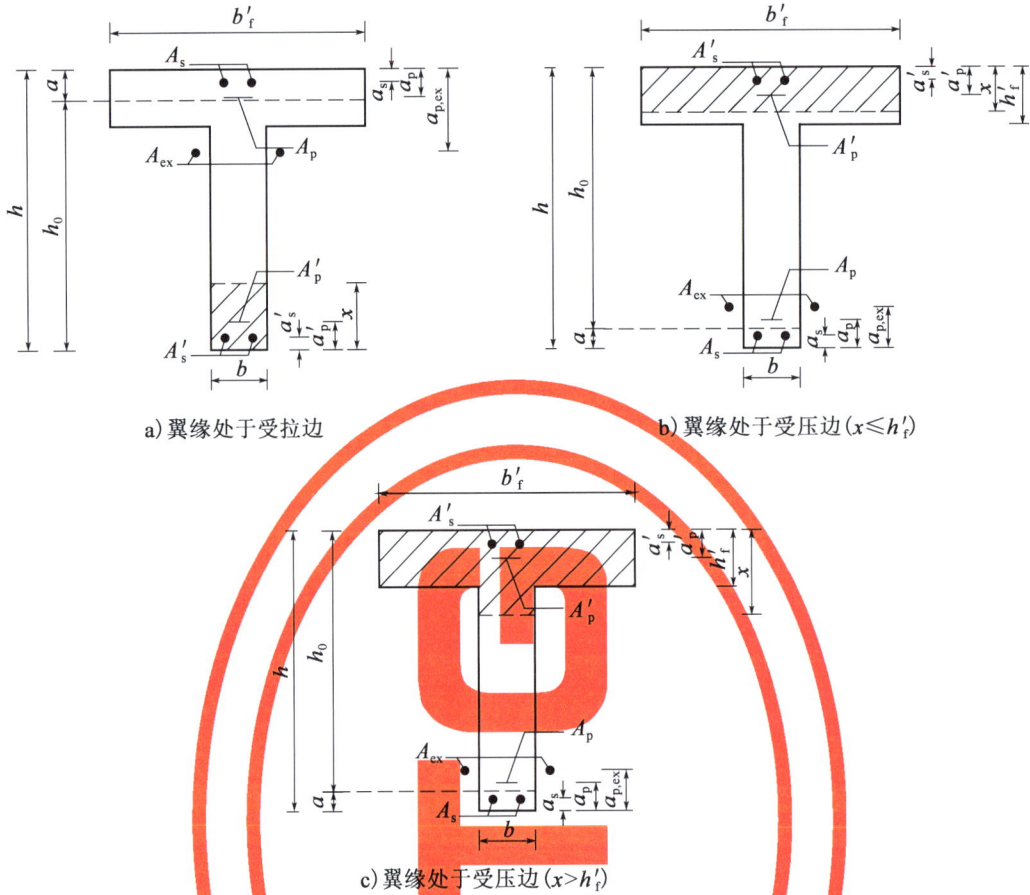

a) 翼缘处于受拉边

b) 翼缘处于受压边($x \leqslant h_f'$)

c) 翼缘处于受压边($x > h_f'$)

图 5.2.5　配置体外预应力的 T 形截面受弯构件正截面承载力计算

a-受拉区的普通钢筋、体内预应力钢筋和体外预应力钢筋的合力点至受拉区边缘的距离

2　翼缘位于受压区

1）当 $f_{sd}A_s + f_{pd}A_p + \sigma_{pe,ex}A_{ex} \leqslant f_{cd}b_f'h_f' + f_{sd}'A_s' + (f_{pd}' - \sigma_{p0}')A_p'$ 时：

$$\gamma_0 M_d \leqslant f_{cd}b_f'x\left(h_0 - \frac{x}{2}\right) + f_{sd}'A_s'(h_0 - a_s') + (f_{pd}' - \sigma_{p0}')A_p'(h_0 - a_p') \tag{5.2.5-3}$$

$$f_{sd}A_s + f_{pd}A_p + \sigma_{pe,ex}A_{ex} = f_{cd}b_f'x + f_{sd}'A_s' + (f_{pd}' - \sigma_{p0}')A_p' \tag{5.2.5-4}$$

式中：h_f'——T 形截面受压翼缘厚度；

b_f'——T 形截面受压翼缘有效宽度，按本规范第 4.3.3 条的规定采用。

2）当 $f_{sd}A_s + f_{pd}A_p + \sigma_{pe,ex}A_{ex} > f_{cd}b_f'h_f' + f_{sd}'A_s' + (f_{pd}' - \sigma_{p0}')A_p'$ 时：

$$\gamma_0 M_d \leqslant f_{cd}\left[bx\left(h_0 - \frac{x}{2}\right) + (b_f' - b)h_f'\left(h_0 - \frac{h_f'}{2}\right)\right] + f_{sd}'A_s'(h_0 - a_s') +$$

$$(f_{pd}' - \sigma_{p0}')A_p'(h_0 - a_p') \tag{5.2.5-5}$$

$$f_{sd}A_s + f_{pd}A_p + \sigma_{pe,ex}A_{ex} = f_{cd}\left[bx + (b_f' - b)h_f'\right] + f_{sd}'A_s' + (f_{pd}' - \sigma_{p0}')A_p' \tag{5.2.5-6}$$

采用式(5.2.5-2)、式(5.2.5-4)或式(5.2.5-6)计算的受压区高度 x 应分别符合式

(5.2.2-3)、式(5.2.2-4)或式(5.2.2-5)要求。

采用纵向体外预应力钢筋的箱形截面受弯构件的正截面抗弯承载力可参照本条计算。

5.2.6 当计算中考虑受压区纵向钢筋但不符合式(5.2.2-4)或式(5.2.2-5)的条件时,采用纵向体外预应力钢筋的受弯构件,其正截面抗弯承载力的计算应符合下列规定(图5.2.5):

1 当受压区配有纵向普通钢筋和体内预应力钢筋,且体内预应力钢筋受压时:

$$\gamma_0 M_d \leqslant f_{pd} A_p (h - a_p - a') + f_{sd} A_s (h - a_s - a') + \sigma_{pe,ex} A_{ex} (h - a_{p,ex} - a')$$

$$(5.2.6-1)$$

2 当受压区仅配纵向普通钢筋,或配有普通钢筋和体内预应力钢筋,且体内预应力钢筋受拉时:

$$\gamma_0 M_d \leqslant f_{pd} A_p (h - a_p - a_s') + f_{sd} A_s (h - a_s - a_s') + \sigma_{pe,ex} A_{ex} (h - a_{p,ex} - a_s') - (f_{pd}' - \sigma_{p0}') A_p' (a_p' - a_s')$$

$$(5.2.6-2)$$

式中:$a_{p,ex}$——体外预应力钢筋合力点至受拉区边缘的距离。

5.2.7 受弯构件在进行正截面抗弯承载力计算时,如不满足式(5.2.2-3)的条件,可不考虑按正常使用极限状态计算可能增加的纵向受拉钢筋和按构造要求配置的纵向钢筋。

5.2.8 计算受弯构件斜截面抗剪承载力时,其计算位置应按下列规定采用:

1 简支梁和连续梁近边支点梁段

1) 距支座中心 $h/2$ 处截面[图5.2.8a)截面1-1];

2) 受拉区弯起钢筋弯起点处截面[图5.2.8a)截面2-2、3-3];

3) 锚于受拉区的纵向钢筋开始不受力处截面[图5.2.8a)截面4-4];

4) 箍筋数量或间距改变处截面[图5.2.8a)截面5-5];

5) 构件腹板宽度变化处截面。

2 连续梁和悬臂梁近中间支点梁段

1) 支点横隔梁边缘处截面[图5.2.8b)截面6-6];

2) 变高度梁高度突变处截面[图5.2.8b)截面7-7];

3) 参照简支梁的要求,需要进行验算的截面。

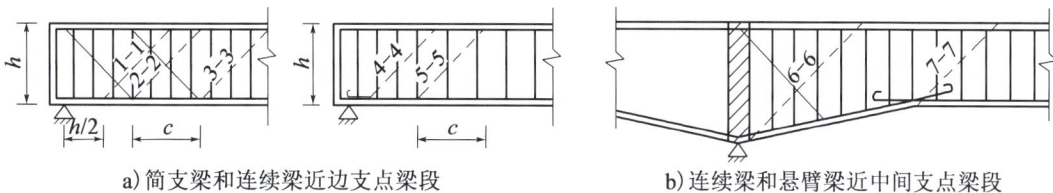

a)简支梁和连续梁近边支点梁段 b)连续梁和悬臂梁近中间支点梁段

图5.2.8 斜截面抗剪承载力验算位置示意

5.2.9 矩形、T 形和 I 形截面的受弯构件，当配置竖向预应力钢筋、箍筋和弯起钢筋时，其斜截面抗剪承载力计算应符合下列规定（图 5.2.9）：

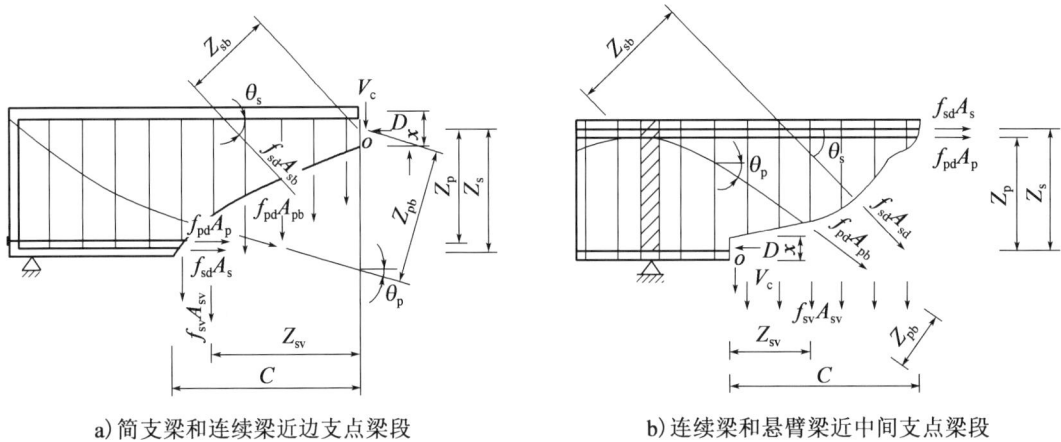

a）简支梁和连续梁近边支点梁段　　　　　　b）连续梁和悬臂梁近中间支点梁段

图 5.2.9　斜截面抗剪承载力验算

$$\gamma_0 V_d \leqslant V_{cs} + V_{sb} + V_{pb} + V_{pb,ex} \tag{5.2.9-1}$$

$$V_{cs} = 0.45 \times 10^{-3} \alpha_1 \alpha_2 \alpha_3 bh_0 \sqrt{(2 + 0.6P)\sqrt{f_{cu,k}}\,(\rho_{sv} f_{sv} + 0.6\rho_{pv} f_{pv})} \tag{5.2.9-2}$$

$$V_{sb} = 0.75 \times 10^{-3} f_{sd} \sum A_{sb} \sin\theta_s \tag{5.2.9-3}$$

$$V_{pb} = 0.75 \times 10^{-3} f_{pd} \sum A_{pb} \sin\theta_p \tag{5.2.9-4}$$

$$V_{pb,ex} = 0.75 \times 10^{-3} \sum \sigma_{pe,ex} A_{ex} \sin\theta_{ex} \tag{5.2.9-5}$$

式中：　V_d——剪力设计值（kN），按斜截面剪压区对应正截面处取值；

V_{cs}——斜截面内混凝土和箍筋共同的抗剪承载力设计值（kN）；

V_{sb}——与斜截面相交的普通弯起钢筋抗剪承载力设计值（kN）；

V_{pb}——与斜截面相交的体内预应力弯起钢筋抗剪承载力设计值（kN）；

$V_{pb,ex}$——与斜截面相交的体外预应力弯起钢筋抗剪承载力设计值（kN）；

α_1——异号弯矩影响系数，计算简支梁和连续梁近边支点梁段的抗剪承载力时，$\alpha_1 = 1.0$；计算连续梁和悬臂梁近中间支点梁段的抗剪承载力时，$\alpha_1 = 0.9$；

α_2——预应力提高系数，对钢筋混凝土受弯构件，$\alpha_2 = 1.0$；对预应力混凝土受弯构件，$\alpha_2 = 1.25$，但当由钢筋合力引起的截面弯矩与外弯矩的方向相同时，或允许出现裂缝的预应力混凝土受弯构件，取 $\alpha_2 = 1.0$；

α_3——受压翼缘的影响系数，对矩形截面，取 $\alpha_3 = 1.0$；对 T 形和 I 形截面，取 $\alpha_3 = 1.1$；

b——斜截面剪压区对应正截面处，矩形截面宽度（mm），或 T 形和 I 形截面腹板宽度（mm）；

h_0——截面的有效高度（mm），取斜截面剪压区对应正截面处、自纵向受拉钢

筋合力点至受压边缘的距离;

P——斜截面内纵向受拉钢筋的配筋百分率,$P = 100\rho$,$\rho = (A_p + A_s)/(bh_0)$,当 $P > 2.5$ 时,取 $P = 2.5$;

$f_{cu,k}$——边长为 150mm 的混凝土立方体抗压强度标准值(MPa);

ρ_{sv}、ρ_{pv}——斜截面内箍筋、竖向预应力钢筋配筋率,$\rho_{sv} = A_{sv}/(s_v b)$,$\rho_{pv} = A_{pv}/(s_p b)$;

f_{sv}、f_{pv}——箍筋、竖向预应力钢筋的抗拉强度设计值(MPa),按表 3.2.3-1、表 3.2.3-2 采用;

A_{sv}、A_{pv}——斜截面内配置在同一截面的箍筋、竖向预应力钢筋的总截面面积(mm^2);

s_v、s_p——斜截面内箍筋、竖向预应力钢筋的间距(mm);

$\sigma_{pe,ex}$——使用阶段体外预应力钢筋扣除预应力损失后的有效应力(MPa),按本规范第 6.1.6 条计算;

A_{sb}、A_{pb}、A_{ex}——斜截面内在同一弯起平面的普通弯起钢筋、体内预应力弯起钢筋和体外预应力弯起钢筋的截面面积(mm^2);

θ_s、θ_p、θ_{ex}——普通弯起钢筋、体内预应力弯起钢筋和体外预应力弯起钢筋的切线与水平线的夹角,按斜截面剪压区对应正截面处取值。

箱形截面受弯构件的斜截面抗剪承载力可参照本条规定计算。

5.2.10 进行斜截面承载力验算时,斜截面水平投影长度 C(图 5.2.9)应按式(5.2.10)计算:

$$C = 0.6mh_0 \tag{5.2.10}$$

式中:m——广义剪跨比,按斜截面剪压区对应正截面的 M_d 和 V_d 计算,$m = M_d/(V_d h_0)$,当 $m > 3.0$ 时取 $m = 3.0$;

h_0——截面的有效高度,取斜截面剪压区对应正截面处、自纵向受拉钢筋合力点至受压边缘的距离;

M_d——与本规范第 5.2.9 条 V_d 对应的弯矩设计值。

5.2.11 矩形、T 形和 I 形截面的受弯构件,其抗剪截面应符合下列要求:

$$\gamma_0 V_d \leqslant 0.51 \times 10^{-3} \sqrt{f_{cu,k}} b h_0 \tag{5.2.11}$$

式中:V_d——剪力设计值(kN),按验算斜截面的最不利值取用;

$f_{cu,k}$——边长为 150mm 的混凝土立方体抗压强度标准值(MPa);

b——矩形截面宽度(mm)或 T 形和 I 形截面腹板宽度(mm),取斜截面所在范围内的最小值;

h_0——自纵向受拉钢筋合力点至受压边缘的距离(mm),取斜截面所在范围内截面有效高度的最小值。

对变高度(承托)连续梁,除验算近边支点梁段的截面尺寸外,尚应验算截面急剧变化处的截面尺寸。

5.2.12 矩形、T形和I形截面的受弯构件，当符合下列条件时，可不进行斜截面抗剪承载力的验算，仅需按本规范第 9.3.12 条构造要求配置箍筋。

$$\gamma_0 V_d \leqslant 0.50 \times 10^{-3} \alpha_2 f_{td} b h_0 \tag{5.2.12}$$

式中：f_{td}——混凝土轴心抗拉强度设计值（MPa），按表 3.1.4 的规定采用。

对于不配置箍筋的板式受弯构件，式（5.2.12）右边计算值可乘以提高系数 1.25。

注：V_d、b、h_0 的单位及意义见本规范第 5.2.11 条。

5.2.13 钢筋混凝土矩形、T形和I形截面受弯构件，当进行斜截面抗剪承载力配筋设计时，其箍筋和弯起钢筋应按下列规定进行计算和配置：

1 绘出剪力设计值包络图，用作抗剪配筋设计的最不利剪力设计值应按下列规定取值：简支梁和连续梁近边支点梁段取离支点 $h/2$ 处的剪力设计值 V_d'［图 5.2.13a)］；等高度连续梁和悬臂梁近中间支点梁段取支点上横隔梁边缘处的剪力设计值 V_d'［图 5.2.13b)］；变高度（承托）连续梁和悬臂梁近中间支点梁段取变高度梁段与等高度梁段交接处的剪力设计值 V_d^0［图 5.2.13c)］。V_d' 或 V_d^0 中应按不少于 60% 由混凝土和箍筋共同承担，不超过 40% 由弯起钢筋承担，并且用水平线将剪力设计值包络图分割为两部分。

2 预先选定箍筋种类和直径，可按下式计算箍筋间距 s_v（mm）：

$$s_v = \frac{0.2 \times 10^{-6} \alpha_1^2 \alpha_3^2 (2 + 0.6P) \sqrt{f_{cu,k}} A_{sv} f_{sv} b h_0^2}{(\xi \gamma_0 V_d)^2} \tag{5.2.13-1}$$

式中：V_d——用于抗剪配筋设计的最不利剪力设计值（kN），计算简支梁、连续梁近边支点梁段和等高度连续梁、悬臂梁近中间支点梁段的箍筋间距时，令 $V_d = V_d'$［图 5.2.13a)、b)］；计算变高度（承托）的连续梁和悬臂梁近中间支点梁段的箍筋间距时，令 $V_d = V_d^0$［图 5.2.13c)］；

ξ——用于抗剪配筋设计的最不利剪力设计值分配于混凝土和箍筋共同承担的分配系数，取 $\xi \geqslant 0.6$；

h_0——用于抗剪配筋设计的最不利剪力截面的有效高度（mm）；

b——用于抗剪配筋设计的最不利剪力截面的梁腹宽度（mm），当梁的腹板厚度有变化时，取设计梁段最小腹板厚度；

A_{sv}——配置在同一截面内箍筋总截面面积（mm²）。

3 计算第 1 排弯起钢筋 A_{sb1} 时，对于简支梁和连续梁近边支点梁段，取用距支点中心 $h/2$ 处由弯起钢筋承担的那部分剪力 V_{sb1}［图 5.2.13a)］；对于等高度连续梁和悬臂梁近中间支点梁段，取用支点上横隔梁边缘处由弯起钢筋承担的那部分剪力 V_{sb1}［图 5.2.13 b)］；对于变高度（承托）的连续梁和悬臂梁近中间支点的变高度梁段，取用第一排弯起钢筋下面弯点处由弯起钢筋承担的那部分剪力 V_{sb1}［图 5.2.13c)］。

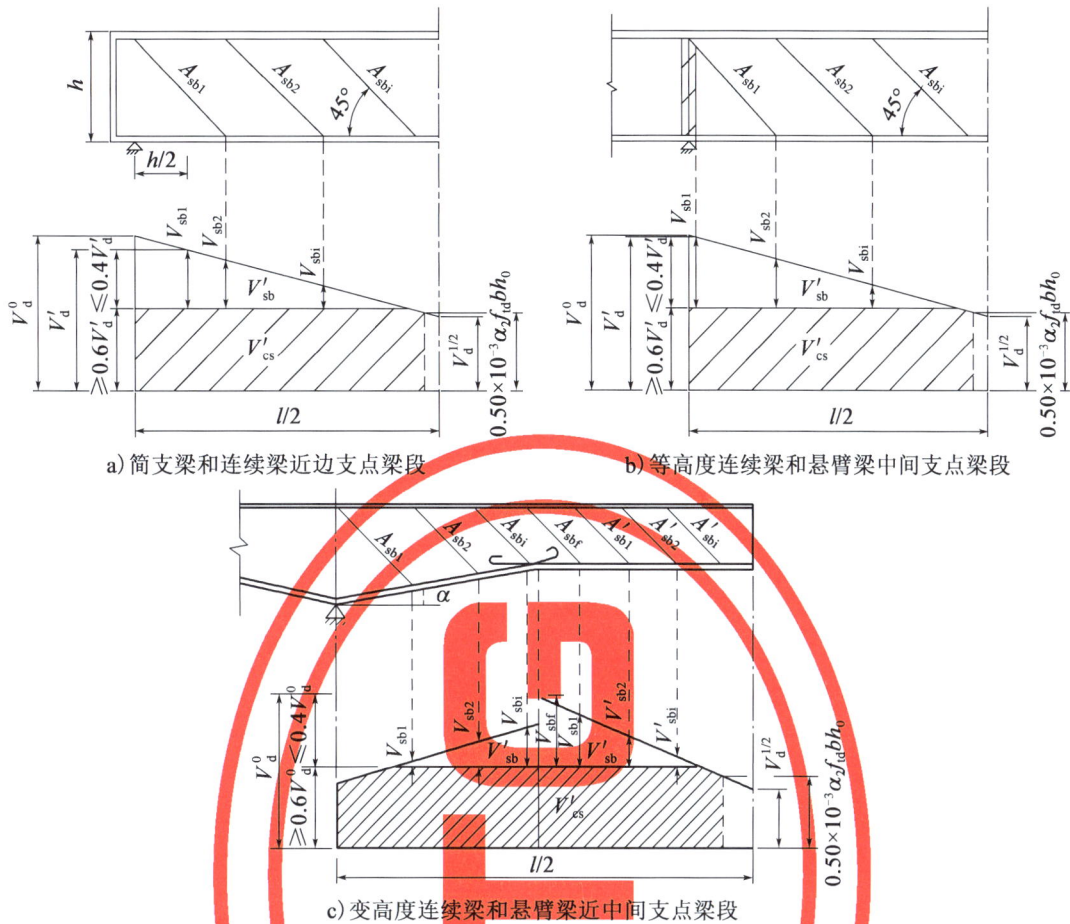

a) 简支梁和连续梁近边支点梁段
b) 等高度连续梁和悬臂梁中间支点梁段
c) 变高度连续梁和悬臂梁近中间支点梁段

图 5.2.13 斜截面抗剪承载力配筋设计计算

图中：　　　V_d^0——由作用引起的最不利剪力设计值；

V_d'——用于配筋设计的最不利剪力设计值,对简支梁和连续梁近边支点梁段,取距支点中心 $h/2$ 处的量值;对等高度连续梁和悬臂梁近中间支点梁段,取支点上横隔梁边缘处的量值;

$V_d^{1/2}$——跨中截面剪力设计值;

V_{cs}'——由混凝土和箍筋共同承担的总剪力设计值(图中阴影部分);

V_{sb}'——由弯起钢筋承担的总剪力设计值;

V_{sb1}、V_{sb2}、V_{sbi}——简支梁、等高度连续梁和悬臂梁、变高度(承托)的连续梁和悬臂梁的变高度梁段,由弯起钢筋承担的剪力设计值;

V_{sbf}——变高度(承托)的连续梁和悬臂梁的变高段与等高段交接处,由弯起钢筋承担的剪力设计值;

V_{sb1}'、V_{sb2}'、V_{sbi}'——变高度(承托)的连续梁和悬臂梁的等高度梁段,由弯起钢筋承担的剪力设计值;

A_{sb1}、A_{sb2}、A_{sbi}——简支梁、等高度连续梁和悬臂梁、变高度(承托)的连续梁和悬臂梁的变高度梁段,从支点算起的第1、第2、第 i 排弯起钢筋截面面积;

A_{sbf}——变高度(承托)的连续梁和悬臂梁中跨越变高度与等高度交接处的弯

— 31 —

起钢筋截面面积；

A'_{sb1}、A'_{sb2}、A'_{sbi}——变高度（承托）的连续梁和悬臂梁的等高度梁段，从变高段与等高段交接处算起的第 1、第 2、第 i 排弯起钢筋截面面积；

h——等高度梁的梁高；

l——梁的计算跨径；

α——变高度梁段下缘线与水平线夹角。

4 计算第 1 排弯起钢筋以后的每一排弯起钢筋 A_{sb2}，$\cdots$，A_{sbi} 时，对于简支梁、连续梁近边支点梁段和等高度连续梁与悬臂梁近中间支点梁段，取用前一排弯起钢筋下面弯点处由弯起钢筋承担的那部分剪力 V_{sb2}，$\cdots$，V_{sbi}［图 5.2.13a)、b)］；对于变高度（承托）的连续梁和悬臂梁近中间支点的变高度梁段，取用各该排弯起钢筋下面弯点处由弯起钢筋承担的那部分剪力 V_{sb2}，$\cdots$，V_{sbi}［图 5.2.13c)］；

5 计算变高度（承托）的连续梁和悬臂梁跨越变高段与等高段交接处的弯起钢筋 A_{sbf} 时，取用交接截面剪力峰值由弯起钢筋承担的那部分剪力 V_{sbf}［图 5.2.13c)］；计算等高度梁段各排弯起钢筋 A'_{sb1}、A'_{sb2}、A'_{sbi} 时，取用各该排弯起钢筋上面弯点处由弯起钢筋承担的那部分剪力 V'_{sb1}、V'_{sb2}、V'_{sbi}［图 5.2.13c)］。

6 每排弯起钢筋的截面面积按下列公式计算：

$$A_{sb} = \frac{\gamma_0 V_{sb}}{0.75 \times 10^{-3} f_{sd} \sin\theta_s} \qquad (5.2.13\text{-}2)$$

式中：A_{sb}——每排弯起钢筋的总截面面积（mm^2），即为图 5.2.13 中的 A_{sb1}、A_{sb2}、A_{sbi} 或 A'_{sb1}、A'_{sbi} 或 A_{sbf}；

V_{sb}——由每排弯起钢筋承担的剪力设计值（kN），即为图 5.2.13 中的 V_{sb1}、V_{sb2}、V_{sbi} 或 V'_{sb1}、V'_{sb2}、V'_{sbi} 或 V_{sbf}。

注：$f_{cu,k}$、f_{sv}、f_{sd} 以 MPa 为单位。

5.2.14 矩形、T 形和 I 形截面的受弯构件，其斜截面抗弯承载力应按下列规定进行验算（图 5.2.9）：

$$\gamma_0 M_d \leqslant f_{sd} A_s Z_s + f_{pd} A_p Z_p + \sum f_{sd} A_{sb} Z_{sb} + \sum f_{pd} A_{pb} Z_{pb} + \sum f_{sv} A_{sv} Z_{sv} \qquad (5.2.14\text{-}1)$$

此时，最不利的斜截面水平投影长度按下列公式试算确定：

$$\gamma_0 V_d = \sum f_{sd} A_{sb} \sin\theta_s + \sum f_{pd} A_{pb} \sin\theta_p + \sum f_{sv} A_{sv} \qquad (5.2.14\text{-}2)$$

式中：M_d——弯矩设计值，按斜截面剪压区对应正截面处取值；

V_d——与弯矩设计值 M_d 对应的剪力设计值；

Z_s、Z_p——纵向普通受拉钢筋合力点、纵向预应力受拉钢筋合力点至受压区中心点 O 的距离；

Z_{sb}、Z_{pb}——与斜截面相交的同一弯起平面内普通弯起钢筋合力点、预应力弯起钢筋合力点至受压区中心点 O 的距离；

Z_{sv}——与斜截面相交的同一平面内箍筋合力点至斜截面受压端的水平距离。

斜截面受压端受压区高度 x，按斜截面内所有的力对构件纵向轴投影之和为零的平衡条件求得。

受弯构件的纵向钢筋和箍筋，当符合本规范第 9.1.4 条、第 9.3.8 条至第 9.3.12 条的要求时，可不进行斜截面抗弯承载力计算。

5.3 受压构件

5.3.1 钢筋混凝土轴心受压构件，当配有箍筋（或螺旋筋，或在纵向钢筋上焊有横向钢筋）时（图 5.3.1），其正截面抗压承载力应符合下列规定：

$$\gamma_0 N_d \leqslant 0.9\varphi(f_{cd}A + f'_{sd}A'_s) \tag{5.3.1}$$

式中：N_d——轴向力设计值；

φ——轴压构件稳定系数，按表 5.3.1 采用；

A——构件毛截面面积，当纵向钢筋配筋率大于 3% 时，A 应改用 $A_n = A - A'_s$；

A'_s——全部纵向钢筋的截面面积。

表 5.3.1　钢筋混凝土轴心受压构件的稳定系数

l_0/b	≤8	10	12	14	16	18	20	22	24	26	28
$l_0/2r$	≤7	8.5	10.5	12	14	15.5	17	19	21	22.5	24
l_0/i	≤28	35	42	48	55	62	69	76	83	90	97
φ	1.0	0.98	0.95	0.92	0.87	0.81	0.75	0.70	0.65	0.60	0.56
l_0/b	30	32	34	36	38	40	42	44	46	48	50
$l_0/2r$	26	28	29.5	31	33	34.5	36.5	38	40	41.5	43
l_0/i	104	111	118	125	132	139	146	153	160	167	174
φ	0.52	0.48	0.44	0.40	0.36	0.32	0.29	0.26	0.23	0.21	0.19

注：表中 l_0 为构件计算长度，按本规范附录 E 的规定取值；b 为矩形截面的短边尺寸；r 为圆形截面的半径；i 为截面最小回转半径。

5.3.2 构件长细比 $l_0/i \leqslant 48$ 的钢筋混凝土轴心受压构件，当配置螺旋式或焊接环式间接钢筋（图 5.3.2），且间接钢筋的换算截面面积 A_{so} 不小于全部纵向钢筋截面面积的 25%、间距不大于 80mm 或 $d_{cor}/5$ 时，其正截面抗压承载力应符合下列规定：

$$\gamma_0 N_d \leqslant 0.9(f_{cd}A_{cor} + f'_{sd}A'_s + kf_{sd}A_{so}) \tag{5.3.2-1}$$

$$A_{so} = \frac{\pi d_{cor}A_{so1}}{s} \tag{5.3.2-2}$$

式中：A_{cor}——构件核心截面面积；

A_{so}——间接钢筋的换算截面面积；

d_{cor}——构件核心截面的直径；

k——间接钢筋影响系数，混凝土强度等级 C50 及以下时，取 $k = 2.0$；C50 ~ C80 取 $k = 2.0 \sim 1.7$；中间值直线插入取用；

A_{so1}——单根间接钢筋的截面面积；

s——沿构件轴线方向间接钢筋的螺距或间距。

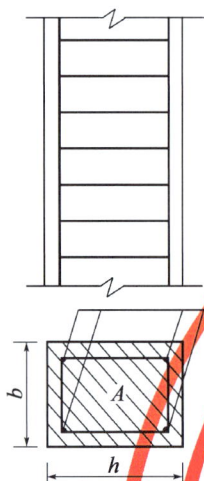

图 5.3.1 配有箍筋的钢筋混凝
土轴心受压构件

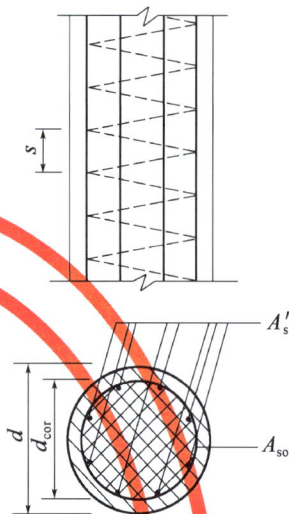

图 5.3.2 配置螺旋式间接钢筋的钢筋混凝
土轴心受压构件

当间接钢筋的换算截面面积、间距及构件长细比不符合本条要求，或按式（5.3.2-1）算得的抗压承载力小于按式（5.3.1）算得的抗压承载力时，不应考虑间接钢筋的套箍作用，正截面抗压承载力应按本规范第 5.3.1 条的规定计算。

按式（5.3.2-1）计算的抗压承载力设计值不应大于按式（5.3.1）计算的抗压承载力设计值的 1.5 倍。

5.3.3 偏心受压构件应以相对界限受压区高度 ξ_b 作为判别大小偏心受压的条件，ξ_b 应按下列规定确定：

1 钢筋混凝土偏心受压构件，其 ξ_b 值可按表5.2.1 取用；

2 预应力混凝土偏心受压构件，其 ξ_b 值按下列公式计算：

1）对预应力螺纹钢筋

$$\xi_b = \frac{\beta}{1 + \dfrac{f_{pd} - \sigma_{p0}}{E_p \varepsilon_{cu}}} \tag{5.3.3-1}$$

2）对钢丝和钢绞线

$$\xi_b = \frac{\beta}{1 + \dfrac{0.002}{\varepsilon_{cu}} + \dfrac{f_{pd} - \sigma_{p0}}{E_p \varepsilon_{cu}}} \tag{5.3.3-2}$$

式中：β——截面受压区矩形应力图高度与实际受压区高度的比值，按表 5.1.4 取用；

σ_{p0}——截面受拉区纵向预应力钢筋合力点处混凝土法向应力等于零时,预应力钢筋中的应力,按式(6.1.6-2)或式(6.1.6-5)计算;

ε_{cu}——截面非均匀受压时混凝土的极限压应变,当混凝土强度等级为 C50 及以下时,取 $\varepsilon_{cu} = 0.0033$;当混凝土强度等级为 C80 时,取 $\varepsilon_{cu} = 0.003$;中间强度等级用直线插入求得;

f_{pd}——纵向预应力钢筋的抗拉强度设计值;

E_p——预应力钢筋的弹性模量。

5.3.4 矩形截面偏心受压构件的正截面抗压承载力应符合下列规定(图5.3.4):

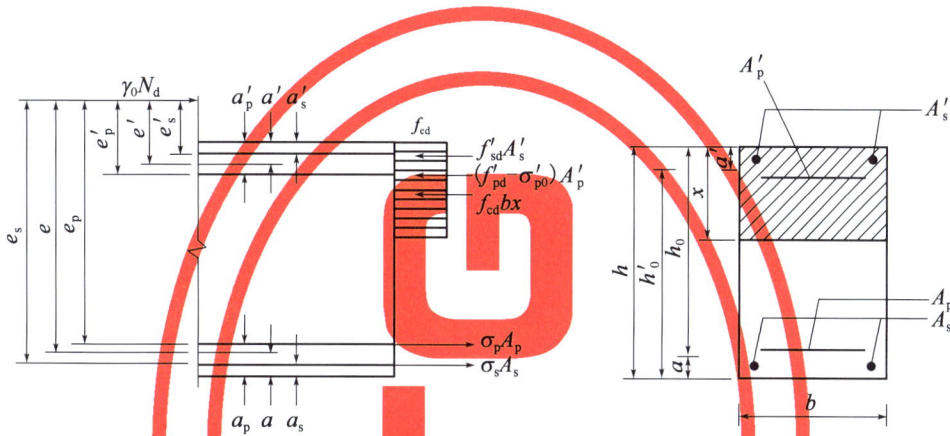

图 5.3.4 矩形截面偏心受压构件正截面抗压承载力计算

$$\gamma_0 N_d \leqslant f_{cd}bx + f'_{sd}A'_s + (f'_{pd} - \sigma'_{p0})A'_p - \sigma_s A_s - \sigma_p A_p \tag{5.3.4-1}$$

$$\gamma_0 N_d e \leqslant f_{cd}bx\left(h_0 - \frac{x}{2}\right) + f'_{sd}A'_s(h_0 - a'_s) + (f'_{pd} - \sigma'_{p0})A'_p(h_0 - a'_p) \tag{5.3.4-2}$$

$$e = \eta e_0 + \frac{h}{2} - a \tag{5.3.4-3}$$

式中:e——轴向力作用点至截面受拉边或受压较小边纵向钢筋 A_s 和 A_p 合力点的距离;

e_0——轴向力对截面重心轴的偏心距,$e_0 = M_d / N_d$;

M_d——相应于轴向力的弯矩设计值;

h_0——截面受压较大边边缘至受拉边或受压较小边纵向钢筋合力点的距离,$h_0 = h - a$;

η——偏心受压构件轴向力偏心距增大系数,按本规范第 5.3.9 条的规定计算。

截面受拉边或受压较小边纵向钢筋的应力 σ_s 和 σ_p 应按下列情况采用:

当 $\xi \leqslant \xi_b$ 时为大偏心受压构件,取 $\sigma_s = f_{sd}$,$\sigma_p = f_{pd}$,此处,相对受压区高度 $\xi = x/h_0$;

当 $\xi > \xi_b$ 时为小偏心受压构件,σ_s 和 σ_p 按本规范第 5.1.5 条的规定计算。

在承载力计算中,当考虑截面受压较大边的纵向受压钢筋时,受压区高度应符合式(5.2.2-4)、式(5.2.2-5)的要求。

对小偏心受压构件，当轴向力作用在纵向钢筋 A'_s 和 A'_p 合力点与 A_s 和 A_p 合力点之间时，抗压承载力计算尚应符合下列规定：

$$\gamma_0 N_d e' \leqslant f_{cd} b h \left(h'_0 - \frac{h}{2} \right) + f'_{sd} A'_s (h'_0 - a_s) + (f'_{pd} - \sigma_{p0}) A_p (h'_0 - a_p) \quad (5.3.4\text{-}4)$$

$$e' = \frac{h}{2} - e_0 - a' \quad (5.3.4\text{-}5)$$

式中：e'——轴向力作用点至截面受压较大边纵向钢筋 A'_s 和 A'_p 合力点的距离，计算时偏心距 e_0 可不考虑增大系数 η；

h'_0——截面受压较小边边缘至受压较大边纵向钢筋合力点的距离，$h'_0 = h - a'$。

矩形截面对称配筋的钢筋混凝土小偏心受压构件，其钢筋截面面积也可按下列公式计算：

$$A_s = A'_s = \frac{\gamma_0 N_d e - \xi (1 - 0.5\xi) f_{cd} b h_0^2}{f'_{sd} (h_0 - a'_s)} \quad (5.3.4\text{-}6)$$

式中相对受压区高度 ξ 可按下式计算：

$$\xi = \frac{\gamma_0 N_d - \xi_b f_{cd} b h_0}{\dfrac{\gamma_0 N_d e - 0.43 f_{cd} b h_0^2}{(\beta - \xi_b)(h_0 - a'_s)} + f_{cd} b h_0} + \xi_b \quad (5.3.4\text{-}7)$$

注：小偏心受压构件当计算的截面受压区高度 $x > h$ 时，计算构件承载力取 h，但计算钢筋应力 σ_s 和 σ_p 时仍用计算所得的 x。

5.3.5 翼缘位于截面受压较大边的 T 形截面或 I 形截面偏心受压构件，其正截面抗压承载力应按下列规定计算：

1 当受压区高度 $x \leqslant h'_f$ 时，应按宽度为 b'_f 的矩形截面计算；

2 当受压区高度 $x > h'_f$ 时，则应按下列公式计算（图 5.3.5）：

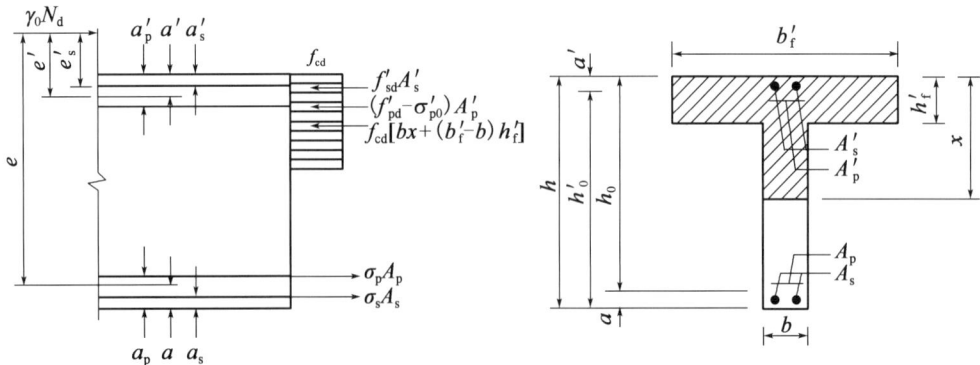

图 5.3.5 T 形截面偏心受压构件正截面抗压承载力计算

$$\gamma_0 N_d \leqslant f_{cd} \left[bx + (b'_f - b) h'_f \right] + f'_{sd} A'_s + (f'_{pd} - \sigma'_{p0}) A'_p - \sigma_s A_s - \sigma_p A_p \quad (5.3.5\text{-}1)$$

$$\gamma_0 N_d e \leqslant f_{cd}\left[bx\left(h_0 - \frac{x}{2}\right) + (b'_f - b)h'_f\left(h_0 - \frac{h'_f}{2}\right)\right] + f'_{sd}A'_s(h_0 - a'_s) + (f'_{pd} - \sigma'_{p0})A'_p(h_0 - a'_p)$$

$$(5.3.5-2)$$

截面受拉边或受压较小边纵向钢筋的应力 σ_s 和 σ_p 的确定,以及考虑截面受压较大边受压钢筋时,受压区高度 x 应符合的条件,均应按本规范第 5.3.4 条的规定办理。

翼缘位于截面受拉边或受压较小边的 T 形截面和 I 形截面构件,当 $x > h - h_f$ 时,其正截面抗压承载力计算应考虑翼缘受压部分的作用。

对翼缘位于截面受压较大边的 T 形截面小偏心受压构件,当轴向力作用在纵向钢筋 A'_s 和 A'_p 合力点与 A_s 和 A_p 合力点之间时,尚应按下列规定进行计算:

$$\gamma_0 N_d e' \leqslant f_{cd}\left[bh\left(h'_0 - \frac{h}{2}\right) + (b'_f - b)h'_f\left(\frac{h'_f}{2} - a'\right)\right] + f'_{sd}A_s(h'_0 - a_s) +$$
$$(f'_{pd} - \sigma_{p0})A_p(h'_0 - a_p)$$

$$(5.3.5-3)$$

对翼缘位于截面受压较小边的 T 形截面小偏心受压构件,尚应按下列规定计算:

$$\gamma_0 N_d e' \leqslant f_{cd}\left[bh\left(h'_0 - \frac{h}{2}\right) + (b_f - b)h_f\left(h'_0 - \frac{h_f}{2}\right)\right] + f'_{sd}A_s(h'_0 - a_s) +$$
$$(f'_{pd} - \sigma_{p0})A_p(h'_0 - a_p)$$

$$(5.3.5-4)$$

式中:b_f——位于截面受压较小边的翼缘宽度;

h_f——位于截面受压较小边的翼缘厚度。

5.3.6 在偏心受压构件正截面抗压承载力计算中,当考虑截面受压较大边的纵向受压钢筋,但受压区高度又不符合式(5.2.2-4)或式(5.2.2-5)的要求时,其正截面抗压承载力可按式(5.2.4-1)、式(5.2.4-2)计算。此时,上述公式中的 M_d 应分别以 $N_d e'$、$N_d e'_s$ 代替,计算时应考虑偏心距增大系数 η。

5.3.7 沿截面腹部均匀配置纵向普通钢筋且每排不少于 4 根的矩形、T 形和 I 形截面钢筋混凝土偏心受压构件(图 5.3.7),其正截面抗压承载力的计算应符合下列规定:

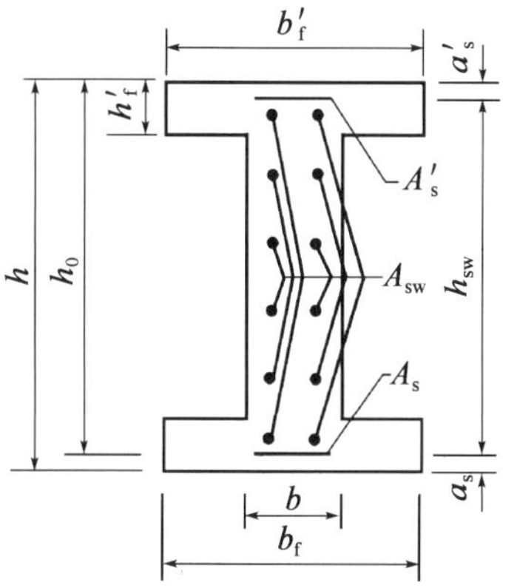

图 5.3.7 沿截面腹部均匀配筋的 I 形截面偏心受压构件正截面抗压承载力计算

$$\gamma_0 N_{\rm d} \leqslant f_{\rm cd}\left[\xi bh_0 + (b_{\rm f}' - b) h_{\rm f}'\right] + f_{\rm sd}' A_{\rm s}' - \sigma_{\rm s} A_{\rm s} + N_{\rm sw} \tag{5.3.7-1}$$

$$\gamma_0 N_{\rm d}e \leqslant f_{\rm cd}\left[\xi(1 - 0.5\xi) bh_0^2 + (b_{\rm f}' - b) h_{\rm f}'\left(h_0 - \frac{h_{\rm f}'}{2}\right)\right] + f_{\rm sd}' A_{\rm s}'(h_0 - a_{\rm s}') + M_{\rm sw}$$
$$\tag{5.3.7-2}$$

$$N_{\rm sw} = \left(1 + \frac{\xi - \beta}{0.5\beta\omega}\right) f_{\rm sw} A_{\rm sw} \tag{5.3.7-3}$$

$$M_{\rm sw} = \left[0.5 - \left(\frac{\xi - \beta}{\beta\omega}\right)^2\right] f_{\rm sw} A_{\rm sw} h_{\rm sw} \tag{5.3.7-4}$$

式中：$A_{\rm sw}$——沿截面腹部均匀配置的全部纵向钢筋截面面积；

$f_{\rm sw}$——沿截面腹部均匀配置的纵向钢筋强度设计值；

$N_{\rm sw}$——沿截面腹部均匀配置的纵向钢筋所承担的轴向力，当 $\xi = \dfrac{x}{h_0} > \beta$ 时，取 $N_{\rm sw} = f_{\rm sw} A_{\rm sw}$；

$M_{\rm sw}$——沿截面腹部均匀配置的纵向钢筋的内力对截面受拉边或受压较小边纵向钢筋 $A_{\rm s}$ 重心的力矩，当 $\xi > \beta$ 时，取 $M_{\rm sw} = 0.5 f_{\rm sw} A_{\rm sw} h_{\rm sw}$；

$h_{\rm sw}$——沿截面腹部均匀配置的纵向钢筋区段的高度，取 $h_{\rm sw} = h_0 - a_{\rm s}'$；

ω——沿截面腹部均匀配筋区段的高度与截面有效高度的比值，$\omega = h_{\rm sw}/h_0$。

在式（5.3.7-1）中，截面受拉边或受压较小边的钢筋应力 $\sigma_{\rm s}$，当 $\xi \leqslant \xi_{\rm b}$ 时，取 $\sigma_{\rm s} = f_{\rm sd}$；当 $\xi > \xi_{\rm b}$ 时，按式（5.2.5-1）计算。

在计算中当考虑截面受压较大边的受压钢筋 $A_{\rm s}'$ 时，受压区高度应符合 $x \geqslant 2a_{\rm s}'$ 的要求；当不符合时，正截面抗压承载力的计算应符合下列规定：

$$\gamma_0 N_{\rm d}e' \leqslant f_{\rm sd} A_{\rm s}(h_0 - a_{\rm s}') + M_{\rm sw}' \tag{5.3.7-5}$$

$$M_{\rm sw}' = 0.5 f_{\rm sw} A_{\rm sw} h_{\rm sw} \tag{5.3.7-6}$$

对 T 形和 I 形截面的偏心受压构件，当 $x \leqslant h_{\rm f}'$ 时，应按宽度为 $b_{\rm f}'$ 的矩形截面计算。对 I 形截面，当 $x > h - h_{\rm f}$ 时，应考虑位于受压较小边翼缘受压部分的作用。

注：当计算的 $\xi > h/h_0$ 时，本条各式中的 ξ 均取 $\xi = h/h_0$；但计算钢筋 $A_{\rm s}$ 的应力时，仍采用计算所得的 ξ。

5.3.8 沿周边均匀配置纵向钢筋的圆形截面钢筋混凝土偏心受压构件（图5.3.8），其正截面抗压承载力计算应符合下列规定：

$$\gamma_0 N_{\rm d} \leqslant N_{\rm ud} = \alpha f_{\rm cd} A\left(1 - \frac{\sin 2\pi\alpha}{2\pi\alpha}\right) + (\alpha - \alpha_{\rm t}) f_{\rm sd} A_{\rm s} \tag{5.3.8-1}$$

$$\gamma_0 N_{\rm d}\eta e_0 \leqslant M_{\rm ud} = \frac{2}{3} f_{\rm cd} Ar \frac{\sin^3 \pi\alpha}{\pi} + f_{\rm sd} A_{\rm s} r_{\rm s} \frac{\sin\pi\alpha + \sin\pi\alpha_{\rm t}}{\pi} \tag{5.3.8-2}$$

$$\alpha_{\rm t} = 1.25 - 2\alpha \tag{5.3.8-3}$$

式中： A——圆形截面面积；

A_s——全部纵向普通钢筋截面面积；

N_{ud}、M_{ud}——正截面抗压、抗弯承载力设计值；

r——圆形截面的半径；

r_s——纵向普通钢筋重心所在圆周的半径；

e_0——轴向力对截面重心的偏心距；

α——对应于受压区混凝土截面面积的圆心角(rad)与 2π 的比值；

α_t——纵向受拉普通钢筋截面面积与全部纵向普通钢筋截面面积的比值,当 α 大于 0.625 时,取 α_t 为 0。

注:本条适用于截面内纵向普通钢筋数量不少于 8 根的情况。

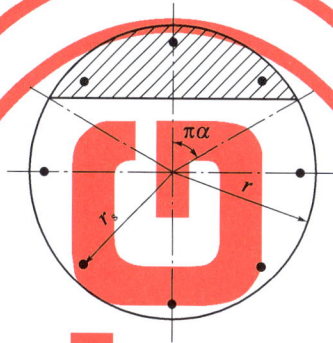

图 5.3.8　沿周边均匀配筋的圆形截面

当混凝土强度等级在 C30 ~ C50、纵向钢筋配筋率在 0.5% ~ 4% 之间时,沿周边均匀配置纵向钢筋的圆形截面钢筋混凝土偏心受压构件正截面抗压承载力,本规范可按附录 F 确定。

5.3.9 对长细比 $l_0/i > 17.5$ 的构件,应考虑偏心受压构件的轴向力承载能力极限状态偏心距增大系数 η。矩形、T 形、I 形和圆形截面偏心受压构件的承载能力极限状态偏心距增大系数可按下列公式计算:

$$\eta = 1 + \frac{1}{1300 e_0/h_0}\left(\frac{l_0}{h}\right)^2 \zeta_1 \zeta_2 \qquad (5.3.9\text{-}1)$$

$$\zeta_1 = 0.2 + 2.7 \frac{e_0}{h_0} \leqslant 1.0 \qquad (5.3.9\text{-}2)$$

$$\zeta_2 = 1.15 - 0.01 \frac{l_0}{h} \leqslant 1.0 \qquad (5.3.9\text{-}3)$$

式中: l_0——构件的计算长度,按本规范附录 E 确定;

e_0——轴向力对截面重心轴的偏心距,不小于 20mm 和偏压方向截面最大尺寸的 1/30 两者之间的较大值;

h_0——截面有效高度,对圆形截面取 $h_0 = r + r_s$;

h——截面高度,对圆形截面取 $h = 2r$;

ζ_1——荷载偏心率对截面曲率的影响系数；

ζ_2——构件长细比对截面曲率的影响系数。

5.3.10 矩形、T 形和 I 形截面偏心受压构件除应计算弯矩作用平面抗压承载力外，尚应按轴心受压构件验算垂直于弯矩作用平面的抗压承载力，此时不考虑弯矩的作用，但应考虑稳定系数 φ 的影响。

5.3.11 截面具有两个互相垂直对称轴的钢筋混凝土双向偏心受压构件（图 5.3.11），其正截面抗压承载力可按下列规定计算：

$$\gamma_0 N_d \leqslant \frac{1}{\dfrac{1}{N_{ux}} + \dfrac{1}{N_{uy}} - \dfrac{1}{N_{u0}}} \tag{5.3.11}$$

式中：N_{u0}——构件截面轴心抗压承载力设计值，按式（5.3.1）计算，式中取等号，以 N_{u0} 代替 $\gamma_0 N_d$，计入全部纵向钢筋但不考虑稳定系数 φ；

N_{ux}——按轴向力作用于 x 轴并考虑相应的偏心距 $\eta_x e_{0x}$ 后，计入全部纵向钢筋计算的构件偏心抗压承载力设计值，此处 η_x 按本规范第 5.3.9 条规定计算；当纵向钢筋配置在截面上下两边时，N_{ux} 可按本规范第 5.3.4 条或第 5.3.5 条的规定计算；当纵向钢筋沿截面腹部均匀配置时，N_{ux} 可按本规范第 5.3.7 条规定计算；在上述计算中，公式均取等号，以 N_{ux} 代替 $\gamma_0 N_d$；

N_{uy}——按轴向力作用于 y 轴，并考虑相应的偏心距 $\eta_y e_{0y}$ 后，计入全部纵向钢筋计算的构件偏心抗压承载力设计值，此处 η_y 按本规范第 5.3.9 条规定计算；N_{uy} 的计算所考虑的方法和计算公式与 N_{ux} 相同。

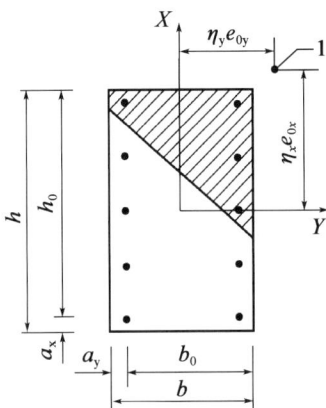

图 5.3.11 钢筋混凝土双向偏心受压构件
1-轴向力作用点

5.4 受拉构件

5.4.1 轴心受拉构件的正截面抗拉承载力计算应符合下列规定：

$$\gamma_0 N_d \leq N_{ud} = f_{sd}A_s + f_{pd}A_p \tag{5.4.1}$$

式中：N_{ud}——构件截面轴心抗拉承载力设计值；

A_s、A_p——普通钢筋、预应力钢筋的全部截面面积。

5.4.2 矩形截面偏心受拉构件的正截面抗拉承载力应按下列规定计算：

1 对小偏心受拉构件，当轴向力作用在钢筋 A_s 和 A_p 合力点与 A_s' 和 A_p' 合力点之间时，按下列规定计算[图 5.4.2a)]：

$$\gamma_0 N_d e \leq f_{sd}A_s'(h_0 - a_s') + f_{pd}A_p'(h_0 - a_p') \tag{5.4.2-1}$$

$$\gamma_0 N_d e' \leq f_{sd}A_s(h_0' - a_s) + f_{pd}A_p(h_0' - a_p) \tag{5.4.2-2}$$

2 对大偏心受拉构件，当轴向力不作用在钢筋 A_s 和 A_p 合力点与 A_s' 和 A_p' 合力点之间时，按下列规定计算[图 5.4.2 b)]：

$$\gamma_0 N_d \leq f_{sd}A_s + f_{pd}A_p - f_{sd}'A_s' - (f_{pd}' - \sigma_{p0}')A_p' - f_{cd}bx \tag{5.4.2-3}$$

$$\gamma_0 N_d e \leq f_{cd}bx\left(h_0 - \frac{x}{2}\right) + f_{sd}'A_s'(h_0 - a_s') + (f_{pd}' - \sigma_{p0}')A_p'(h_0 - a_p') \tag{5.4.2-4}$$

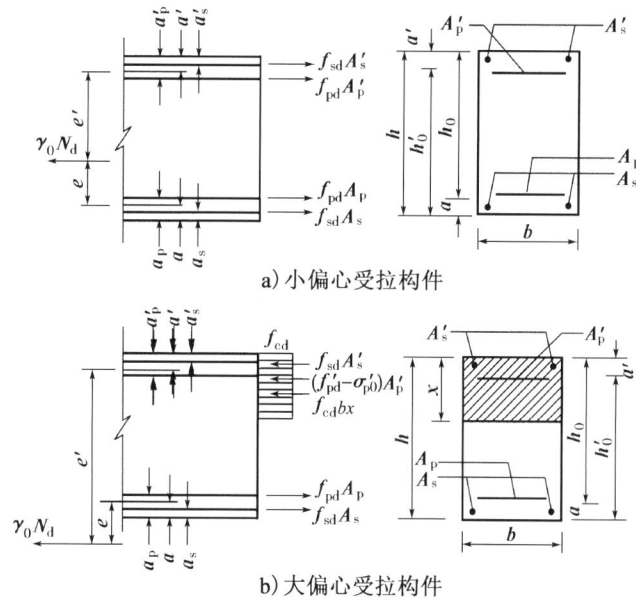

a)小偏心受拉构件

b)大偏心受拉构件

图 5.4.2 矩形截面偏心受拉构件正截面抗拉承载力计算

此时，截面受压区高度 x 应符合式(5.2.2-3)的要求；当计算中考虑受压钢筋时，x 尚应符合式(5.2.2-4)或式(5.2.2-5)的要求。当不符合时，x 则应按式(5.2.4-1)、式(5.2.4-2)计算，但式中 M_d 应分别以 $N_d e$、$N_d e'$代替。

5.4.3 对称配筋的矩形截面钢筋混凝土双向偏心受拉构件，其正截面抗拉承载力应按下列规定计算：

$$\gamma_0 N_{\mathrm{d}} \leqslant \cfrac{1}{\cfrac{1}{N_{\mathrm{ud}}} + \sqrt{\left(\cfrac{e_{0x}}{M_{ux}}\right)^2 + \left(\cfrac{e_{0y}}{M_{uy}}\right)^2}} \tag{5.4.3}$$

式中：N_{ud}——构件截面轴心抗拉承载力设计值，按式（5.4.1）计算；

e_{0x}、e_{0y}——轴向拉力对通过截面重心的 y 轴、x 轴的偏心距；

M_{ux}、M_{uy}——x 轴、y 轴方向的正截面抗弯承载力设计值，按本规范第 5.2 节的规定计算。

5.4.4 沿周边均匀配置纵向钢筋的圆形截面钢筋混凝土偏心受拉构件，其正截面抗拉承载力应按下列规定计算：

$$\gamma_0 N_{\mathrm{d}} \leqslant \cfrac{1}{\cfrac{1}{N_{\mathrm{ud}}} + \cfrac{e_0}{M_{\mathrm{ud}}}} \tag{5.4.4}$$

式中：N_{ud}——构件截面轴心抗拉承载力设计值，按式（5.4.1）计算；

e_0——轴向拉力对截面重心的偏心距；

M_{ud}——正截面抗弯承载力设计值，取 $N_{\mathrm{ud}}=0$ 按本规范第 5.3.8 条规定计算。

5.5 受扭构件

5.5.1 矩形、箱壁厚满足 $t_2 \geqslant 0.1b$ 和 $t_1 \geqslant 0.1h$ 的箱形截面纯扭构件（图 5.5.1），其抗扭承载力应按下列规定计算：

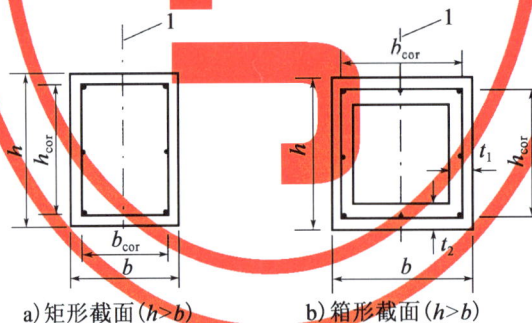

图 5.5.1 矩形和箱形受扭构件截面
1-弯矩作用平面

a）矩形截面（$h>b$）　　　b）箱形截面（$h>b$）

$$\gamma_0 T_{\mathrm{d}} \leqslant 0.35\beta_{\mathrm{a}} f_{\mathrm{td}} W_{\mathrm{t}} + 1.2\sqrt{\zeta}\,\frac{f_{\mathrm{sv}} A_{\mathrm{sv1}} A_{\mathrm{cor}}}{s_{\mathrm{v}}} \tag{5.5.1-1}$$

$$\zeta = \frac{f_{\mathrm{sd}} A_{\mathrm{st}} s_{\mathrm{v}}}{f_{\mathrm{sv}} A_{\mathrm{sv1}} U_{\mathrm{cor}}} \tag{5.5.1-2}$$

对钢筋混凝土构件，ζ 值应符合 $0.6 \leqslant \zeta \leqslant 1.7$ 的要求，当 $\zeta > 1.7$ 时，取 $\zeta = 1.7$。

对预应力混凝土构件，当 $e_{\mathrm{p0}} \leqslant h/6$ 且 $\zeta \geqslant 1.7$ 时，应在式（5.5.1-1）的右边增加预应力影响项 $0.05\dfrac{N_{\mathrm{p0}}}{A_0} W_{\mathrm{t}}$，并取 $\zeta = 1.7$；当 $e_{\mathrm{p0}} > h/6$ 或 $\zeta < 1.7$ 时，可不考虑预应力影响项，按钢

筋混凝土构件计算。

式中：T_d——扭矩设计值；

ζ——纯扭构件纵向钢筋与箍筋的配筋强度比；

β_a——箱形截面有效壁厚折减系数，当 $0.1b \leqslant t_2 \leqslant 0.25b$ 或 $0.1h \leqslant t_1 \leqslant 0.25h$ 时，取 $\beta_a = 4\dfrac{t_2}{b}$ 或 $\beta_a = 4\dfrac{t_1}{h}$ 两者较小值；当 $t_2 > 0.25b$ 和 $t_1 > 0.25h$ 时，取 $\beta_a = 1.0$；对矩形截面，$\beta_a = 1.0$；

b——矩形截面或箱形截面宽度；

h——矩形截面或箱形截面高度；

t_1——箱形截面长边壁厚；

t_2——箱形截面短边壁厚；

f_{td}——混凝土轴心抗拉强度设计值；

W_t——矩形截面或箱形截面受扭塑性抵抗矩，按本规范第 5.5.2 条的规定计算；

A_{sv1}——纯扭计算中箍筋的单肢截面面积；

f_{sv}——箍筋的抗拉强度设计值，按表 3.2.3-1 采用；

A_{st}——纯扭计算中沿截面周边对称配置的全部普通纵向钢筋截面面积；

f_{sd}——纵向钢筋的抗拉强度设计值，按表 3.2.3-1 采用；

A_{cor}——由箍筋内表面包围的截面核心面积，$A_{cor} = b_{cor}h_{cor}$，此处，b_{cor} 和 h_{cor} 分别为核心面积的短边边长和长边边长；

U_{cor}——截面核心面积的周长，$U_{cor} = 2(b_{cor} + h_{cor})$；

s_v——纯扭计算中箍筋的间距；

e_{p0}——预应力钢筋和普通钢筋的合力对换算截面重心轴的偏心距，先张法和后张法预应力混凝土构件均按式(6.1.7-2)计算，但式中 σ_{p0}、σ'_{p0}，先张法构件按式(6.1.6-2)计算，后张法构件按式(6.1.6-5)计算；

N_{p0}——混凝土法向预应力等于零时预应力钢筋和普通钢筋的合力，先张法和后张法构件均按式(6.1.7-1)计算，但式中的 σ_{p0}、σ'_{p0}，先张法构件和后张法构件分别按式(6.1.6-2)和式(6.1.6-5)计算。当 $N_{p0} > 0.3f_{cd}A_0$ 时，取 $N_{p0} = 0.3f_{cd}A_0$，此处，A_0 为构件的换算截面面积。

5.5.2 矩形和箱形截面受扭构件的截面受扭塑性抵抗矩，应按下列公式计算：

1　矩形截面[图 5.5.1a)]

$$W_t = \frac{b^2}{6}(3h - b) \tag{5.5.2-1}$$

2　箱形截面[图 5.5.1b)]

$$W_t = \frac{b^2}{6}(3h - b) - \frac{(b - 2t_1)^2}{6}\left[3(h - 2t_2) - (b - 2t_1)\right] \tag{5.5.2-2}$$

5.5.3 矩形和箱形截面承受弯、剪、扭的构件（图 5.5.1），其截面应符合下列公式要求：

$$\frac{\gamma_0 V_d}{bh_0} + \frac{\gamma_0 T_d}{W_t} \leqslant f_{cv} \qquad (5.5.3\text{-}1)$$

当符合下列条件时

$$\frac{\gamma_0 V_d}{bh_0} + \frac{\gamma_0 T_d}{W_t} \leqslant 0.50\alpha_2 f_{td} \qquad (5.5.3\text{-}2)$$

可不进行构件的抗扭承载力计算，仅需按本规范第 9.3.13 条规定配置构造钢筋。

式中：V_d——剪力设计值（N）；

T_d——扭矩设计值（N·mm）；

f_{cv}——名义剪应力设计值（MPa），取 $f_{cv} = 0.51\sqrt{f_{cu,k}}$；

b——垂直于弯矩作用平面的矩形截面宽度或箱形截面腹板总宽度（mm）；

h_0——平行于弯矩作用平面的矩形或箱形截面的有效高度（mm）；

W_t——截面受扭塑性抵抗矩（mm^3）。

式（5.5.3-2）中的 α_2 见本规范第 5.2.9 条；当按本规范第 5.5.1 条规定可不考虑预应力影响时，$\alpha_2 = 1$。

5.5.4 矩形和箱形截面剪扭构件，其抗剪扭承载力应按下列公式计算：

1 抗剪承载力

$$\gamma_0 V_d \leqslant 0.5 \times 10^{-4} \alpha_1 \alpha_2 \alpha_3 (10 - 2\beta_t) bh_0 \sqrt{(2 + 0.6P)\sqrt{f_{cu,k}}\rho_{sv}f_{sv}} \qquad (5.5.4\text{-}1)$$

2 抗扭承载力

$$\gamma_0 T_d \leqslant \beta_t \left(0.35\beta_a f_{td} + 0.05\frac{N_{p0}}{A_0}\right) W_t + 1.2\sqrt{\zeta}\frac{f_{sv}A_{sv1}A_{cor}}{s_v} \qquad (5.5.4\text{-}2)$$

$$\beta_t = \frac{1.5}{1 + 0.5\dfrac{V_d W_t}{T_d bh_0}} \qquad (5.5.4\text{-}3)$$

式中：β_t——剪扭构件混凝土抗扭承载力降低系数，当 $\beta_t < 0.5$ 时，取 $\beta_t = 0.5$；当 $\beta_t > 1.0$ 时，取 $\beta_t = 1.0$；

W_t——截面受扭塑性抵抗矩，当为箱形截面剪扭构件时，应以 $\beta_a W_t$ 代替；

b——矩形截面宽度或箱形截面腹板总宽度。

其他符号意义及单位参见本规范第 5.2.9 条和第 5.5.1 条。

当按本规范第 5.5.1 条规定可不考虑预应力影响时，式（5.5.4-1）中的 $\alpha_2 = 1$，式（5.5.4-2）中右边括弧内第 2 项等于零。

5.5.5 T 形、I 形和带翼缘箱形截面的受扭构件，可将其截面划分为矩形截面进行抗扭承载力计算：

1　腹板或矩形箱体、受压翼缘和受拉翼缘的扭矩设计值应按下列公式计算：

$$T_{wd} = \frac{W_{tw}}{W_t} T_d \qquad (5.5.5\text{-}1)$$

$$T'_{fd} = \frac{W'_{tf}}{W_t} T_d \qquad (5.5.5\text{-}2)$$

$$T_{fd} = \frac{W_{tf}}{W_t} T_d \qquad (5.5.5\text{-}3)$$

式中：　T_d——T 形、I 形或带翼缘箱形截面构件承受的扭矩设计值；

　　　　T_{wd}——分配给腹板或矩形箱体承受的扭矩设计值；

T'_{fd}、T_{fd}——分配给受压翼缘、受拉翼缘承受的扭矩设计值；

W_{tw}、W'_{tf}、W_{tf}——分别为腹板或矩形箱体、受压翼缘、受拉翼缘受扭塑性抵抗矩；

　　　　W_t——T 形、I 形或带翼缘箱形截面总的受扭塑性抵抗矩。

2　各种截面的受扭塑性抵抗矩：

1）腹板和矩形箱体的受扭塑性抵抗矩应按本规范第 5.5.2 条计算；

2）受压翼缘的受扭塑性抵抗矩应按式（5.5.5-4）计算：

$$W'_{tf} = \frac{h'^2_f}{2}(b'_f - b) \qquad (5.5.5\text{-}4)$$

3）受拉翼缘的受扭塑性抵抗矩应按式（5.5.5-5）计算：

$$W_{tf} = \frac{h^2_f}{2}(b_f - b) \qquad (5.5.5\text{-}5)$$

式中：b'_f、h'_f——T 形、I 形或带翼缘箱形截面受压翼缘的宽度和厚度（图 5.5.5），应符合 $b'_f \leqslant b + 6h'_f$；

　　　b_f、h_f——I 形截面受拉翼缘的宽度和厚度，应符合 $b_f \leqslant b + 6h_f$。

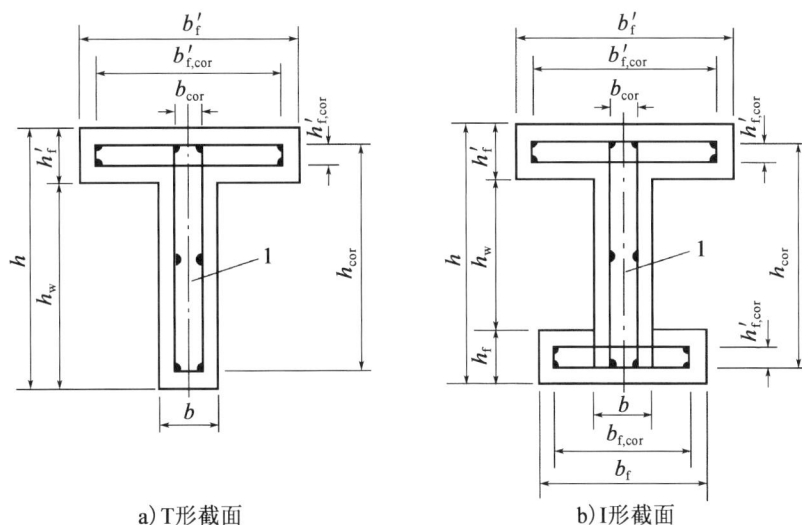

a）T 形截面　　　　　　b）I 形截面

图 5.5.5　T 形和 I 形受扭构件截面

1-弯矩作用平面

3 各种截面总的受扭塑性抵抗矩：

1）T 形和带翼缘箱形截面

$$W_t = W_{tw} + W'_{tf} \qquad (5.5.5\text{-}6)$$

2）I 形截面

$$W_t = W_{tw} + W'_{tf} + W_{tf} \qquad (5.5.5\text{-}7)$$

4 T 形、I 形截面的腹板和带翼缘箱形截面的矩形箱体作为剪扭构件，其承载力按本规范第 5.5.4 条的规定计算，式中的 T_d 和 W_t 应以 T_{wd} 和 W_{tw} 代替；受压翼缘或受拉翼缘作为纯扭构件，其抗扭承载力应按本规范第 5.5.1 条规定计算，式（5.5.1-1）中的 T_d 和 W_t 应以 T'_{fd}、W'_{tf} 或 T_{fd} 和 W_{tf} 代替。

5 T 形、I 形和带翼缘箱形截面弯剪扭构件的截面应符合本规范第 5.5.3 条的规定。

注：T 形和 I 形截面受扭构件的腹板应符合 $b/h_w \geq 0.15$ 的条件，此处，b 和 h_w 分别为腹板宽度和净高（图 5.5.5）。

5.5.6 矩形、T 形、I 形和带翼缘箱形截面的弯剪扭构件，其纵向钢筋和箍筋应按下列规定计算，并分别进行配置：

1 按受弯构件正截面抗弯承载力计算所需的钢筋截面面积配置纵向钢筋。

2 矩形截面、T 形和 I 形截面的腹板、带翼缘箱形截面的矩形箱体，应按剪扭构件计算纵向钢筋和箍筋：

1）按本规范第 5.5.4 条抗扭承载力计算所需的纵向钢筋截面面积，并沿周边均匀对称布置；

2）按本规范第 5.5.4 条抗剪承载力和抗扭承载力计算箍筋截面面积。

3 T 形、I 形和带翼缘箱形截面的受压翼缘或受拉翼缘应按本规范第 5.5.1 条抗扭承载力计算所需纵向钢筋和箍筋截面面积，其中纵向钢筋应沿周边对称布置。

5.6 受冲切构件

5.6.1 在集中反力作用下不配置抗冲切钢筋的钢筋混凝土板，其抗冲切承载力可按下列公式计算（图 5.6.1）：

$$\gamma_0 F_{ld} \leq (0.7\beta_h f_{td} + 0.15\sigma_{pc,m}) U_m h_0 \qquad (5.6.1)$$

式中：F_{ld}——最大集中反力设计值，当计算由墩柱支承的板的抗冲切承载力时，可取墩柱所承受的最大轴向力设计值减去柱顶冲切破坏锥体范围内的荷载设计值；

$\sigma_{pc,m}$——设有预应力钢筋的板的截面上，由预加力引起的混凝土有效平均压应力，其值宜控制在 1.0 ~ 3.5MPa 范围内；

β_h——截面高度尺寸效应系数，当 $h \leq 300mm$ 时，取 $\beta_h = 1.0$；当 $h \geq 800mm$ 时，取 $\beta_h = 0.85$，其间按直线插入取值，此处，h 为板的高度；

U_m——距集中反力作用面 $h_0/2$ 处破坏锥体截面面积的周长，当墩柱为圆形截面时，可将其换算为边长等于 0.8 倍直径的方形截面墩柱再取 U_m；

h_0——板的有效高度。

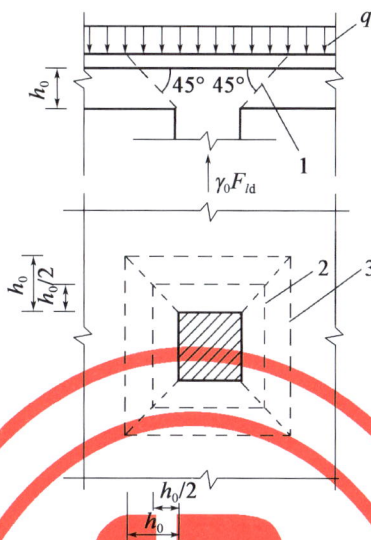

图 5.6.1　板抗冲切承载力计算
1-冲切破坏锥体的斜截面;2-距集中反力作用面$h_0/2$处破坏锥体截面周长;3-冲切破坏锥体的底面线

5.6.2　在集中反力作用下,当抗冲切承载力不满足式(5.6.1)的要求且板厚受到限制时,可配置抗冲切钢筋。此时,受冲切截面应符合下列条件:

$$\gamma_0 F_{ld} \leq 1.05\beta_h f_{td} U_m h_0 \qquad (5.6.2\text{-}1)$$

混凝土板配置抗冲切钢筋时的抗冲切承载力,可按下列规定计算:

1　当配置箍筋时

$$\gamma_0 F_{ld} \leq (0.35\beta_h f_{td} + 0.15\sigma_{pc,m}) U_m h_0 + 0.75 f_{sv} A_{svu} \qquad (5.6.2\text{-}2)$$

2　当配置弯起钢筋时

$$\gamma_0 F_{ld} \leq (0.35\beta_h f_{td} + 0.15\sigma_{pc,m}) U_m h_0 + 0.75 f_{sd} A_{sbu} \sin\theta \qquad (5.6.2\text{-}3)$$

式中:A_{svu}——与冲切破坏锥体斜截面相交的全部箍筋截面面积;

A_{sbu}——与冲切破坏锥体斜截面相交的全部弯起钢筋截面面积;

f_{sv}——箍筋抗拉强度设计值;

f_{sd}——弯起钢筋抗拉强度设计值;

θ——弯起钢筋与板底面的夹角。

对配置抗冲切钢筋的冲切破坏锥体以外的截面,尚应按本规范第5.6.1条进行抗冲切承载力验算。此时,U_m应取冲切破坏锥体以外$0.5h_0$处的最不利周长。

注:混凝土板中配置的抗冲切箍筋或弯起钢筋的构造应符合本规范第9.2.9条规定。

5.6.3　矩形截面墩柱的扩大基础,在墩柱与基础交接处及基础变阶处的抗冲切承载力可按下列规定计算(图5.6.3):

$$\gamma_0 F_{ld} \leqslant 0.7 \beta_h f_{td} b_m h_0 \tag{5.6.3-1}$$

$$F_{ld} = p_s A \tag{5.6.3-2}$$

$$b_m = \frac{b_t + b_b}{2} \tag{5.6.3-3}$$

式中：b_t——冲切破坏锥体最不利一侧斜截面的上边长，当计算墩柱与基础交接处的抗冲切承载力时，取墩柱宽度；当计算基础变阶处的抗冲切承载力时，取上阶宽度；

b_b——冲切破坏锥体最不利一侧斜截面的下边长，当计算墩柱与基础交接处的抗冲切承载力时，取墩柱宽加 2 倍基础有效高度；当计算基础变阶处的抗冲切承载力时，取上阶宽加 2 倍该处以下基础的有效高度；

h_0——冲切破坏锥体内基础的有效高度；

p_s——在荷载设计值作用下基底单位面积上的反力（可扣除基础自重及其上的土重），当受偏心荷载时可取最大的单位反力；

A——考虑冲切荷载时取用的多边形基底面积（图 5.6.3 中的阴影面积 $ABCDEF$）。

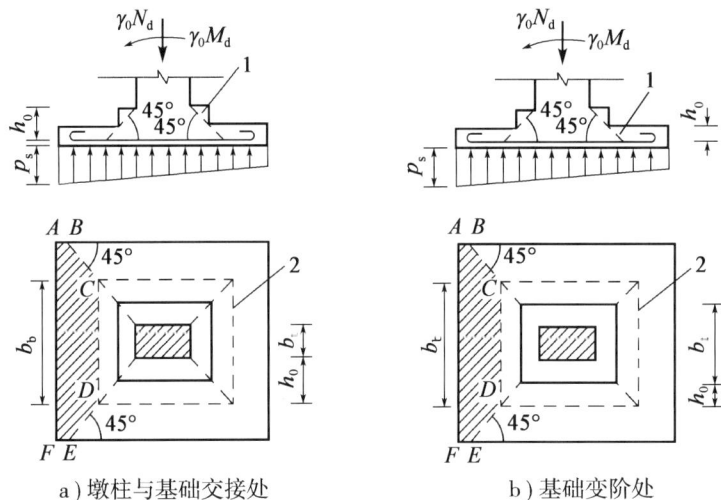

图 5.6.3　矩形扩大基础抗冲切承载力计算
1-冲切破坏锥体最不利一侧的斜截面；2-冲切破坏锥体的底面线

5.7　局部承压构件

5.7.1　配置间接钢筋的混凝土构件，其局部受压区的截面尺寸应满足下列要求：

$$\gamma_0 F_{ld} \leqslant 1.3 \eta_s \beta f_{cd} A_{ln} \tag{5.7.1-1}$$

$$\beta = \sqrt{\frac{A_b}{A_l}} \tag{5.7.1-2}$$

式中：F_{ld}——局部受压面积上的局部压力设计值，对后张法构件的锚头局压区，应取 1.2

倍张拉时的最大压力;

f_{cd}——混凝土轴心抗压强度设计值,对后张法预应力混凝土构件,应根据张拉时混凝土立方体抗压强度 f'_{cu} 值按表 3.1.4 的规定以直线内插求得;

η_s——混凝土局部承压修正系数,混凝土强度等级为 C50 及以下,取 $\eta_s=1.0$;混凝土强度等级为 C50~C80 取 $\eta_s=1.0~0.76$;中间按直线插入取值;

β——混凝土局部承压强度提高系数;

A_b——局部受压时的计算底面积,可由计算底面积与局部受压面积按同心、对称原则确定;常用情况,可按图 5.7.1 确定;

A_{ln}、A_l——混凝土局部受压面积,当局部受压面有孔洞时,A_{ln} 为扣除孔洞后的面积,A_l 为不扣除孔洞的面积。当受压面设有钢垫板时,局部受压面积应计入在垫板中按 45°刚性角扩大的面积;对于具有喇叭管并与垫板连成整体的锚具,A_{ln} 可取垫板面积扣除喇叭管尾端内孔面积。

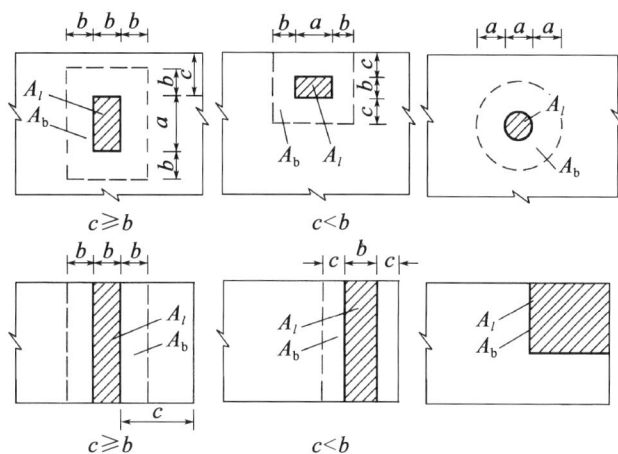

图 5.7.1　局部承压时计算底面积 A_b 示意

5.7.2　配置间接钢筋的局部受压构件(图 5.7.2),其局部抗压承载力应按下列规定计算:

$$\gamma_0 F_{ld} \leqslant 0.9(\eta_s \beta f_{cd} + k\rho_v \beta_{cor} f_{sd})A_{ln} \tag{5.7.2-1}$$

$$\beta_{cor} = \sqrt{\frac{A_{cor}}{A_l}} \tag{5.7.2-2}$$

间接钢筋体积配筋率(核心面积 A_{cor} 范围内单位混凝土体积所含间接钢筋的体积)按下列公式计算:

方格网

$$\rho_v = \frac{n_1 A_{s1} l_1 + n_2 A_{s2} l_2}{A_{cor} s} \tag{5.7.2-3}$$

此时,在钢筋网两个方向的钢筋截面面积相差不应大于 50%。

螺旋筋

$$\rho_v = \frac{4A_{ss1}}{d_{cor}s} \qquad (5.7.2\text{-}4)$$

式中：β_{cor}——配置间接钢筋时局部抗压承载力提高系数，当 $A_{cor} > A_b$ 时，应取 $A_{cor} = A_b$；

$\quad\quad k$——间接钢筋影响系数，按本规范第 5.3.2 条取用；

$\quad A_{cor}$——方格网或螺旋形间接钢筋内表面范围内的混凝土核心面积，其形心应与 A_l 的形心相重合，计算时按同心、对称原则取值；

$n_1 \setminus A_{s1}$——方格网沿 l_1 方向的钢筋根数、单根钢筋的截面面积；

$n_2 \setminus A_{s2}$——方格网沿 l_2 方向的钢筋根数、单根钢筋的截面面积；

$\quad A_{ss1}$——单根螺旋形间接钢筋的截面面积；

$\quad d_{cor}$——螺旋形间接钢筋内表面范围内混凝土核心面积的直径；

$\quad\quad s$——方格网或螺旋形间接钢筋的层距。

注：方格网钢筋不应少于 4 层，螺旋形钢筋不应少于 4 圈；带喇叭管的锚具垫板，板下螺旋筋圈数的长度不应小于喇叭管长度。

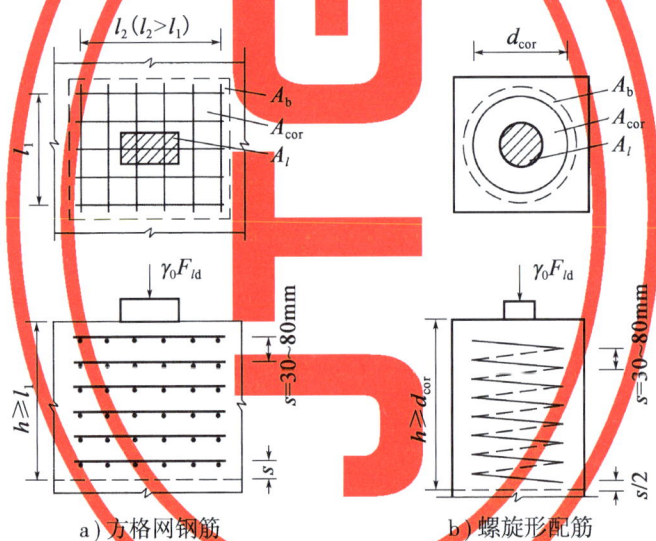

a）方格网钢筋   b）螺旋形配筋

图 5.7.2 局部承压区域配筋示意

6 持久状况正常使用极限状态计算

6.1 一般规定

6.1.1 公路桥涵的持久状况设计应按正常使用极限状态的要求,采用作用频遇组合、作用准永久组合,或作用频遇组合并考虑作用长期效应的影响,对构件的抗裂、裂缝宽度和挠度进行验算,并使各项计算值不超过本规范规定的各相应限值。在上述各种组合中,汽车荷载不计冲击作用。

6.1.2 预应力混凝土构件可根据桥梁使用和所处环境的要求,进行下列构件设计:

1 全预应力混凝土构件。此类构件在作用频遇组合下控制的正截面受拉边缘不允许出现拉应力。

2 部分预应力混凝土构件。此类构件在作用频遇组合下控制的正截面受拉边缘可出现拉应力:当拉应力不超过规定限值时,为 A 类预应力混凝土构件;当拉应力超过规定限值时,为 B 类预应力混凝土构件。

6.1.3 箱形截面的混凝土桥梁宜按表 6.1.3 进行抗裂、裂缝宽度验算。

表 6.1.3 箱形结构的抗裂、裂缝宽度验算要求

部位	验算要求		B 类预应力结构和钢筋混凝土结构
	全预应力结构和 A 类预应力结构		
顶板	上缘的纵桥向正应力	满足本规范第 6.3 节规定	按本规范第 6.4 节规定进行裂缝宽度验算
	上缘和下缘的横桥向正应力		
	面内的主应力		
底板	下缘的纵桥向正应力		
	上缘和下缘的横桥向正应力		
	面内的主应力		
腹板	面内的主应力		

6.1.4 预应力混凝土构件中预应力钢筋的张拉控制应力值 σ_{con} 应符合下列规定:

1 预应力钢丝、钢绞线的张拉控制应力值

体内预应力
$$\sigma_{con} \leqslant 0.75 f_{pk} \qquad (6.1.4\text{-}1)$$

体外预应力 $\qquad \sigma_{con} \leqslant 0.70 f_{pk}$ (6.1.4-2)

2 预应力螺纹钢筋的张拉控制应力值

$$\sigma_{con} \leqslant 0.85 f_{pk}$$ (6.1.4-3)

式中：f_{pk}——预应力钢筋抗拉强度标准值，按表 3.2.2-2 的规定采用。

当对构件进行超张拉或计入锚圈口摩擦损失时，预应力钢筋最大控制应力值（千斤顶油泵上显示的值）可增加 $0.05 f_{pk}$。

6.1.5 计算预应力混凝土构件的弹性阶段应力时，构件截面性质可按下列规定采用：

1 先张法构件，采用换算截面。

2 后张法构件，当计算由作用和体外预应力引起的应力时，体内预应力管道压浆前采用净截面，体内预应力钢筋与混凝土黏结后采用换算截面；当计算由体内预应力引起的应力时，除指明者外采用净截面。

3 截面性质对计算应力或控制条件影响不大时，也可采用毛截面。

6.1.6 由预加力产生的混凝土法向应力及相应阶段预应力钢筋的应力，应按下列公式计算：

1 先张法预应力混凝土构件

由预加力产生的混凝土法向压应力 σ_{pc} 和拉应力 σ_{pt}：

$$\left. \begin{array}{c} \sigma_{pc} \\ \sigma_{pt} \end{array} \right\} = \frac{N_{p0}}{A_0} \pm \frac{N_{p0} e_{p0}}{I_0} y_0$$ (6.1.6-1)

预应力钢筋合力点处混凝土法向应力等于零时的预应力钢筋应力：

$$\left. \begin{array}{l} \sigma_{p0} = \sigma_{con} - \sigma_l + \sigma_{l4} \\ \sigma'_{p0} = \sigma'_{con} - \sigma'_l + \sigma'_{l4} \end{array} \right\}$$ (6.1.6-2)

相应阶段预应力钢筋的有效预应力：

$$\left. \begin{array}{l} \sigma_{pe} = \sigma_{con} - \sigma_l \\ \sigma'_{pe} = \sigma'_{con} - \sigma'_l \end{array} \right\}$$ (6.1.6-3)

2 后张法体内预应力混凝土构件

由预加力产生的混凝土法向压应力 σ_{pc} 和拉应力 σ_{pt}：

$$\left. \begin{array}{c} \sigma_{pc} \\ \sigma_{pt} \end{array} \right\} = \frac{N_p}{A_n} \pm \frac{N_p e_{pn}}{I_n} y_n \pm \frac{M_{p2}}{I_n} y_n$$ (6.1.6-4)

预应力钢筋合力点处混凝土法向应力等于零时的预应力钢筋应力：

$$\left. \begin{array}{l} \sigma_{p0} = \sigma_{con} - \sigma_l + \alpha_{EP} \sigma_{pc} \\ \sigma'_{p0} = \sigma'_{con} - \sigma'_l + \alpha_{EP} \sigma'_{pc} \end{array} \right\}$$ (6.1.6-5)

相应阶段预应力钢筋的有效预应力：

$$\left. \begin{array}{l} \sigma_{pe} = \sigma_{con} - \sigma_l \\ \sigma'_{pe} = \sigma'_{con} - \sigma'_l \end{array} \right\}$$ (6.1.6-6)

3 后张法体内和体外混合预应力混凝土构件

由预加力产生的混凝土法向压应力 σ_{pc} 和拉应力 σ_{pt}：

$$\begin{aligned}\sigma_{pc} \\ \sigma_{pt}\end{aligned} = \frac{N_{p,ex}}{A_{ex}} \pm \frac{N_{p,ex}e_{p,ex}}{I_{ex}}y_{ex} \pm \frac{M_{p2,ex}}{I_{ex}}y_{ex} \quad (6.1.6\text{-}7)$$

相应阶段体内预应力钢筋的应力按式(6.1.6-5)、式(6.1.6-6)计算。

相应阶段体外预应力钢筋的有效预应力：

$$\left.\begin{aligned}\sigma_{pe,ex} = \sigma_{con} - \sigma_l \\ \sigma'_{pe,ex} = \sigma'_{con} - \sigma'_l\end{aligned}\right\} \quad (6.1.6\text{-}8)$$

式中：A_n——净截面面积,即为扣除管道等削弱部分后的混凝土全部截面面积与纵向普通钢筋截面面积换算成混凝土的截面面积之和;对由不同混凝土强度等级组成的截面,应按混凝土弹性模量比值换算成同一混凝土强度等级的截面面积;

A_0——换算截面面积,包括净截面面积 A_n 和全部纵向体内预应力钢筋截面面积换算成混凝土的截面面积;

A_{ex}——后张法体内和体外混合预应力混凝土构件的截面面积,按本规范第6.1.5条的规定,考虑管道压浆的影响;

N_{p0}、N_p——先张法构件、后张法构件的体内预应力钢筋和普通钢筋的合力,按式(6.1.7-1)、式(6.1.7-3)计算;

$N_{p,ex}$——后张法体内和体外混合预应力混凝土构件的体内预应力钢筋、体外预应力钢筋和普通钢筋的合力,按式(6.1.7-5)计算;

I_0、I_n——换算截面惯性矩、净截面惯性矩;

I_{ex}——后张法体内和体外混合预应力混凝土构件的截面惯性矩,按本规范第6.1.5条的规定,考虑管道压浆的影响;

e_{p0}、e_{pn}——换算截面重心、净截面重心至体内预应力钢筋和普通钢筋合力点的距离,按式(6.1.7-2)、式(6.1.7-4)计算;

$e_{p,ex}$——后张法体内和体外混合预应力混凝土构件的截面重心至体内预应力钢筋、体外预应力钢筋和普通钢筋合力点的距离,按式(6.1.7-6)计算;

y_0、y_n——换算截面重心、净截面重心至计算纤维处的距离;

y_{ex}——后张法体内和体外混合预应力混凝土构件的截面重心至计算纤维处距离;

σ_{con}、σ'_{con}——受拉区、受压区预应力钢筋的张拉控制应力,按本规范第6.1.4条的规定确定;

σ_l、σ'_l——受拉区、受压区相应阶段的预应力损失值,按本规范第6.2.2条至第6.2.7条规定计算;使用阶段时为全部预应力损失值;

σ_{l4}、σ'_{l4}——受拉区、受压区由混凝土弹性压缩引起的预应力损失值,按式(6.2.5-2)计算;

α_{EP}——预应力钢筋弹性模量 E_p 与混凝土弹性模量 E_c 的比值,E_p 和 E_c 分别按表3.2.4和表3.1.5采用;

M_{p2}、$M_{p2,ex}$——由预加力 N_p、$N_{p,ex}$ 在预应力混凝土连续梁等超静定结构中产生的次弯矩。

注：1. 在式(6.1.6-1)、式(6.1.6-4)、式(6.1.6-7)中，右边第二项、第三项与第一项的应力方向相同时取正号，相反时取负号，正号为压，负号为拉。

2. 式(6.1.6-5)中的 σ_{pc}、σ'_{pc} 系由 N_p 产生的受拉区、受压区预应力钢筋重心处的混凝土法向应力，压应力以正值代入，拉应力以负值代入。

3. 采用式(6.1.6-5)计算后张法体内和体外混合预应力构件的 σ_{p0}、σ'_{p0} 时，σ_{pc}、σ'_{pc} 系由 $N_{p,ex}$ 产生的受拉区、受压区预应力钢筋重心处的混凝土法向应力，按式(6.1.6-7)计算，压应力以正值代入，拉应力以负值代入。

6.1.7 预应力钢筋和普通钢筋的合力及合力偏心距应按下列公式计算：

1 先张法预应力混凝土构件［图 6.1.7a)］

$$N_{p0} = \sigma_{p0}A_p + \sigma'_{p0}A'_p - \sigma_{l6}A_s - \sigma'_{l6}A'_s \qquad (6.1.7\text{-}1)$$

$$e_{p0} = \frac{\sigma_{p0}A_p y_p - \sigma'_{p0}A'_p y'_p - \sigma_{l6}A_s y_s + \sigma'_{l6}A'_s y'_s}{N_{p0}} \qquad (6.1.7\text{-}2)$$

2 后张法体内预应力混凝土构件［图 6.1.7b)］

$$N_p = \sigma_{pe}A_p + \sigma'_{pe}A'_p - \sigma_{l6}A_s - \sigma'_{l6}A'_s \qquad (6.1.7\text{-}3)$$

$$e_{pn} = \frac{\sigma_{pe}A_p y_{pn} - \sigma'_{pe}A'_p y'_{pn} - \sigma_{l6}A_s y_{sn} + \sigma'_{l6}A'_s y'_{sn}}{N_p} \qquad (6.1.7\text{-}4)$$

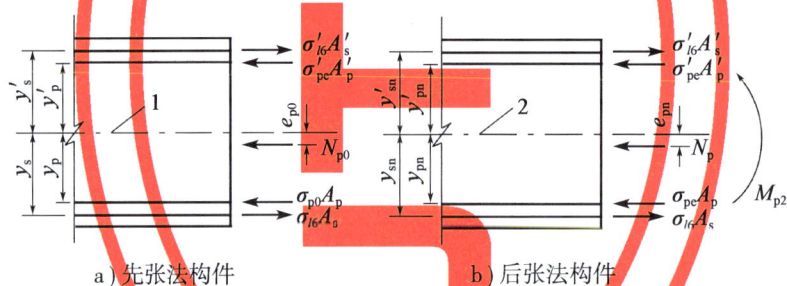

a) 先张法构件　　　　　b) 后张法构件

图 6.1.7 预应力钢筋和普通钢筋合力及其偏心距
1-换算截面重心轴；2-净截面重心轴

3 后张法体内和体外混合预应力混凝土构件

$$N_{p,ex} = \sigma_{pe}A_p + \sigma'_{pe}A'_p + \sigma_{pe,ex}A_{p,ex} + \sigma'_{pe,ex}A'_{p,ex} - \sigma_{l6}A_s - \sigma'_{l6}A'_s \qquad (6.1.7\text{-}5)$$

$$e_{p,ex} = \frac{\sigma_{pe}A_p y_p - \sigma'_{pe}A'_p y'_p + \sigma_{pe,ex}A_{p,ex}y_{p,ex} - \sigma'_{pe,ex}A'_{p,ex}y'_{p,ex} - \sigma_{l6}A_s y_s + \sigma'_{l6}A'_s y'_s}{N_{p,ex}}$$

$$(6.1.7\text{-}6)$$

式中：σ_{p0}、σ'_{p0}——受拉区、受压区体内预应力钢筋合力点处混凝土法向应力等于零时的预应力钢筋应力，按本规范第6.1.6条公式计算；

σ_{pe}、σ'_{pe}——受拉区、受压区体内预应力钢筋的有效预应力，按本规范第6.1.6条公式计算；

$\sigma_{pe,ex}$、$\sigma'_{pe,ex}$——受拉区、受压区体外预应力钢筋的有效预应力，按本规范第6.1.6条公式计算；

A_p、A'_p——受拉区、受压区体内预应力钢筋的截面面积；

$A_{p,ex}$、$A'_{p,ex}$——受拉区、受压区体外预应力钢筋的截面面积；

A_s、A'_s——受拉区、受压区普通钢筋的截面面积；

y_p、y'_p——受拉区、受压区体内预应力钢筋合力点至换算截面重心轴的距离；

y_s、y'_s——受拉区、受压区普通钢筋重心至换算截面重心轴的距离；

y_{pn}、y'_{pn}——受拉区、受压区体内预应力钢筋合力点至净截面重心轴的距离；

y_{sn}、y'_{sn}——受拉区、受压区普通钢筋重心至净截面重心轴的距离；

$y_{p,ex}$、$y'_{p,ex}$——受拉区、受压区体外预应力钢筋重心至后张法体内体外混合预应力混凝土构件截面重心轴的距离；

σ_{l6}、σ'_{l6}——受拉区、受压区预应力钢筋在各自合力点处由混凝土收缩和徐变引起的预应力损失值，按本规范第6.2.7条的规定计算。

注：1. 当式(6.1.7-1)~式(6.1.7-4)中的$A'_p = 0$时，应取式中$\sigma'_{l6} = 0$。

2. 当式(6.1.7-5)、式(6.1.7-6)中的$A'_p = A'_{p,ex} = 0$时，应取式中$\sigma'_{l6} = 0$。

3. 式(6.1.7-6)是按照管道压浆后的换算截面考虑的；当体内预应力钢筋的管道未压浆时，按净截面计算，式中的y_p、y'_p、y_s、y'_s应取y_{pn}、y'_{pn}、y_{sn}、y'_{sn}。

6.1.8 对先张法预应力混凝土构件端部区段进行正截面、斜截面抗裂验算时，预应力传递长度l_{tr}范围内预应力钢筋的实际应力值，在构件端部取为零，在预应力传递长度末端取有效预应力值σ_{pe}，两点之间按直线变化取值(图6.1.8)。预应力钢筋的预应力传递长度应按表6.1.8采用。

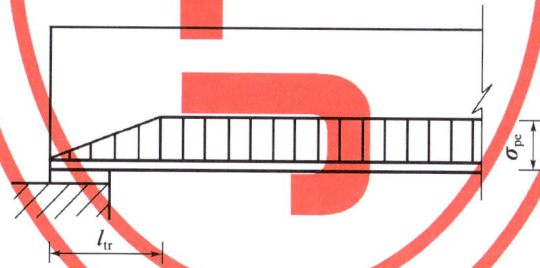

图6.1.8 预应力钢筋传递长度内有效应力值

表6.1.8 预应力钢筋的预应力传递长度 l_{tr}

预应力钢筋种类	混凝土强度等级			
	C40	C45	C50	≥C55
1×7钢绞线，$\sigma_{pe} = 1000$MPa	67d	64d	60d	58d
螺旋肋钢丝，$\sigma_{pe} = 1000$MPa	58d	56d	53d	51d

注：1. 预应力传递长度应根据预应力钢筋放松时混凝土立方体抗压强度f'_{cu}确定。当f'_{cu}在表列混凝土强度等级之间时，预应力传递长度按直线内插取用。

2. 当预应力钢筋的有效预应力值σ_{pe}与表值不同时，其预应力传递长度应根据表值按比例增减。

3. 当采用骤然放松预应力钢筋的施工工艺时，l_{tr}应从离构件末端$0.25l_{tr}$处开始计算。

4. d为预应力钢筋的公称直径。

6.2 钢筋预应力损失

6.2.1 在正常使用极限状态计算中，预应力混凝土构件应考虑由下列因素引起的预应力损失：

预应力钢筋与管道壁之间的摩擦 σ_{l1}

锚具变形、钢筋回缩和接缝压缩 σ_{l2}

预应力钢筋与台座之间的温差 σ_{l3}

混凝土的弹性压缩 σ_{l4}

预应力钢筋的应力松弛 σ_{l5}

混凝土的收缩和徐变 σ_{l6}

此外，尚应考虑预应力钢筋与锚圈口之间的摩擦、台座的弹性变形等因素引起的其他预应力损失。

预应力损失值宜根据实测数据确定；当无可靠实测数据时，可按本节的规定计算。

6.2.2 预应力钢筋与管道壁之间摩擦引起的预应力损失，可按式（6.2.2）计算：

$$\sigma_{l1} = \sigma_{con}\left[1 - e^{-(\mu\theta + kx)}\right] \qquad (6.2.2)$$

式中：σ_{con}——预应力钢筋锚下的张拉控制应力值；

    μ——预应力钢筋与管道壁的摩擦系数，按表6.2.2采用；

    θ——从张拉端至计算截面曲线管道部分切线的夹角之和（rad）；

    k——管道每米局部偏差对摩擦的影响系数，按表6.2.2采用；

    x——从张拉端至计算截面的管道长度，可近似地取该段管道在构件纵轴上的投影长度（m）。

表6.2.2 系数 k 和 μ 值

预应力钢筋类型	管道种类	k	μ	
			钢绞线、钢丝束	预应力螺纹钢筋
体内预应力钢筋	预埋金属波纹管	0.001 5	0.20 ~ 0.25	0.50
	预埋塑料波纹管	0.001 5	0.15 ~ 0.20	—
	预埋铁皮管	0.003 0	0.35	0.40
	预埋钢管	0.001 0	0.25	—
	抽芯成型	0.001 5	0.55	0.60
体外预应力钢筋	钢管	0	0.20 ~ 0.30 (0.08 ~ 0.10)	—
	高密度聚乙烯管	0	0.12 ~ 0.15 (0.08 ~ 0.10)	—

注：体外预应力钢绞线与管道壁之间摩擦引起的预应力损失仅计转向装置和锚固装置管道段，系数 k 和 μ 宜根据实测数据确定；当无可靠实测数据时，系数 k 和 u 按照表6.2.2取值。对于系数 u，无黏结钢绞线取括号内数值，光面钢绞线取括号外数值。

6.2.3 锚具变形、钢筋回缩和接缝压缩引起的预应力损失,可按下列规定计算:

1 预应力直线钢筋

$$\sigma_{l2} = \frac{\sum \Delta l}{l} E_p \qquad (6.2.3)$$

式中:Δl——张拉端锚具变形、钢筋回缩和接缝压缩值,按表 6.2.3 采用;

l——张拉端至锚固端之间的距离。

表 6.2.3　锚具变形、钢筋回缩和接缝压缩值

锚具、接缝类型		Δl(mm)	锚具、接缝类型	Δl(mm)
钢丝束的钢制锥形锚具		6	镦头锚具	1
夹片式锚具	有顶压时	4	每块后加垫板的缝隙	2
	无顶压时	6	水泥砂浆接缝	1
带螺帽锚具的螺帽缝隙		1~3	环氧树脂砂浆接缝	1

注:带螺帽锚具采用一次张拉锚固时,Δl 宜取 2~3mm,采用二次张拉锚固时,Δl 可取 1mm。

2 预应力曲线钢筋参照本规范附录 G 计算。

6.2.4 预应力钢筋与台座之间温差引起的预应力损失 σ_{l3}(MPa)可按式(6.2.4)计算:

$$\sigma_{l3} = 2(t_2 - t_1) \qquad (6.2.4)$$

式中:t_2——混凝土加热养护时,受拉钢筋的最高温度(℃);

t_1——张拉钢筋时,制造场地的温度(℃)。

注:为减少温差引起的预应力损失,可采用分阶段的养护措施。

6.2.5 混凝土弹性压缩引起的预应力损失可按下列规定计算:

1 后张法预应力混凝土构件,当采用分批张拉时,完成张拉的预应力钢筋由后批张拉的预应力钢筋所产生的混凝土弹性压缩引起的预应力损失,可按式(6.2.5-1)计算:

$$\sigma_{l4} = \alpha_{EP} \sum \Delta \sigma_{pc} \qquad (6.2.5\text{-}1)$$

式中:$\Delta \sigma_{pc}$——在计算截面完成张拉的预应力钢筋重心处,由后批张拉预应力钢筋产生的混凝土法向应力;

α_{EP}——预应力钢筋弹性模量与混凝土弹性模量的比值。

2 先张法预应力混凝土构件,放松钢筋时由混凝土弹性压缩引起的预应力损失,可按式(6.2.5-2)计算:

$$\sigma_{l4} = \alpha_{EP} \sigma_{pc} \qquad (6.2.5\text{-}2)$$

式中:σ_{pc}——在计算截面钢筋重心处,由全部钢筋预加力产生的混凝土法向应力。

注:后张法预应力混凝土构件,由混凝土弹性压缩引起的预应力损失的简化计算方法列于本规范附录 H。

6.2.6 预应力钢筋松弛引起的预应力损失,可按下列规定计算:

1 预应力钢丝、钢绞线

$$\sigma_{l5} = \Psi \cdot \zeta \left(0.52 \frac{\sigma_{pe}}{f_{pk}} - 0.26 \right) \sigma_{pe} \qquad (6.2.6\text{-}1)$$

式中: Ψ——张拉系数,一次张拉时, $\Psi = 1.0$;超张拉时, $\Psi = 0.9$;

ζ——钢筋松弛系数,I级松弛(普通松弛), $\zeta = 1.0$;II级松弛(低松弛), $\zeta = 0.3$;

σ_{pe}——传力锚固时的预应力钢筋应力,对后张法构件, $\sigma_{pe} = \sigma_{con} - \sigma_{l1} - \sigma_{l2} - \sigma_{l4}$;对先张法构件, $\sigma_{pe} = \sigma_{con} - \sigma_{l2}$ 。

2 预应力螺纹钢筋

一次张拉

$$\sigma_{l5} = 0.05\sigma_{con} \qquad (6.2.6\text{-}2)$$

超张拉

$$\sigma_{l5} = 0.035\sigma_{con} \qquad (6.2.6\text{-}3)$$

注:1. 当取超张拉的应力松弛损失值时,张拉程序应符合我国有关规范要求。
    2. 预应力钢丝、钢绞线当需分阶段计算应力松弛损失时,可按本规范附录 C 取用。

6.2.7 混凝土收缩、徐变引起的预应力损失,可按下列公式计算:

$$\sigma_{l6}(t) = \frac{0.9\left[E_p \varepsilon_{cs}(t, t_0) + \alpha_{EP}\sigma_{pc}\phi(t, t_0) \right]}{1 + 15\rho\rho_{ps}} \qquad (6.2.7\text{-}1)$$

$$\sigma'_{l6}(t) = \frac{0.9\left[E_p \varepsilon_{cs}(t, t_0) + \alpha_{EP}\sigma'_{pc}\phi(t, t_0) \right]}{1 + 15\rho'\rho'_{ps}} \qquad (6.2.7\text{-}2)$$

$$\rho = \frac{A_p + A_s}{A}, \rho' = \frac{A'_p + A'_s}{A} \qquad (6.2.7\text{-}3)$$

$$\rho_{ps} = 1 + \frac{e_{ps}^2}{i^2}, \rho'_{ps} = 1 + \frac{e_{ps}'^2}{i^2} \qquad (6.2.7\text{-}4)$$

$$e_{ps} = \frac{A_p e_p + A_s e_s}{A_p + A_s}, e'_{ps} = \frac{A'_p e'_p + A'_s e'_s}{A'_p + A'_s} \qquad (6.2.7\text{-}5)$$

式中: $\sigma_{l6}(t)$ 、 $\sigma'_{l6}(t)$ ——构件受拉区、受压区全部纵向钢筋截面重心处由混凝土收缩、徐变引起的预应力损失;

σ_{pc} 、 σ'_{pc} ——构件受拉区、受压区全部纵向钢筋截面重心处由预应力产生的混凝土法向压应力,应按本规范第 6.1.6 条和第 6.1.7 条规定计算。此时,预应力损失值仅考虑预应力钢筋锚固时(第一批)的损失,普通钢筋应力 σ_{l6} 、 σ'_{l6} 应取为 0; σ_{pc} 、 σ'_{pc} 值不得大于传力锚固时混凝土立方体抗压强度 f'_{cu} 的 0.5 倍;当 σ'_{pc} 为拉应力时,应取为 0。计算 σ_{pc} 、 σ'_{pc} 时,可根据构件制作情况考虑自重的影响;

E_p ——预应力钢筋的弹性模量;

α_{EP} ——预应力钢筋弹性模量与混凝土弹性模量的比值;

$\rho、\rho'$——构件受拉区、受压区全部纵向钢筋配筋率；

A——构件截面面积，对先张法构件，$A = A_0$；对后张法构件，$A = A_n$；

i——截面回转半径，$i^2 = I/A$，先张法构件取 $I = I_0$，$A = A_0$；后张法构件取 $I = I_n$，$A = A_n$；

$e_p、e_p'$——构件受拉区、受压区预应力钢筋截面重心至构件截面重心的距离；

$e_s、e_s'$——构件受拉区、受压区纵向普通钢筋截面重心至构件截面重心距离；

$e_{ps}、e_{ps}'$——构件受拉区、受压区预应力钢筋和普通钢筋截面重心至构件截面重心轴的距离；

$\varepsilon_{cs}(t, t_0)$——预应力钢筋传力锚固龄期为 t_0，计算考虑的龄期为 t 时的混凝土收缩应变，按本规范附录 C 计算；

$\phi(t, t_0)$——加载龄期为 t_0，计算考虑的龄期为 t 时的徐变系数，按本规范附录 C 计算。

6.2.8 预应力混凝土构件各阶段的预应力损失值可按表 6.2.8 的规定进行组合。

表 6.2.8　各阶段预应力损失值的组合

预应力损失值的组合	先张法构件	后张法体内预应力混凝土构件	后张法体内体外混合预应力混凝土构件	
			体内预应力钢筋	体外预应力钢筋
传力锚固时的损失（第一批）σ_{lI}	$\sigma_{l2} + \sigma_{l3} + \sigma_{l4} + 0.5\sigma_{l5}$	$\sigma_{l1} + \sigma_{l2} + \sigma_{l4}$		
传力锚固后的损失（第二批）σ_{lII}	$0.5\sigma_{l5} + \sigma_{l6}$	$\sigma_{l5} + \sigma_{l6}$		

6.3　抗裂验算

6.3.1 预应力混凝土受弯构件应按下列规定进行正截面和斜截面抗裂验算：

1　正截面混凝土拉应力应符合下列要求：

1）全预应力混凝土构件

预制构件

$$\sigma_{st} - 0.85\sigma_{pc} \leqslant 0 \tag{6.3.1-1}$$

分段浇筑或砂浆接缝的纵向分块构件

$$\sigma_{st} - 0.80\sigma_{pc} \leqslant 0 \tag{6.3.1-2}$$

2）A 类预应力混凝土构件

$$\sigma_{st} - \sigma_{pc} \leqslant 0.7f_{tk} \tag{6.3.1-3}$$

$$\sigma_{lt} - \sigma_{pc} \leqslant 0 \tag{6.3.1-4}$$

3）B 类预应力混凝土受弯构件在结构自重作用下控制截面受拉边缘不得消压。

2　斜截面混凝土主拉应力 σ_{tp} 应符合下列要求：

1) 全预应力混凝土构件

预制构件

$$\sigma_{tp} \leqslant 0.6 f_{tk} \qquad (6.3.1\text{-}5)$$

现场浇筑(包括预制拼装)构件

$$\sigma_{tp} \leqslant 0.4 f_{tk} \qquad (6.3.1\text{-}6)$$

2) A 类和 B 类预应力混凝土构件

预制构件

$$\sigma_{tp} \leqslant 0.7 f_{tk} \qquad (6.3.1\text{-}7)$$

现场浇筑(包括预制拼装)构件

$$\sigma_{tp} \leqslant 0.5 f_{tk} \qquad (6.3.1\text{-}8)$$

式中: σ_{st} ——在作用频遇组合下构件抗裂验算截面边缘混凝土的法向拉应力,按式 (6.3.2-1)计算;

σ_{lt} ——在作用准永久组合下构件抗裂验算截面边缘混凝土的法向拉应力,按式 (6.3.2-2)计算;

σ_{pc} ——扣除全部预应力损失后的预加力在构件抗裂验算边缘产生的混凝土预压应 力,按本规范第 6.1.6 条规定计算;

σ_{tp} ——由作用频遇组合和预加力产生的混凝土主拉应力,按本规范第 6.3.3 条规 定计算;

f_{tk} ——混凝土的抗拉强度标准值,按表 3.1.3 采用。

6.3.2 在受弯构件的抗裂验算截面边缘,混凝土的法向拉应力应按下列公式计算:

$$\sigma_{st} = \frac{M_s}{W_0} \qquad (6.3.2\text{-}1)$$

$$\sigma_{lt} = \frac{M_l}{W_0} \qquad (6.3.2\text{-}2)$$

式中: M_s ——按作用频遇组合计算的弯矩值;

M_l ——结构自重和直接施加于结构上的汽车荷载、人群荷载、风荷载按作用准永久 组合计算的弯矩值。

注:后张法构件在计算预施应力阶段由构件自重产生的拉应力时,式(6.3.2-1)、式(6.3.2-2)中的 W_0 可改用 W_n, W_n 为构件净截面抗裂验算边缘的弹性抵抗矩。

6.3.3 预应力混凝土受弯构件由作用频遇组合和预加力产生的混凝土主拉应力 σ_{tp} 和 主压应力 σ_{cp},应按下列公式计算:

$$\begin{matrix} \sigma_{tp} \\ \sigma_{cp} \end{matrix} = \frac{\sigma_{cx} + \sigma_{cy}}{2} \mp \sqrt{\left(\frac{\sigma_{cx} - \sigma_{cy}}{2} \right)^2 + \tau^2} \qquad (6.3.3\text{-}1)$$

$$\sigma_{cx} = \sigma_{pe} + \frac{M_s y_0}{I_0} \qquad (6.3.3\text{-}2)$$

$$\sigma_{cy} = \sigma_{cy,pv} + \sigma_{cy,ph} + \sigma_{cy,t} + \sigma_{cy,l} \qquad (6.3.3\text{-}3)$$

$$\sigma_{cy,pv} = 0.6 \frac{n\sigma'_{pe} A_{pv}}{b s_p} \qquad (6.3.3\text{-}4)$$

$$\tau = \frac{V_s S_0}{b I_0} - \frac{\sum \sigma''_{pe} A_{pb} \sin\theta_p \cdot S_n}{b I_n} \qquad (6.3.3\text{-}5)$$

式中： σ_{cx}——在计算主应力点，由预加力和按作用频遇组合计算的弯矩 M_s 产生的混凝土法向应力；

σ_{cy}——混凝土竖向压应力；

$\sigma_{cy,pv}$、$\sigma_{cy,ph}$、$\sigma_{cy,t}$、$\sigma_{cy,l}$——由竖向预应力钢筋的预加力、横向预应力钢筋的预加力、横向温度梯度和汽车荷载产生的混凝土竖向压应力频遇值；

τ——在计算主应力点，由预应力弯起钢筋的预加力和按作用频遇组合计算的剪力 V_s 产生的混凝土剪应力；当计算截面作用有扭矩时，尚应计入由扭矩引起的剪应力；

σ_{pc}——在计算主应力点，由扣除全部预应力损失后的纵向预加力产生的混凝土法向预压应力，按式(6.1.6-1)或式(6.1.6-4)计算；

y_0——换算截面重心轴至计算主应力点的距离；

n——在同一截面上竖向预应力钢筋的肢数；

σ'_{pe}、σ''_{pe}——竖向预应力钢筋、纵向预应力弯起钢筋扣除全部预应力损失后的有效预应力；

A_{pv}——单肢竖向预应力钢筋的截面面积；

s_p——竖向预应力钢筋的间距；

b——计算主应力点处构件腹板的宽度；

A_{pb}——计算截面上同一弯起平面内预应力弯起钢筋的截面面积；

S_0、S_n——计算主应力点以上(或以下)部分换算截面面积对换算截面重心轴、净截面面积对净截面重心轴的面积矩；

θ_p——计算截面上预应力弯起钢筋的切线与构件纵轴线的夹角。

注：式(6.3.3-1)、式(6.3.3-2)中的 σ_{cx}、σ_{cy}、σ_{pc} 和 $\frac{M_s y_0}{I_0}$，为压应力时以正号代入，为拉应力时以负号代入。

6.4 裂缝宽度验算

6.4.1 钢筋混凝土和 B 类预应力混凝土构件应按作用频遇组合并考虑长期效应的影响验算裂缝宽度。

6.4.2 各类环境中，钢筋混凝土和 B 类预应力混凝土构件的最大裂缝宽度计算值不应超过表6.4.2 规定的限值。

表6.4.2 最大裂缝宽度限值

环 境 类 别	最大裂缝宽度限值（mm）	
	钢筋混凝土构件、采用预应力螺纹钢筋的 B 类预应力混凝土构件	采用钢丝或钢绞线的 B 类预应力混凝土构件
Ⅰ 类-一般环境	0.20	0.10
Ⅱ 类-冻融环境	0.20	0.10
Ⅲ 类-近海或海洋氯化物环境	0.15	0.10
Ⅳ 类-除冰盐等其他氯化物环境	0.15	0.10
Ⅴ 类-盐结晶环境	0.10	禁止使用
Ⅵ 类-化学腐蚀环境	0.15	0.10
Ⅶ 类-磨蚀环境	0.20	0.10

6.4.3 钢筋混凝土构件和 B 类预应力混凝土受弯构件，其最大裂缝宽度 W_{cr}（mm）可按式（6.4.3）计算：

$$W_{cr} = C_1 C_2 C_3 \frac{\sigma_{ss}}{E_s} \left(\frac{c+d}{0.36 + 1.7\rho_{te}} \right) \tag{6.4.3}$$

式中：C_1——钢筋表面形状系数，对光面钢筋，$C_1 = 1.40$；对带肋钢筋，$C_1 = 1.00$；对环氧树脂涂层带肋钢筋，$C_1 = 1.15$；

C_2——长期效应影响系数，$C_2 = 1 + 0.5\frac{M_l}{M_s}$，其中 M_l 和 M_s 分别为按本规范第6.3.2条的作用准永久组合和作用频遇组合计算的弯矩设计值（或轴力设计值）；

C_3——与构件受力性质有关的系数，当为钢筋混凝土板式受弯构件时，$C_3 = 1.15$，其他受弯构件 $C_3 = 1.0$，轴心受拉构件 $C_3 = 1.2$，偏心受拉构件 $C_3 = 1.1$，圆形截面偏心受压构件 $C_3 = 0.75$，其他截面偏心受压构件 $C_3 = 0.9$；

σ_{ss}——钢筋应力，按本规范第6.4.4条计算；

c——最外排纵向受拉钢筋的混凝土保护层厚度（mm），当 $c > 50$mm 时，取 50mm；

d——纵向受拉钢筋直径（mm）；当用不同直径的钢筋时，d 改用换算直径 d_e，$d_e = \frac{\sum n_i d_i^2}{\sum n_i d_i}$，式中 n_i 为受拉区第 i 种钢筋的根数，d_i 为受拉区第 i 种钢筋的直径，按表6.4.3取值；对于本规范第9.3.11条的焊接钢筋骨架，式（6.4.3-1）中的 d 或 d_e 应乘以系数1.3；

ρ_{te}——纵向受拉钢筋的有效配筋率，按本规范第6.4.5条计算，当 $\rho_{te} > 0.1$ 时，取 $\rho_{te} = 0.1$；当 $\rho_{te} < 0.01$ 时，取 $\rho_{te} = 0.01$。

表 6.4.3 受拉区钢筋直径 d_i

受拉区钢筋种类	单根普通钢筋	普通钢筋的束筋	钢绞线束	钢丝束
d_i 取值	公称直径 d	等代直径 d_{se}	等代直径 d_{pe}	

注:1. $d_{se} = \sqrt{n}d$,n 为组成束筋的普通钢筋根数,d 为单根普通钢筋公称直径。

2. $d_{pe} = \sqrt{n}d_p$,n 为钢丝束中钢丝根数或钢绞线束中钢绞线根数,d_p 为单根钢丝或钢绞线公称直径。

当矩形、T 形和 I 形截面偏心受压构件满足 $e_0/h \leqslant 0.55$,或圆形截面偏心受压构件满足 $e_0/r \leqslant 0.55$ 时,可不进行裂缝宽度验算。

6.4.4 由作用频遇组合引起的开裂截面纵向受拉钢筋的应力 σ_{ss} 可按下列公式计算:

1 矩形、T 形和 I 形截面的钢筋混凝土构件

轴心受拉构件

$$\sigma_{ss} = \frac{N_s}{A_s} \tag{6.4.4-1}$$

受弯构件

$$\sigma_{ss} = \frac{M_s}{0.87 A_s h_0} \tag{6.4.4-2}$$

偏心受拉构件

$$\sigma_{ss} = \frac{N_s e_s'}{A_s(h_0 - a_s')} \tag{6.4.4-3}$$

偏心受压构件

$$\sigma_{ss} = \frac{N_s(e_s - z)}{A_s z} \tag{6.4.4-4}$$

$$z = \left[0.87 - 0.12(1 - \gamma_f')\left(\frac{h_0}{e_s}\right)^2\right]h_0 \tag{6.4.4-5}$$

$$e_s = \eta_s e_0 + y_s \tag{6.4.4-6}$$

$$\gamma_f' = \frac{(b_f' - b)h_f'}{bh_0} \tag{6.4.4-7}$$

$$\eta_s = 1 + \frac{1}{4000 e_0/h_0}\left(\frac{l_0}{h}\right)^2 \tag{6.4.4-8}$$

式中: A_s——受拉区纵向钢筋截面面积;轴心受拉构件取全部纵向钢筋截面面积;受弯、偏心受拉及大偏心受压构件取受拉区纵向钢筋截面面积或受拉较大一侧的钢筋截面面积;

e_s'——轴向拉力作用点至受压区或受拉较小边纵向钢筋合力点的距离;

e_s——轴向压力作用点至纵向受拉钢筋合力点的距离;

z——纵向受拉钢筋合力点至截面受压区合力点的距离，且不大于 $0.87h_0$；

η_s——轴向压力的正常使用极限状态偏心距增大系数，当 $l_0/h \leqslant 14$ 时，取 $\eta_s = 1.0$；

y_s——截面重心至纵向受拉钢筋合力点的距离；

γ_f'——受压翼缘截面面积与腹板有效截面面积的比值；

$b_f'、h_f'$——受压区翼缘的宽度、厚度，在式（6.4.4-7）中，当 $h_f' > 0.2h_0$ 时，取 $h_f' = 0.2h_0$；

$N_s、M_s$——按作用频遇组合计算的轴向力值、弯矩值。

2 圆形截面的钢筋混凝土偏心受压构件

$$\sigma_{ss} = \frac{0.6\left(\frac{\eta_s e_0}{r} - 0.1\right)^3}{\left(0.45 + 0.26\frac{r_s}{r}\right)\left(\frac{\eta_s e_0}{r} + 0.2\right)^2}\frac{N_s}{A_s} \qquad (6.4.4\text{-}9)$$

$$\eta_s = 1 + \frac{1}{4000\frac{e_0}{2r - a_s}}\left(\frac{l_0}{2r}\right)^2 \qquad (6.4.4\text{-}10)$$

式中：A_s——全部纵向钢筋截面面积；

N_s——按作用频遇组合计算的轴向力值；

r_s——纵向钢筋重心所在圆周的半径；

r——圆形截面的半径；

e_0——构件初始偏心距；

a_s——单根钢筋中心到构件边缘的距离；

η_s——轴向压力的正常使用极限状态偏心距增大系数，当 $\frac{l_0}{2r} \leqslant 14.0$ 时，取 $\eta_s = 1.0$。

3 B类预应力混凝土受弯构件

$$\sigma_{ss} = \frac{M_s \pm M_{p2} - N_{p0}(z - e_p)}{(A_p + A_s)z} \qquad (6.4.4\text{-}11)$$

$$e = e_p + \frac{M_s \pm M_{p2}}{N_{p0}} \qquad (6.4.4\text{-}12)$$

式中：z——受拉区纵向普通钢筋和预应力钢筋合力点至截面受压区合力点的距离，按式（6.4.4-5）计算，但式中的 e_s 以式（6.4.4-12）的 e 代入；

e_p——混凝土法向应力等于零时，纵向预应力钢筋和普通钢筋的合力 N_{p0} 的作用点至受拉区纵向预应力钢筋和普通钢筋合力点的距离；

N_{p0}——混凝土法向应力等于零时，预应力钢筋和普通钢筋的合力，先张法构件和后张法构件均按式（6.1.7-1）计算，该式中的 σ_{p0} 和 σ_{p0}'，先张法构件按式（6.1.6-2）计算；后张法构件按式（6.1.6-5）计算；

M_{p2}——由预加力 N_p 在后张法预应力混凝土连续梁等超静定结构中产生的次弯矩。

注：在式（6.4.4-11）、式（6.4.4-12）中，当 M_{p2} 与 M_s 的作用方向相同时，取正号；相反时，取负号。

6.4.5 纵向受拉钢筋的有效配筋率 ρ_{te} 按下列公式计算:

1 矩形、T 形和 I 形截面构件

$$\rho_{te} = \frac{A_s}{A_{te}} \qquad (6.4.5\text{-}1)$$

式中:A_s——受拉区纵向钢筋截面面积,轴心受拉构件取全部纵向钢筋截面面积;受弯、偏心受拉及大偏心受压构件取受拉区纵向钢筋截面面积或受拉较大一侧的钢筋截面面积;

A_{te}——有效受拉混凝土截面面积,轴心受拉构件取构件截面面积;受弯、偏心受拉、偏心受压构件取 $2a_s b$,a_s 为受拉钢筋重心至受拉区边缘的距离,对矩形截面,b 为截面宽度,对翼缘位于受拉区的 T 形、I 形截面,b 为受拉区有效翼缘宽度。

2 圆形截面构件

$$\rho_{te} = \frac{\beta A_s}{\pi(r^2 - r_1^2)} \qquad (6.4.5\text{-}2)$$

$$r_1 = r - 2a_s \qquad (6.4.5\text{-}3)$$

$$\beta = (0.4 + 2.5\rho)\left[1 + 0.353\left(\frac{\eta_s e_0}{r}\right)^{-2}\right] \qquad (6.4.5\text{-}4)$$

$$\rho = \frac{A_s}{\pi r^2} \qquad (6.4.5\text{-}5)$$

式中:β——构件纵向受拉钢筋对裂缝贡献的系数;

A_s——全部纵向钢筋截面面积;

r_1——圆形截面半径与单根钢筋中心到构件边缘 2 倍距离的差值;

ρ——纵向钢筋配筋率。

6.5 挠度验算

6.5.1 钢筋混凝土和预应力混凝土受弯构件的挠度可根据给定的构件刚度用结构力学的方法计算。

6.5.2 受弯构件的刚度可按下列公式计算:

1 钢筋混凝土构件

$M_s \geqslant M_{cr}$ 时

$$B = \frac{B_0}{\left(\frac{M_{cr}}{M_s}\right)^2 + \left[1 - \left(\frac{M_{cr}}{M_s}\right)^2\right]\frac{B_0}{B_{cr}}} \qquad (6.5.2\text{-}1)$$

$M_s < M_{cr}$ 时

$$B = B_0 \qquad (6.5.2\text{-}2)$$

$$M_{cr} = \gamma f_{tk} W_0 \qquad\qquad (6.5.2-3)$$

式中：B——开裂构件等效截面的抗弯刚度；

B_0——全截面的抗弯刚度，$B_0 = 0.95 E_c I_0$；

B_{cr}——开裂截面的抗弯刚度，$B_{cr} = E_c I_{cr}$；

M_s——按作用频遇组合计算的弯矩值；

M_{cr}——开裂弯矩；

γ——构件受拉区混凝土塑性影响系数，按式(6.5.2-8)计算；

I_0——全截面换算截面惯性矩；

I_{cr}——开裂截面换算截面惯性矩；

f_{tk}——混凝土轴心抗拉强度标准值。

2 预应力混凝土构件

1）全预应力混凝土和 A 类预应力混凝土构件

$$B_0 = 0.95 E_c I_0 \qquad\qquad (6.5.2-4)$$

2）允许开裂的 B 类预应力混凝土构件

在开裂弯矩 M_{cr} 作用下

$$B_0 = 0.95 E_c I_0 \qquad\qquad (6.5.2-5)$$

在 $(M_s - M_{cr})$ 作用下

$$B_{cr} = E_c I_{cr} \qquad\qquad (6.5.2-6)$$

开裂弯矩 M_{cr} 按下列公式计算

$$M_{cr} = (\sigma_{pc} + \gamma f_{tk}') W_0 \qquad\qquad (6.5.2-7)$$

$$\gamma = \frac{2S_0}{W_0} \qquad\qquad (6.5.2-8)$$

式中：S_0——全截面换算截面重心轴以上（或以下）部分面积对重心轴的面积矩；

σ_{pc}——扣除全部预应力损失预应力钢筋和普通钢筋合力 N_{p0} 在构件抗裂边缘产生的混凝土预压应力，先张法构件和后张法构件均按式(6.1.6-1)计算，但后张法构件采用净截面；该式中的 N_{p0} 与本规范第 6.4.4 条同样办理；

W_0——换算截面抗裂边缘的弹性抵抗矩。

6.5.3 受弯构件在使用阶段的挠度应考虑长期效应的影响，即按荷载频遇组合和本规范第 6.5.2 条规定的刚度计算的挠度值，乘以挠度长期增长系数 η_θ。挠度长期增长系数 η_θ 可按下列规定取用：

1 当采用 C40 以下混凝土时，$\eta_\theta = 1.60$；

2 当采用 C40～C80 混凝土时，$\eta_\theta = 1.45～1.35$，中间强度等级可按直线内插法取值。

钢筋混凝土和预应力混凝土受弯构件按上述计算的长期挠度值,由汽车荷载(不计冲击力)和人群荷载频遇组合在梁式桥主梁产生的最大挠度不应超过计算跨径的1/600;在梁式桥主梁悬臂端产生的最大挠度不应超过悬臂长度的1/300。

6.5.4 预应力混凝土受弯构件由预加力引起的反拱值,可用结构力学方法按刚度 E_cI_0 进行计算,并乘以长期增长系数。计算使用阶段预加力反拱值时,预应力钢筋的预加力应扣除全部预应力损失,长期增长系数取用2.0。

6.5.5 受弯构件的预拱度可按下列规定设置:

1 钢筋混凝土受弯构件

1)当由荷载频遇组合并考虑长期效应影响产生的长期挠度不超过计算跨径的1/1 600 时,可不设预拱度;

2)当不符合上述规定时应设预拱度,且其值可按结构自重和1/2 可变荷载频遇值计算的长期挠度值之和采用。

2 预应力混凝土受弯构件

1)当预加应力产生的长期反拱值大于按荷载频遇组合计算的长期挠度时,可不设预拱度;

2)当预加应力产生的长期反拱值小于按荷载频遇组合计算的长期挠度时,应设预拱度,其值应按该项荷载的挠度值与预加应力长期反拱值之差采用。

对自重相对于活载较小的预应力混凝土受弯构件,应考虑预加应力反拱值过大可能造成的不利影响,必要时采取反预拱或设计和施工上的其他措施,避免桥面隆起甚至开裂破坏。

6.5.6 预应力混凝土受弯构件需计算施工阶段的变形时,宜采用有限元方法计算,应根据各施工阶段结构各单元加载龄期 t_{0i} 和计算龄期 t_i,按本规范附录 C 计算各阶段结构收缩、徐变变形增量并累加得到各个阶段结构各个部位的变形值。

7 持久状况和短暂状况构件的应力计算

7.1 持久状况预应力混凝土构件应力计算

7.1.1 预应力混凝土受弯构件在进行持久状况设计时,应计算其使用阶段正截面的混凝土法向压应力、受拉区钢筋拉应力和斜截面的混凝土主压应力,并不得超过本节规定的限值。计算时作用取其标准值,汽车荷载应考虑冲击作用。

7.1.2 计算使用阶段预应力混凝土构件正截面应力时,预加力产生的混凝土压应力 σ_{pc} 和拉应力 σ_{pt} 应按本规范第6.1.6条和第6.1.7条规定计算。

7.1.3 全预应力混凝土和 A 类预应力混凝土受弯构件,由作用标准值产生的混凝土法向应力和预应力钢筋的应力,应按下列公式计算:

1 混凝土法向压应力 σ_{kc} 和拉应力 σ_{kt}

$$\sigma_{kc} \text{ 或 } \sigma_{kt} = \frac{M_k}{I_0}y_0 \qquad (7.1.3\text{-}1)$$

2 预应力钢筋应力

$$\sigma_p = \alpha_{EP}\sigma_{kt} \qquad (7.1.3\text{-}2)$$

式中:M_k——按作用标准值进行组合计算的弯矩值;

y_0——构件换算截面重心轴至受压区或受拉区计算点处的距离。

注:计算预应力钢筋的应力时,式(7.1.3-2)中的 σ_{kt} 应为最外层钢筋重心处的混凝土拉应力。

7.1.4 允许开裂的 B 类预应力混凝土受弯构件,由作用标准值产生的混凝土法向压应力和预应力钢筋的应力增量,可按下列公式计算(图7.1.4):

1 开裂截面混凝土压应力

$$\sigma_{cc} = \frac{N_{p0}}{A_{cr}} + \frac{N_{p0}e_{0N}c}{I_{cr}} \qquad (7.1.4\text{-}1)$$

$$e_{0N} = e_N + c \qquad (7.1.4\text{-}2)$$

$$e_N = \left(\frac{M_k \pm M_{p2}}{N_{p0}}\right) - h_{ps} \qquad (7.1.4\text{-}3)$$

$$h_{ps} = \frac{\sigma_{p0}A_p h_p - \sigma_{l6}A_s h_s + \sigma'_{p0}A'_p a'_p - \sigma'_{l6}A'_s a'_s}{N_{p0}} \qquad (7.1.4\text{-}4)$$

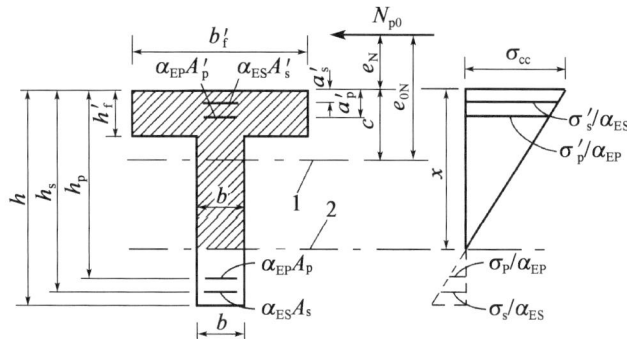

图 7.1.4 开裂截面的应力

1-开裂截面重心轴;2-开裂截面中性轴

2 开裂截面预应力钢筋的应力增量

$$\sigma_p = \alpha_{EP}\left[\frac{N_{p0}}{A_{cr}} - \frac{N_{p0}e_{0N}(h_p - c)}{I_{cr}}\right] \qquad (7.1.4\text{-}5)$$

式中：N_{p0}——混凝土法向应力等于零时预应力钢筋和普通钢筋的合力,先张法构件和后张法构件均按式(6.1.7-1)及本规范第6.4.4条规定计算;

$\sigma_{p0}、\sigma'_{p0}$——构件受拉区、受压区预应力钢筋合力点处混凝土法向应力等于零时预应力钢筋的应力,先张法构件按式(6.1.6-2)计算,后张法构件按式(6.1.6-5)计算;

e_{0N}——N_{p0}作用点至开裂截面重心轴的距离;

e_N——N_{p0}作用点至截面受压区边缘的距离,N_{p0}位于截面之外为正,N_{p0}位于截面之内为负;

c——截面受压区边缘至开裂换算截面重心轴的距离;

h_{ps}——预应力钢筋与普通钢筋合力点至截面受压区边缘的距离;

$h_p、a'_p$——截面受拉区、受压区预应力钢筋合力点至截面受压区边缘的距离;

$h_s、a'_s$——截面受拉区、受压区普通钢筋合力点至截面受压区边缘的距离;

A_{cr}——开裂截面换算截面面积;

I_{cr}——开裂截面换算截面惯性矩;

α_{EP}——预应力钢筋弹性模量与混凝土弹性模量的比值。

注:1.式(7.1.4-4)中,当$A'_p = 0$时,式中的σ_{l6}应取为零。

2.式(7.1.4-3)中,当M_{p2}与M_k的方向相同时取正号,相反时取负号。

3.按式(7.1.4-5)计算的值应为负值,表示钢筋为拉应力。

4.当截面受拉区设置多层预应力钢筋时,可仅计算最外层钢筋的拉应力增量,此时,式(7.1.4-5)中的h_p应为最外层钢筋重心至截面受压区边缘的距离。

5.预应力混凝土受弯构件开裂截面的中性轴位置(受压区高度)可按本规范附录J求得。

7.1.5 使用阶段预应力混凝土受弯构件正截面混凝土的压应力和预应力钢筋的拉应力,应符合下列规定:

    1 受压区混凝土的最大压应力

$$\left.\begin{array}{l} \text{未开裂构件} \quad \sigma_{kc} + \sigma_{pt} \\ \text{允许开裂构件} \quad \sigma_{cc} \end{array}\right\} \leq 0.50 f_{ck} \qquad (7.1.5\text{-}1)$$

    2 受拉区预应力钢筋的最大拉应力

    1) 体内预应力钢绞线、钢丝

$$\left.\begin{array}{l} \text{未开裂构件} \quad \sigma_{pe} + \sigma_{p} \\ \text{允许开裂构件} \quad \sigma_{p0} + \sigma_{p} \end{array}\right\} \leq 0.65 f_{pk} \qquad (7.1.5\text{-}2)$$

    2) 体外预应力钢绞线

$$\sigma_{pe,ex} \leq 0.60 f_{pk} \qquad (7.1.5\text{-}3)$$

    3) 预应力螺纹钢筋

$$\left.\begin{array}{l} \text{未开裂构件} \quad \sigma_{pe} + \sigma_{p} \\ \text{允许开裂构件} \quad \sigma_{p0} + \sigma_{p} \end{array}\right\} \leq 0.75 f_{pk} \qquad (7.1.5\text{-}4)$$

式中:σ_{pe}——全预应力混凝土和 A 类预应力混凝土受弯构件,受拉区预应力钢筋扣除全部预应力损失后的有效预应力;

    σ_{pt}——由预加力产生的混凝土法向拉应力,先张法构件按式(6.1.6-1)计算,后张法构件按式(6.1.6-4)计算。

注:预应力混凝土受弯构件受拉区的普通钢筋,可不必验算。

7.1.6 预应力混凝土受弯构件由作用标准值和预加力产生的混凝土主压应力 σ_{cp} 和主拉应力 σ_{tp} 应按本规范第6.3.3 条公式计算,但式(6.3.3-2)、式(6.3.3-5)中的 M_s 和 V_s 应分别以 M_k、V_k 代替。此处,M_k 和 V_k 为按作用标准值进行组合计算的弯矩值和剪力值。

    混凝土的主压应力应符合式(7.1.6-1)的规定:

$$\sigma_{cp} \leq 0.6 f_{ck} \qquad (7.1.6\text{-}1)$$

根据计算所得的混凝土主拉应力,按下列规定设置箍筋:

在 $\sigma_{tp} \leq 0.5 f_{tk}$ 区段,箍筋可仅按构造要求设置;

在 $\sigma_{tp} > 0.5 f_{tk}$ 区段,箍筋的间距 s_v 可按式(7.1.6-2)计算:

$$s_v = \frac{f_{sk} A_{sv}}{\sigma_{tp} b} \qquad (7.1.6\text{-}2)$$

式中:f_{sk}——箍筋的抗拉强度标准值;

    A_{sv}——同一截面内箍筋的总截面面积;

    b——矩形截面宽度、T 形或 I 形截面的腹板宽度。

按本条计算的箍筋用量少于按斜截面抗剪承载力计算的箍筋用量时,箍筋采用后者。

7.2 短暂状况构件的应力计算

7.2.1 桥梁构件在进行短暂状况设计时,应计算其在制作、运输及安装等施工阶段,由自重、施工荷载等引起的正截面和斜截面的应力,并不应超过本节规定的限值。施工荷载除有特别规定外均采用标准值,当有组合时不考虑荷载组合系数。

当用吊机(车)行驶于桥梁进行安装时,应对已安装就位的构件进行验算,吊机(车)应乘以 1.15 的分项系数,但当由吊机(车)产生的效应设计值小于按持久状况承载能力极限状态计算的作用效应设计值时,则可不必验算。

7.2.2 当进行构件运输和安装计算时,构件自重应乘以动力系数。动力系数应按《公路桥涵设计通用规范》(JTG D60—2015)的规定采用。

7.2.3 对构件施加预应力时,混凝土的立方体强度不应低于设计强度等级的 80%,弹性模量不应低于混凝土 28d 弹性模量的 80%。

7.2.4 钢筋混凝土受弯构件正截面应力按下列公式计算,并应符合下列规定:

1 受压区混凝土边缘的压应力

$$\sigma_{cc}^t = \frac{M_k^t x_0}{I_{cr}} \leqslant 0.80 f_{ck}' \tag{7.2.4-1}$$

2 受拉钢筋的应力

$$\sigma_{si}^t = \alpha_{ES} \frac{M_k^t (h_{0i} - x_0)}{I_{cr}} \leqslant 0.75 f_{sk} \tag{7.2.4-2}$$

式中: M_k^t ——由临时施工荷载标准值产生的弯矩值;

x_0 ——换算截面的受压区高度,按换算截面受压区和受拉区对中性轴面积矩相等的原则求得;

I_{cr} ——开裂截面换算截面的惯性矩,根据已求得的受压区高度 x_0,按开裂换算截面对中性轴惯性矩之和求得;

σ_{si}^t ——按短暂状况计算时受拉区第 i 层钢筋的应力;

h_{0i} ——受压区边缘至受拉区第 i 层钢筋截面重心的距离;

f_{ck}' ——施工阶段相应于混凝土立方体抗压强度 f_{cu}' 的混凝土轴心抗压强度标准值,按表 3.1.3 以直线内插取用;

f_{sk} ——普通钢筋抗拉强度标准值,按表 3.2.2-1 采用。

7.2.5 钢筋混凝土受弯构件中性轴处的主拉应力(剪应力) σ_{tp}^t 应符合式(7.2.5)的规定:

$$\sigma^t_{tp} = \frac{V^t_k}{bz_0} \leqslant f'_{tk} \qquad (7.2.5)$$

式中：V^t_k——由施工荷载标准值产生的剪力值；

   b——矩形截面宽度、T形或I形截面的腹板宽度；

   z_0——受压区合力点至受拉钢筋合力点的距离，按受压区应力图形为三角形计算确定；

   f'_{tk}——施工阶段混凝土轴心抗拉强度标准值。

7.2.6 钢筋混凝土受弯构件中性轴处的主拉应力，若符合下列条件：

$$\sigma^t_{tp} \leqslant 0.25f'_{tk} \qquad (7.2.6\text{-}1)$$

该区段的主拉应力全部由混凝土承受，此时，抗剪钢筋按构造要求配置。

中性轴处的主拉应力不符合式(7.2.6-1)的区段，则主拉应力（剪应力）全部由箍筋和弯起钢筋承受。箍筋、弯起钢筋可按剪应力图配置(图7.2.6)，并按下列公式计算：

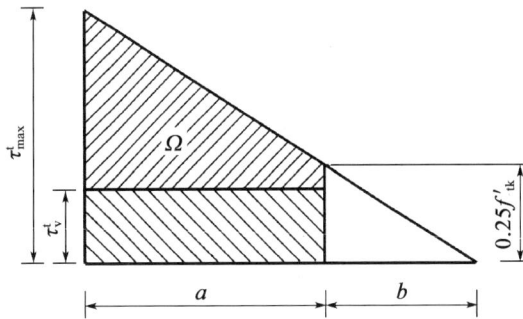

图 7.2.6 钢筋混凝土受弯构件剪应力分配

a-箍筋、弯起钢筋承受剪应力的区段；b-混凝土承受剪应力的区段

1 箍筋

$$\tau^t_v = \frac{nA_{sv1}[\sigma^t_s]}{bs_v} \qquad (7.2.6\text{-}2)$$

2 弯起钢筋

$$A_{sb} \geqslant \frac{b\Omega}{\sqrt{2}[\sigma^t_s]} \qquad (7.2.6\text{-}3)$$

式中：τ^t_v——由箍筋承受的主拉应力（剪应力）值；

   n——同一截面内箍筋的肢数；

   $[\sigma^t_s]$——短暂状况时钢筋应力的限值，按本规范第7.2.4条规定取用$0.75f_{sk}$；

   A_{sv1}——一肢箍筋的截面面积；

   s_v——箍筋的间距；

   A_{sb}——弯起钢筋的总截面面积；

   Ω——相应于由弯起钢筋承受的剪应力图的面积。

7.2.7 预应力混凝土受弯构件按短暂状况计算时,由预加力和荷载产生的法向应力可按本规范第6.1.6条和第7.1.3条的公式进行计算。此时,预应力钢筋应扣除相应阶段的预应力损失,荷载采用施工荷载,截面性质按本规范第6.1.5条的规定采用。

7.2.8 预应力混凝土受弯构件,在预应力和构件自重等施工荷载作用下截面边缘混凝土的法向应力应符合下列规定:

1 压应力

$$\sigma_{cc}^t \leqslant 0.70 f_{ck}'$$ (7.2.8)

2 拉应力

1) 当 $\sigma_{ct}^t \leqslant 0.70 f_{tk}'$ 时,配置于预拉区纵向钢筋的配筋率不小于0.2%;

2) 当 $\sigma_{ct}^t = 1.15 f_{tk}'$ 时,配置于预拉区纵向钢筋的配筋率不小于0.4%;

3) 当 $0.70 f_{tk}' < \sigma_{ct}^t < 1.15 f_{tk}'$ 时,配置于预拉区纵向钢筋的配筋率按以上两者直线内插取用;

4) 拉应力 σ_{ct}^t 不应超过 $1.15 f_{tk}'$。

上述配筋率为 $\dfrac{A_s' + A_p'}{A}$,先张法构件计入 A_p',后张法构件不计 A_p'。A_p' 为预拉区预应力钢筋截面面积;A_s' 为预拉区普通钢筋截面面积;A 为构件毛截面面积。

式中:σ_{cc}^t、σ_{ct}^t——按短暂状况计算时截面预压区、预拉区边缘混凝土的压应力、拉应力;

f_{ck}'、f_{tk}'——与制作、运输、安装各施工阶段混凝土立方体抗压强度 f_{cu}' 相应的轴心抗压强度、轴心抗拉强度标准值,可按表3.1.3直线插入取用。

配置于预拉区的纵向钢筋宜采用带肋钢筋,其直径不宜大于14 mm,沿预拉区的外边缘均匀布置。

8 构件计算的规定

8.1 组合式受弯构件

8.1.1 组合式受弯构件的预制构件应按本规范第7.2节的规定进行施工阶段验算。

8.1.2 组合式受弯构件的作用效应应按下列两个阶段进行计算：

1 第一阶段：现浇混凝土层达到强度标准值前，作用应考虑预制构件自重、现浇混凝土层自重及施工时附加的其他作用。

2 第二阶段：现浇混凝土层达到强度标准值后，组合梁按整体计算，作用应计算组合构件自重、桥面系自重及使用阶段可变作用。

8.1.3 组合式受弯构件宜计算预制构件与现浇混凝土层间由混凝土龄期之差引起的混凝土收缩差效应。

8.1.4 组合式受弯构件及其预制构件应按本规范第5.2节的规定进行正截面抗弯承载力计算，其弯矩设计值应按下列规定采用：

对预制构件

$$M_{1d} = M_{1Gd} + M_{1Qd} \tag{8.1.4-1}$$

对组合构件（应考虑结构重要性系数 γ_0）

$$M_d = M_{1Gd} + M_{2Gd} + M_{2Qd} \tag{8.1.4-2}$$

式中：M_{1Gd}——第一阶段预制构件和现浇混凝土层自重产生的弯矩设计值，取作用标准值乘以作用分项系数1.2；

M_{1Qd}——第一阶段施工时附加的其他作用产生的弯矩设计值，取作用标准值乘以作用分项系数1.4；

M_{2Gd}——第二阶段桥面系自重产生的弯矩设计值，取作用标准值乘以作用分项系数1.2；

M_{2Qd}——第二阶段可变作用组合产生的弯矩设计值，其作用分项系数按《公路桥涵设计通用规范》（JTG D60—2015）取用。

对组合构件，当现浇混凝土层的强度等级与预制构件强度等级不同时，混凝土强度等级应取现浇混凝土强度等级。

8.1.5 组合式受弯构件及其预制构件应按本规范第5.2节的规定分别计算斜截面抗剪、抗弯承载力,其中作用分项系数按本规范第8.1.4条取用,剪力设计值按下列规定采用:

对预制构件

$$V_{1d} = V_{1Gd} + V_{1Qd} \qquad (8.1.5\text{-}1)$$

对组合构件(应考虑结构重要性系数 γ_0)

$$V_d = V_{1Gd} + V_{2Gd} + V_{2Qd} \qquad (8.1.5\text{-}2)$$

式中:V_{1Gd}——第一阶段预制构件和现浇混凝土层自重产生的剪力设计值;

V_{1Qd}——第一阶段施工时附加的其他作用产生的剪力设计值;

V_{2Gd}——第二阶段桥面系自重产生的剪力设计值;

V_{2Qd}——第二阶段可变作用组合产生的剪力设计值。

对组合构件,计算斜截面内混凝土和箍筋共同抗剪的承载力设计值 V_{cs}[式(5.2.9-2)]时,如现浇混凝土层与预制构件的混凝土强度等级不同,应取两者较低者,但按公式计算的组合构件抗剪承载力设计值不应低于预制构件的抗剪承载力设计值;对预应力混凝土组合构件,取预应力提高系数 $\alpha_2 = 1.0$。

8.1.6 组合式受弯梁当符合本规范第9.3.16条和第9.3.17条构造要求时,预制构件与现浇混凝土层之间结合面的抗剪承载力应满足式(8.1.6)的要求:

$$\gamma_0 V_d \leq 0.12 f_{cd} b h_0 + 0.85 f_{sv} \frac{A_{sv}}{s_v} h_0 \qquad (8.1.6)$$

式中:V_d——组合梁的最大剪力设计值;

f_{cd}——混凝土轴心抗压强度设计值,当预制构件和现浇混凝土不同时,取两者较低者;

b——组合梁的结合面宽度;

h_0——组合梁的有效高度;

f_{sv}——组合梁箍筋抗拉强度设计值;

A_{sv}——组合梁上同一竖向截面的箍筋各肢总截面面积;

s_v——箍筋的间距。

8.1.7 组合式受弯构件,其结合面抗剪承载力应符合下式要求:

$$\frac{\gamma_0 V_d}{b h_0} \leq f_{v1} \qquad (8.1.7\text{-}1)$$

式中:V_d——组合板最大剪力设计值(N);

b——预制板结合面的宽度(mm);

h_0——组合板的有效高度(mm);

f_{v1}——名义剪应力设计值(MPa),取2.00MPa。

当满足式(8.1.7-2)时,仅需按本规范第9.2.7条构造要求配置结合面抗剪钢筋。

$$\frac{\gamma_0 V_d}{bh_0} \leqslant f_{v2} \tag{8.1.7-2}$$

式中：f_{v2}——名义剪应力设计值（MPa），取 0.45MPa。

当不满足式（8.1.7-2）时，结合面抗剪钢筋按式（8.1.7-3）的要求配置：

$$A_{sv} \geqslant 0.3 \frac{bs}{f_{sd}} \tag{8.1.7-3}$$

式中：A_{sv}——同一竖向截面的结合面抗剪钢筋的面积（mm^2）；

s——竖向结合钢筋的纵向间距（mm）；

f_{sd}——竖向结合钢筋的抗拉强度设计值（MPa）。

8.1.8 使用阶段要求不出现裂缝的预应力混凝土组合式受弯构件，其预制构件和组合构件应分别按本规范第6.1.1条、第6.3.1条的规定进行正截面抗裂验算。对组合构件，本规范第6.3.1条有关公式中的 σ_{pc} 取预制构件抗裂边缘混凝土的预压应力，f_{tk} 取预制构件混凝土的抗拉强度标准值。作用频遇组合和准永久组合下构件抗裂验算边缘混凝土的法向拉应力应按下列公式计算：

1　预制构件

$$\sigma_{st} = \frac{M_{1k}}{W_{01}} \tag{8.1.8-1}$$

2　组合构件

$$\sigma_{st} = \frac{M_{1Gk}}{W_{01}} + \frac{M_{2s}}{W_0} \tag{8.1.8-2}$$

$$\sigma_{lt} = \frac{M_{1Gk}}{W_{01}} + \frac{M_{2l}}{W_0} \tag{8.1.8-3}$$

式中：M_{1k}——第一阶段作用产生的弯矩标准值，$M_{1k} = M_{1Gk} + M_{1Qk}$，此处，$M_{1Gk}$ 为第一阶段预制构件和现浇混凝土层自重产生的弯矩标准值；M_{1Qk} 为第一阶段施工附加的其他作用产生的弯矩标准值；

M_{2s}——第二阶段按作用频遇组合计算的弯矩值，$M_{2s} = M_{2Gk} + \sum \psi_{1i} M_{2Qik}$，此处，$M_{2Gk}$ 为桥面系自重产生的弯矩标准值，M_{2Qik} 为使用阶段第 i 个可变作用产生的弯矩标准值，ψ_{1i} 为第 i 个可变作用的频遇值系数，按《公路桥涵设计通用规范》（JTG D60—2015）取值；

M_{2l}——第二阶段按作用准永久组合计算的弯矩值，$M_{2l} = M_{2Gk} + \sum \psi_{2i} M_{2Qik}$，此处，$\psi_{2i}$ 为汽车和人群荷载的准永久值系数，按《公路桥涵设计通用规范》（JTG D60—2015）取值，M_{2Qik} 为汽车和人群荷载产生的弯矩标准值；

W_{01}——预制构件换算截面受拉边缘的弹性抵抗矩；

W_0——组合构件换算截面受拉边缘的弹性抵抗矩，当现浇混凝土层的强度等级与预制构件不同时，计算时应将前者的截面按弹性模量比换算成后者的截面。

8.1.9 预应力混凝土组合式受弯构件,应按本规范第6.3.1条对全预应力混凝土构件、A类预应力混凝土构件的要求进行斜截面抗裂验算,混凝土主拉应力应考虑组合构件受力特点,按本规范第6.3.3条的规定计算。

8.1.10 钢筋混凝土组合构件应验算裂缝宽度。按作用频遇组合并考虑长期效应的影响计算的最大裂缝宽度不应超过本规范第6.4.2条规定的限值。

8.1.11 钢筋混凝土组合式受弯构件作为整体构件,其最大裂缝宽度可按式(6.4.3)计算,式中的长期效应影响系数 C_2 和钢筋应力 σ_{ss} 按下列公式计算:

1 长期效应影响系数 C_2

$$C_2 = 1 + 0.5 \frac{M_{1Gk} + M_{2l}}{M_{1Gk} + M_{2s}} \quad (8.1.11\text{-}1)$$

式中符号意义见本规范第8.1.8条,但其中 M_{2l} 中的 $\sum \psi_{2i} M_{2Qik}$ 为所有参与组合的可变作用的准永久值系数与弯矩标准值乘积之和。可变作用的准永久值系数,按《公路桥涵设计通用规范》(JTG D60—2015)采用。

2 钢筋混凝土组合式受弯构件纵向钢筋应力 σ_{ss}

$$\sigma_{ss} = \sigma_{s1} + \sigma_{s2} = \frac{M_{1Gk}}{0.87 A_s h_{01}} + \frac{0.5 \left(1 + \frac{h_1}{h}\right) M_{2s}}{0.87 A_s h_0} \leqslant 0.75 f_{sk} \quad (8.1.11\text{-}2)$$

当 $M_{1Gk} < 0.35 M_{1u}$ 时,式(8.1.11-2)中取 $h_1 = h$。此处,M_{1u} 为预制构件正截面抗弯承载力设计值,按式(5.2.2-1)或式(5.2.3-2)计算,但公式取等号,将 $\gamma_0 M_d$ 以 M_{1u} 代替。

式中:σ_{s1}——在弯矩标准值 M_{1Gk} 作用下预制构件纵向钢筋的应力;

σ_{s2}——在弯矩值 M_{2s} 作用下组合构件纵向钢筋的应力;

h_1——预制构件截面高度;

h——组合构件截面高度;

h_{01}——预制构件截面有效高度;

h_0——组合构件截面有效高度;

A_s——预制构件受拉区钢筋截面面积。

8.1.12 组合式受弯构件在正常使用极限状态下的挠度,可根据给定的刚度用结构力学的方法计算。

8.1.13 在作用频遇组合下组合式受弯构件的刚度,可按下列规定计算:

1 钢筋混凝土组合构件作为整体构件按式(6.5.2-1)计算,但应乘以折减系数0.9;在该式中,全截面的抗弯刚度 $B_0 = 0.95 E_{c1} I_0$,开裂截面的抗弯刚度 $B_{cr} = E_{c1} I_{cr}$。此处,E_{c1} 为预制构件的混凝土弹性模量。

2 全预应力混凝土和 A 类预应力混凝土构件作为整体构件,采用 $B_0 = 0.80 E_{c1} I_0$。

8.1.14 组合式受弯构件的长期挠度,可在按本规范第 8.1.13 条刚度计算的挠度值基础上,乘以长期增长系数 η_θ 求得:

1 混凝土强度等级在 C40 以下时,$\eta_\theta = 1.80$。

2 混凝土强度等级在 C40 ~ C80 时,$\eta_\theta = 1.65 ~ 1.55$,中间强度等级可按直线插入法取用。

组合式受弯构件,由汽车荷载(不计冲击力)和人群荷载频遇组合在使用阶段产生的长期挠度,不应超过本规范第 6.5.3 条规定的限值。

注:当预制构件与现浇混凝土层混凝土强度等级不同时,上述混凝土强度等级系指前者。

8.1.15 预应力混凝土受弯组合构件由预加力引起的反拱值,可用结构力学方法按预制构件刚度 $E_{c1} I_{01}$ 计算;使用阶段预加力反拱值应将计算结果乘以长期增长系数 1.75。在计算中,预应力钢筋的应力应扣除全部预应力损失。

8.1.16 组合式受弯构件的预制构件预拱度可按本规范第 6.5.5 条的规定设置。

8.1.17 预应力混凝土组合式受弯构件持久状况应力计算,应考虑组合结构的受力特点,按本规范第 7.1 节进行。

8.2 后张预应力混凝土锚固区

8.2.1 对于后张预应力混凝土构件,其预应力锚固区的承载力应满足下列要求:

1 局部区的锚下抗压承载力应符合本规范第 5.7 节的规定。

2 总体区各受拉部位的抗拉承载力应符合下式规定:

$$\gamma_0 T_{(.),d} \leq f_{sd} A_s \tag{8.2.1}$$

式中:$T_{(.),d}$——总体区各受拉部位的拉力设计值。对于端部锚固区,锚下劈裂力 $T_{b,d}$、剥裂力 $T_{s,d}$ 和边缘拉力 $T_{et,d}$,可按本规范第 8.2.2 条至第 8.2.5 条计算或采用拉压杆模型计算;对于三角齿块锚固区,五个受拉部位的拉力设计值可按本规范第 8.2.6 条计算或采用拉压杆模型计算;

f_{sd}——普通钢筋抗拉强度设计值;

A_s——拉杆中的普通钢筋面积,按本规范第 9.4.18 条和第 9.4.20 条规定布置范围内的钢筋计算。

注:1. 预应力锚固区的范围,对于端部锚固区,横向取梁端全截面,纵向取 1.0 ~ 1.2 倍的梁高或梁宽的较大值;对于三角齿块锚固区,横向取齿块宽度的 3 倍,纵向取齿块长度外加 2 倍壁板厚度。

2. 局部区的范围,横向取锚下局部受压面积(图 5.7.1),纵向取 1.2 倍的锚垫板较长边尺寸。

3. 总体区的范围,取局部区以外的锚固区部分。

8.2.2 端部锚固区的锚下劈裂力设计值 $T_{b,d}$（图8.2.2）宜按下列规定计算。

1 单个锚头引起的锚下劈裂力设计值：

$$T_{b,d} = 0.25P_d(1+\gamma)^2\left[(1-\gamma)-\frac{a}{h}\right]+0.5P_d|\sin\alpha| \qquad (8.2.2\text{-}1)$$

劈裂力作用位置至锚固端面的水平距离：

$$d_b = 0.5(h-2e)+e\sin\alpha \qquad (8.2.2\text{-}2)$$

式中：P_d——预应力锚固力设计值，取1.2倍张拉控制力；

a——锚垫板宽度；

h——锚固端截面高度；

e——锚固力偏心距，即锚固力作用点距截面形心的距离；

γ——锚固力在截面上的偏心率，$\gamma = 2e/h$；

α——力筋倾角，一般在 $-5° \sim +20°$ 之间；当锚固力作用线从起点指向截面形心时取正值，逐渐远离截面形心时取负值。

2 一组密集锚头引起的锚下劈裂力设计值，宜采用其锚固力的合力值代入式(8.2.2-1)计算。

3 非密集锚头引起的锚下劈裂力设计值，宜按单个锚头分别计算，取各劈裂力的最大值。

注：1. 当相邻锚垫板的中心距小于2倍锚垫板宽度时［图8.2.2b)］，该锚头为密集锚头；否则，为非密集锚头［图8.2.2c)］。

2. 一组密集锚头的总垫板宽度 a 取该组锚头两个最外侧垫板外缘之间的间距［图8.2.2b)］。

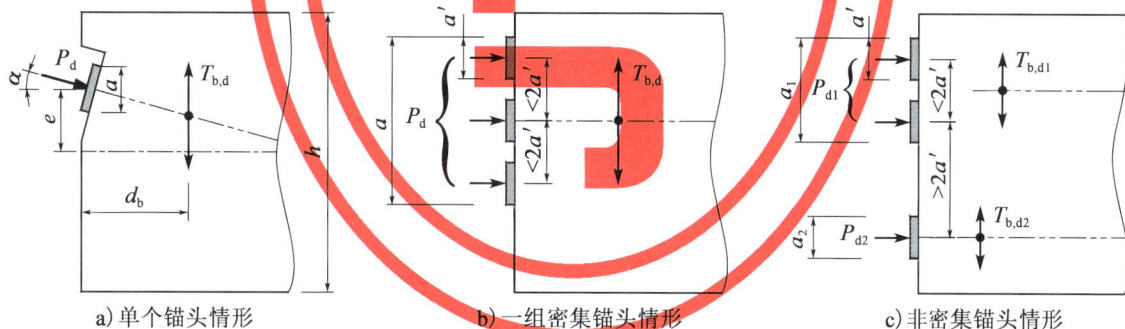

a) 单个锚头情形　　　　b) 一组密集锚头情形　　　　c) 非密集锚头情形

图8.2.2 端部锚固区的锚下劈裂力计算

8.2.3 由锚垫板局部压陷引起的周边剥裂力 $T_{s,d}$（图8.2.3）宜按式(8.2.3)计算：

$$T_{s,d} = 0.02\max\{P_{di}\} \qquad (8.2.3)$$

式中：P_{di}——同一端面上，第 i 个锚固力设计值。

8.2.4 当两个锚固力的中心距大于1/2锚固端截面高度时，该组大间距锚头间的端面剥裂力（图8.2.4）宜按式(8.2.4)计算，且不小于最大锚固力设计值的0.02倍。

— 79 —

$$T_{s,d} = 0.45\overline{P}_d \cdot \left(\frac{2s}{h} - 1\right) \tag{8.2.4}$$

式中：$\overline{P}_d$——锚固力设计值的平均值，即 $\overline{P}_d = (P_{d1} + P_{d2})/2$；

s——两个锚固力的中心距；

h——锚固端截面高度。

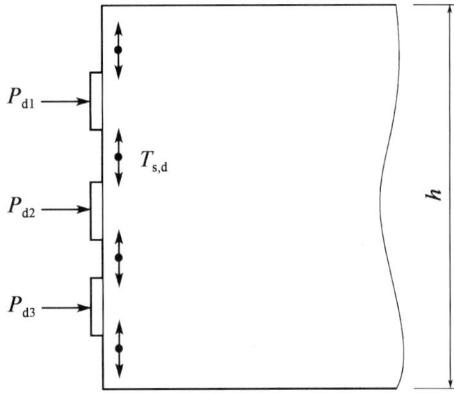

图 8.2.3　锚头的周边剥裂力计算　　　　图 8.2.4　大间距锚头间的剥裂力计算

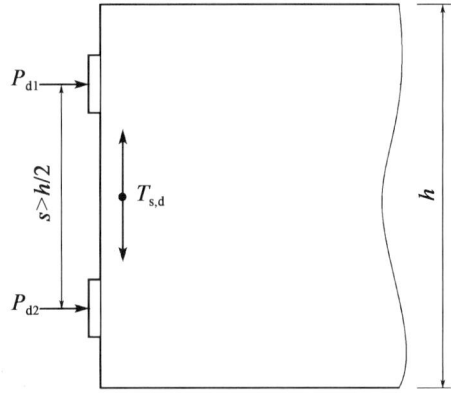

8.2.5　端部锚固区的边缘拉力设计值（图 8.2.5）宜按式（8.2.5）计算：

$$T_{et,d} = \begin{cases} 0 & \gamma \leqslant 1/3 \\ \dfrac{(3\gamma - 1)^2}{12\gamma}P_d & \gamma > 1/3 \end{cases} \tag{8.2.5}$$

式中：γ——锚固力在截面上的偏心率，$\gamma = 2e/h$，e 和 h 按本规范第 8.2.2 条的规定取值。

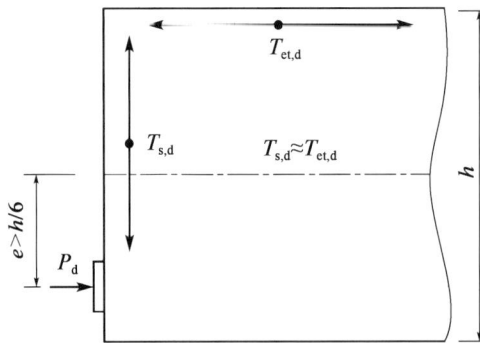

图 8.2.5　端部锚固区的边缘拉力计算

8.2.6　三角齿块锚固区内五个受拉部位（图 8.2.6）的拉力设计值，宜按以下规定计算：

1　锚下劈裂力设计值

$$T_{b,d} = 0.25P_d\left(1 - \frac{a}{2d}\right) \tag{8.2.6-1}$$

式中：d——锚固力中心至齿板上边缘的垂直距离。

2　齿块端面的拉力设计值

$$T_{s,d} = 0.04P_d \tag{8.2.6-2}$$

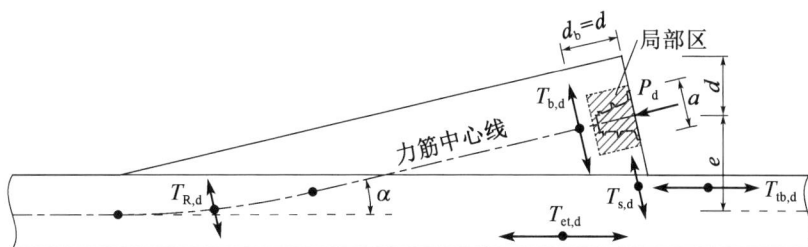

图 8.2.6 后张预应力构件齿块锚固区的受拉效应

3 锚后牵拉力设计值

$$T_{tb,d} = 0.2P_d \qquad (8.2.6\text{-}3)$$

4 边缘局部弯曲引起的拉力设计值

$$T_{et,d} = \frac{(2e - d)^2}{12e(e + d)}P_d \qquad (8.2.6\text{-}4)$$

式中:e——锚固力作用点至壁板中心的距离。

5 径向力作用引起的拉力设计值

$$T_{R,d} = P_d\alpha \qquad (8.2.6\text{-}5)$$

式中:α——预应力钢筋转向前后的切线夹角(rad)。

8.3 支座处横隔梁

8.3.1 支座处横隔梁应进行横桥向受力计算,可采用隔离体简化模型,假定跨内荷载由腹板传递至横隔梁。当横隔梁的宽高比 $B_w/h > 2$ 时,可按本规范第 5 章~第 7 章钢筋混凝土受弯构件进行计算;当横隔梁的宽高比 $B_w/h \leqslant 2$ 时,可按应力扰动区进行计算。B_w 为横隔梁处腹板中心线之间的距离,h 为横隔梁的高度。

8.3.2 单室箱梁的横隔梁,当其宽高比 $0.5 \leqslant B_w/h \leqslant 2$ 时,可按以下规定进行顶部横向受拉部位的抗拉承载力计算:

$$\gamma_0 T_{t,d} \leqslant f_{sd}A_s + f_{pd}A_p \qquad (8.3.2\text{-}1)$$

$$T_{t,d} = \left[0.20 + (B_w/h - 0.5)(0.87 - s/B_w)\right] \cdot V_d \qquad (8.3.2\text{-}2)$$

式中:$T_{t,d}$——横隔梁顶部横向拉杆内力设计值,见图 8.3.2;

    V_d——由单侧腹板传递至横隔梁的竖向剪力设计值。对于双支座情形,V_d 取为单个支座反力设计值 R_d;对于单支座情形,V_d 取为 1/2 支座反力设计值,即 $V_d = R_d/2$;

    s——对于双支座支承的横隔梁,s 取支座中心距;对于单支座支承的横隔梁,s 取 1/2 支座垫板宽度 a;

    h——横隔梁的高度,取支座处箱梁梁高;

    B_w——对于直腹板,B_w 为腹板中心线之间的间距;对于斜腹板,B_w 为腹板中心线中点之间的距离;

f_{sd}、f_{pd}——普通钢筋、预应力钢筋的抗拉强度设计值；

A_s、A_p——拉杆中的普通钢筋、预应力钢筋面积，在桥梁纵向应计入横隔梁及其两侧各1倍横隔梁厚度范围内的钢筋，在梁高方向应计入箱梁顶板厚度内的钢筋。

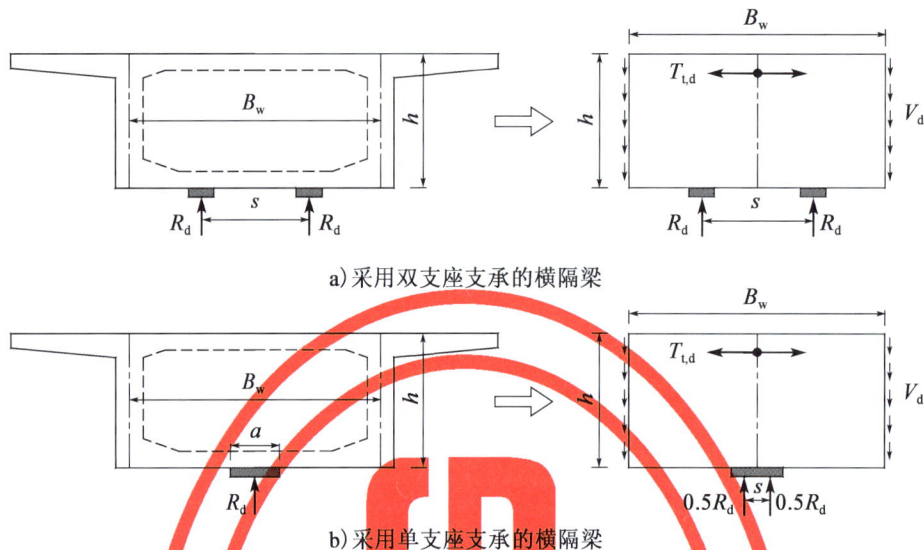

a）采用双支座支承的横隔梁

b）采用单支座支承的横隔梁

图8.3.2 支座处横隔梁的顶部横向拉力计算

8.4 墩台盖梁

8.4.1 墩台盖梁与柱宜按刚架计算，盖梁的计算跨径宜取支承中心的距离。

8.4.2 盖梁应按下列规定进行结构设计：

1 当盖梁跨中部分的跨高比 $l/h > 5.0$ 时，按本规范第5章~第7章钢筋混凝土一般构件计算；当盖梁跨中部分的跨高比为 $2.5 < l/h \leqslant 5.0$ 时，按本规范第8.4.3条~第8.4.5条进行承载力验算。此处，l 为盖梁的计算跨径，h 为盖梁的高度。

2 盖梁（墩帽）的悬臂部分，按本规范第8.4.6条和第8.4.7条进行承载力验算。

8.4.3 钢筋混凝土盖梁的正截面抗弯承载力应满足下列公式要求：

$$\gamma_0 M_d \leqslant f_{sd} A_s z \tag{8.4.3-1}$$

$$z = \left(0.75 + 0.05\,\frac{l}{h}\right)(h_0 - 0.5x) \tag{8.4.3-2}$$

式中：M_d——盖梁最大弯矩设计值；

f_{sd}——纵向普通钢筋的抗拉强度设计值；

A_s——受拉区普通钢筋截面面积；

z——内力臂；

x——截面受压区高度，按式（5.2.2-2）计算；

h_0——截面有效高度。

8.4.4 钢筋混凝土盖梁的抗剪截面应满足下列要求:

$$\gamma_0 V_d \leqslant 0.33 \times 10^{-4} \left(\frac{l}{h} + 10.3 \right) \sqrt{f_{cu,k}} \, b h_0 \tag{8.4.4}$$

式中:V_d——验算截面处的剪力设计值(kN);

b——盖梁截面宽度(mm);

h_0——盖梁截面有效高度(mm);

$f_{cu,k}$——混凝土立方体抗压强度标准值(MPa)。

8.4.5 钢筋混凝土盖梁的斜截面抗剪承载力应满足下列要求:

$$\gamma_0 V_d \leqslant 0.5 \times 10^{-4} \alpha_1 \left(14 - \frac{l}{h} \right) b h_0 \sqrt{(2 + 0.6P)} \sqrt{f_{cu,k}} \rho_{sv} f_{sv} \tag{8.4.5}$$

式中:V_d——验算截面处的剪力设计值(kN);

α_1——连续梁异号弯矩影响系数,计算近边支点梁段的抗剪承载力时,$\alpha_1 = 1.0$;计算中间支点梁段及刚构各节点附近时,$\alpha_1 = 0.9$;

P——受拉区纵向受拉钢筋的配筋百分率,$P = 100\rho$,$\rho = A_s / (b h_0)$,当 $P > 2.5$ 时,取 $P = 2.5$;

ρ_{sv}——箍筋配筋率,$\rho_{sv} = A_{sv}/bs_v$,此处,A_{sv} 为同一截面内箍筋各肢的总截面面积,s_v 为箍筋间距;箍筋配筋率应符合本规范第 9.3.12 条规定;

f_{sv}——箍筋的抗拉强度设计值(MPa);

b——盖梁截面宽度(mm);

h_0——盖梁截面有效高度(mm)。

8.4.6 钢筋混凝土盖梁的悬臂部分承受竖向力作用时,应符合下列规定:

1 当竖向力作用点至柱边缘的水平距离(圆形截面柱可换算为边长等于 0.8 倍直径的方形截面柱)大于盖梁截面高度时,按本规范第 5 章~第 7 章钢筋混凝土一般构件计算。

2 当竖向力作用点至柱边缘的水平距离小于或等于盖梁截面高度时,可采用拉压杆模型按下列规定计算悬臂上缘拉杆的抗拉承载力(图 8.4.6):

$$\gamma_0 T_{t,d} \leqslant f_{sd} A_s + f_{pd} A_p \tag{8.4.6-1}$$

$$T_{t,d} = \frac{x + b_c/2}{z} F_d \tag{8.4.6-2}$$

式中:$T_{t,d}$——盖梁悬臂上缘拉杆的内力设计值;

f_{sd}、f_{pd}——普通钢筋、预应力钢筋的抗拉强度设计值;

A_s、A_p——拉杆中的普通钢筋、预应力钢筋面积;

F_d——盖梁悬臂部分的竖向力设计值,按基本组合取用;

b_c——柱的支撑宽度,方形截面柱取截面边长,圆形截面柱取 0.8 倍直径;

x——竖向力作用点至柱边缘的水平距离;

z——盖梁的内力臂，可取 $z = 0.9h_0$；

h_0——盖梁的有效高度。

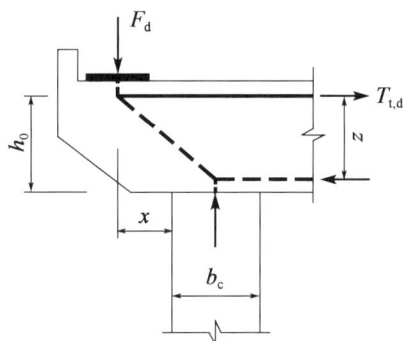

图 8.4.6　盖梁短悬臂部分的拉压杆模型

8.4.7　对于布置双支座的独柱墩的墩帽（顶部），可采用拉压杆模型按下列规定计算顶部横向受拉部位的抗拉承载力（图 8.4.7）：

$$\gamma_0 T_{t,d} \leqslant f_{sd} A_s \tag{8.4.7-1}$$

$$T_{t,d} = 0.45 F_d \left(\frac{2s - b'}{h} \right) \tag{8.4.7-2}$$

式中：$T_{t,d}$——墩顶的横向拉杆内力设计值；

F_d——墩顶的竖向力设计值，按基本组合取用；

s——双支座的中心距；

h——墩顶横向变宽度区段的高度，当 $h > b$ 时取 $h = b$，b 为墩帽顶部横向宽度；

b'——距离墩顶高度为 h 的位置处，墩帽或墩身的横向宽度；

f_{sd}——普通钢筋抗拉强度设计值；

A_s——拉杆中的普通钢筋面积，按盖梁顶部 $2h/9$ 高度范围内的钢筋计算。

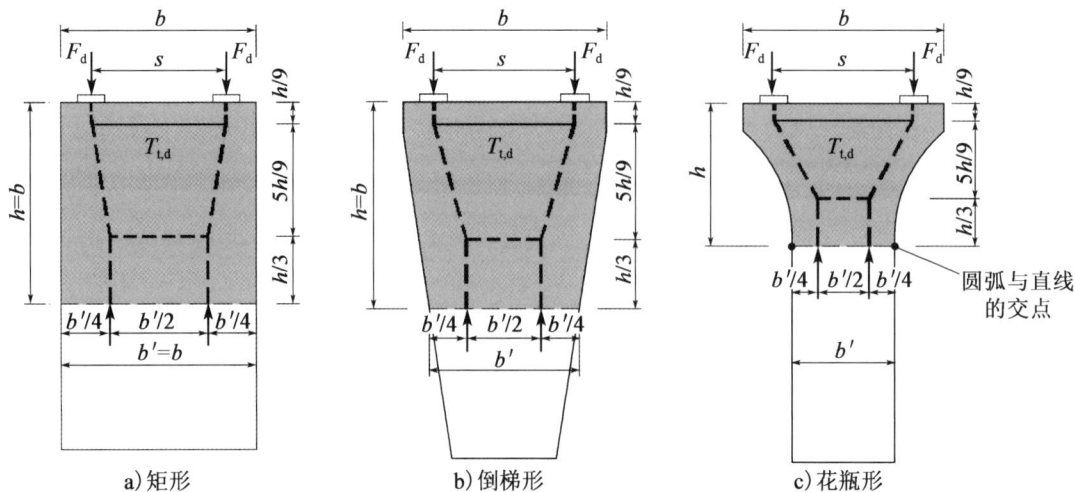

图 8.4.7　三种独柱墩帽（顶部）配筋设计的拉压杆模型

8.4.8 当盖梁跨中部分的跨高比为 $2.5 < l/h \leqslant 5.0$ 时,钢筋混凝土盖梁的最大裂缝宽度按本规范第 6.4.3 条的公式计算,但其中系数 C_3 取为 $\dfrac{1}{3}\left(\dfrac{0.4l}{h}+1\right)$,并不应超过本规范第 6.4.2 条的限值。

8.4.9 当盖梁跨中部分的跨高比 $l/h > 5.0$ 时,钢筋混凝土盖梁宜按照本规范第 6.5 节的规定进行挠度验算。

8.5 桩基承台

8.5.1 在进行承台计算时,单桩作用于承台底面的竖向力设计值可按下列公式计算(图 8.5.1):

$$N_{id} = \frac{F_d}{n} \pm \frac{M_{xd}y_i}{\sum y_i^2} \pm \frac{M_{yd}x_i}{\sum x_i^2} \qquad (8.5.1)$$

式中:N_{id}——第 i 根桩作用于承台底面的竖向力设计值;

$\quad\quad F_d$——由承台底面以上的作用组合产生的竖向力设计值;

M_{xd}、M_{yd}——由承台底面以上的作用组合绕通过桩群形心的 x 轴、y 轴的弯矩设计值;

$\quad\quad n$——承台下面桩的总根数;

$\quad x_i$、y_i——第 i 排桩中心至 y 轴、x 轴的距离。

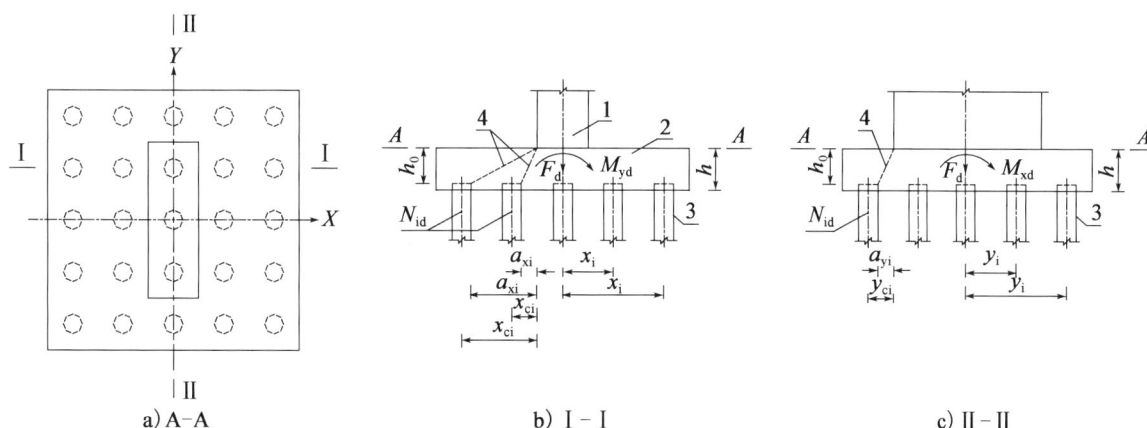

图 8.5.1 桩基承台计算

1-墩身;2-承台;3-桩;4-剪切破坏斜截面

8.5.2 当承台下面外排桩中心距墩台身边缘大于承台高度时,其正截面(垂直于 x 轴和 y 轴的竖向截面)抗弯承载力可作为悬臂梁按本规范第 5.2 节规定计算。

   1 承台截面计算宽度

   1)当桩中距不大于 3 倍桩边长或 3 倍桩直径时,取承台全宽;

   2)当桩中距大于 3 倍桩边长或 3 倍桩直径时:

$$b_s = 2a + 3D(n - 1) \tag{8.5.2-1}$$

式中：b_s——承台截面计算宽度；

a——平行于计算截面的边桩中心距承台边缘距离；

D——桩边长或桩直径；

n——平行于计算截面的桩的根数。

2 承台计算截面弯矩设计值应按下列公式计算（图8.5.1）：

$$M_{xcd} = \sum N_{id} y_{ci} \tag{8.5.2-2}$$

$$M_{ycd} = \sum N_{id} x_{ci} \tag{8.5.2-3}$$

式中：M_{xcd}、M_{ycd}——计算截面外侧各排桩竖向力组合产生的绕 x 轴和 y 轴在计算截面处的弯矩设计值；

N_{id}——计算截面外侧第 i 排桩的竖向力设计值，取该排桩根数乘以该排桩中最大单桩竖向力设计值；

x_{ci}、y_{ci}——垂直于 y 轴和 x 轴方向，自第 i 排桩中心线至计算截面的距离。

8.5.3 当承台下面外排桩中心距墩台身边缘大于承台高度时，其斜截面抗剪承载力计算应符合下列规定（图8.5.1）：

$$\gamma_0 V_d \leq (0.9 \times 10^{-4}) \frac{(2 + 0.6P)}{m} \frac{\sqrt{f_{cu,k}}}{} b_s h_0 \tag{8.5.3}$$

式中：V_d——由承台悬臂下面桩的竖向力设计值产生的计算斜截面以外各排桩最大剪力设计值的总和（kN）；每排桩的竖向力设计值，取其中一根最大值乘以该排桩的根数；

$f_{cu,k}$——边长为150mm的混凝土立方体抗压强度标准值（MPa）；

P——斜截面内纵向受拉钢筋的配筋百分率，$P = 100\rho$，$\rho = A_s / (bh_0)$，当 $P > 2.5$ 时，取 $P = 2.5$，其中 A_s 为承台截面计算宽度（见本规范第8.5.2条）内纵向受拉钢筋截面面积；

m——剪跨比，$m = a_{xi}/h_0$ 或 $m = a_{yi}/h_0$，当 $m < 0.5$ 时，取 $m = 0.5$，其中 a_{xi} 和 a_{yi} 分别为沿 x 轴和 y 轴墩台边缘至计算斜截面外侧第 i 排桩边缘的距离；当为圆形截面桩时，可换算为边长等于0.8倍圆桩直径的方形截面桩；

b_s——承台计算宽度（mm），见本规范第8.5.2条有关正截面抗弯承载力计算时对于计算宽度的规定；

h_0——承台有效高度（mm）。

当承台的同方向可作出多个斜截面破坏面时，应分别对每个斜截面进行抗剪承载力计算。

8.5.4 当承台下面外排桩中心与墩台身边缘的距离小于或等于承台高度时，承台的极限承载力可按本规范附录B中的拉压杆模型方法进行设计（图8.5.4）。

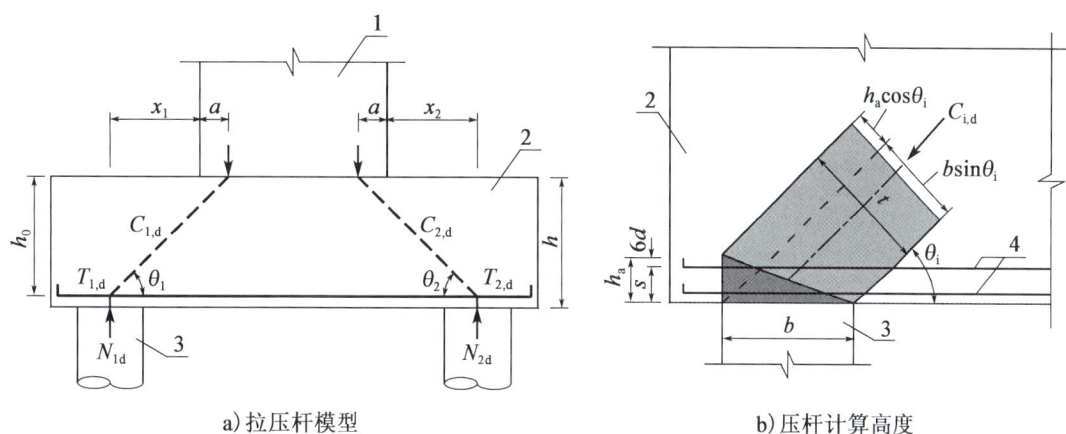

a) 拉压杆模型　　　　　　　　b) 压杆计算高度

图 8.5.4　承台按拉压杆模型计算
1-墩台身;2-承台;3-桩;4-拉杆钢筋

1　斜压杆承载力符合下列规定:

$$\gamma_0 C_{i,d} \leqslant t b_s f_{ce,d} \tag{8.5.4-1}$$

$$f_{ce,d} = \frac{\beta_a f_{cd}}{0.8 + 170\varepsilon_1} \leqslant 0.85\beta_c f_{cd} \tag{8.5.4-2}$$

$$\varepsilon_1 = \frac{T_{i,d}}{A_s E_s} + \left(\frac{T_{i,d}}{A_s E_s} + 0.002\right)\cot^2\theta_i \tag{8.5.4-3}$$

$$t = b\sin\theta_i + h_a\cos\theta_i \tag{8.5.4-4}$$

$$h_a = s + 6d \tag{8.5.4-5}$$

式中:$C_{i,d}$——压杆的内力设计值,包括 $C_{1,d} = N_{1d}/\sin\theta_1$,$C_{2,d} = N_{2d}/\sin\theta_2$,其中 N_{1d} 和 N_{2d} 分别为承台悬臂下面"1"排桩和"2"排桩内该排桩的根数乘以该排桩中最大单桩竖向力设计值,竖向力设计值按式(8.5.1)计算;按式(8.5.4-1)计算压杆承载力时,式中 $C_{i,d}$ 取 $C_{1,d}$ 和 $C_{2,d}$ 两者中较大者;

　　θ_i——斜压杆与拉杆之间的夹角,其中 $\theta_1 = \tan^{-1}\dfrac{h_0}{a+x_1}$,$\theta_2 = \tan^{-1}\dfrac{h_0}{a+x_2}$,其中 h_0 为承台有效高度;a 为压杆中线与承台顶面的交点至墩台边缘的距离,取 $a = 0.15h_0$;x_1 和 x_2 为桩中心至墩台边缘的距离;

　$f_{ce,d}$——混凝土压杆的等效抗压强度设计值,计算时参数 β_c 按本规范附录 B 取值;

　　t——压杆计算高度;

　　b_s——压杆计算宽度,按本规范第 8.5.2 条有关正截面抗弯承载力计算时对计算宽度的规定取用;

　　b——桩的支撑面计算宽度,方形截面取截面边长,圆形截面取直径的 0.8 倍;

　　A_s——在压杆计算宽度 b_s(拉杆计算宽度)范围内拉杆钢筋截面面积;

　　s——拉杆钢筋的顶层钢筋中心至承台底的距离;

　　d——拉杆钢筋直径,当采用不同直径的钢筋时,d 取加权平均值。

2　拉杆承载力符合下列规定:

$$\gamma_0 T_{i,d} \leqslant f_{sd} A_s \tag{8.5.4-6}$$

式中：$T_{i,d}$——拉杆内力设计值，取 $T_{1,d}$ 与 $T_{2,d}$ 两者中较大者，其中 $T_{1,d} = N_{1d}/\tan\theta_1$，$T_{2,d} = N_{2d}/\tan\theta_2$；

$\quad\quad f_{sd}$——拉杆钢筋抗拉强度设计值；

$\quad\quad A_s$——在压杆计算宽度 b_s（拉杆计算宽度）范围内拉杆钢筋截面面积。

在垂直于拉杆的承台全宽内，拉杆钢筋应按本规范第 9.6.10 条第 2 款布置。在拉杆计算宽度 b_s 内的受拉钢筋的配筋率不应小于 0.15%。

8.5.5 承台应按下列规定进行冲切承载力验算：

1 柱或墩台向下冲切的破坏锥体应采用自柱或墩台边缘至相应桩顶边缘连线构成的锥体；桩顶位于承台顶面以下 1 倍有效高度 h_0 处。锥体斜面与水平面的夹角，不应小于 45°，当小于 45° 时，取用 45°。

柱或墩台向下冲切承台的冲切承载力符合下列规定：

$$\gamma_0 F_{ld} \leqslant 0.6 f_{td} h_0 \left[2\alpha_{px}(b_y + a_y) + 2\alpha_{py}(b_x + a_x) \right] \quad\quad (8.5.5\text{-}1)$$

$$a_{px} = \frac{1.2}{\lambda_x + 0.2} \quad\quad (8.5.5\text{-}2)$$

$$a_{py} = \frac{1.2}{\lambda_y + 0.2} \qu\quad (8.5.5\text{-}3)$$

式中：F_{ld}——作用于冲切破坏锥体上的冲切力设计值，可取柱或墩台的竖向力设计值减去锥体范围内桩的反力设计值；

$\quad\quad b_x$、b_y——柱或墩台作用面积的边长[图 8.5.5a)]；

$\quad\quad a_x$、a_y——冲跨，冲切破坏锥体侧面顶边与底边间的水平距离，即柱或墩台边缘到桩边缘的水平距离，其值不应大于 h_0[图 8.5.5a)]；

$\quad\quad \lambda_x$、λ_y——冲跨比，$\lambda_x = a_x/h_0$，$\lambda_y = a_y/h_0$，当 $a_x < 0.2h_0$ 或 $a_y < 0.2h_0$ 时，取 $a_x = 0.2h_0$ 或 $a_y = 0.2h_0$；

$\quad\quad \alpha_{px}$、α_{py}——分别与冲跨比 λ_x、λ_y 对应的冲切承载力系数；

$\quad\quad f_{td}$——混凝土轴心抗拉强度设计值。

2 对于柱或墩台向下的冲切破坏锥体以外的角桩和边桩，其向上冲切承台的冲切承载力符合下列规定：

1）角桩

$$\gamma_0 F_{ld} \leqslant 0.6 f_{td} h_0 \left[\alpha'_{px}\left(b_y + \frac{a_y}{2}\right) + \alpha'_{py}\left(b_x + \frac{a_x}{2}\right) \right] \qu\quad (8.5.5\text{-}4)$$

$$\alpha'_{px} = \frac{0.8}{\lambda_x + 0.2} \ququad (8.5.5\text{-}5)$$

$$\alpha'_{py} = \frac{0.8}{\lambda_y + 0.2} \quad\quad (8.5.5\text{-}6)$$

式中：F_{ld}——角桩竖向力设计值；

$\quad\quad b_x$、b_y——承台边缘至桩内边缘的水平距离[图 8.5.5b)]；

$\quad\quad a_x$、a_y——冲跨，为桩边缘至相应柱或墩台边缘的水平距离，其值不应大于 h_0[图

8.5.5b)];

λ_x、λ_y——冲跨比，$\lambda_x = a_x/h_0$，$\lambda_y = a_y/h_0$，当 $a_x < 0.2h_0$ 或 $a_y < 0.2h_0$ 时，取 $a_x = 0.2h_0$ 或 $a_y = 0.2h_0$；

α'_{px}、α'_{py}——分别与冲跨比 λ_x、λ_y 对应的冲切承载力系数。

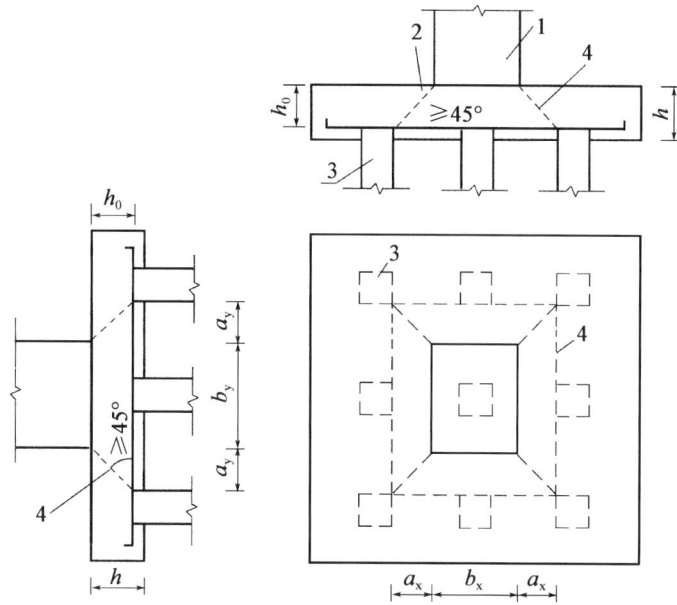

a) 柱、墩台下冲切破坏锥体
1-柱、墩台；2-承台；3-桩；4-破坏锥体

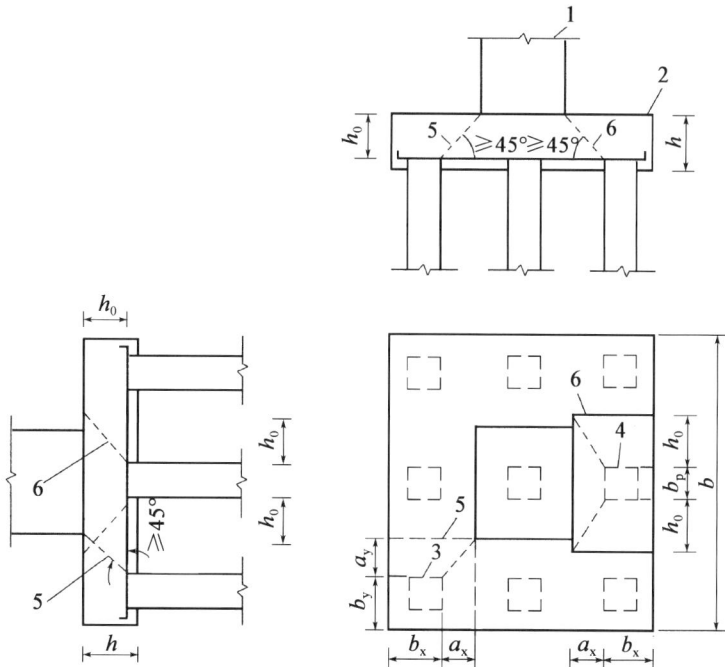

b) 角桩和边桩上冲切破坏锥体
1-柱、墩台；2-承台；3-角桩；4-边桩；5-角桩土破坏锥体；6-边桩上冲切破坏锥体

图 8.5.5 承台冲切破坏锥体

2) 边桩,当 $b_p + 2h_0 \leqslant b$ 时[b 见图8.5.5b)]

$$\gamma_0 F_{ld} \leqslant 0.6 f_{td} h_0 [\alpha'_{px} (b_p + h_0) + 0.667 \cdot (2b_x + a_x)] \tag{8.5.5-7}$$

式中: F_{ld} ——边桩竖向力设计值;

$\quad b_x$ ——承台边缘至桩内边缘的水平距离;

$\quad b_p$ ——方桩的边长;

$\quad a_x$ ——冲跨,为桩边缘至相应柱或墩台边缘的水平距离,其值不应大于 h_0 。

按上述各款计算时,圆形截面桩可换算为边长等于0.8倍圆桩直径的方形截面桩。

注:当承台为变厚度时,式(8.5.5-1)中的 h_0 取沿柱或墩台边缘垂直截面的承台有效高度;式(8.5.5-4)、式(8.5.5-7)中的 h_0 取承台边缘截面的有效高度。

8.5.6 承台在承受局部荷载的部位,应按本规范第5.7节进行局部承压承载力的验算。

8.6 铰

8.6.1 线接触的圆柱形铰,其受压面抗压承载力宜符合下列规定:

$$\gamma_0 F_{hd} \leqslant \frac{7.14 (\eta_s \beta f_{cd})^2 l}{E_c \left(\dfrac{1}{r_1} - \dfrac{1}{r_2} \right)} \tag{8.6.1-1}$$

$$\beta = \sqrt{\frac{A_b}{bl}} \tag{8.6.1-2}$$

压力传递面的宽度 b (图8.6.1)按下式计算:

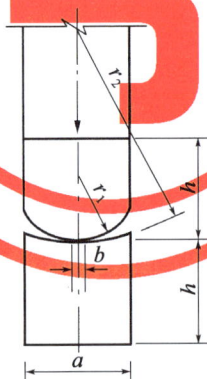

图8.6.1 混凝土铰

$$b = 2.74 \sqrt{\frac{\gamma_0 F_{hd}}{E_c \left(\dfrac{1}{r_1} - \dfrac{1}{r_2} \right) l}} \tag{8.6.1-3}$$

式中: F_{hd} ——作用于受压面上铰的压力设计值;

$\quad f_{cd}$ ——混凝土抗压强度设计值;

A_b——局部受压时的计算底面积,按图 5.7.1 确定;

η_s——混凝土局部承压修正系数,按本规范第 5.7.1 条规定采用;

l——圆柱形铰的长度;

E_c——混凝土弹性模量;

r_1、r_2——上、下圆柱体半径,当上圆柱体与平面接触时,取 $\frac{1}{r_2}=0$;

γ_0——结构重要性系数。

8.6.2 铰的横向抗拉承载力宜符合下列规定(图 8.6.1):

$$\gamma_0 F_{hd} \leqslant \frac{h}{0.425(a-b)} f_{sd} A_s \qquad (8.6.2)$$

式中:f_{sd}——铰内横向钢筋抗拉强度设计值;

a——铰的宽度;

h——铰的高度,取 a 值的 0.80~1.25 倍;

b——铰的压力传递面宽度,按式(8.6.1-3)计算;

A_s——铰的横向抗拉钢筋截面面积。

在铰的侧向,可按横向钢筋截面面积的 0.4 倍配置钢筋。

8.7 支座

8.7.1 桥梁支座应符合下列要求:

1 支座应具有将上部结构承受的结构自重、汽车荷载等竖向作用有效传递到下部结构的能力,且保证在风荷载、地震作用等水平荷载作用下上部结构的安全。

2 支座类型及规格应根据上下部结构形式、支座反力及水平力设计值、支座处位移量确定。

3 支座反力设计值 R_{tk} 应按竖向荷载(汽车荷载应计入冲击系数)标准值进行组合计算。

4 支座水平力设计值应按水平向作用的标准值进行组合计算。

5 计算支座处梁的相对位移量时应考虑下列因素:

1) 因温度变化、汽车制动力等引起的位移;

2) 因梁挠曲引起的位移;

3) 因施加预应力引起的主梁位移;

4) 因混凝土收缩徐变引起的位移;

5) 因地震等偶然作用引起的位移。

8.7.2 板式橡胶支座的基本设计数据,及其产品分类、技术要求、试验方法、检验规则等应符合现行《公路桥梁板式橡胶支座》(JT/T 4)的规定。

8.7.3 板式橡胶支座的选择应符合下列规定：

1 有效承压面积应符合下列规定：

$$A_e \geqslant \frac{R_{ck}}{\sigma_c} \qquad (8.7.3\text{-}1)$$

式中：A_e——支座有效承压面积（承压加劲钢板面积）；

R_{ck}——支座反力设计值，汽车荷载应计入冲击系数；

σ_c——使用阶段支座平均压应力限值，按现行《公路桥梁板式橡胶支座》（JT/T 4）取用。

2 橡胶层总厚度应符合下列规定：

1）从满足剪切变形考虑，应符合下列条件：

不计制动力时

$$t_e \geqslant 2\Delta_l \qquad (8.7.3\text{-}2)$$

计入制动力时

$$t_e \geqslant 1.43\Delta_l \qquad (8.7.3\text{-}3)$$

当板式橡胶支座在横桥向平行于墩台帽或盖梁顶横坡设置时，支座橡胶层总厚度应符合下列条件：

不计制动力时

$$t_e \geqslant 2\sqrt{\Delta_l^2 + \Delta_t^2} \qquad (8.7.3\text{-}4)$$

计入制动力时

$$t_e \geqslant 1.43\sqrt{\Delta_l^2 + \Delta_t^2} \qquad (8.7.3\text{-}5)$$

式中：t_e——支座橡胶层总厚度；

Δ_l——由上部结构温度变化、混凝土收缩和徐变等作用标准值引起的支座剪切变形和纵向力标准值（计入制动力标准值）产生的支座剪切变形，以及支座直接设置于不大于1%纵坡的梁底面下、在支座顶面由支座反力设计值顺纵坡方向分力产生的剪切变形之和；

Δ_t——支座在横桥向平行于不大于2%的墩台帽或盖梁顶横坡上设置，由支座反力设计值平行于横坡方向分力产生的剪切变形。

2）从保证受压稳定考虑，应符合下列条件：

矩形支座

$$\frac{l_a}{10} \leqslant t_e \leqslant \frac{l_a}{5} \qquad (8.7.3\text{-}6)$$

圆形支座

$$\frac{d}{10} \leqslant t_e \leqslant \frac{d}{5} \qquad (8.7.3\text{-}7)$$

式中：l_a——矩形支座短边尺寸；

d——圆形支座直径。

3 板式橡胶支座竖向平均压缩变形应符合下列规定：

$$\delta_{c,m} = \frac{R_{ck}t_e}{A_e E_e} + \frac{R_{ck}t_e}{A_e E_b} \qquad (8.7.3-8)$$

$$\theta \frac{l_a}{2} \leqslant \delta_{c,m} \leqslant 0.07t_e \qquad (8.7.3-9)$$

式中：$\delta_{c,m}$——支座竖向平均压缩变形；

E_e——支座抗压弹性模量，按现行《公路桥梁板式橡胶支座》(JT/T 4)取用；

E_b——橡胶弹性体体积模量，按现行《公路桥梁板式橡胶支座》(JT/T 4)取用；

l_a——矩形支座短边尺寸或圆形支座直径；

θ——由上部结构挠曲在支座顶面引起的倾角，以及支座直接设置于不大于1%纵坡的梁底面下，在支座顶面引起的纵坡坡角(rad)。

4 板式橡胶支座加劲钢板应符合下列规定，且其最小厚度不应小于2mm。

$$t_s \geqslant \frac{K_p R_{ck}(t_{es,u} + t_{es,l})}{A_e \sigma_s} \qquad (8.7.3-10)$$

式中： t_s——支座加劲钢板厚度；

K_p——应力校正系数，取1.3；

$t_{es,u}$、$t_{es,l}$——一块加劲钢板上、下橡胶层厚度；

σ_s——加劲钢板轴向拉应力限值，可取钢材屈服强度的0.65倍。

加劲钢板与支座边缘的最小距离不应小于5mm，上、下保护层厚度不应小于2.5mm。

8.7.4 板式橡胶支座抗滑稳定应符合下列规定：

不计汽车制动力时

$$\mu R_{Gk} \geqslant 1.4 G_e A_g \frac{\Delta_l}{t_e} \qquad (8.7.4-1)$$

计入汽车制动力时

$$\mu R_{ck} \geqslant 1.4 G_e A_g \frac{\Delta_l}{t_e} + F_{bk} \qquad (8.7.4-2)$$

式中：R_{Gk}——由结构自重引起的支座反力；

R_{ck}——由结构自重标准值和0.5倍汽车荷载标准值(计入冲击系数)引起的支座反力；

μ——支座与接触面的摩擦系数，按现行《公路桥梁板式橡胶支座》(JT/T 4)取用；

G_e——支座剪变模量，按现行《公路桥梁板式橡胶支座》(JT/T 4)取用；

Δ_l——见本规范第8.7.3条，但不包括汽车制动力引起的剪切变形；

F_{bk}——由汽车荷载引起的制动力标准值；

A_g——支座平面毛面积。

8.7.5 聚四氟乙烯滑板式橡胶支座的摩擦力应符合下列规定：

不计汽车制动力时

$$\mu_f R_{Gk} \leqslant G_e A_g \tan\alpha \qquad (8.7.5\text{-}1)$$

计入汽车制动力时

$$\mu_f R_{ck} \leqslant G_e A_g \tan\alpha \qquad (8.7.5\text{-}2)$$

式中：μ_f——聚四氟乙烯与不锈钢板的摩擦系数，按现行《公路桥梁板式橡胶支座》（JT/T 4）取用；

$\tan\alpha$——橡胶支座剪切角正切值的限值，按现行《公路桥梁板式橡胶支座》（JT/T 4）取用；

R_{ck}——由结构自重标准值和汽车荷载标准值（计入冲击系数）引起的支座反力；

A_g——支座平面毛面积。

8.7.6 采用定型生产的盆式橡胶支座、球型支座应分别符合《公路桥梁盆式橡胶支座》（JT/T 391—2009）、《桥梁球型支座》（GB/T 17955—2009）的技术要求。

8.8 桥梁伸缩装置

8.8.1 桥梁伸缩装置应符合下列要求：

1 伸缩装置的材料及其成品的技术要求应符合《公路桥梁伸缩装置通用技术条件》（JT/T 327—2016）的有关规定。

2 采用定型生产的各类伸缩装置时，可根据桥梁所在地区的气温条件和施工季节，选择伸缩装置的安装温度，按本规范第8.8.2条规定计算桥梁接缝处梁体的伸长量和缩短量（接缝的闭口量和开口量），据此选用伸缩装置的类型和型号。

自行设计伸缩装置时，对于承受汽车荷载的钢构件，应考虑冲击作用及重复作用引起的疲劳影响。

3 根据伸缩装置的安装宽度，绘制桥梁接缝处的结构图，标明安装伸缩装置所必需的槽口尺寸（深度及上、下口宽度）、伸缩装置连接所需的预埋件及其位置。同时，图纸上应标明下列内容：

1）槽口内填筑的材料种类及其强度等级；

2）安装伸缩装置的温度范围，在该范围内安装伸缩装置，可保证在安装后伸缩装置工作正常；

3）伸缩装置的类型和型号，该装置的最大及最小工作宽度（B_{max} 及 B_{min}）；

4）伸缩装置的安装宽度或出厂宽度（板式伸缩装置为压缩后的宽度，可由工厂临时固定出厂）；

5）伸缩装置施工时应注意事项。

8.8.2 伸缩装置安装以后的伸缩量，可考虑下列因素进行计算：

1 由温度变化引起的伸缩量,按下列公式计算:

温度上升引起的梁体伸长量 Δl_t^+

$$\Delta l_t^+ = \alpha_c l(T_{max} - T_{set,l})$$ (8.8.2-1)

温度下降引起的梁体缩短量 Δl_t^-

$$\Delta l_t^- = \alpha_c l(T_{set,u} - T_{min})$$ (8.8.2-2)

式中: T_{max}、T_{min}——当地最高、最低有效气温值,按《公路桥涵设计通用规范》(JTG D60—2015)取用;

$T_{set,u}$、$T_{set,l}$——预设的安装温度范围的上限值和下限值;

l——计算一个伸缩装置伸缩量所采用的梁体长度,视桥梁长度分段及支座布置情况而定;

α_c——梁体混凝土材料线膨胀系数,采用 $\alpha_c = 0.00001$。

2 由混凝土收缩引起的梁体缩短量 Δl_s^-,按式(8.8.2-3)计算:

$$\Delta l_s^- = \varepsilon_{cs}(t_u, t_0) l$$ (8.8.2-3)

式中: $\varepsilon_{cs}(t_u, t_0)$——伸缩装置安装完成时梁体混凝土龄期 t_0 至收缩终了时混凝土龄期 t_u 之间的混凝土收缩应变,可按本规范附录C计算。

3 由混凝土徐变引起的梁体缩短量 Δl_c^- 按式(8.8.2-4)计算:

$$\Delta l_c^- = \frac{\sigma_{pc}}{E_c}\phi(t_u, t_0) l$$ (8.8.2-4)

式中: σ_{pc}——由预应力(扣除相应阶段预应力损失)引起的截面重心处的法向压应力,当计算的梁为简支梁时,可取跨中截面与1/4跨径截面的平均值;当梁体为连续梁或连续刚构时,可取若干有代表性截面的平均值;

E_c——梁体混凝土弹性模量,按表3.1.5采用;

$\phi(t_u, t_0)$——伸缩装置安装完成时梁体混凝土龄期 t_0 至徐变终了时混凝土龄期 t_u 之间的混凝土徐变系数,可按本规范附录C计算。

4 由制动力引起的板式橡胶支座剪切变形而导致的伸缩缝开口量 Δl_b^- 或闭口量 Δl_b^-,其值可按 Δl_b^- 或 $\Delta l_b^+ = F_k t_e / G_e A_g$ 计算,其中 F_k 为分配给支座的汽车制动力标准值, t_e 为支座橡胶层总厚度, G_e 为支座橡胶剪变模量(按本规范第8.7.4条采用), A_g 为支座平面毛面积。

5 应按照梁体的伸缩量选用伸缩装置的型号。

1)伸缩装置在安装后的闭口量 C^+

$$C^+ = \beta(\Delta l_t^+ + \Delta l_b^+)$$ (8.8.2-5)

2)伸缩装置在安装后的开口量 C^-

$$C^- = \beta(\Delta l_t^- + \Delta l_s^- + \Delta l_c^- + \Delta l_b^-)$$ (8.8.2-6)

3)伸缩装置的伸缩量 C 应满足:

$$C \geqslant C^+ + C^-$$ (8.8.2-7)

式中: β——伸缩装置伸缩量增大系数,可取 $\beta = 1.2 \sim 1.4$。

注:1.对影响伸缩装置伸缩量的其他因素,如地震作用、风荷载、梁的挠度等,应视具体情况予以考虑。

2.当施工安装温度在设计规定的安装温度范围以外时,伸缩装置应另行计算。

8.8.3 伸缩装置的安装宽度(或出厂宽度),可按本规范第 8.8.2 条计算得到的开口量 C^- 和闭口量 C^+ 进行计算,其值可在 $[B_{min} + (C - C^-)]$ 与 $(B_{min} + C^+)$ 两者中或两者之间取用,其中 C 为选用的伸缩装置的伸缩量,B_{min} 为选用的伸缩装置的最小工作宽度。

9　构造规定

9.1　一般规定

9.1.1　普通钢筋和预应力钢筋的混凝土保护层厚度应满足下列要求：

1　普通钢筋保护层厚度取钢筋外缘至混凝土表面的距离，不应小于钢筋公称直径；当钢筋为束筋时，保护层厚度不应小于束筋的等代直径。

2　先张法构件中预应力钢筋的保护层厚度取钢筋外缘至混凝土表面的距离，不应小于钢筋公称直径；后张法构件中预应力钢筋的保护层厚度取预应力管道外缘至混凝土表面的距离，不应小于其管道直径的1/2。

3　最外侧钢筋的混凝土保护层厚度应不小于表9.1.1的规定值。

表 9.1.1　混凝土保护层最小厚度 c_{min}（mm）

构件类别	梁、板、塔、拱圈、涵洞上部		墩台身、涵洞下部		承台、基础	
设计使用年限（年）	100	50、30	100	50、30	100	50、30
Ⅰ类-一般环境	20	20	25	20	40	40
Ⅱ类-冻融环境	30	25	35	30	45	40
Ⅲ类-近海或海洋氯化物环境	35	30	45	40	65	60
Ⅳ类-除冰盐等其他氯化物环境	30	25	35	30	45	40
Ⅴ类-盐结晶环境	30	25	40	35	45	40
Ⅵ类-化学腐蚀环境	35	30	40	35	60	55
Ⅶ类-磨蚀环境	35	30	45	40	65	60

注：1. 表中数值是针对各环境类别的最低作用等级、按本规范第4.5.3条要求的最低混凝土强度等级，以及钢筋和混凝土无特殊防腐措施规定的。

2. 对工厂预制的混凝土构件，其保护层最小厚度可将表中相应数值减小5mm，但不得小于20mm。

3. 表中承台和基础的保护层最小厚度，是针对基坑底无垫层或侧面无模板的情况规定的；对于有垫层或有模板的情况，保护层最小厚度可将表中相应数值减少20mm，但不得小于30mm。

9.1.2　当纵向受力钢筋的混凝土保护层厚度大于50mm时，宜对保护层采取有效的构造措施。当在保护层内配置防裂、防剥落的钢筋网片时，钢筋直径不小于6mm、间距不大于100mm，钢筋网片的混凝土保护层厚度不宜小于25mm。

9.1.3　组成束筋的单根钢筋直径不应大于36mm。组成束筋的单根钢筋根数，当其直径不大于 28mm 时不应多于 3 根,当其直径大于 28mm 时应为两根。束筋成束后的等代直径为 $d_e = \sqrt{n}d$,其中 n 为组成束筋的钢筋根数,d 为单根钢筋直径。

当单根钢筋直径或束筋的等代直径大于 36mm 时,受拉区宜设表层钢筋网,在顺束筋长度方向,钢筋直径不应小于 10mm,其间距不应大于 100mm;在垂直于束筋长度方向,钢筋直径不应小于 6mm,其间距不应大于 100mm。上述钢筋网的布置范围,应超出束筋的设置范围,每边不小于 5 倍钢筋直径或束筋等代直径。

9.1.4 当计算中充分利用钢筋的强度时,其最小锚固长度应符合表 9.1.4 的规定。

表 9.1.4 钢筋最小锚固长度 l_a

钢筋种类		HPB300				HRB400、HRBF400、RRB400			HRB500		
混凝土强度等级		C25	C30	C35	≥C40	C30	C35	≥C40	C30	C35	≥C40
受压钢筋(直端)		45d	40d	38d	35d	30d	28d	25d	35d	33d	30d
受拉钢筋	直端					35d	33d	30d	45d	43d	40d
	弯钩端	40d	35d	33d	30d	30d	28d	25d	35d	33d	30d

注:1. d 为钢筋公称直径。
  2. 对于受压束筋和等代直径 $d_e \leq 28$mm 的受拉束筋的锚固长度,应以等代直径按表值确定,束筋的各单根钢筋可在同一锚固终点截断;对于等代直径 $d_e > 28$mm 的受拉束筋,束筋内各单根钢筋,应自锚固起点开始,以表内规定的单根钢筋的锚固长度的 1.3 倍,呈阶梯形逐根延伸后截断,即自锚固起点开始,第一根延伸 1.3 倍单根钢筋的锚固长度,第二根延伸 2.6 倍单根钢筋的锚固长度,第三根延伸 3.9 倍单根钢筋的锚固长度。
  3. 采用环氧树脂涂层钢筋时,受拉钢筋最小锚固长度应增加 25%。
  4. 当混凝土在凝固过程中易受扰动时,锚固长度应增加 25%。
  5. 当受拉钢筋末端采用弯钩时,锚固长度为包括弯钩在内的投影长度。

9.1.5 受拉钢筋的末端弯钩和钢筋的中间弯折应符合表 9.1.5 的规定。

表 9.1.5 受拉钢筋的末端弯钩和钢筋的中间弯折

弯曲部位	弯曲角度	形 状	钢 筋	弯曲直径 D	平直段长度
末端弯钩	180°		HPB300	≥2.5d	≥3d
	135°		HRB400、HRB500 HRBF400 RRB400	≥5d	≥5d

弯曲部位	弯曲角度	形　状	钢　筋	弯曲直径 D	平直段长度
末端弯钩	90°		HRB400、HRB500 HRBF400 RRB400	≥5d	≥10d
中间弯折	≤90°		各种钢筋	≥20d	—

注:采用环氧树脂涂层钢筋时,除应满足表内规定外,当钢筋直径 d≤20mm 时,弯钩内直径 D 不应小于 5d;当 d>20mm 时,弯钩内直径 D 不应小于 6d;直线段长度不应小于 5d。

9.1.6 箍筋的末端应做成弯钩,弯曲角度可取 135°。弯钩的弯曲直径应大于被箍的受力主钢筋的直径,且 HPB300 钢筋不应小于箍筋直径的 2.5 倍,HRB400 钢筋不应小于箍筋直径的 5 倍。弯钩平直段长度,一般结构不应小于箍筋直径的 5 倍,抗震结构不应小于箍筋直径的 10 倍。

9.1.7 钢筋连接宜设在受力较小区段,并宜错开布置。接头宜采用焊接接头和机械连接接头(套筒挤压接头、镦粗直螺纹接头);当施工或构造条件有困难时,除轴心受拉和小偏心受拉构件纵向受力钢筋外,也可采用绑扎接头。绑扎接头的钢筋直径不宜大于 28mm;对轴心受压和偏心受压构件中的受压钢筋,可不大于 32mm。

9.1.8 钢筋焊接接头应符合下列要求:

1 钢筋焊接接头宜采用闪光接触对焊;当闪光接触对焊条件不具备时,也可采用电弧焊(帮条焊或搭接焊)、电渣压力焊和气压焊,并应满足下列要求:

1)电弧焊应采用双面焊缝,不得已时方可采用单面焊缝。电弧焊接接头的焊缝长度,双面焊缝不应小于钢筋直径的 5 倍,单面焊缝不应小于钢筋直径的 10 倍。

2)帮条焊接的帮条应采用与被焊接钢筋同强度等级的钢筋,其总截面面积不应小于被焊接钢筋的截面面积。

3)采用搭接焊时,两钢筋端部应预先折向一侧,两钢筋轴线应保持一致。

2 在任一焊接接头中心至 35 倍钢筋直径且不小于 500mm 的长度区段 l 内(图 9.1.8),同一根钢筋不得有两个接头;在该区段内有接头的受力钢筋截面面积占受力钢筋总截面面积的百分数,普通钢筋在受拉区不宜超过 50%,在受压区和装配式构件间的连接钢筋不受限制。

3 帮条焊或搭接焊接头部分钢筋的横向净距不应小于钢筋直径,且不应小于 25mm,同时非焊接部分钢筋净距仍应符合第 9.3.3 条的规定。

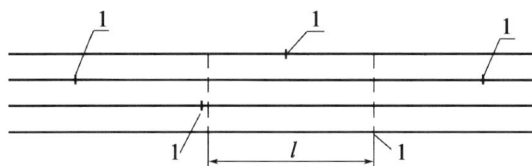

图 9.1.8　焊接接头设置

1-焊接接头中心（图中所示 l 区段内接头钢筋截面面积按两根计）

9.1.9　钢筋绑扎接头应符合下列要求：

1　受拉钢筋绑扎接头的搭接长度应不小于表 9.1.9 的规定；受压钢筋绑扎接头的搭接长度应不小于表 9.1.9 规定的受拉钢筋绑扎接头搭接长度的 0.7 倍。

表 9.1.9　受拉钢筋绑扎接头搭接长度

钢筋种类	HPB300		HRB400、HRBF400、RRB400	HRB500
混凝土强度等级	C25	≥C30	≥C30	≥C30
搭接长度（mm）	$40d$	$35d$	$45d$	$50d$

注：1. d 为钢筋的公称直径（mm）。当带肋钢筋 $d>25$mm 时，其受拉钢筋的搭接长度应按表值增加 $5d$ 采用；当带肋钢筋 $d<25$mm 时，搭接长度可按表值减少 $5d$ 采用。

2. 当混凝土在凝固过程中受力钢筋易受扰动时，其搭接长度应增加 $5d$。

3. 在任何情况下，受拉钢筋的搭接长度不应小于 300mm；受压钢筋的搭接长度不应小于 200mm。

4. 环氧树脂涂层钢筋的绑扎接头搭接长度，受拉钢筋按表值的 1.5 倍采用。

5. 受拉区段内，HPB300 钢筋绑扎接头的末端应做成弯钩，HRB400、HRB500、HRBF400 和 RRB400 钢筋的末端可不做成弯钩。

2　在任一绑扎接头中心至搭接长度 l_s 的 1.3 倍长度区段 l（图 9.1.9-1）内，同一根钢筋不得有两个接头；在该区段内有绑扎接头的受力钢筋截面面积占受力钢筋总截面面积的百分数，受拉区不宜超过 25%，受压区不宜超过 50%。超过上述规定时，应按表 9.1.9 的规定值，乘以下列系数：当受拉钢筋绑扎接头截面面积大于 25%，但不大于 50% 时，乘以 1.4，当大于 50% 时，乘以 1.6；当受压钢筋绑扎接头截面面积大于 50% 时，乘以 1.4（受压钢筋绑扎接头长度仍为表中受拉钢筋绑扎接头长度的 0.7 倍）。

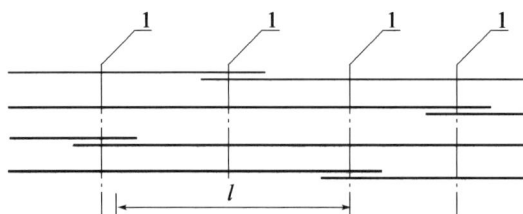

图 9.1.9-1　受力钢筋绑扎接头

1-绑扎接头搭接长度中心（图中所示 l 区段内有接头的钢筋截面面积按两根计）

3　绑扎接头部分钢筋的横向净距不应小于钢筋直径且不应小于 25mm，同时非接头部分钢筋净距仍应符合本规范第 9.3.3 条规定。

4 束筋的搭接接头应先由单根钢筋错开搭接,接头中距为1.3倍表9.1.9规定的单根钢筋搭接长度;再用一根其长度为 $1.3(n+1)l_s$ 的通长钢筋进行搭接绑扎,其中 n 为组成束筋的单根钢筋根数, l_s 为单根钢筋搭接长度(图9.1.9-2)。

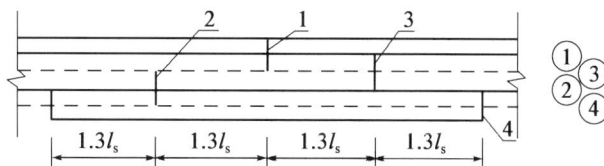

图 9.1.9-2 束筋的搭接
1、2、3-组成束筋的单根钢筋;4-通长钢筋

9.1.10 钢筋机械连接接头适用于 HRB400、HRB500、HRBF400 和 RRB400 带肋钢筋的连接。机械连接接头应符合《钢筋机械连接技术规程》(JGJ 107—2016)的有关规定。

钢筋机械连接件的最小混凝土保护层厚度,宜符合表9.1.1受力主筋保护层厚度的规定,且不得小于20mm。

连接件之间或连接件与钢筋之间的横向净距不应小于25mm;同时,非接头部分钢筋净距仍应符合本规范第9.3.3条和第9.6.1条的规定。

9.1.11 钢筋套筒挤压接头和镦粗直螺纹接头应分别符合《水工混凝土施工规范》(SL 677—2014)和《钢筋机械连接用套筒》(JG/T 163—2013)的有关规定。

9.1.12 钢筋混凝土构件中纵向受力钢筋的最小配筋百分率应符合下列要求:

1 轴心受压构件、偏心受压构件全部纵向钢筋的配筋百分率不应小于0.5,当混凝土强度等级 C50 及以上时不应小于0.6;同时,一侧钢筋的配筋百分率不应小于0.2。当大偏心受拉构件的受压区配置按计算需要的受压钢筋时,其配筋百分率不应小于0.2。

2 受弯构件、偏心受拉构件及轴心受拉构件的一侧受拉钢筋的配筋百分率不应小于 $45f_{td}/f_{sd}$,同时不应小于0.2。

3 轴心受压构件、偏心受压构件全部纵向钢筋的配筋百分率和一侧纵向钢筋(包括大偏心受拉构件受压钢筋)的配筋百分率应按构件的毛截面面积计算。轴心受拉构件及小偏心受拉构件一侧受拉钢筋的配筋百分率应按构件毛截面面积计算。受弯构件、大偏心受拉构件的一侧受拉钢筋的配筋百分率为 $100A_s/(bh_0)$,其中 A_s 为受拉钢筋截面面积, b 为腹板宽度(箱形截面梁为各腹板宽度之和), h_0 为有效高度。当钢筋沿构件截面周边布置时,"一侧的受压钢筋"或"一侧的受拉钢筋"系指受力方向两个对边中的一边布置的纵向钢筋。

9.1.13 预应力混凝土受弯构件最小配筋率应满足下列条件:

$$\frac{M_{ud}}{M_{cr}} \geqslant 1.0 \tag{9.1.13}$$

式中：M_{ud}——受弯构件正截面抗弯承载力设计值,按本规范第5.2节有关公式的等号右

式计算；

M_{cr}——受弯构件正截面开裂弯矩值,按式(6.5.2-7)计算。

部分预应力混凝土受弯构件中普通受拉钢筋的截面面积,不应小于$0.003bh_0$。

9.2　板

9.2.1　空心板桥的顶板和底板厚度,均不应小于80mm。空心板的空洞端部应予填封。人行道板的厚度,就地浇筑的混凝土板不应小于80mm;预制混凝土板不应小于60mm。

9.2.2　行车道板内的主钢筋直径不应小于10mm。人行道板内的主钢筋直径不应小于8mm。在简支板跨中和连续板支点处,板内主钢筋间距不应大于200mm,其最小净距和层距应符合本规范第9.3.3条的规定。

9.2.3　行车道板内的主钢筋,可在沿板高中心纵轴线的1/4~1/6计算跨径处、按30°~45°弯起。通过支点的不弯起的主钢筋,每米板宽内不应少于3根,且不应少于主钢筋截面面积的1/4。

9.2.4　行车道板内应设置垂直于主钢筋的分布钢筋。分布钢筋设在主钢筋的内侧,其直径不应小于8mm,间距不应大于200mm,截面面积不宜小于板的截面面积的0.1%。在主钢筋的弯折处,应布置分布钢筋。人行道板内分布钢筋直径不应小于6mm,其间距不应大于200mm。

9.2.5　布置四周支承双向板钢筋时,可将板沿纵向及横向各划分为3部分。靠边部分的宽度均为板的短边宽度的1/4。中间部分的钢筋应按计算数量设置,靠边部分的钢筋按中间部分的半数设置,钢筋间距不应大于250mm,且不应大于板厚的2倍。

9.2.6　斜板的钢筋可按下列规定布置(图9.2.6):

1　当整体式斜板的斜交角(支承轴线的垂直线与桥纵轴线的夹角)不大于15°时,主钢筋可平行于桥纵轴线方向布置;当整体式斜板斜交角大于15°时,主钢筋宜垂直于板的支承轴线方向布置,此时,在板的自由边上下应各设一条不少于3根主钢筋的平行于自由边的钢筋带,并用箍筋箍牢。在钝角部位靠近板顶的上层,应布置垂直于钝角平分线的加强钢筋,在钝角部位靠近板底的下层,应布置平行于钝角平分线的加强钢筋,加强钢筋直径不宜小于12mm,间距100~150mm,布置于以钝角两侧1.0~1.5m边长的扇形

面积内。

2　斜板的分布钢筋宜垂直于主钢筋方向设置,其直径、间距和数量可按本规范第9.2.4条办理。在斜板的支座附近宜增设平行于支承轴线的分布钢筋;或将分布钢筋向支座方向呈扇形分布,过渡到平行于支承轴线。

3　预制斜板的主钢筋可与桥纵轴线平行,其钝角部位加强钢筋及分布钢筋宜按照第1款及第2款要求布置。

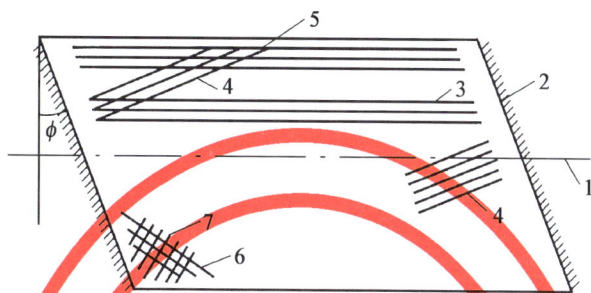

图 9.2.6　斜板桥钢筋布置

1-桥纵轴线;2-支承轴线;3-顺桥纵轴线钢筋;4-与支承轴线正交钢筋;5-自由边钢筋带;
6-垂直于钝角平分线的钝角钢筋;7-平行于钝角平分线的钝角钢筋

9.2.7　由预制板与现浇混凝土结合的组合板,预制板顶面应做成凹凸不小于 6mm 的粗糙面。如结合面配置竖向结合钢筋,钢筋应埋入预制板和现浇层内,其埋置深度不应小于 10 倍钢筋直径;钢筋纵向间距不应大于 500mm。

9.2.8　装配式板当采用铰接时,铰的上口宽度应满足施工时使用插入式振捣器的需要,铰槽的深度宜为预制板高的 2/3。预制板内应预埋钢筋伸入铰内。铰接板顶面应设现浇钢筋混凝土层,其厚度不宜小于 80mm。

9.2.9　以独立墩柱作为支承的板,及其按抗冲切计算需要配置的箍筋或弯起钢筋,应符合下列规定:

1　板厚度不应小于 150mm。

2　箍筋直径不应小于 8mm,其间距不应大于 $1/3h_0$。箍筋应采用闭合式,并箍住架立钢筋;按计算所需的箍筋,应配置在冲切破坏锥体范围内,此外,应以等直径和等间距的箍筋自冲切破坏斜截面向外延伸配置在不小于 $0.5h_0$ 范围内[每侧布设箍筋的长度大于或等于 $1.5h_0$,见图 9.2.9a)]。

3　弯起钢筋直径不应小于 12mm,弯起角可根据板的厚度采用 30°~45°,每一方向不应少于 5 根;弯起钢筋的倾斜段应与冲切破坏斜截面相交,其交点应在离集中反力作用面积周边以外 $\left(\dfrac{1}{2}\sim\dfrac{2}{3}\right)h$ 范围内[图 9.2.9b)]。

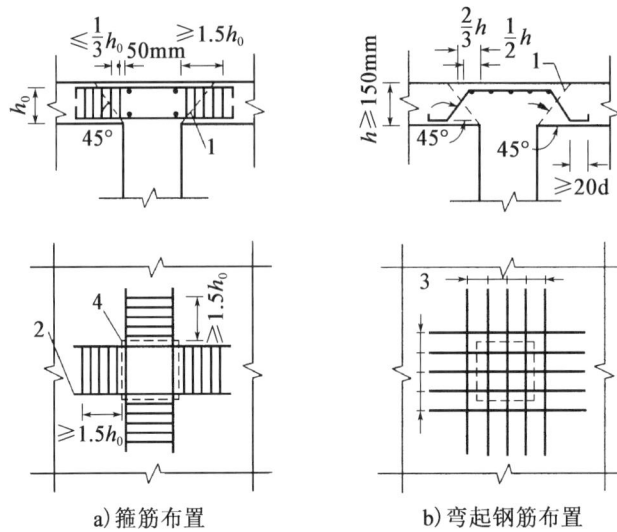

a) 箍筋布置　　　　　　　　b) 弯起钢筋布置

图9.2.9　独立墩柱顶面抗冲切钢筋配置

1-冲切破坏锥体斜截面；2-架立钢筋；3-弯起钢筋；4-集中反力作用面积周边

9.3　梁

9.3.1 混凝土上部结构横隔梁（板）的设置应满足下列要求：

1　在装配式T梁桥中，应设置跨端和跨间横隔梁。当梁间横向采用刚性连接时，横隔梁间距不应大于10m。

2　在装配式组合箱梁中，应设置跨端横隔梁，跨间横隔梁宜根据结构的具体情况设置。

3　在箱形截面梁桥中，应设置箱内端横隔板。内半径小于240m的弯箱梁应设跨间横隔板，其间距对于钢筋混凝土箱形截面梁不应大于10m；对于预应力箱形截面梁则应经结构分析确定。悬臂跨径50m及以上的箱形截面悬臂梁桥在悬臂中部尚应设跨间横隔板。条件许可时，箱形截面梁桥的横隔板应设检查用人孔。

9.3.2 梁的尺寸满足下列要求：

1　预制T形截面梁或箱形截面梁翼缘悬臂端的厚度不应小于100mm；当预制T形截面梁之间采用横向整体现浇连接时或箱形截面梁设有桥面横向预应力钢筋时，其悬臂端厚度不应小于140mm。T形和I形截面梁，在与腹板相连处的翼缘厚度，不应小于梁高的1/10。当该处设有承托时，翼缘厚度可计入承托加厚部分厚度；当承托底坡的$\tan\alpha > 1/3$时，取1/3。

2　箱形截面梁顶板与腹板相连处应设置承托；底板与腹板相连处应设倒角，必要时也可设置承托。箱形截面梁顶、底板的中部厚度，不应小于板净跨径的1/30，且不应小于200mm。

3　T形、I形截面梁或箱形截面梁的腹板宽度不应小于160mm；其上下承托之间的腹板高度,当腹板内设有竖向预应力钢筋时,不应大于腹板宽度的 20 倍,当腹板内不设竖向预应力钢筋时,不应大于腹板宽度的 15 倍。当腹板宽度有变化时,其过渡段长度不宜小于 12 倍腹板宽度差。当 T 形、I 形截面梁或箱形截面梁承受扭矩时,其腹板平均宽度尚应符合本规范第 5.5.5 条注的要求。

   4 在纵桥向设有承托的连续梁,其承托竖向与纵向之比不宜大于 1/6。

9.3.3 受弯构件的钢筋净距应考虑浇筑混凝土时,振捣器可以顺利插入。

   各主钢筋间横向净距和层与层之间的竖向净距,当钢筋为 3 层及以下时,不应小于 30mm,并不小于钢筋直径;当钢筋为 3 层以上时,不应小于 40mm,并不小于钢筋直径的 1.25 倍。对于束筋,此处直径应采用等代直径。

9.3.4 T 形或箱形截面梁的顶板内承受局部荷载的受拉钢筋,应符合本规范第 9.2.2 条的规定。垂直于受拉钢筋应设分布钢筋,可按本规范第 9.2.4 条的规定设置。

   箱形截面梁顶板承受局部荷载的受拉钢筋,其部分可在近腹板处弯起,通过腹板直伸至悬臂端,并做成弯钩。不弯起钢筋根数不应少于每米 3 根,并应伸至翼缘悬臂端;当翼缘悬臂长度按本规范第 4.2.5 条规定的 l_c 值大于 2.5m 时,上述不弯起钢筋的截面面积尚应不少于悬臂根部负弯矩钢筋截面面积的 60%。

9.3.5 箱形截面梁的底板上、下层,应分别设置平行于桥跨和垂直于桥跨的构造钢筋。钢筋截面面积为:对于钢筋混凝土桥,不应小于配置钢筋的底板截面面积的 0.4%;对于预应力混凝土桥,不应小于配置钢筋的底板截面面积的 0.3%。以上钢筋尚可充作受力钢筋。当底板厚度有变化时可分段设置。钢筋直径不宜小于 10mm,其间距不宜大于 300mm。

9.3.6 钢筋混凝土 T 形截面梁或箱形截面梁的受力主钢筋,宜设于本规范第 4.3.3 条或第 4.3.4 条规定的翼缘有效宽度内;超出上述分布范围的宽度,可设置不小于超出部分截面面积 0.4% 的构造钢筋。预应力混凝土 T 形截面梁或箱形截面梁的预应力钢筋,宜大部分设于有效宽度内。

9.3.7 T 形、I 形截面梁或箱形截面梁的腹板两侧,应设置直径为 6~8mm 的纵向钢筋,每腹板内钢筋截面面积宜为 $(0.001~0.002)bh$,其中 b 为腹板宽度,h 为梁的高度,其间距在受拉区不应大于腹板宽度,且不应大于 200mm,在受压区不应大于 300mm。在支点附近剪力较大区段和预应力混凝土梁锚固区段,腹板两侧纵向钢筋截面面积应予增加,纵向钢筋间距宜为 100~150mm。

9.3.8 钢筋混凝土梁内纵向受拉钢筋不宜在受拉区截断;如需截断时,应从按正截面抗弯承载力计算充分利用该钢筋强度的截面至少延伸 $(l_a + h_0)$ 长度(图 9.3.8),此处 l_a

为受拉钢筋最小锚固长度，h_0 为梁截面有效高度；同时应考虑从正截面抗弯承载力计算不需要该钢筋的截面至少延伸 $20d$（环氧树脂涂层钢筋 $25d$），此处 d 为钢筋公称直径。纵向受压钢筋如在跨间截断时，应延伸至按计算不需要该钢筋的截面以外至少 $15d$（环氧树脂涂层钢筋 $20d$）。

9.3.9 钢筋混凝土梁端支点处，应至少有两根且不少于总数 1/5 的下层受拉主钢筋通过。两外侧钢筋，应延伸出端支点以外，并弯成直角，顺梁高延伸至顶部，与顶层纵向架立钢筋相连。两侧之间的其他未弯起钢筋，伸出支点截面以外的长度不应小于 10 倍钢筋直径（环氧树脂涂层钢筋为 12.5 倍钢筋直径）；HPB300 钢筋应带半圆钩。

9.3.10 钢筋混凝土梁当设置弯起钢筋时，其弯起角宜取 45°。受拉区弯起钢筋的弯起点，应设在按正截面抗弯承载力计算充分利用该钢筋强度的截面以外不小于 $h_0/2$ 处，此处 h_0 为梁有效高度；弯起钢筋可在按正截面受弯承载力计算不需要该钢筋截面面积之前弯起，但弯起钢筋与梁中心线的交点应位于按计算不需要该钢筋的截面（图 9.3.10）之外。弯起钢筋的末端应留有锚固长度：受拉区不应小于 20 倍钢筋直径，受压区不应小于 10 倍钢筋直径，环氧树脂涂层钢筋增加 25%；HPB300 钢筋尚应设置半圆弯钩。

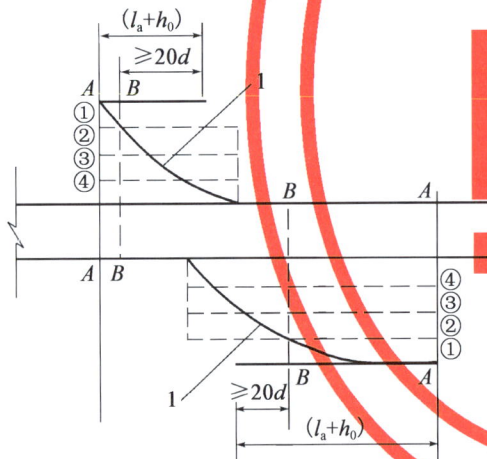

图 9.3.8 纵向受拉钢筋截断时的延伸长度

A-A-钢筋①、②、③、④强度充分利用截面；*B-B*-按计算不需要钢筋①的截面；①、②、③、④-钢筋编号；1-弯矩图

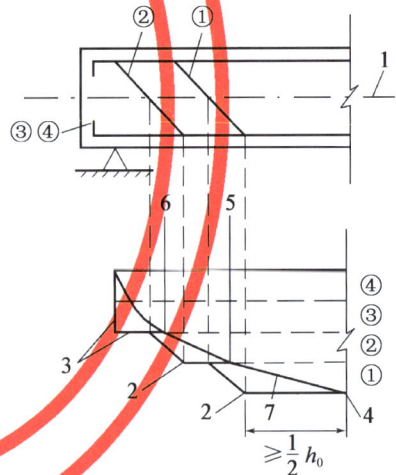

图 9.3.10 弯起钢筋弯起点位置

1-梁中心线；2-受拉区钢筋弯起点；3-正截面抗弯承载力图形；4-钢筋①～④强度充分利用的截面；5-按计算不需要钢筋①的截面（钢筋②～④强度充分利用截面）；6-按计算不需要钢筋②的截面（钢筋③～④强度充分利用截面）；7-弯矩图；①、②、③、④-钢筋编号

　　靠近支点的第一排弯起钢筋顶部的弯折点，简支梁或连续梁边支点应位于支座中心截面处，悬臂梁或连续梁中间支点应位于横隔梁（板）靠跨径一侧的边缘处，以后各排（跨中方向）弯起钢筋的梁顶部弯折点，应落在前一排（支点方向）弯起钢筋的梁底部弯折点处或弯折点以内。

　　弯起钢筋不得采用浮筋。

9.3.11 钢筋混凝土梁采用多层焊接钢筋时,宜符合下列要求:

1 多层焊接钢筋采用侧面焊缝,以形成骨架(图9.3.11)。侧面焊缝设在弯起钢筋的弯折点处,并在中间直线部分适当设置短焊缝。

2 焊接钢筋骨架的弯起钢筋,除用纵向钢筋弯起外,也可采用专设的弯起钢筋焊接。

3 斜钢筋与纵向钢筋之间的焊接,宜用双面焊缝,其长度应为5倍钢筋直径,纵向钢筋之间的短焊缝应为2.5倍钢筋直径;当必须采用单面焊缝时,其长度应加倍。

4 焊接骨架的钢筋层数不应多于6层,单根钢筋直径不应大于32mm。

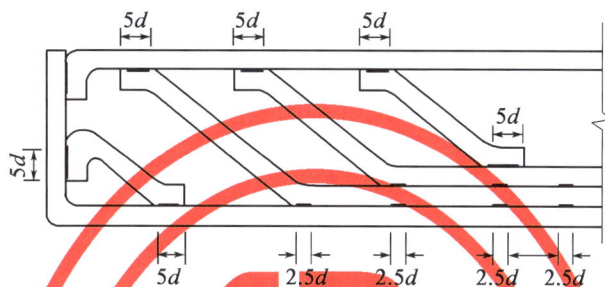

图9.3.11 焊接骨架图

9.3.12 梁中箍筋应符合下列要求:

1 钢筋混凝土梁中应设置直径不小于8mm且不小于1/4主钢筋直径的箍筋,其配筋率 ρ_{sv} 见本规范第5.2.9条,HPB300钢筋不应小于0.14%,HRB400钢筋不应小于0.11%。

2 当梁中配有按受力计算需要的纵向受压钢筋或在连续梁、悬臂梁近中间支点位于负弯矩区的梁段,应采用闭合式箍筋,同时,同排内任一纵向受压钢筋,离箍筋折角处的纵向钢筋的间距不应大于150mm或15倍箍筋直径两者中较大者,否则,应设复合箍筋、系筋(参见图9.6.1)。相邻箍筋的弯钩接头,沿纵向其位置应交替布置。

3 箍筋间距不应大于梁高的1/2且不大于400mm;当所箍钢筋为按受力需要的纵向受压钢筋时,不应大于所箍钢筋直径的15倍,且不应大于400mm。在钢筋绑扎搭接接头范围内的箍筋间距,当绑扎搭接钢筋受拉时不应大于主钢筋直径的5倍,且不大于100mm;当搭接钢筋受压时不应大于主钢筋直径的10倍,且不大于200mm。在支座中心向跨径方向长度相当于不小于1倍梁高范围内,箍筋间距不宜大于100mm。

4 近梁端第一根箍筋应设置在距端面一个混凝土保护层距离处。梁与梁或梁与柱的交接范围内,靠近交接面的箍筋,其与交接面的距离不宜大于50mm。

9.3.13 承受弯剪扭的构件的箍筋和纵向钢筋还应符合下列要求:

1 箍筋应采用闭合式,箍筋末端做成135°弯钩。弯钩应箍牢纵向钢筋,相邻箍筋的弯钩接头,其纵向位置应交替布置。

2 承受扭矩的纵向钢筋,应沿截面周边均匀对称布置,其间距不应大于300mm。在矩形截面基本单元的四角应设纵向钢筋,其末端应留按本规范第9.1.4条规定的受拉钢筋最小锚固长度。

3 箍筋的配筋率 ρ_{sv}，对剪扭构件(梁的腹板)不应小于 $\left[(2\beta_t-1)\left(0.055\dfrac{f_{cd}}{f_{sv}}-c\right)+c\right]$，其中 β_t 按本规范第 5.5.4 条的规定计算，c 值当采用 HPB300 钢筋时取 0.0014，当采用 HRB400 钢筋时取 0.0011；对纯扭构件(梁的翼缘) ρ_{sv} 不应小于 $0.055f_{cd}/f_{sv}$。

4 纵向钢筋的配筋率，不应小于受弯构件纵向受力钢筋的最小配筋率与受扭构件纵向受力钢筋的最小配筋率之和。对受弯构件，其纵向受力钢筋的最小配筋率应按本规范第 9.1.12 条采用；对受扭构件，其纵向受力钢筋的最小配筋率 $[A_{st,min}/(bh)]$，当受剪扭时取 $0.08(2\beta_t-1)f_{cd}/f_{sd}$，当受纯扭时可取 $0.08f_{cd}/f_{sd}$，此处，$A_{st,min}$ 为纯扭构件全部纵向钢筋最小截面面积，h 为矩形截面基本单元长边长度，b 为短边长度，f_{sd} 为纵向钢筋抗拉强度设计值。

9.3.14 具有曲线形的梁腹，近凹面的纵向受拉钢筋应用箍筋固定。箍筋间距不应大于所箍主钢筋直径的 10 倍，箍筋直径不应小于 8mm。每单肢箍筋截面面积可按下列公式计算：

$$A_{sv1} \geqslant mA_s\frac{s_v}{2r} \tag{9.3.14-1}$$

$$r = \frac{l}{2}\left(\frac{1}{4\beta}+\beta\right) \tag{9.3.14-2}$$

式中：A_{sv1}——每单肢箍筋截面面积；

m——主钢筋抗拉强度设计值与箍筋抗拉强度设计值的比值；

A_s——一根箍筋(两肢)所箍的主钢筋截面面积；

r——凹面圆曲线半径，当为其他曲线时，可近似地按式(9.3.14-2)计算；

s_v——箍筋间距[图 9.3.14a)]；

l——曲线弦长[图 9.3.14a)]；

β——曲线矢高 f 与弦长 l 之比。

设于拐角处的交叉受力钢筋，自拐角处的交叉点起应各延伸一段锚固长度[图 9.3.14b)]，其中纵向受拉钢筋应延伸至对边并锚固在受压区。受压区范围可按计算的实际受压区高度确定。

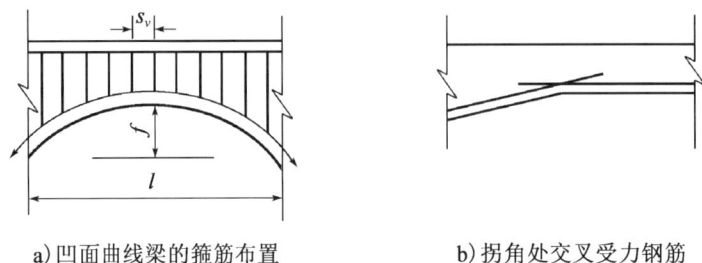

a)凹面曲线梁的箍筋布置　　　　b)拐角处交叉受力钢筋

图 9.3.14 凹面曲线的箍筋和拐角处交叉受力钢筋设置

9.3.15 预制 T 形截面梁的桥面板横向连接,宜采用现浇混凝土整体连接,主钢筋可采用环形连接。预制 T 形截面梁的横隔梁连接,宜采用现浇混凝土整体连接。

预制梁混凝土与用于整体连接的现浇混凝土龄期之差不应超过 3 个月。

9.3.16 组合梁中,在与预制梁结合处的现浇混凝土层的厚度不宜小于 150mm。预制梁顶面应做成凹凸不小于 6mm 的粗糙面。

9.3.17 组合梁中预制梁箍筋应伸入现浇桥面板,其伸入长度应不小于 10 倍箍筋直径。

9.4 预应力混凝土上部结构

9.4.1 预应力混凝土梁当设置竖向预应力钢筋时,其纵向间距宜为 500～1000mm。

预应力混凝土 T 形、I 形截面梁和箱形截面梁腹板内应分别设置直径不小于 10mm 和 12mm 的箍筋,且应采用带肋钢筋,间距不宜大于 200mm;自支座中心起长度不小于 1 倍梁高范围内,应采用闭合式箍筋,间距不应大于 120mm。

在 T 形、I 形截面梁下部的马蹄内,应另设直径不小于 8mm 的闭合式箍筋,间距不应大于 200mm。

9.4.2 部分预应力混凝土梁应采用混合配筋。位于受拉区边缘的普通钢筋宜采用直径较小的带肋钢筋,以较密的间距布置。

9.4.3 先张法预应力混凝土构件宜采用钢绞线、螺旋肋钢丝用作预应力钢筋。当采用光面钢丝作预应力钢筋时,应采取适当措施,保证钢丝在混凝土中可靠地锚固。

9.4.4 在先张法预应力混凝土构件中,预应力钢绞线之间的净距不应小于其公称直径的 1.5 倍,对于 1×7 钢绞线并不应小于 25mm;预应力钢丝间净距不应小于 15mm。

9.4.5 在先张法预应力混凝土构件中,对于单根预应力钢筋,其端部应设置长度不小于 150mm 的螺旋筋;对于多根预应力钢筋,在构件端部 10 倍预应力钢筋直径范围内,应设置 3～5 片钢筋网。

9.4.6 后张法预应力混凝土构件的端部锚固区,在锚具下面应采用带喇叭管的锚垫板。锚垫板下应设间接钢筋,其体积配筋率 ρ_v(见本规范第 5.7.2 条)不应小于 0.5%。

9.4.7 后张法预应力混凝土梁(包括连续梁和连续刚构边跨现浇段)的部分预应力钢筋,应在靠近端支座区段横桥向对称成对弯起,宜沿梁端面均匀布置,同时沿纵向可将梁腹板加宽。在梁端部附近,宜按本规范第9.3.7条及第9.4.1条要求,设置间距较密的纵向钢筋和箍筋。

9.4.8 对外形呈曲线形且布置有曲线预应力钢筋的构件,其曲线平面内、外管道的最小混凝土保护层厚度,应按下列公式计算:

1 曲线平面内向心方向:

$$C_{in} \geqslant \frac{P_d}{0.266r\sqrt{f'_{cu}}} - \frac{d_s}{2} \tag{9.4.8-1}$$

式中:C_{in}——曲线平面内最小混凝土保护层厚度(mm);

P_d——预应力钢筋的张拉力设计值(N),可取扣除锚圈口摩擦、钢筋回缩及计算截面处管道摩擦损失后的张拉力乘以1.2;

r——管道曲线半径(mm),可按式(9.3.14-2)计算;

f'_{cu}——预应力钢筋张拉时,边长为150mm立方体混凝土抗压强度(MPa);

d_s——管道外缘直径(mm)。

当按式(9.4.8-1)计算的保护层厚度较大时,也可按本规范第9.1.1条规定的最小保护层厚度设置,但应在管道曲线段弯曲平面内设置箍筋。箍筋单肢截面面积可按下列公式计算:

$$A_{sv1} \geqslant \frac{P_d s_v}{2rf_{sv}} \tag{9.4.8-2}$$

式中:A_{sv1}——箍筋单肢截面面积(mm^2);

s_v——箍筋间距(mm);

f_{sv}——箍筋抗拉强度设计值(MPa),按表3.2.3-1采用。

2 曲线平面外:

$$C_{out} \geqslant \frac{P_d}{0.266\pi r\sqrt{f'_{cu}}} - \frac{d_s}{2} \tag{9.4.8-3}$$

式中:C_{out}——曲线平面外最小混凝土保护层厚度(mm)。

3 当按上述公式计算的保护层厚度小于本规范第9.1.1条的规定时,应按第9.1.1条的规定取相应环境条件的保护层厚度。

9.4.9 后张法预应力混凝土构件,其预应力钢筋管道的设置应符合下列规定:

1 直线管道的净距不应小于40mm,且不宜小于管道直径的0.6倍;对于预埋的金属或塑料波纹管和铁皮管,在直线管道的竖直方向可将两管道叠置。

2 曲线形预应力钢筋管道在曲线平面内相邻管道间的最小净距应按本规范第9.4.8条第1款计算,其中P_d和r分别为相邻两管道曲线半径较大的一根预应力钢筋的张拉力设计值和曲线半径,C_{in}为相邻两曲线管道外缘在曲线平面内净距。当上述计算结果小于其相应直线管道外缘间净距时,应取用直线管道最小外缘间净距。

曲线形预应力钢筋管道在曲线平面外相邻外缘间的最小净距,应按本规范第9.4.8

条第 2 款计算,其中 C_{out} 为相邻两曲线管道外缘在曲线平面外净距。

　　3　管道内径的截面面积不应小于 2 倍预应力钢筋截面面积。

　　4　按计算需要设置预拱度时,预留管道也应同时起拱。

9.4.10　后张法预应力混凝土构件的曲线形预应力钢筋的曲线半径应符合下列规定:

　　1　钢丝束、钢绞线束的钢丝直径小于或等于 5mm 时,不宜小于 4m;钢丝直径大于 5mm 时,不宜小于 6m。

　　2　预应力螺纹钢筋的直径小于或等于 25mm 时,不宜小于 12m;直径大于 25mm 时,不宜小于 15m。

9.4.11　后张法预应力混凝土构件的曲线形钢丝束、钢绞线束的锚下最小直线段长度宜取 0.80 ~ 1.50m。

9.4.12　预应力钢筋管道压浆用水泥浆,按 40mm × 40mm × 160mm 试件,标准养护 28d,按现行《水泥胶砂强度检验方法(ISO 法)》(GB/T 17671—1999)的规定,测得的抗压强度不应低于 50MPa。为减少收缩,可通过试验掺入适量膨胀剂。

9.4.13　在预加应力施加完毕后,埋封于梁体内的锚具其周围应设置构造钢筋与梁体连接,然后浇筑混凝土封锚。封锚混凝土强度等级不应低于构件本身混凝土强度等级的 80%,且不低于 C30。

9.4.14　预应力混凝土连续梁在选用预应力体系和布置预应力钢筋时,应采取措施减少摩擦损失。

9.4.15　在连续梁全长上,预应力钢筋不宜在某个截面或某个区段急剧增加或减少。梁的正负弯矩交替区,可设置较长的预应力钢筋重叠搭接段,并宜分散布置。

　　在连续梁中间支承处,腹板及其下方翼缘内应设置顺桥向的普通钢筋。

9.4.16　当预应力钢筋需在构件中间锚固时,其锚固点宜设在截面重心轴附近或外荷载作用下的受压区。如因锚固而削弱梁截面,应用普通钢筋补强。当箱形截面梁的顶、底板内的预应力钢筋引出板外时,应在专设的齿板上锚固。此时,预应力钢筋宜采用较大弯曲半径,并按本规范第 9.4.8 条设置箍筋。

9.4.17　节段预制拼装的预应力混凝土结构,应满足下列构造要求:

　　1　预制节段端部应配置直径不小于 10mm 的钢筋网。

　　2　预制节段接缝间宜采用胶接缝或现浇湿接缝,胶接缝可采用环氧树脂黏结,现浇湿接缝可采用细石混凝土填充。环氧树脂接缝的涂层厚度应均匀,接缝应进行挤压直至环氧树脂胶体固化。细石混凝土接缝的缝宽不应小于60mm,混凝土强度等级不应低于预制节段的混凝土强度等级。

3 预制节段接缝处应设置剪力键,剪力键宜按图9.4.17-1采用腹板剪力键、顶板剪力键、底板剪力键和加腋区剪力键。

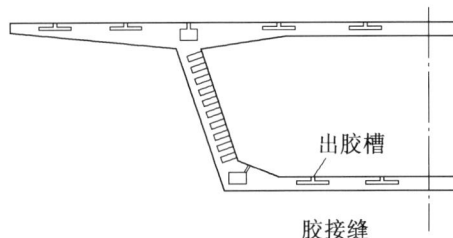

图9.4.17-1 复合剪力键布置示意

复合剪力键的尺寸应满足下列规定（图9.4.17-2）:

1）腹板剪力键的布置范围不宜小于梁高的75%,剪力键横向宽度宜为腹板宽度的75%。

2）剪力键应采用梯形（倾角接近45°）或圆角梯形截面;剪力键的高度应大于混凝土最大集料粒径的2倍,不应小于35mm;剪力键的高度与其平均宽度比取为1:2。

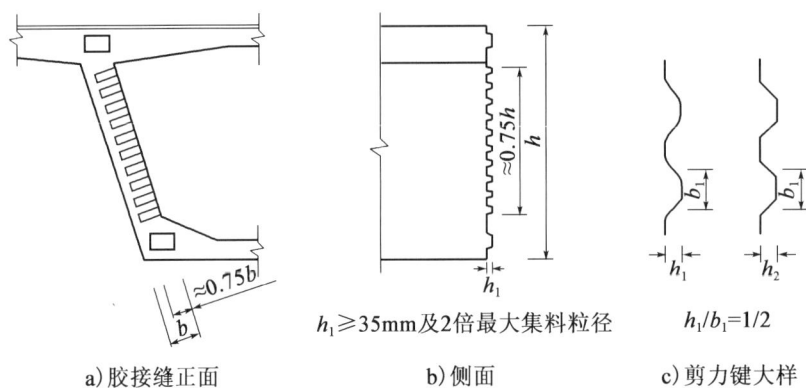

a)胶接缝正面   b)侧面   c)剪力键大样

图9.4.17-2 复合剪力键尺寸示意

9.4.18 后张法预应力构件的端部锚固区,应按下列要求配置普通钢筋:

1 锚下局部区应配置间接钢筋。当采用平板式锚垫板,应配置不少于4层的方格网钢筋或不少于4圈的螺旋筋;当采用带喇叭管的锚垫板时,应配置螺旋筋,其圈数的长度不应小于喇叭管长度。

2 锚下总体区应配置抵抗横向劈裂力的闭合式箍筋,其间距不应大于120mm。

3 梁端截面应配置抵抗表面剥裂力的抗裂钢筋。当采用大偏心锚固时,锚固端面钢筋宜弯起并延伸至纵向受拉边缘。

9.4.19 后张法预应力锚固齿块的几何参数主要有（图9.4.19）:钢束弯曲半径（R）、钢束倾角（α）、锚固面尺寸（S_1 和 S_2）和齿块长度（L）。预应力钢束的弯曲半径宜参照本规范第9.4.10条及第9.4.16条取值;预应力钢束在齿块内的偏转角不宜大于15°;锚固面尺寸应根据锚具布置、张拉空间等要求选定;锚固面与齿块斜面的夹角不宜小于90°;齿块长度可根据几何关系确定。

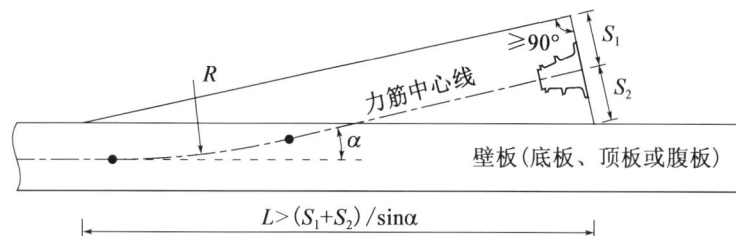

图 9.4.19　齿块锚固区的立面布置

9.4.20　后张预应力齿块锚固区应进行配筋计算,普通钢筋构造应满足下列要求(图9.4.20):

1　齿块锚下应配置抵抗横向劈裂力的箍筋,其间距不宜大于150mm,纵向分布范围不宜小于1.2倍齿块高度。锚下局部承压加强钢筋构造要求同本规范第9.4.18条第1款。

2　齿块锚固面应配置齿块端面箍筋,伸入至壁板的外侧。

3　壁板内边缘应配置抵抗锚后牵拉的纵向钢筋。当需要配置纵向加强钢筋时,其长度不宜小于1.5m(以齿块锚固面与壁板交线为中心),横向分布范围宜在力筋轴线两侧各1.5倍锚垫板宽度内。

4　壁板外边缘应配置抵抗边缘局部侧弯的纵向钢筋。当需要配置纵向加强钢筋,其长度不宜小于1.5m(以距锚固面前方1倍壁板厚位置为中心),横向分布范围宜在力筋轴线两侧各1.5倍锚垫板宽度内。

5　预应力钢筋径向力作用区,应配置竖向箍筋及沿预应力管道的U形防崩钢筋,与壁板内纵筋钩接,纵向分布范围宜取曲线预应力段的全长。

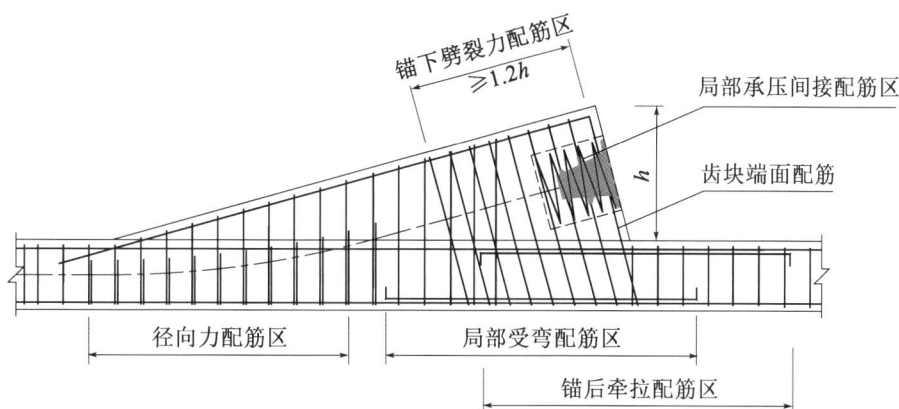

图 9.4.20　三角齿块锚固区的普通钢筋布置示意

9.4.21　体外预应力混凝土桥梁应留有供体外预应力系统维护、更换的空间和设备进出的通道。

9.4.22 体外预应力混凝土桥梁应根据施工方法、结构的设计使用年限、所处的环境类别,选定体内、体外预应力钢束的比例,选用体外预应力钢索的防腐蚀措施。

9.4.23 体外预应力钢绞线的最小转向半径应符合本规范第9.4.10条的要求。

9.4.24 体外预应力钢筋的转向构造,宜根据受力要求,按图9.4.24选取块式、横肋式、竖肋式和横梁式转向块。

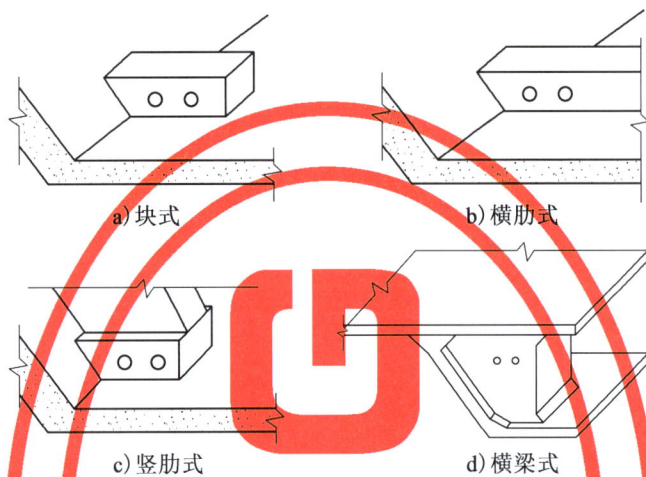

图9.4.24 转向构造示意

9.4.25 块式转向构造(图9.4.25)应设置内环箍筋和外环箍筋,前者围住单个转向器,后者沿转向构造周边围住所有转向器。

内环箍筋直径不宜小于20mm;内环箍筋和外环箍筋沿转向器纵向布置,纵向间距不宜大于100mm。

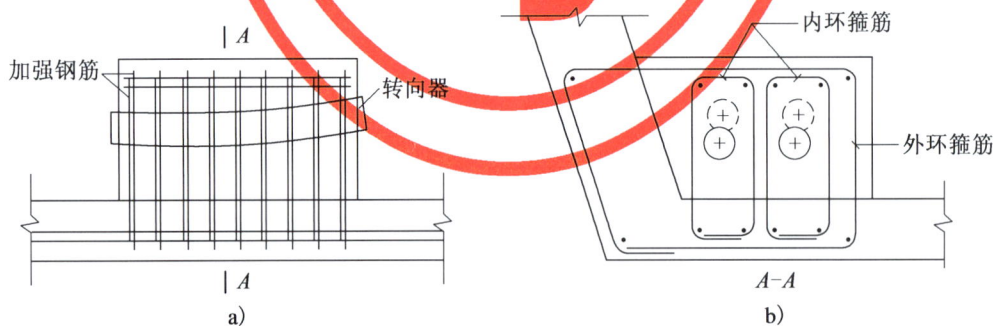

图9.4.25 块式转向构造配筋示意

9.4.26 体外预应力钢筋的自由长度不宜大于8.0m,自由段与相接锚固段宜设置转角。

9.4.27 锚固横梁的厚度应由锚具布置深度和钢束转向所需长度决定,锚固横梁的厚度不宜小于1 000mm。锚固横梁的平面尺寸应由锚具布置尺寸、张拉空间尺寸等要求选定。

9.5 拱桥

9.5.1 钢筋混凝土拱的矢跨比,宜采用 1/4.5 ~ 1/8。空腹拱的拱上建筑跨径应根据主拱受力条件确定。悬链线拱的拱轴系数,宜采用 2.814 ~ 1.167。

9.5.2 空腹式拱桥的拱上建筑应能适应拱圈的变形,其构造应符合下列要求:
1 拱上建筑的板或梁宜采用简支结构,其支座可采用具有弹性约束的橡胶支座。桥跨两端应设滑动支座和伸缩缝。
2 拱上建筑的立柱,需要时可设置横系梁。
3 立柱钢筋按结构受力要求配置,并应具有足够的锚固长度。
4 板拱上的立柱底部应设横向通长的垫梁,其高度不宜小于立柱间净距的 1/5。箱式板拱在拱上建筑的立柱或墙式墩下方应设箱内横隔板。

9.5.3 无铰拱拱圈或拱肋的主钢筋应伸入墩台内锚固,其锚固长度除应满足表 9.1.4 规定的最小锚固长度外,尚应符合下列要求:
1 对于矩形截面,不小于拱脚截面高度的 1.5 倍。
2 对于 T 形、I 形或箱形截面,不小于拱脚截面高度的一半。
三铰拱或双铰拱应在设铰点的墩台内和拱肋内设置不少于 3 层的钢筋网。

9.5.4 肋拱的拱肋间应设置横系梁。在三铰拱、双铰拱设铰处和拱上建筑的立柱下方,拱肋间必须设置横系梁。横系梁高度可取 0.8 ~ 1.0 倍拱肋高度,宽度可取 0.6 ~ 0.8 倍拱肋高度。横系梁四角应设置直径不小于 16mm 的纵向钢筋,并设直径不小于 8mm 的箍筋,其间距不应大于横系梁的短边尺寸或 400mm。

9.5.5 中承拱和系杆拱应设置横向联结系。

9.5.6 桁架拱应设置横向联结系,其中包括:拱顶实体段和上弦杆、下弦杆的每一节点处设横系梁;桥端第一根上弦杆节点的横系梁应予加强;端部设竖向剪刀撑;端节间设水平剪刀撑;跨间其他处,应视跨径大小设置竖向和水平剪刀撑;设有剪刀撑的水平或竖向平面的节点处,均应设横系梁。

9.5.7 桁式组合拱桥的上、下弦杆和斜杆、竖杆可分别做成多室和单室箱形截面;杆件节点处用横系梁联结。拱顶部分应设实腹段。
桁式组合拱桥边跨长度与主跨长度之比,宜采用 0.2 ~ 0.4;下弦杆可采用二次抛物线;上弦杆断点位置,宜设于距拱顶 0.25 ~ 0.30 倍主跨长度处。

9.5.8 拱桥的横系梁、K 形撑和剪刀撑的截面短边尺寸，不宜小于支承点或交点间长度的 1/15。杆件内应设置直径不小于 16mm 的纵向钢筋，并设置直径不小于 8mm 的箍筋。横系梁、K 形撑和剪刀撑与拱肋相连处，应设置配有斜向钢筋的倒角。

9.5.9 桁架拱、桁式组合拱的杆件（包括 K 形撑和剪刀撑），当在同一平面内相交时，相交杆件的邻接边缘应用弧线或折线过渡，同一杆件两边的过渡线起点宜接近于同一截面。沿过渡段边缘应设置包络钢筋，且在杆件内有足够的锚固长度。各相交杆件的主钢筋在顺杆件长度方向应伸过节点中心，且应具备足够的锚固长度。

在节点附近的箍筋应适当加密。

9.5.10 刚架拱的跨径小于 25m 时，可仅设斜腿，不设斜撑；跨径在 25 ~ 70m 之间时，宜加设斜撑；跨径大于 70m 时，宜再增设一根斜撑。刚架拱实腹段长度，可采用 0.4 ~ 0.5 倍计算跨径。刚架拱的拱片中距宜在 2.0 ~ 3.5m 之间，拱片之间纵向每 3 ~ 5m 应设置一根横系梁。

9.5.11 修建在软土地基上或严寒地区的桁架拱桥、刚架拱桥，拱脚附近下弦主钢筋宜适量增加，其箍筋也宜加密。

9.5.12 多孔拱桥应根据使用要求设置单向推力墩或采用其他抗单向推力措施。单向推力墩宜每隔 3 ~ 5 孔设置一个。

9.5.13 采用柔性吊杆的拱桥，宜在桥面系设置连续纵梁。

9.6 柱、墩台和桩基承台

9.6.1 配有普通箍筋（或螺旋筋）的轴心受压构件（沉桩、钻/挖孔桩除外），其钢筋设置应符合下列规定（图 9.6.1-1）：

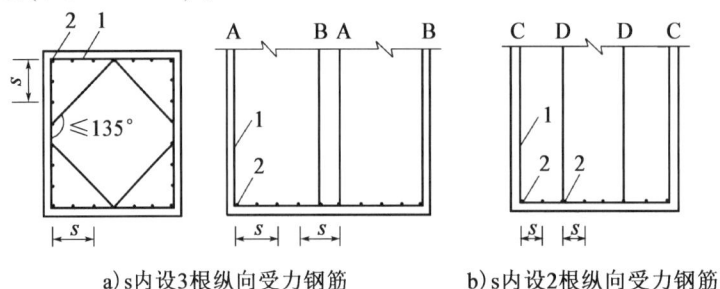

a) s 内设 3 根纵向受力钢筋   b) s 内设 2 根纵向受力钢筋

图 9.6.1-1　柱内复合箍筋布置

1-箍筋;2-角筋;A、B、C、D-箍筋编号

注:图 a)、b)内,箍筋 A、B 与 C、D 两组设置方式可根据实际情况选用。

1　纵向受力钢筋的直径不应小于12mm,净距不应小于50mm且不应大于350mm;水平浇筑的预制件的纵向钢筋的最小净距可按本规范第9.3.3条规定执行。构件的最小配筋百分率应符合本规范第9.1.12条的规定。构件的全部纵向钢筋配筋率不宜超过5%。

2　纵向受力钢筋应伸入基础和盖梁,伸入长度不应小于表9.1.4规定的锚固长度。

3　箍筋应做成闭合式,其直径不应小于纵向钢筋的直径的1/4,且不小于8mm。

4　箍筋间距不应大于纵向受力钢筋直径的15倍、不大于构件短边尺寸(圆形截面采用0.8倍直径)并不大于400mm。纵向受力钢筋搭接范围内的箍筋间距,应符合本规范第9.3.12条的规定。

纵向钢筋截面面积大于混凝土截面面积3%时,箍筋间距不应大于纵向钢筋直径的10倍,且不大于200mm。

5　构件内纵向受力钢筋应设置于离角筋中心距离 s(图9.6.1-1和图9.6.1-2)不大于150mm或15倍箍筋直径(取较大者)范围内,如超出此范围设置纵向受力钢筋,应设复合箍筋、系筋。相邻箍筋的弯钩接头,在纵向应错开布置。

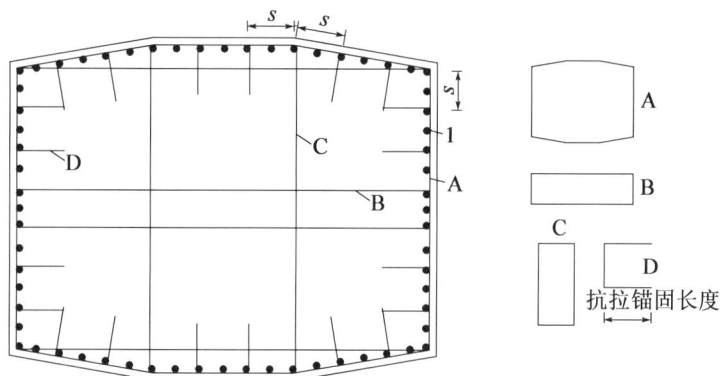

图9.6.1-2　柱内复合箍筋和系筋布置
1-纵筋;A、B、C-箍筋;D-系筋

9.6.2　配有螺旋式或焊接环式间接钢筋的轴心受压构件,其钢筋设置应符合下列规定:

1　纵向受力钢筋的截面面积,不应小于箍筋圈内核心截面面积的0.5%。核心截面面积不应小于构件整个截面面积的2/3。

2　间接钢筋的螺距或间距不应大于核心直径的1/5,且不应大于80mm,也不应小于40mm。

3　纵向受力钢筋应伸入与受压构件连接的上下构件内,其长度不应小于受压构件的直径且不应小于纵向受力钢筋的锚固长度。

4　间接钢筋的直径不应小于纵向钢筋直径的1/4,且不小于8mm。

9.6.3　偏心受压构件钢筋的设置应按本规范第9.6.1条规定办理。当偏心受压构件的截面高度 $h \geq 600$mm时,在侧面应设置直径为10~16mm的纵向构造钢筋,必要时应设置复合箍筋。

9.6.4 薄壁式桥墩或肋板式桥台，在墩身表层、桥台的背墙和肋板表层宜设置钢筋网，其截面面积在水平方向和竖直方向分别不应小于 $250\text{mm}^2/\text{m}$（包括受力钢筋），间距不应大于 400mm。

9.6.5 跨高比不大于 5 的盖梁宜采用强度等级较高的混凝土，并不应低于 C25。盖梁截面内应设箍筋，其直径不应小于 8mm，间距不宜大于 200mm。盖梁两侧面应设纵向水平钢筋，其直径不宜小于 12mm，间距不宜大于 200mm。

柱式墩台的柱身间设置横系梁时，其截面高度和宽度可分别取 0.8～1.0 倍和 0.6～0.8 倍的柱直径或长边边长。横系梁四角应设置直径不小于 16mm 的纵向钢筋，并设直径不小于 8mm 的箍筋，箍筋间距不应大于横系梁的短边尺寸或 400mm。

9.6.6 在通航河流或有大量漂浮物下泄的河流上采用柔性排架墩时，宜在桥上游设置防护设施。

9.6.7 在盖梁与墩柱、系梁与墩柱节点，梁的纵向钢筋应符合下列锚固要求：

1 墩柱端节点

1）梁上部纵向钢筋伸入节点时，锚固长度应满足第 9.1.4 条的要求，且应伸过柱中心线，伸过的长度不宜小于 5d，d 为纵向钢筋的公称直径。当柱截面尺寸不满足第 9.1.4 条的锚固要求时，梁上部纵向钢筋也可采用90°弯折锚固的方式，此时梁上部纵向钢筋应伸至柱外侧纵向钢筋内边并向节点内弯折，其包含弯弧在内水平段钢筋的水平投影长度不应小于 $0.4l_a$，包含弯弧在内垂直短钢筋的垂直投影长度不应小于 15d。

2）伸入节点锚固的梁下部纵向钢筋，当充分利用该钢筋的抗拉强度时，钢筋的锚固方式及长度应与上部纵向钢筋的规定相同。当不利用该钢筋的强度或仅利用该钢筋的抗压强度时，伸入节点的锚固长度应符合本条第 2 款中间节点梁下部纵向钢筋的锚固规定。

2 墩柱中间节点

梁的上部纵向钢筋应贯穿节点。梁的下部纵向钢筋宜贯穿节点。当必须锚固时，应符合下列锚固要求：

1）当不利用该钢筋的强度时，其伸入节点的锚固长度对带肋钢筋不小于 12d，对光面钢筋不小于 15d。

2）当充分利用钢筋的强度时，中间节点内其锚固长度应满足本规范第 9.1.4 条的要求。

3）当柱截面尺寸不足时，宜按本条第 1 款的规定采用90°弯折锚固的方式。

9.6.8 在盖梁与墩柱、系梁与墩柱节点，柱的纵向钢筋应符合下列锚固要求：

1 柱的纵向钢筋应贯穿系梁与墩柱节点，接头应设在节点区以外。

2 在盖梁与墩柱节点，柱的纵向钢筋应伸至盖梁顶，自盖梁底算起的锚固长度应满足第 9.1.4 条的要求。当盖梁的尺寸不足时，柱的纵向钢筋也可采用90°弯折锚固的方式，此时柱的纵向钢筋应伸至梁的上部纵向钢筋内边，其包含弯弧在内垂直短钢筋的垂直投影长度不应小于$0.4l_a$,包含弯弧在内水平段钢筋的水平投影长度不应小于$12d$。

9.6.9 公路箱梁匝道桥的桥墩,宜满足下列要求:

1 桥墩宜采用横向多支座体系(多柱式或独柱双支座式结构),且支座横向间距尽量拉开;当结构受力满足要求时,可采用墩梁固结。

2 当建设条件特殊,如在跨越道路中央分隔带的墩位、桥墩必须采用独柱单支座式结构时,应避免采用连续的独柱单支座式结构。

3 过渡墩和桥台处宜设置可靠的限位、防落梁构造。

9.6.10 桩基承台的构造要求除应符合《公路桥涵地基与基础设计规范》(JTG D63—2007)有关规定外,尚应符合下列要求:

1 桩基承台的厚度不宜小于桩直径的1.5倍,且不小于1.5m。

2 当桩中距不大于3倍桩直径时,承台受力钢筋应均匀布置于全宽度内;当桩中距大于3倍桩直径时,受力钢筋应均匀布置于距桩中心1.5倍桩直径范围内,在此范围以外应布置配筋率不小于0.1%的构造钢筋。钢筋横向净距和层距应符合本规范第9.3.3条的规定,最小混凝土保护层厚度应符合本规范第9.1.1条的规定。

3 当承台仅有一个方向的受力钢筋时,在垂直于受力钢筋方向,应设置直径不小于12mm,间距不大于250mm的构造钢筋。

4 承台底面内宜设一层钢筋网,底面内每一方向的钢筋用量宜为$1200 \sim 1500 \text{mm}^2/\text{m}$,钢筋直径采用$12 \sim 16\text{mm}$。

5 承台竖向联系钢筋,其直径不应小于16mm。

6 承台的桩中距大于或等于桩直径的3倍时,宜在两桩之间,距桩中心各1倍桩直径的中间区段内设置吊筋(图9.6.10),其直径不应小于12mm,间距不应大于200mm。

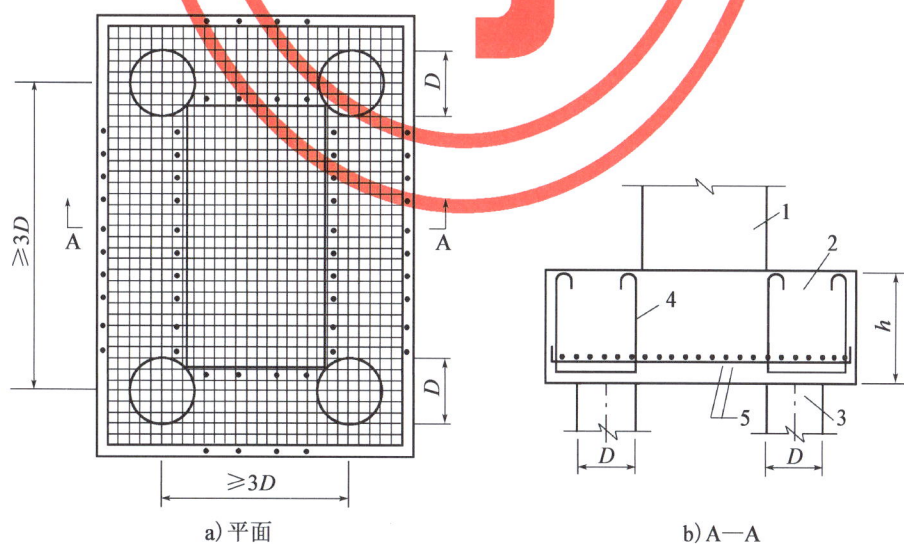

a)平面   b)A—A

图9.6.10 承台吊筋布置

1-墩台身;2-承台;3-桩;4-吊筋;5-主筋;D-桩直径

9.7 支座和伸缩装置

9.7.1 公路桥梁宜根据结构要求选用普通板式橡胶支座、四氟滑板式橡胶支座、盆式橡胶支座或球型支座。有特殊要求时,经专门研究论证后,可选用其他形式的支座。

9.7.2 橡胶支座应根据地区气温条件选用,－25～＋60℃地区可选用氯丁橡胶支座;－40～＋60℃地区可选用三元乙丙橡胶支座或天然橡胶支座。

9.7.3 支座布置应满足下列要求:
1 在梁的单个支承点上,纵桥向不宜设置双支座。
2 当在横桥向采用多于两个支座时,应考虑部分支座脱空带来的不利影响。

9.7.4 梁底、墩帽(盖梁)顶面应采取调平措施,使支座保持水平。

9.7.5 活动支座处应设置可靠的限位构造;单向受压支座处宜设置防止脱空的构造。

9.7.6 墩台构造应满足支座的检查、养护、更换要求,在墩台帽顶面与主梁梁底处预留支座更换所需空间。

9.7.7 公路桥梁宜根据结构要求选用模数式伸缩装置、梳齿板式伸缩装置和无缝式伸缩装置。有特殊要求时,经专门研究论证后,可选用其他形式的伸缩装置。

9.8 涵洞、吊环和铰

9.8.1 孔径1m及以上的圆管涵应采用双层钢筋。钢筋的混凝土最小保护层厚度应符合本规范第9.1.1条的规定。预制的各类涵洞构件,应进行搬运、安装时的受力验算。

9.8.2 预制构件的吊环应采用HPB300钢筋制作,严禁使用冷加工钢筋。每个吊环按两肢截面计算,在构件自重标准值作用下,吊环的拉应力不应大于65MPa。当一个构件设有4个吊环时,设计时仅考虑3个吊环同时发挥作用。吊环埋入混凝土的深度不应小于35倍吊环直径,端部应做成180°弯钩,且应与构件内钢筋焊接或绑扎。吊环内直径不应小于3倍钢筋直径,且不应小于60mm。

9.8.3 钢筋混凝土铰的凸面半径 r_1 (图8.6.1)宜为1.5～3.0m。铰的混凝土强度等级不应低于C30。

附录 A 桥梁结构的实用精细化分析模型

A.1 一般规定

A.1.1 桥梁结构的实用精细化分析宜采用本附录的空间网格模型、折面梁格模型和7自由度单梁模型。

A.1.2 空间网格模型宜用于腹板间距不小于5m的混凝土箱梁。

A.1.3 折面梁格模型宜用于多梁式的装配式桥梁或单箱多室混凝土箱梁。

A.1.4 7自由度梁单元模型宜用于位于曲线段的混凝土箱梁桥。

A.2 应用原则

A.2.1 空间网格模型宜满足下列要求：

1 截面上各划分梁的宽度 b_n 不大于2m，工字形截面的翼缘宽度 b_f 不大于 $6h_f$（图 A.2.1）。

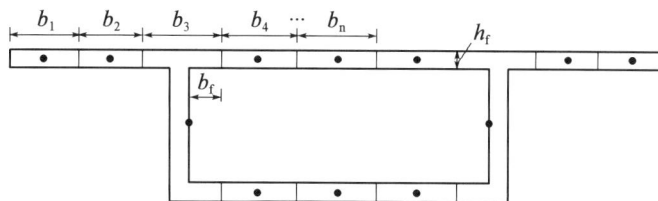

图 A.2.1 空间网格模型示意

2 配有钢束的腹板截面，宜划分为一个腹板梁（图 A.2.1）。当带平弯的预应力钢筋横向穿过多个划分梁时，宜将预应力效应计入预应力钢筋穿过最长距离的划分梁。

A.2.2 折面梁格模型宜满足下列要求：

1 截面上各划分梁的宽度 b_n 不大于3m，工字形截面的翼缘宽度 b_f 不大于 $6h_f$（图 A.2.2）。

2 配有钢束的腹板截面，宜仅划分为一个腹板梁（图 A.2.2）。当带平弯的预应力钢筋横向穿过多个划分梁时，宜将预应力效应计入预应力钢筋穿过最长距离的划分梁。

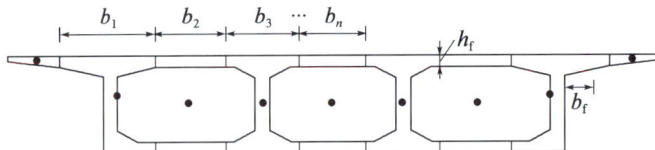

图 A.2.2　折面梁格模型示意

A.2.3　7 自由度单梁模型宜满足下列要求：

1　7 自由度单梁模型可按本规范第 4.3.4 条的有效宽度考虑剪力滞效应。

2　7 自由度单梁模型得到的正应力放大系数 λ_σ 和剪应力放大系数 λ_τ 按下列公式计算：

$$\lambda_\sigma = \frac{\sigma_M + \sigma_W}{\sigma_M} \qquad (A.2.3\text{-}1)$$

$$\lambda_\tau = \frac{\tau_M + \tau_K + \tau_W}{\tau_M} \qquad (A.2.3\text{-}2)$$

式中：σ_M、τ_M——弯曲正应力和剪应力；

σ_W、τ_W——约束扭转正应力和剪应力；

τ_K——自由扭转剪应力。

附录 B　拉压杆模型分析方法

B.1　一般规定

B.1.1　混凝土桥梁的应力扰动区范围,宜根据圣维南原理确定。

B.1.2　混凝土桥梁的应力扰动区,可采用拉压杆模型按下列步骤进行简化分析:

1　根据结构边界条件及受力情况,确定应力扰动区的范围,见本规范第 B.1.1 条。

2　构建应力扰动区的拉压杆模型,见本规范第 B.2 节。

3　根据应力扰动区边界上的作用力设计值和拉压杆模型的受力平衡条件,求解模型中各杆件的内力设计值。

4　进行拉杆、压杆和节点的强度验算,见本规范第 B.3 节,确认拉杆、压杆和节点区域所选择的材料强度、配筋及构造尺寸是否满足要求。

5　若验算不能通过,则需要对拉压杆模型的构形甚至结构尺寸进行调整,并重复以上步骤;若验算通过,再根据构造要求进行详细配筋设计,且构件表面的构造分布钢筋应满足本规范第 B.3.5 条的规定。

B.2　构建方法

B.2.1　拉压杆模型应满足受力平衡条件,且正确反映混凝土结构内部的力流传递特征。

B.2.2　构建拉压杆模型可采用荷载路径法、应力迹线法、力流线法、最小应变能准则、最大强度准则等方法。

B.2.3　拉压杆模型中,拉杆与压杆之间的最小夹角不宜小于 25°。

B.3　验算内容

B.3.1　拉压杆模型的拉杆、压杆和节点,应按式(B.3.1)进行承载力验算:

$$\gamma_0 S_{STM,d} \leq R_{STM,d} \tag{B.3.1}$$

式中:$S_{STM,d}$——拉压杆模型的作用效应设计值,对于拉杆、压杆和节点分别记为 $S_{T,d}$、$S_{S,d}$

和 $S_{N,d}$；

$R_{STM,d}$——拉压杆模型的承载力设计值，对于拉杆、压杆和节点分别记为 $R_{T,d}$、$R_{S,d}$ 和 $R_{N,d}$。

B.3.2 拉杆应配置普通钢筋或预应力钢筋，其承载力设计值应按式（B.3.2）计算：

$$R_{T,d} = f_{sd}A_s + f_{pd}A_p \tag{B.3.2}$$

式中：f_{sd}——普通钢筋抗拉强度设计值；

f_{pd}——预应力钢筋抗拉强度设计值；

A_s——拉杆中的普通钢筋截面面积；

A_p——拉杆中的预应力钢筋截面面积。

B.3.3 混凝土压杆承载力设计值应按下列规定计算：

1 无配筋混凝土压杆

$$R_{S,d} = f_{ce,d}A_{cs} \tag{B.3.3-1}$$

$$f_{ce,d} = \frac{\beta_c f_{cd}}{0.8 + 170\varepsilon_1} \leqslant 0.85\beta_c f_{cd} \tag{B.3.3-2}$$

$$\varepsilon_1 = \varepsilon_s + (\varepsilon_s + 0.002)\cot^2\theta_s \tag{B.3.3-3}$$

式中：A_{cs}——混凝土压杆的有效截面积，根据图 B.3.3-1、图 B.3.3-2 或图 B.3.3-3 确定；

$f_{ce,d}$——混凝土压杆的等效抗压强度设计值；

f_{cd}——混凝土轴心抗压强度设计值；

β_c——与混凝土强度等级有关参数，对 C25～C50 取 1.30，C55～C80 取 1.35；

ε_1——压杆中垂直于压杆方向的混凝土拉应变；

θ_s——压杆和拉杆间的最小角度，且 $\theta_s \geqslant 25°$；

ε_s——拉杆方向钢筋的拉应变。当拉杆由普通钢筋组成时，按拉杆的作用组合内力设计值计算；若拉杆为预应力钢筋，在其周边混凝土未消压前取 $\varepsilon_s = 0.0$，在消压之后取 $\varepsilon_s = (f_{pd} - f_{pe})/E_p$。

2 配筋混凝土压杆

$$R_{S,d} = f_{ce,d}A_{cs} + f'_{sd}A_{ss} \tag{B.3.3-4}$$

式中：$f_{ce,d}$——混凝土压杆的等效抗压强度设计值；

A_{cs}——混凝土压杆的有效横截面积；

f'_{sd}——普通钢筋抗压强度设计值；

A_{ss}——穿过压杆的钢筋在压杆轴线方向上的截面投影面积。

B.3.4 节点的承载力设计值，应按式（B.3.4）计算：

$$R_{N,d} = \beta_n f_{cd}A_n \tag{B.3.4}$$

式中：β_n——节点界面的混凝土强度软化系数，按表 B.3.4 取值；

A_n——节点界面上的截面面积，根据节点类型，按图 B.3.3-1、图 B.3.3-2 或图 B.3.3-3 计算。

表 B.3.4　三类典型节点的界面混凝土强度软化系数

节点类型	意义	β_n
CCC(压-压-压)	杆件和支承面包围的节点区域	$0.85\beta_c$
CCT(压-压-拉)	单向拉杆锚固的节点区域	$0.75\beta_c$
CTT(压-拉-拉)	双向拉杆锚固的节点区域	$0.65\beta_c$

注:对节点区配有约束钢筋的情况,若经过分析或试验验证其有约束增强效果,在本表基础上取值可有所提高。

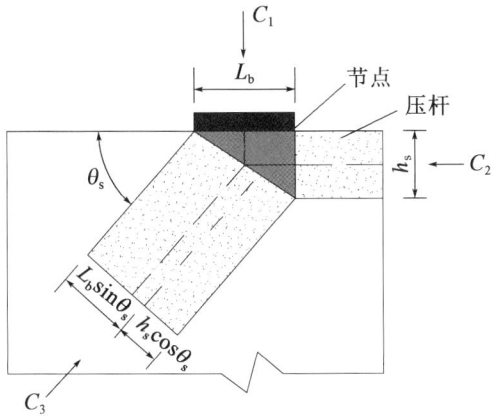

图 B.3.3-1　集中力下的压杆和 CCC 节点区

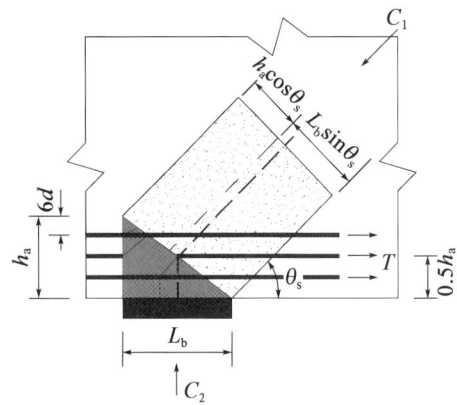

图 B.3.3-2　由钢筋和支承约束形成的压杆和 CCT 节点区

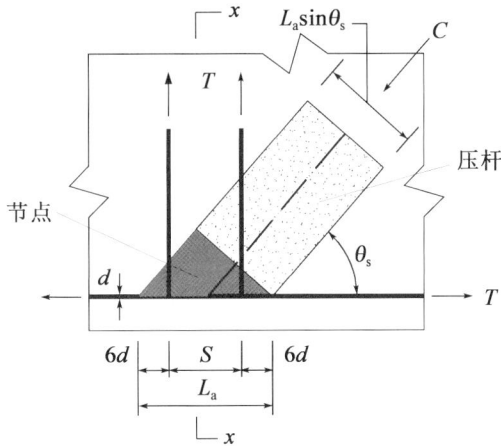

a) 压杆和节点区尺寸示意　　　　　b)x-x截面显示的压杆和节点厚度

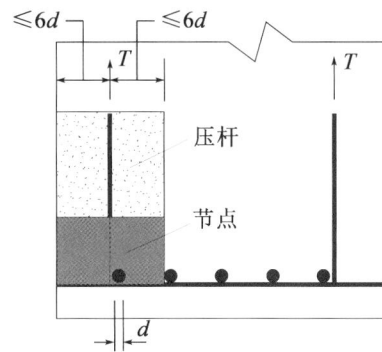

图 B.3.3-3　由钢筋锚固所形成的的压杆和 CTT 节点区

图中:d——节点区受拉钢筋直径;

S——压杆端部锚固钢筋的间距;

L_a——依靠钢筋锚固节点的有效长度;

L_b——支承垫板的宽度;

h_a——依靠钢筋约束节点的高度;

h_s——依靠压杆约束节点的高度;

θ_s——压杆的倾角。

B.3.5　按照拉压杆模型设计的应力扰动区,应在表面配置正交的钢筋网,网格间距不得超过 300mm,钢筋面积对混凝土毛截面积的比值在各个方向不应小于 0.3% 。

附录 C 混凝土收缩应变和徐变系数计算及钢筋松弛损失中间值与终极值的比值

C.1 收缩应变

C.1.1 混凝土的收缩应变可按下列公式计算：

$$\varepsilon_{cs}(t,t_s) = \varepsilon_{cs0} \cdot \beta_s(t - t_s) \qquad (\text{C. 1. 1-1})$$

$$\varepsilon_{cs0} = \varepsilon_s(f_{cm}) \cdot \beta_{RH} \qquad (\text{C. 1. 1-2})$$

$$\varepsilon_s(f_{cm}) = [160 + 10\beta_{sc}(9 - f_{cm}/f_{cm0})] \cdot 10^{-6} \qquad (\text{C. 1. 1-3})$$

$$\beta_{RH} = 1.55[1 - (RH/RH_0)^3] \qquad (\text{C. 1. 1-4})$$

$$\beta_s(t - t_s) = \left[\frac{(t - t_s)/t_1}{350(h/h_0)^2 + (t - t_s)/t_1}\right]^{0.5} \qquad (\text{C. 1. 1-5})$$

式中： t——计算考虑时刻的混凝土龄期(d)；

t_s——收缩开始时的混凝土龄期(d)，可假定为 3 ~ 7d；

$\varepsilon_{cs}(t,t_s)$——收缩开始时的龄期为 t_s，计算考虑的龄期为 t 时的收缩应变；

ε_{cs0}——名义收缩系数；

β_s——收缩随时间发展的系数；

f_{cm}——强度等级 C25 ~ C50 混凝土在 28d 龄期时的平均圆柱体抗压强度(MPa)，

$f_{cm} = 0.8f_{cu,k} + 8MPa$；

$f_{cu,k}$——龄期为 28d，具有 95% 保证率的混凝土立方体抗压强度标准值(MPa)；

β_{RH}——与年平均相对湿度相关的系数，式(C. 1. 1-4)适用于 $40\% \leqslant RH < 99\%$；

RH——环境年平均相对湿度(%)；

β_{sc}——依水泥种类而定的系数，对一般的硅酸盐类水泥或快硬水泥，$\beta_{sc} = 5.0$；

h——构件理论厚度(mm)，$h = 2A/u$，A 为构件截面面积，u 为构件与大气接触的周边长度；

$RH_0 = 100\%$；$h_0 = 100mm$；$t_1 = 1d$；$f_{cm0} = 10MPa$。

C.1.2 强度等级 C25 ~ C50 混凝土的名义收缩系数 ε_{cs0}，可采用按式(C. 1. 1-2)算得的表 C. 1. 2 所列数值。

表 C.1.2　混凝土名义收缩系数 ε_{cs0}（$\times 10^{-3}$）

$40\% \leqslant RH < 70\%$	$70\% \leqslant RH < 99\%$
0.529	0.310

注:1. 本表适用于一般硅酸盐类水泥或快硬水泥配制而成的混凝土。

　2. 本表适用于季节性变化的平均温度 $-20 \sim +40^{\circ}\text{C}$。

　3. 对强度等级为 C50 及以上混凝土,表列数值应乘以 $\sqrt{\dfrac{32.4}{f_{ck}}}$,式中 f_{ck} 为混凝土轴心抗压强度标准值(MPa)。

C.1.3　在桥梁设计中当需考虑收缩影响或计算阶段预应力损失时,混凝土收缩应变值可按下列步骤计算:

1　按式(C.1.1-5)计算从 t_s 到 t、t_s 到 t_0 的收缩应变发展系数 $\beta_s(t-t_s)$、$\beta_s(t_0-t_s)$,当计算 $\beta_s(t_0-t_s)$ 时,公式中的 t 均改用 t_0。其中 t 为计算收缩应变考虑时刻的混凝土龄期(d),t_0 为桥梁结构开始受收缩影响时刻或预应力钢筋传力锚固时刻的混凝土龄期(d),t_s 为收缩开始时(养护期结束时)的混凝土龄期,设计时可取 $3 \sim 7\text{d}$,$t > t_0 \geqslant t_s$。

2　按下列公式计算自 t_0 至 t 时的收缩应变值 $\varepsilon_{cs}(t,t_0)$:

$$\varepsilon_{cs}(t,t_0) = \varepsilon_{cs0}\left[\beta_s(t-t_s) - \beta_s(t_0-t_s)\right] \qquad (\text{C.1.3})$$

式中的名义收缩系数 ε_{cs0} 按表 C.1.2 采用。

C.2　徐变系数

C.2.1　混凝土的徐变系数可按下列公式计算:

$$\phi(t,t_0) = \phi_0 \cdot \beta_c(t-t_0) \qquad (\text{C.2.1-1})$$

$$\phi_0 = \phi_{RH} \cdot \beta(f_{cm}) \cdot \beta(t_0) \qquad (\text{C.2.1-2})$$

$$\phi_{RH} = 1 + \frac{1 - RH/RH_0}{0.46(h/h_0)^{\frac{1}{3}}} \qquad (\text{C.2.1-3})$$

$$\beta(f_{cm}) = \frac{5.3}{(f_{cm}/f_{cm0})^{0.5}} \qquad (\text{C.2.1-4})$$

$$\beta(t_0) = \frac{1}{0.1 + (t_0/t_1)^{0.2}} \qquad (\text{C.2.1-5})$$

$$\beta_c(t-t_0) = \left[\frac{(t-t_0)/t_1}{\beta_H + (t-t_0)/t_1}\right]^{0.3} \qquad (\text{C.2.1-6})$$

$$\beta_H = 150\left[1 + \left(1.2\frac{RH}{RH_0}\right)^{18}\right]\frac{h}{h_0} + 250 \leqslant 1\,500 \qquad (\text{C.2.1-7})$$

式中:　t_0——加载时的混凝土龄期(d);

　　　　t——计算考虑时刻的混凝土龄期(d);

$\phi(t,t_0)$——加载龄期为 t_0，计算考虑龄期为 t 时的混凝土徐变系数；

ϕ_0——名义徐变系数；

β_c——加载后徐变随时间发展的系数。

式中 f_{cm}、f_{cm0}、RH、RH_0、h、h_0、t_1 的意义及其采用值与本规范第 C.1.1 条相同。

C.2.2 强度等级 C25～C50 混凝土的名义徐变系数 ϕ_0，可采用按式（C.2.1-2）算得的表 C.2.2 所列数值。

表 C.2.2　混凝土名义徐变系数 ϕ_0

加载龄期 （d）	40%≤RH<70%				70%≤RH<99%			
	理论厚度 h（mm）				理论厚度 h（mm）			
	100	200	300	≥600	100	200	300	≥600
3	3.90	3.50	3.31	3.03	2.83	2.65	2.56	2.44
7	3.33	3.00	2.82	2.59	2.41	2.26	2.19	2.08
14	2.92	2.62	2.48	2.27	2.12	1.99	1.92	1.83
28	2.56	2.30	2.17	1.99	1.86	1.74	1.69	1.60
60	2.21	1.99	1.88	1.72	1.61	1.51	1.46	1.39
90	2.05	1.84	1.74	1.59	1.49	1.39	1.35	1.28

注：1. 本表适用于一般硅酸盐类水泥或快硬水泥配制而成的混凝土。

2. 本表适用于季节性变化的平均温度 -20～+40℃。

3. 对强度等级 C50 及以上混凝土，表列数值应乘以 $\sqrt{\dfrac{32.4}{f_{ck}}}$，式中 f_{ck} 为混凝土轴心抗压强度标准值（MPa）。

4. 构件的实际理论厚度和加载龄期为表列中间值时，混凝土名义徐变系数按直线内插法求得。

C.2.3 在桥梁设计中需考虑徐变影响或计算阶段预应力损失时，混凝土的徐变系数值可按下列步骤计算：

1 按式（C.2.1-7）计算 β_H，计算时式中的年平均相对湿度 RH，当在 40%≤RH<70% 时，取 RH=55%；当在 70%≤RH<99% 时，取 RH=80%。

2 根据计算徐变所考虑的龄期 t、加载龄期 t_0 及已算得的 β_H，按式（C.2.1-6）计算徐变发展系数 $\beta_c(t-t_0)$。

3 根据 $\beta_c(t-t_0)$ 和表 C.2.2 所列名义徐变系数（必要时用内插求得），按式（C.2.1-1）计算徐变系数 $\phi(t,t_0)$。

注：当实际的加载龄期超过表 C.2.2 给出的 90d 时，其混凝土名义徐变系数可按 $\phi'_0=\phi_0\beta(t'_0)/\beta(t_0)$ 求得，式中 ϕ_0 为表 C.2.2 所列名义徐变系数，$\beta(t'_0)$ 和 $\beta(t_0)$ 按式（C.2.1-5）计算，其中 t_0 为表列加载龄期，t'_0 为 90d 以外计算所需的加载龄期。

C.2.4 掺加粉煤灰的混凝土宜通过徐变试验获得符合混凝土材料组成特点的徐变系数。当缺乏足够的试验资料时，掺加粉煤灰的混凝土的徐变系数可按式（C.2.4）计算：

$$\phi(t,t_0) = \phi(\alpha,t_0) \cdot \phi_0 \cdot \beta_c(t-t_0) \qquad (C.2.4)$$

式中,$\phi(\alpha,t_0)$为粉煤灰混凝土名义徐变修正系数,根据粉煤灰掺量α和加载龄期t_0采用表 C.2.4 所列数值,ϕ_0、$\beta_c(t-t_0)$应按第 C.2.1 条的规定计算。

表 C.2.4　粉煤灰混凝土名义徐变修正系数 $\phi(\alpha, t_0)$

加载龄期 $t_0(d)$	掺量 $\alpha(\%)$		
	10	20	30
7	0.80	0.65	0.53
14	0.70	0.55	0.45
28	0.64	0.50	0.41
60	0.60	0.47	0.38
90	0.58	0.46	0.37

注:1. 掺量 α 为质量百分比。

2. 计算时构件的粉煤灰掺量和加载龄期为表列中间值时,修正系数可按直线内插法求得。

C.3　钢筋松弛损失中间值与终极值的比值

C.3.1　当需分阶段计算钢筋松弛损失时,其中间值应根据建立预应力的时间按表 C.3.1 确定。钢筋松弛损失的终极值应按第 6.2.6 条计算。

表 C.3.1　钢筋松弛损失中间值与终极值的比值

时间(d)	2	10	20	30	40
比值	0.50	0.61	0.74	0.87	1.00

附录 D 温差作用效应计算公式

D.0.1 简支梁温差应力按下列公式计算（图 D.0.1）：

$$N_t = \sum A_y t_y \alpha_c E_c \qquad (D.0.1\text{-}1)$$

$$M_t^0 = -\sum A_y t_y \alpha_c E_c e_y \qquad (D.0.1\text{-}2)$$

1）正温差应力

$$\sigma_t = -\frac{N_t}{A_0} + \frac{M_t^0}{I_0}y + t_y \alpha_c E_c \qquad (D.0.1\text{-}3)$$

2）反温差应力,式（D.0.1-1）~式（D.0.1-3）内 t_y 取负值,按式（D.0.1-3）计算。

式中：A_y——截面内的单元面积；

$\quad t_y$——单元面积 A_y 内温差梯度平均值,均以正值代入；

$\quad \alpha_c$——混凝土线膨胀系数,按《公路桥涵设计通用规范》（JTG D60—2015）的规定采用；

$\quad E_c$——混凝土弹性模量；

$\quad y$——计算应力点至换算截面重心轴的距离,重心轴以上取正值,以下取负值；

$\quad e_y$——单元面积 A_y 重心至换算截面重心轴的距离,重心轴以上取正值,以下取负值；

A_0、I_0——换算截面面积和惯性矩。

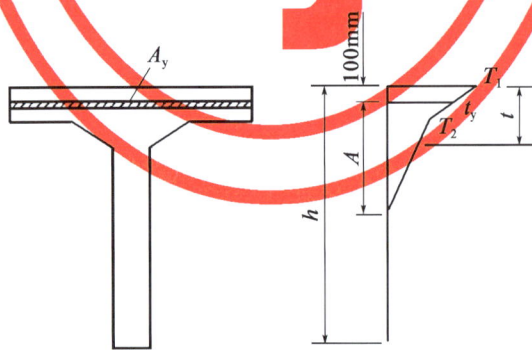

图 D.0.1 温差计算

D.0.2 连续梁温差应力尚应计入温度作用次弯矩 M_t',此时式（D.0.1-3）右边第 2 项内弯矩 M_t^0 应改以 $M_t = M_t' + M_t^0$ 代之。

附录 E 受压构件计算长度的简化计算公式

E. 0. 1 受压构件的计算长度 l_0 宜按式(E. 0. 1)计算：

$$l_0 = kl \qquad\qquad (\text{E. 0. 1})$$

式中：k——计算长度换算系数，可按经验或本规范第 E. 0. 2 条或第 E. 0. 3 条中公式计算；当构件两端固定时，k 可取 0.5；当一端固定一端为不移动的铰时，k 可取 0.7；当两端均为不移动的铰时，k 可取 1.0；当一端固定一端自由时，k 可取 2.0；

l——构件支点间长度。

E. 0. 2 对于一端固定、一端有转动和水平弹性约束的构件(图 E. 0. 2)，计算长度换算系数 k 可按下列公式确定：

$$k = 0.5\exp\left[\frac{0.35}{1+0.6k_\theta} + \frac{0.7}{1+0.01k_F^2} + \frac{0.35}{(1+0.75k_\theta)(1+1.15k_F)}\right] \quad (\text{E. 0. 2-1})$$

$$k_\theta = K_\theta\frac{l}{EI} \qquad\qquad (\text{E. 0. 2-2})$$

$$k_F = K_F\frac{l^3}{EI} \qquad\qquad (\text{E. 0. 2-3})$$

式中：k_θ——构件转动和水平弹性约束端的相对转动约束刚度系数；

K_θ——构件转动和水平弹性约束端的转动约束刚度；

k_F——构件转动和水平弹性约束端的相对水平约束刚度系数；

K_F——构件转动和水平弹性约束端的水平约束刚度；

l——构件支点间长度；

EI——构件截面抗弯刚度。

E. 0. 3 对于一端固定、一端仅有水平弹性约束的构件(图 E. 0. 3)，计算长度换算系数 k 可按式(E. 0. 3)确定：

$$k = 2 - \frac{1.3k_F^{1.5}}{9.5+k_F^{1.5}} \qquad\qquad (\text{E. 0. 3})$$

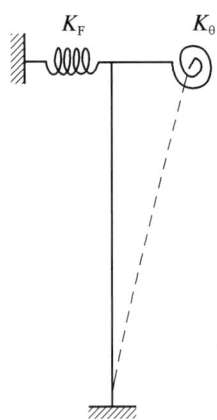

图 E.0.2　一端固定、一端有转动和
水平弹性约束的构件

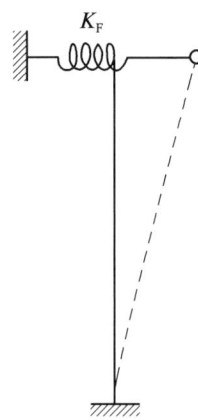

图 E.0.3　一端固定、一端仅有
水平弹性约束的构件

附录 F 沿周边均匀配置纵向钢筋的圆形截面钢筋混凝土偏心受压构件正截面抗压承载力计算

F.0.1 当混凝土强度等级在 C30 ~ C50、纵向钢筋配筋率在 0.5% ~ 4% 之间时,沿周边均匀配置纵向钢筋的圆形截面钢筋混凝土偏心受压构件,其正截面抗压承载力计算应符合下列要求:

$$\gamma_0 N_d \leqslant n_u A f_{cd} \qquad (F.0.1)$$

式中:γ_0——结构重要性系数;

N_d——构件轴向压力的设计值;

n_u——构件相对抗压承载力,按表 F.0.1 确定;

A——构件截面面积;

f_{cd}——混凝土抗压强度设计值。

表 F.0.1　圆形截面钢筋混凝土偏心受压构件正截面相对抗压承载力 n_u

$\eta \dfrac{e_0}{r}$	$\rho \dfrac{f_{sd}}{f_{cd}}$																	
	0.06	0.09	0.12	0.15	0.18	0.21	0.24	0.27	0.30	0.40	0.50	0.60	0.70	0.80	0.90	1.00	1.10	1.20
0.01	1.0487	1.0783	1.1079	1.1375	1.1671	1.1968	1.2264	1.2561	1.2857	1.3846	1.4835	1.5824	1.6813	1.7802	1.8791	1.9780	2.0769	2.1758
0.05	1.0031	1.0316	1.0601	1.0885	1.1169	1.1454	1.1738	1.2022	1.2306	1.3254	1.4201	1.5148	1.6095	1.7042	1.7989	1.8937	1.9884	2.0831
0.10	0.9438	0.9711	0.9984	1.0257	1.0529	1.0802	1.1074	1.1345	1.1617	1.2521	1.3423	1.4325	1.5226	1.6127	1.7027	1.7927	1.8826	1.9726
0.15	0.8827	0.9090	0.9352	0.9614	0.9875	1.0136	1.0396	1.0656	1.0916	1.1781	1.2643	1.3503	1.4362	1.5220	1.6077	1.6934	1.7790	1.8646
0.20	0.8206	0.8458	0.8709	0.8960	0.9210	0.9460	0.9709	0.9958	1.0206	1.1033	1.1856	1.2677	1.3496	1.4313	1.5130	1.5945	1.6760	1.7574
0.25	0.7589	0.7829	0.8067	0.8302	0.8540	0.8778	0.9016	0.9254	0.9491	1.0279	1.1063	1.1845	1.2625	1.3404	1.4180	1.4956	1.5731	1.6504
0.30	0.7003	0.7247	0.7486	0.7721	0.7953	0.8181	0.8408	0.8632	0.8855	0.9590	1.0316	1.1036	1.1752	1.2491	1.3228	1.3964	1.4699	1.5433
0.35	0.6432	0.6684	0.6928	0.7165	0.7397	0.7625	0.7849	0.8070	0.8290	0.9008	0.9712	1.0408	1.1097	1.1783	1.2465	1.3145	1.3824	1.4500
0.40	0.5878	0.6142	0.6393	0.6635	0.6869	0.7097	0.7320	0.7540	0.7757	0.8461	0.9147	0.9822	1.0489	1.1150	1.1807	1.2461	1.3113	1.3762
0.45	0.5346	0.5624	0.5884	0.6132	0.6369	0.6599	0.6822	0.7041	0.7255	0.7949	0.8619	0.9275	0.9921	1.0561	1.1195	1.1825	1.2452	1.3077
0.50	0.4839	0.5133	0.5403	0.5657	0.5898	0.6130	0.6354	0.6573	0.6786	0.7470	0.8126	0.8765	0.9393	1.0012	1.0625	1.1233	1.1838	1.2441
0.55	0.4359	0.4670	0.4951	0.5212	0.5458	0.5692	0.5917	0.6135	0.6347	0.7022	0.7666	0.8289	0.8899	0.9500	1.0094	1.0682	1.1266	1.1848
0.60	0.3910	0.4238	0.4530	0.4798	0.5047	0.5283	0.5509	0.5727	0.5938	0.6605	0.7237	0.7846	0.8440	0.9023	0.9598	1.0168	1.0733	1.1295
0.65	0.3495	0.3840	0.4141	0.4414	0.4667	0.4905	0.5131	0.5348	0.5558	0.6217	0.6837	0.7432	0.8011	0.8578	0.9136	0.9689	1.0236	1.0779
0.70	0.3116	0.3475	0.3784	0.4062	0.4317	0.4556	0.4782	0.4998	0.5206	0.5857	0.6466	0.7047	0.7611	0.8163	0.8705	0.9241	0.9771	1.0297
0.75	0.2773	0.3143	0.3459	0.3739	0.3996	0.4235	0.4460	0.4674	0.4881	0.5523	0.6120	0.6689	0.7239	0.7776	0.8303	0.8823	0.9337	0.9847
0.80	0.2468	0.2845	0.3164	0.3446	0.3702	0.3940	0.4164	0.4377	0.4581	0.5214	0.5799	0.6356	0.6892	0.7415	0.7927	0.8432	0.8931	0.9426
0.85	0.2199	0.2579	0.2899	0.3180	0.3436	0.3672	0.3893	0.4104	0.4305	0.4928	0.5502	0.6045	0.6569	0.7078	0.7577	0.8067	0.8552	0.9032
0.90	0.1963	0.2343	0.2661	0.2940	0.3193	0.3427	0.3646	0.3853	0.4051	0.4663	0.5225	0.5757	0.6267	0.6763	0.7249	0.7726	0.8197	0.8663
0.95	0.1759	0.2134	0.2448	0.2724	0.2974	0.3204	0.3420	0.3624	0.3818	0.4419	0.4969	0.5488	0.5986	0.6470	0.6942	0.7406	0.7864	0.8317
1.00	0.1582	0.1950	0.2259	0.2530	0.2775	0.3001	0.3213	0.3413	0.3604	0.4193	0.4731	0.5238	0.5724	0.6195	0.6655	0.7107	0.7553	0.7993

续上表

$\eta \dfrac{e_0}{r}$	$\rho \dfrac{f_{sd}}{f_{cd}}$																	
	0.06	0.09	0.12	0.15	0.18	0.21	0.24	0.27	0.30	0.40	0.50	0.60	0.70	0.80	0.90	1.00	1.10	1.20
1.10	0.1299	0.1646	0.1939	0.2198	0.2433	0.2649	0.2852	0.3044	0.3227	0.3791	0.4305	0.4789	0.5251	0.5699	0.6136	0.6564	0.6986	0.7402
1.20	0.1087	0.1410	0.1685	0.1929	0.2152	0.2358	0.2551	0.2734	0.2909	0.3446	0.3937	0.4398	0.4838	0.5264	0.5679	0.6086	0.6486	0.6881
1.30	0.0927	0.1224	0.1481	0.1710	0.1920	0.2115	0.2299	0.2472	0.2639	0.3150	0.3618	0.4057	0.4476	0.4882	0.5276	0.5663	0.6043	0.6418
1.40	0.0804	0.1077	0.1316	0.1531	0.1728	0.1912	0.2086	0.2250	0.2408	0.2895	0.3340	0.3759	0.4158	0.4544	0.4920	0.5288	0.5649	0.6006
1.50	0.0708	0.0959	0.1180	0.1381	0.1567	0.1741	0.1905	0.2061	0.2210	0.2673	0.3097	0.3496	0.3877	0.4245	0.4603	0.4954	0.5298	0.5638
1.60	0.0630	0.0862	0.1068	0.1256	0.1431	0.1595	0.1750	0.1897	0.2039	0.2479	0.2884	0.3264	0.3628	0.3979	0.4321	0.4655	0.4984	0.5309
1.70	0.0567	0.0782	0.0974	0.1150	0.1315	0.1469	0.1616	0.1756	0.1891	0.2310	0.2695	0.3058	0.3405	0.3741	0.4068	0.4387	0.4702	0.5012
1.80	0.0515	0.0714	0.0894	0.1060	0.1215	0.1361	0.1500	0.1633	0.1761	0.2160	0.2528	0.2875	0.3207	0.3528	0.3840	0.4146	0.4447	0.4743
1.90	0.0472	0.0657	0.0826	0.0982	0.1128	0.1266	0.1398	0.1525	0.1646	0.2027	0.2378	0.2710	0.3028	0.3335	0.3635	0.3928	0.4216	0.4500
2.00	0.0435	0.0608	0.0767	0.0914	0.1052	0.1183	0.1309	0.1429	0.1545	0.1908	0.2244	0.2562	0.2867	0.3162	0.3449	0.3730	0.4007	0.4279
2.50	0.0311	0.0441	0.0562	0.0676	0.0784	0.0888	0.0987	0.1083	0.1176	0.1470	0.1744	0.2005	0.2255	0.2498	0.2735	0.2968	0.3197	0.3422
3.00	0.0241	0.0345	0.0442	0.0535	0.0623	0.0707	0.0789	0.0869	0.0946	0.1191	0.1421	0.1640	0.1852	0.2057	0.2258	0.2456	0.2650	0.2841
3.50	0.0197	0.0283	0.0364	0.0441	0.0516	0.0587	0.0657	0.0724	0.0790	0.0999	0.1196	0.1385	0.1568	0.1746	0.1919	0.2090	0.2258	0.2425
4.00	0.0166	0.0240	0.0309	0.0376	0.0440	0.0502	0.0562	0.0620	0.0677	0.0859	0.1032	0.1198	0.1358	0.1514	0.1667	0.1818	0.1966	0.2112
4.50	0.0144	0.0208	0.0269	0.0327	0.0383	0.0437	0.0490	0.0542	0.0592	0.0754	0.0907	0.1054	0.1197	0.1336	0.1473	0.1607	0.1740	0.1870
5.00	0.0127	0.0183	0.0237	0.0289	0.0339	0.0388	0.0435	0.0481	0.0526	0.0671	0.0809	0.0941	0.1070	0.1195	0.1319	0.1440	0.1559	0.1677
5.50	0.0113	0.0164	0.0213	0.0259	0.0304	0.0348	0.0391	0.0433	0.0474	0.0605	0.0729	0.0850	0.0967	0.1081	0.1193	0.1304	0.1412	0.1520
6.00	0.0102	0.0149	0.0193	0.0235	0.0276	0.0316	0.0355	0.0393	0.0430	0.0550	0.0664	0.0775	0.0882	0.0987	0.1089	0.1191	0.1291	0.1390
6.50	0.0093	0.0136	0.0176	0.0215	0.0252	0.0289	0.0325	0.0360	0.0394	0.0504	0.0610	0.0711	0.0810	0.0907	0.1002	0.1096	0.1188	0.1280
7.00	0.0086	0.0125	0.0162	0.0198	0.0233	0.0266	0.0300	0.0332	0.0364	0.0466	0.0563	0.0658	0.0750	0.0840	0.0928	0.1015	0.1101	0.1186
7.50	0.0080	0.0116	0.0150	0.0183	0.0216	0.0247	0.0278	0.0308	0.0338	0.0433	0.0524	0.0612	0.0697	0.0781	0.0864	0.0945	0.1025	0.1104

续上表

$\eta\dfrac{e_0}{r}$	$\rho\dfrac{f_{sd}}{f_{cd}}$																	
	0.06	0.09	0.12	0.15	0.18	0.21	0.24	0.27	0.30	0.40	0.50	0.60	0.70	0.80	0.90	1.00	1.10	1.20
8.00	0.0074	0.0108	0.0140	0.0171	0.0201	0.0230	0.0259	0.0287	0.0315	0.0404	0.0489	0.0572	0.0652	0.0730	0.0808	0.0884	0.0959	0.1034
8.50	0.0069	0.0101	0.0131	0.0160	0.0188	0.0216	0.0243	0.0269	0.0295	0.0379	0.0459	0.0536	0.0612	0.0686	0.0759	0.0830	0.0901	0.0971
9.00	0.0065	0.0094	0.0123	0.0150	0.0177	0.0203	0.0228	0.0253	0.0278	0.0356	0.0432	0.0505	0.0577	0.0646	0.0715	0.0783	0.0850	0.0916
9.50	0.0061	0.0089	0.0116	0.0142	0.0167	0.0191	0.0215	0.0239	0.0262	0.0337	0.0408	0.0477	0.0545	0.0611	0.0676	0.0740	0.0804	0.0867
10.00	0.0058	0.0084	0.0110	0.0134	0.0158	0.0181	0.0204	0.0226	0.0248	0.0319	0.0387	0.0453	0.0517	0.0580	0.0641	0.0702	0.0763	0.0822

表中：e_0——轴向力对截面重心的偏心距；

r——圆形截面的半径；

η——偏心受压构件轴向力偏心距增大系数；

ρ——沿周边均匀配置的纵向钢筋的配筋率；

f_{sd}——纵向钢筋抗拉强度设计值；

f_{cd}——混凝土抗压强度设计值。

附录 G 预应力曲线钢筋由锚具变形、钢筋回缩和接缝压缩引起的考虑反向摩擦后的预应力损失简化计算

G. 0. 1 后张法预应力混凝土受弯构件应计算由锚具变形、钢筋回缩等引起反向摩擦后的预应力损失。反向摩擦的管道摩擦系数可假定与正向摩擦的相同。

G. 0. 2 反向摩擦影响长度 l_f(图 G. 0. 2)可按下列公式计算:

$$l_f = \sqrt{\frac{\sum \Delta l \cdot E_p}{\Delta \sigma_d}}$$ （G. 0. 2-1）

式中: $\Delta \sigma_d$——单位长度由管道摩擦引起的预应力损失,按下列公式计算:

$$\Delta \sigma_d = \frac{\sigma_{con} - \sigma_l}{l}$$ （G. 0. 2-2）

σ_{con}——张拉端锚下控制应力,按本规范第 6.1.4 条的规定采用(MPa);

σ_l——预应力钢筋扣除沿途摩擦损失后锚固端应力(MPa);

l——张拉端至锚固端的距离(mm)。

当 $l_f \leqslant l$ 时,预应力钢筋离张拉端 x 处考虑反向摩擦后的预应力损失 $\Delta \sigma_x (\sigma_{l2})$,可按下列公式计算:

$$\Delta \sigma_x (\sigma_{l2}) = \Delta \sigma \frac{l_f - x}{l_f}$$ （G. 0. 2-3）

$$\Delta \sigma = 2\Delta \sigma_d l_f$$ （G. 0. 2-4）

式中, $\Delta \sigma$ 为当 $l_f \leqslant l$ 时在 l_f 影响范围内,预应力钢筋考虑反向摩擦后在张拉端锚下的预应力损失值。

如 $x \geqslant l_f$,表示 x 处预应力钢筋不受反向摩擦的影响。

当 $l_f > l$ 时,预应力钢筋离张拉端 x' 处考虑反向摩擦后的预拉力损失 $\Delta \sigma'_x (\sigma'_{l2})$,可按下列公式计算:

$$\Delta \sigma'_x (\sigma'_{l2}) = \Delta \sigma' - 2x' \Delta \sigma_d$$ （G. 0. 2-5）

式中 $\Delta \sigma'$ 为当 $l_f > l$ 时在 l 范围内,预应力钢筋考虑反向摩擦后在张拉端锚下的预应力损失值,可按以下方法求得:令图 G. 0. 2 中"$ca'bd$"等腰梯形面积 $A = \sum \Delta l \cdot E_p$,试算得到 cd,则 $\Delta \sigma' = cd$。

G. 0. 3 同一根预应力钢筋两端张拉(分别张拉或同时张拉)且反向摩擦损失影响长度

有重叠时,在重叠范围内同一截面扣除正摩擦和回缩反向摩擦损失后预应力钢筋的应力可取:两端分别张拉、锚固,分别计算正摩擦和回缩反向摩擦损失,分别将张拉端锚下控制应力减去上述应力计算结果所得较大值。

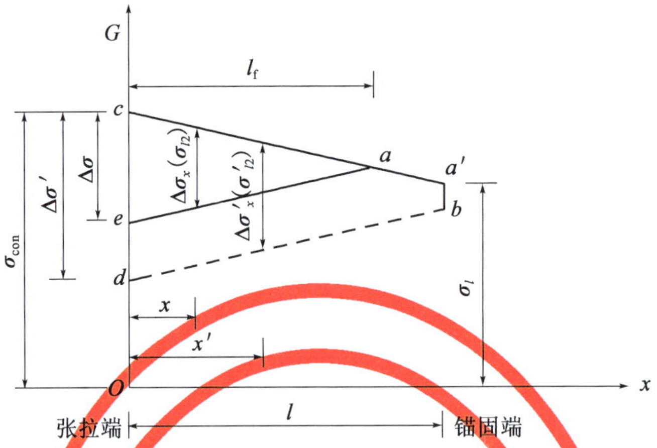

图 G.0.2 考虑反向摩擦后钢筋预应力损失计算示意

图中:caa' 表示预应力钢筋扣除管道正摩擦损失后的应力分布线。

eaa' 表示 $l_f \leqslant l$ 时,预应力钢筋扣除管道正摩擦和回缩(考虑反向摩擦)损失后的应力分布线。

db 表示 $l_f > l$ 时,预应力钢筋扣除管道正摩擦和回缩(考虑反向摩擦)损失后的应力分布线。

cae 为等腰三角形;$ca'bd$ 为等腰梯形。

附录 H 后张法预应力混凝土构件弹性压缩损失的简化计算

H.0.1 后张法预应力混凝土构件,当同一截面的预应力钢筋逐束张拉时,由混凝土弹性压缩引起的预应力损失,可按式(H.0.1)简化计算:

$$\sigma_{l4} = \frac{m-1}{2}\alpha_{EP}\Delta\sigma_{pc} \tag{H.0.1}$$

式中:m——预应力钢筋的束数;

$\Delta\sigma_{pc}$——在计算截面的全部预应力钢筋重心处,由张拉一束预应力钢筋产生的混凝土法向压应力(MPa),取各束的平均值。

本附录公式也可用于按截面分批张拉预应力钢筋(如纵向分块悬臂浇筑的构件)时,由混凝土弹性压缩引起的预应力损失。此时,每个截面作为一批,式中 m 为通过计算截面的预应力钢筋的批数;$\Delta\sigma_{pc}$ 为在计算截面全部预应力钢筋重心处,由张拉一批预应力钢筋产生的混凝土法向压应力(MPa),取各批的平均值。

附录 J 允许开裂的 B 类预应力混凝土受弯构件受压区高度 计算

J.0.1 T 形和 I 形截面预应力混凝土受弯构件,其受压区高度 x 可按下列公式计算 (参见图 7.1.4):

$$Ax^3 + Bx^2 + Cx + D = 0 \tag{J.0.1-1}$$

$$A = b \tag{J.0.1-2}$$

$$B = 3be_N \tag{J.0.1-3}$$

$$C = 3b_0 h'_f (2e_N + h'_f) + 6\alpha_{EP}(A_p g_p + A'_p g'_p) + 6\alpha_{ES}(A_s g_s + A'_s g'_s) \tag{J.0.1-4}$$

$$D = -b_0 h'^2_f(3e_N + 2h'_f) - 6\alpha_{EP}(A_p h_p g_p + A'_p a'_p g'_p) - 6\alpha_{ES}(A_s h_s g_s + A'_s a'_s g'_s) \tag{J.0.1-5}$$

计算 A、B、C、D 后,代入式(J.0.1-1)解得 x。

对于矩形截面预应力混凝土受弯构件,令式(J.0.1-4)、式(J.0.1-5)中的 h'_f 等于零。

式中:b——T 形和 I 形截面的腹板宽度或矩形截面的宽度;

e_N——N_{p0} 作用点至截面受压区边缘的距离;

b_0——T 形和 I 形截面受压翼缘宽度与腹板宽度之差,$b_0 = b'_f - b$;

h'_f——T 形和 I 形截面受压翼缘厚度;

h_p、h_s——受拉区预应力钢筋重心、普通钢筋重心至受压区边缘的距离;

g_p、g_s——受拉区预应力钢筋重心、普通钢筋重心至 N_{p0} 作用点的距离,$g_p = h_p + e_N$,$g_s = h_s + e_N$;

a'_p、a'_s——受压区预应力钢筋重心、普通钢筋重心至受压区边缘的距离;

g'_p、g'_s——受压区预应力钢筋重心、普通钢筋重心至 N_{p0} 作用点的距离,$g'_p = a'_p + e_N$,$g'_s = a'_s + e_N$。

注:1. 受压区普通钢筋的应力应符合 $\alpha_{ES}\sigma_{cc} \leqslant f'_{sd}$ 的要求,当 $\alpha_{ES}\sigma_{cc} > f'_{sd}$ 时,式(J.0.1-4)、式(J.0.1-5)中的 A'_s 应以 $\dfrac{f'_{sd}}{\alpha_{ES}\sigma_{cc}}A'_s$ 代替,此处 f'_{sd} 为普通钢筋抗压强度设计值,σ_{cc} 为受压区普通钢筋合力点处混凝土压应力,可按式 (7.1.4-1)计算,但式中 C 改用该钢筋合力点至开裂截面重心轴的距离。

2. 当受压区预应力钢筋为拉应力[($\alpha_{EP}\sigma_{cc} - \sigma'_{p0}$)为负]时,式(J.0.1-4)、式(J.0.1-5)中含 A'_p 项前面的正号应改为负号,此处 σ_{cc} 为受压区预应力钢筋合力点处混凝土的压应力。

3. 当受压区未设预应力钢筋或普通钢筋时,式(J.0.1-4)、式(J.0.1-5)中的 A'_p 项或 A'_s 项等于零。

本规范用词用语说明

1　本规范执行严格程度的用词,采用下列写法:

1）表示很严格,非这样做不可的用词,正面词采用"必须",反面词采用"严禁";

2）表示严格,在正常情况下均应这样做的用词,正面词采用"应",反面词采用"不应"或"不得";

3）表示允许稍有选择,在条件许可时首先应这样做的用词,正面词采用"宜",反面词采用"不宜";

4）表示有选择,在一定条件下可以这样做的用词,采用"可"。

2　引用标准的用语采用下列写法:

1）在标准总则中表述与相关标准的关系时,采用"除应符合本规范的规定外,尚应符合国家和行业现行有关标准的规定"。

2）在标准条文及其他规定中,当引用的标准为国家标准和行业标准时,表述为"应符合《××××××》(×××)的有关规定"。

3）当引用本标准中的其他规定时,表述为"应符合本规范第×章的有关规定"、"应符合本规范第×.×节的有关规定"、"应符合本规范第×.×.×条的有关规定"或"应按本规范第×.×.×条的有关规定执行"。

《公路钢筋混凝土及预应力混凝土桥涵设计规范》

（JTG 3362—2018）

条 文 说 明

1 总则

1.0.1 本规范属强制性规范,规定了公路钢筋混凝土及预应力混凝土桥涵结构设计的基本要求。

1.0.2 本规范适用于公路桥涵实际工程中大量使用的、采用一般混凝土的、新建的钢筋混凝土及预应力混凝土结构构件的设计。

特种混凝土根据工程所处环境和使用要求,采用特殊配合比或特殊外加剂,如轻骨料混凝土、耐热混凝土、耐酸混凝土、防辐射混凝土等,这些特种混凝土在物理力学性能上与一般混凝土存在差异。本规范的技术要求是根据一般混凝土制定的,因而不适用于特种混凝土。

1.0.3 极限状态设计采用了分项系数的表达方式,其中,作用设计值由作用标准值乘以相应的作用分项系数表示,此两值在《公路桥涵设计通用规范》(JTG D60—2015)中作了规定;材料强度设计值由本规范直接给出,其来源为材料强度标准值除以相应的抗力(材料)分项系数,抗力(材料)分项系数在本规范有关条文说明中给出。

2　术语和符号

本章仅将本规范出现的、需要明确定义的术语列出，有关桥梁专业性的通用术语，大家都比较熟悉，没有编入。

本次修订删除了相关已经定义的常用术语，如原规范中有关可靠度、作用及作用组合等方面的术语；补充了本规范涉及混凝土结构特有的专用术语，如应力扰动区、拉压杆模型、锚固长度、混凝土保护层厚度等。

术语的解释，其中有部分是国际公认的，如极限状态等；但大部分则是概括性的涵义，并非国际或国家公认的。术语的英文名称不是标准化名称，仅供引用时参考。

本章符号按有关材料性能、作用和作用效应、几何参数、计算系数及其他几部分列出，这些符号的主体符号是按现行国家标准的规定采用的；当现行国家标准无统一规定时，则按习惯采用。本规范应用的符号没有被全部列出，本章只列出一些主要的。

3 材料

3.1 混凝土

3.1.1 抗压强度标准值系指试件用标准方法制作、标准养护至28d(由于粉煤灰等矿物掺合料在水泥及混凝土中大量应用,可根据具体情况适当延长试验龄期),以标准试验方法测得的具有95%保证率的抗压强度值(以MPa计)。本规范采用的混凝土标准试件尺寸和强度标准值取值原则与相关国际标准和现行《混凝土结构设计规范》(GB 50010)一致。

本条所提混凝土强度等级,就其意义相当于《桥规 JTJ 023—85》的混凝土标号,但两者有所不同,混凝土标号为边长200mm的立方体试件、具有85%保证率的抗压强度值;混凝土强度等级为边长150mm的立方体试件、具有95%保证率的抗压强度值。混凝土强度等级与混凝土标号的换算关系如下:

本规范的混凝土强度等级 $f_{\mathrm{cu,k}}$ 为:

$$f_{\mathrm{cu,k}} = \mu_{\mathrm{fl50}} - 1.645\sigma_{\mathrm{fl50}} = \mu_{\mathrm{fl50}}(1 - 1.645\delta_{\mathrm{fl50}}) \tag{3-1}$$

式中 μ_{fl50}、σ_{fl50} 和 δ_{fl50} 分别为边长150mm试件抗压强度的平均值、标准差和变异系数。《桥规 JTJ 023—85》的混凝土标号为:

$$R^{\mathrm{b}} = \mu_{\mathrm{R200}} - \sigma_{\mathrm{R200}} = \mu_{\mathrm{R200}}(1 - \delta_{\mathrm{R200}}) \tag{3-2}$$

式中 μ_{R200}、σ_{R200} 和 δ_{R200} 分别为边长200mm试件抗压强度的平均值、标准差和变异系数。

两者平均值关系 $\qquad \mu_{\mathrm{R200}} = 0.95\mu_{\mathrm{fl50}} \tag{3-3}$

变异系数取 $\qquad \delta_{\mathrm{R200}} = \delta_{\mathrm{fl50}} = \delta_{\mathrm{f}} \tag{3-4}$

得到 $\qquad f_{\mathrm{cu,k}} = \mu_{\mathrm{fl50}}(1 - 1.645\delta_{\mathrm{fl50}}) = \dfrac{\mu_{\mathrm{R200}}}{0.95}(1 - 1.645\delta_{\mathrm{fl50}})$

$$= \frac{1 - 1.645\delta_{\mathrm{fl50}}}{0.95(1 - \delta_{\mathrm{R200}})}R^{\mathrm{b}} = \frac{1 - 1.645\delta_{\mathrm{f}}}{0.95(1 - \delta_{\mathrm{f}})}R^{\mathrm{b}} \tag{3-5}$$

混凝土的变异系数 δ_{f} 可按表3-1采用。

表3-1 混凝土的变异系数

$f_{\mathrm{cu,k}}$	C25	C30	C35	C40	C45	C50	C55	C60
δ_{f}	0.16	0.14	0.13	0.12	0.12	0.11	0.11	0.10

3.1.2 本条是对公路桥涵受力构件用混凝土强度等级下限的规定,作了以下变动:钢

筋混凝土构件的混凝土强度等级下限均提高一级:钢筋混凝土构件的混凝土强度等级由"不应低于 C20"改为"不低于 C25";当采用 HRB400、HRB500、HRBF400、RRB400 级钢筋时,由"不应低于 C25"改为"不低于 C30"。

预应力混凝土构件采用的预应力钢筋以钢绞线和钢丝为主,所以构件的混凝土强度等级取 C40,与原规范相同。

3.1.3 本条给出了混凝土轴心强度的标准值,现说明如下:

1 混凝土轴心抗压强度标准值

混凝土轴心抗压强度按棱柱体抗压强度取值,棱柱体试件抗压强度 $f_{c,s}$ 与边长 150mm 立方体试件抗压强度 f_{150} 存在一定的关系,其平均值的关系为:

$$\mu_{f_{c,s}} = \alpha\mu_{f150} \tag{3-6}$$

式中 α 为棱柱体与立方体试件强度的比值。

实际构件与试件的混凝土因品质、制作工艺、受荷情况和环境条件等不同,有一定差异,按《公路工程结构可靠性设计统一标准》条文说明建议,其抗压强度平均换算系数 $\mu_{\Omega0} = 0.88$,则构件混凝土棱柱体抗压强度 f_c 的平均值为:

$$\mu_{fc} = \mu_{\Omega0}\mu_{f_{c,s}} = 0.88\alpha\mu_{f150} \tag{3-7}$$

根据公式(3-1),并假定 f_c 的变异系数 δ_{fc} 与立方体强度 f_{150} 的变异系数相同,即 $\delta_{fc} = \delta_{f150}$,则混凝土轴心抗压强度标准值为:

$$f_{ck} = \mu_{fc}(1 - 1.645\delta_{fc}) = 0.88\alpha\mu_{f150}(1 - 1.645\delta_{f150})$$
$$= 0.88\alpha\frac{f_{cu,k}}{(1 - 1.645\delta_{f150})}(1 - 1.645\delta_{f150}) = 0.88\alpha f_{cu,k} \tag{3-8}$$

式中 α 按以往试验资料和《高强混凝土结构设计与施工指南》(以下简称《高强混凝土指南》)建议取值,C50 及以下混凝土 $\alpha = 0.76$;C55 ~ C80 混凝土,$\alpha = 0.78 ~ 0.82$。考虑 C40 以上混凝土具脆性,C40 ~ C80 混凝土的折减系数为 1.00 ~ 0.87,中间按直线插入。本规范表 3.1.3 中混凝土轴心抗压强度标准值就是按公式(3-8)计算,并乘以脆性折减系数得到的。

2 混凝土轴心抗拉强度标准值

根据试验数据分析,构件混凝土轴心抗拉强度与边长 150mm 立方体试件抗压强度 f_{150} 之间的平均值关系为:

$$\mu_{ft} = 0.88 \times 0.395\mu_{f150}^{0.55} \tag{3-9}$$

构件混凝土轴心抗拉强度标准值(保证率为 95%)为:

$$f_{tk} = \mu_{ft}(1 - 1.645\delta_{ft}) = 0.88 \times 0.395\mu_{f150}^{0.55}(1 - 1.645\delta_{f150})$$
$$= 0.88 \times 0.395\left(\frac{f_{cu,k}}{1 - 1.645\delta_{f150}}\right)^{0.55}(1 - 1.645\delta_{f150})$$
$$= 0.88 \times 0.395 f_{cu,k}^{0.55}(1 - 1.645\delta_{f150})^{0.45} \tag{3-10}$$

式中 δ_{fl50} 按公式(3-4)计算,按表 3-1 取值,混凝土强度等级大于 C60 的 δ_{fl50} 均取为 0.10。混凝土轴心抗拉强度标准值按公式(3-10)计算后,还应乘以与混凝土抗压强度相同的脆性折减系数,即可得本规范表 3.1.3 中的数值。

3.1.4 构件混凝土轴心抗压强度设计值 f_{cd},由混凝土轴心抗压强度标准值除以混凝土材料分项系数 $\gamma_{fc} = 1.45$ 获得。混凝土材料分项系数的取值,接近于按二级安全等级结构分析的脆性破坏构件目标可靠指标的要求。

构件混凝土轴心抗拉强度设计值 f_{td},在混凝土轴心抗拉强度标准值的基础上,除以与混凝土轴心抗压强度相同的材料分项系数。

本次修订删除了原规范表注中受压构件尺寸效应的规定。该规定源于苏联规范,最近俄罗斯规范已经取消该规定。

3.1.5、3.1.6 混凝土的弹性模量、剪切变形模量和泊松比同原规范的规定。混凝土弹性模量按下列公式计算得到:

$$E_c = \frac{10^5}{2.2 + \dfrac{34.74}{f_{cu,k}}} \tag{3-11}$$

3.2 钢筋

3.2.1 本条选用的钢筋品种主要来自最新颁布的国家标准,有以下说明:

(1) 普通钢筋:增加 500MPa 级的热轧带肋钢筋;推广 400MPa、500MPa 级高强热轧带肋钢筋作为纵向受力的主导钢筋,淘汰 335MPa 热轧带肋钢筋的应用;用 300MPa 级光圆钢筋取代 235MPa 级光圆钢筋;引入了采用控温轧制工艺生产的 HRBF 系列细晶粒带肋钢筋。在过渡时期,235MPa 级光圆钢筋和 335MPa 级带肋钢筋的设计值可仍按原规范取值。

HPB300 为光圆钢筋强度等级牌号,摘自现行《钢筋混凝土用钢第 1 部分:热轧光圆钢筋》(GB 1499.1),公称直径 $d = 6 \sim 22$mm,以偶数 2mm 递增;HRB400、HRB500 为热轧带肋钢筋牌号,HRBF400 为细晶粒带肋钢筋牌号,均摘自现行《钢筋混凝土用钢第 2 部分:热轧带肋钢筋》(GB 1499.2),公称直径 $d = 6 \sim 50$mm,其中 $d = 22$mm 以下以 2mm 递减,$d = 22$mm 以上为 25、28、32、36、40、50(mm);RRB400 为余热处理钢筋的强度等级牌号,摘自现行《钢筋混凝土用余热处理钢筋》(GB 13014),公称直径 $d = 6 \sim 50$mm,尺寸进级情况与 HRB 相同。为了便于设计应用,现将上述钢筋的公称截面面积和公称质量列于表 3-2。

本规范还提出了冷轧带肋钢筋,但规定仅用于按构造要求配置的钢筋网。该钢筋取自现行《冷轧带肋钢筋》(GB 13788)及《冷轧带肋钢筋混凝土结构技术规程》(JGJ 95),需要时可参照执行。

表 3-2 钢筋公称截面面积和公称质量

公称直径（mm）	公称截面面积（mm²）	公称质量（kg/m）
6	28.27	0.222
8	50.27	0.395
10	78.54	0.617
12	113.10	0.888
14	153.90	1.210
16	201.10	1.580
18	254.50	2.000
20	314.20	2.470
22	380.10	2.980
25	490.90	3.850
28	615.80	4.830
32	804.20	6.310
36	1 018.00	7.990
40	1 257.00	9.870
50	1 964.00	15.420

（2）预应力钢筋:增补了高强、大直径钢绞线,列入了大直径的预应力螺纹钢筋,淘汰了锚固性能较差的刻痕钢丝。

作为预应力钢筋,本规范以采用钢绞线和钢丝为主,预应力螺纹钢筋仅用于中、小型构件或竖、横向钢筋。钢绞线取自现行《预应力混凝土用钢绞线》(GB/T 5224);预应力钢丝为消除应力的光面和螺旋肋钢丝,取自现行《预应力混凝土用钢丝》(GB/T 5223);预应力螺纹钢筋取自现行《预应力混凝土用螺纹钢筋》(GB/T 20065)。钢绞线、钢丝和预应力螺纹钢筋的公称截面面积和公称质量列于表 3-3。

表 3-3 预应力钢筋公称截面面积和公称质量

钢筋种类及公称直径（mm）		公称截面面积（mm²）	公称质量（kg/m）
钢绞线	1×7	9.5	54.8	0.432
		12.7	98.7	0.774
		15.2	139.0	1.101
		17.8	191.0	1.500
		21.6	285.0	2.237
钢丝		5	19.63	0.154
		7	38.48	0.302
		9	63.62	0.499

钢筋种类及公称直径(mm)		公称截面面积(mm²)	公称质量(kg/m)
预应力螺纹钢筋	18	254.5	2.11
	25	490.9	4.10
	32	804.2	6.65
	40	1 256.6	10.34
	50	1 963.5	16.28

3.2.2、3.2.3 本规范钢筋强度指标的确定原则,具体说明如下:

(1) 普通钢筋抗拉强度标准值,取自现行国家标准的钢筋屈服点,具有不小于95%的保证率。余热处理钢筋的屈服点,国家标准规定为440MPa,这是交货屈服点,该钢筋经闪光对焊后接头强度有所下降,在实际工程应用中取强度等级为RRB400,其抗拉强度标准值为400MPa。普通钢筋抗拉强度设计值由普通钢筋抗拉强度标准值除以钢筋材料分项系数 $\gamma_{fs} = 1.2$ 而得,以此确定的强度设计值,按轴心受拉构件分析的可靠指标超过了安全等级二级结构规定的延性破坏构件的目标可靠指标。

(2) 钢绞线和钢丝的抗拉强度标准值,取自现行国家标准规定的极限抗拉强度。按照最新国家标准的规定,钢绞线和钢丝的条件屈服点为其抗拉强度的0.85倍,考虑《桥规 JTJ 023—85》钢绞线和钢丝的安全系数在设计强度的基础上再取1.25,因此,本规范钢绞线和钢丝的抗拉强度设计值取为 $f_{pd} = f_{pk} \times 0.85/1.25 = f_{pk}/1.47$,即将其抗拉强度标准值除以材料分项系数 $\gamma_{fp} = 1.47$ 而得。

预应力螺纹钢筋的抗拉强度标准值,取自现行国家标准的钢筋屈服点,材料分项系数与普通钢筋的相同, $\gamma_{fp} = 1.2$。

(3) 钢筋抗压强度设计值 f'_{sd} 或 f'_{pd} 按以下两个条件确定:

① 钢筋的受压应变 ε'_s(或 ε'_p)= 0.002;

② 钢筋的抗压强度设计值 f'_{sd}(或 f'_{pd})= $E_s \varepsilon'_s$(或 $E_p \varepsilon'_p$)必须不大于钢筋的抗拉强度设计值 f_{sd}(或 f_{pd})。

例如,HRB400级钢筋 $f'_{sd} = 0.002 \times 2.0 \times 10^5 = 400$MPa,该值大于钢筋抗拉强度设计值 $f_{sd} = 330$MPa,取 $f'_{sd} = 330$MPa;HRB500级钢筋 $f'_{sd} = 0.002 \times 2.0 \times 10^5 = 400$MPa,该值小于钢筋抗拉强度设计值 $f_{sd} = 415$MPa,取 $f'_{sd} = 400$MPa;抗拉强度标准值 $f_{pk} = 1 860$MPa的钢绞线,其设计值 $f'_{pd} = 0.002 \times 1.95 \times 10^5 = 390$MPa,该值小于抗拉强度设计值 $f_{pd} = 1 260$MPa,取 $f'_{pd} = 390$MPa。

本次修订补充了强度级别为1 960MPa和直径为21.6mm的钢绞线。当用作预应力配筋时,应注意其与锚夹具的匹配,经检验并确认锚夹具及工艺可靠后方可在工程中应用。

根据相关试验研究,限定了受剪、受扭、受冲切箍筋的抗拉强度设计值,但用作套箍约束混凝土的间接配筋(如连续螺旋箍筋或封闭焊接箍筋)时,其抗拉强度设计值可不受此限制,高强钢筋的优势可以得到充分发挥。

4 结构设计基本规定

4.1 一般规定

4.1.1 承载能力极限状态包括构件和连接的强度破坏、结构或构件丧失稳定及结构倾覆。正常使用极限状态包括影响结构、构件正常使用的开裂、变形。

4.1.2 为有效保证桥涵结构的安全耐久,本次修编补充了有关结构设计的基本要求,结构设计的内容应考虑整个结构体系和单个构件两个层次,包括结构方案、受力分析、截面设计、连接构造、耐久性及工程的特殊性能设计等。

4.1.3 标准化跨径按《公路桥涵设计通用规范》(JTG D60—2015)的规定,取 0.75m、1.0m、1.25m、1.5m、2.0m、2.5m、3.0m、4.0m、5.0m、6.0m、8.0m、10m、13m、16m、20m、25m、30m、35m、40m、45m、50m。

4.1.4、4.1.5 混凝土梁桥分为装配式结构和现浇结构两大类。各种结构的跨径限值根据标准化跨径在原规范基础进行了适当细化。

4.1.7 混凝土桥梁在施工过程中存在体系转换,一般采用增量叠加法(分阶段计算结构的变形、内力和应力增量,逐阶段累加)计算作用效应。混凝土收缩徐变效应,需考虑超静定结构的内力重分布和钢筋约束混凝土引起的应力重分布,由施工阶段混凝土结构的初始内力、初始龄期和施工时段,按本规范附录 C 的混凝土收缩徐变函数计算。

混凝土桥梁的空间效应主要为剪力滞效应、汽车荷载的横向分布效应和箱梁的薄壁效应。空间效应的分析方法主要为杆系模型 + 简化参数分析方法、附录 A 的实用精细化分析模型和实体单元模型。其中,杆系模型 + 简化参数分析方法应用最为广泛,剪力滞效应通过翼缘有效宽度考虑(详见本规范第 4.3 节),汽车荷载的横向分布和箱梁薄壁效应通过偏载增大系数考虑。箱梁的偏载增大系数一般采用 1.15,装配式主梁近似采用荷载横向分布系数算法计算。弯、宽、斜及变宽或分岔等形体复杂混凝土桥梁的边界条件,与荷载横向分布系数算法的假定条件不符,结构分析不应盲目套用简化参数,应采用精细化的有限元模型。

采用本规范附录 A"桥梁结构的实用精细化分析模型",较实体单元模型,省去了按积分法则由应力得到内力的过程,可直接得到结构的内力,进而进行强度验算。

4.1.8 自 2007 年,内蒙古包头、天津、浙江上虞、黑龙江哈尔滨和广东河源相继发生箱梁匝道桥体横桥向倾覆失稳直至垮塌的事故案例。事故桥梁的基本特征(图 4-1)为:上部结构采用整体式箱梁;结构体系为连续梁,上部结构由单向受压支座支承;桥台或过渡墩采用双支座或三支座,跨中桥墩全部或部分采用单支座。

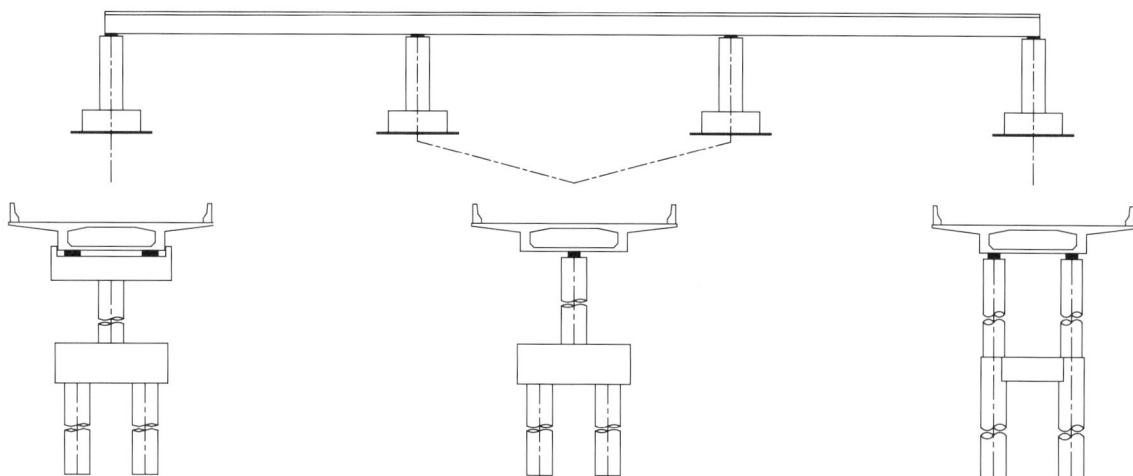

图 4-1　事故桥梁的典型形式

事故桥梁的破坏过程表现为,单向受压支座脱离正常受压状态,上部结构的支承体系不再提供有效约束,上部结构扭转变形趋于发散、横向失稳垮塌,支座、下部结构连带损坏,如图 4-2 所示。按照现行《工程结构可靠性设计统一标准》(GB 50153)的规定,这类破坏属于承载能力极限状态范畴。

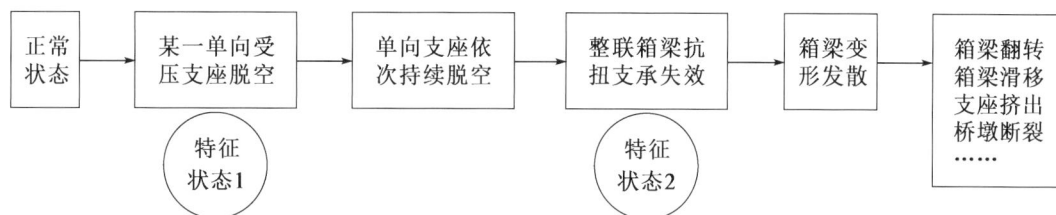

图 4-2　典型破坏过程

倾覆过程存在 2 个明确特征状态:在特征状态 1,箱梁的单向受压支座开始脱离受压;在特征状态 2,箱梁的抗扭支承全部失效。参考国内外相关规范,采用这 2 个特征状态作为抗倾覆验算工况:

(1) 针对特征状态 1,作用基本组合下,箱梁桥的单向受压支座处于受压状态。

(2) 箱梁桥同一桥墩的一对双支座构成一个抗扭支承,起到对扭矩和扭转变形的双重约束;当双支座中一个支座竖向力变为零、失效后,另一个有效支座仅起到对扭矩的约束,失去对扭转变形的约束;当箱梁的抗扭支承全部失效时,箱梁处于受力平衡或扭转变形失效的极限状态,即达到特征状态 2,如图 4-3c)所示。对特征状态 2,参考挡土墙、刚性基础的横向倾覆验算,采用"稳定作用效应≥稳定性系数×失稳作用效应"的表达式。

箱梁桥处于特征状态 2 时,各个桥墩都存在一个有效支座,如图 4-4 所示。稳定效应和失稳效应按照失效支座对有效支座的力矩计算:

a) 处于正常状态时，全部支座处于有效状态

b) 处于特征状态1时，支座1-1失效，支座1-2仅约束扭矩

c) 处于特征状态2时，支座1-1、3-1和5-1失效，有效支座不能约束箱梁的扭转变形

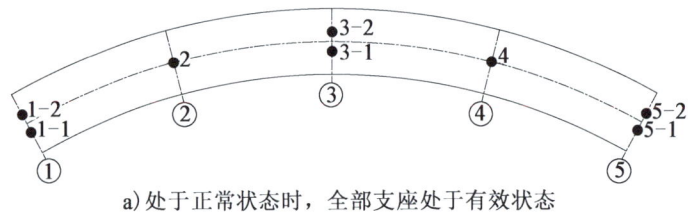

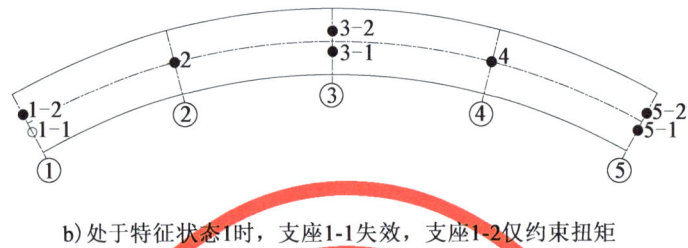

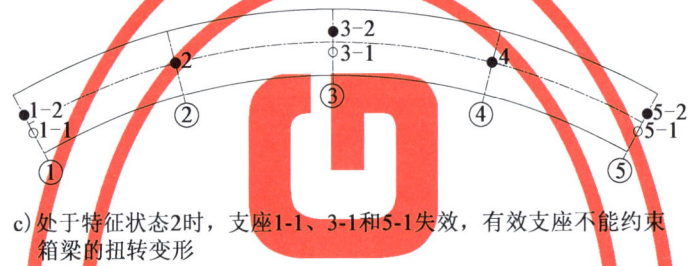

图 4-3   箱梁桥达到特征状态 2 的过程示意

●—有效支座；○—失效支座

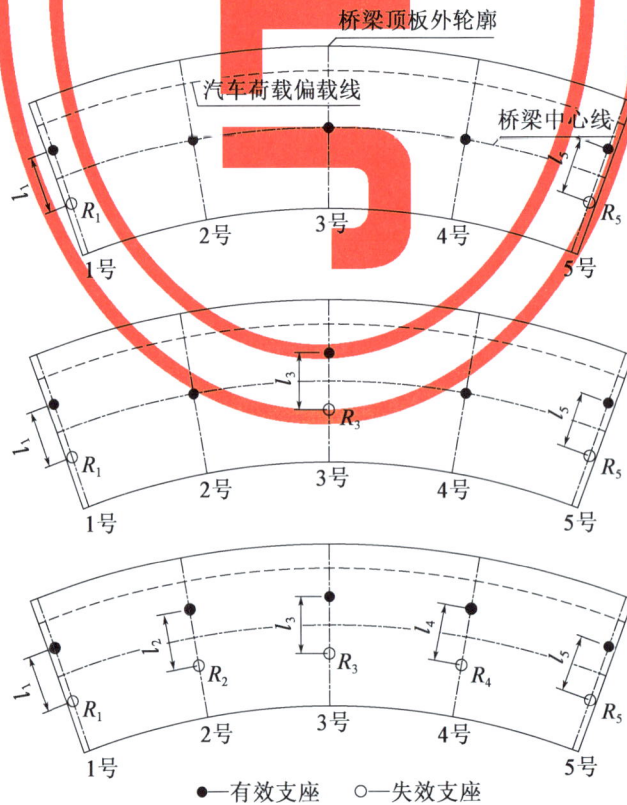

图 4-4   特征状态 2 时的有效支座示意

稳定效应 $\qquad\qquad \sum S_{\mathrm{bk,i}} = \sum R_{\mathrm{Gki}} l_i$ (4-1)

失稳效应 $\qquad\qquad \sum S_{\mathrm{sk,i}} = \sum R_{\mathrm{Qki}} l_i$ (4-2)

式中：l_i——第 i 个桥墩处失效支座与有效支座的支座中心间距；

$\quad\quad R_{\mathrm{Gki}}$——在永久作用下，第 i 个桥墩处失效支座的支反力，按全部支座有效的支承体系计算确定，按标准值组合取值；

$\quad\quad R_{\mathrm{Qki}}$——在可变作用下，第 i 个桥墩处失效支座的支反力，按全部支座有效的支承体系计算确定，按标准值组合取值，汽车荷载效应（考虑冲击）按各失效支座对应的最不利布置形式取值。

综合考虑该简化分析方法的偏差系数和实际车辆密集排布情况下汽车荷载效应的放大系数，确定横向抗倾覆稳定性系数为 2.50。

某 4×20m 箱梁桥的曲线半径为 400m，支座布置如图 4-3 所示，抗倾覆验算结果如表 4-1 所示。

4.1.9 自 20 世纪 80 年代以来，国际工程界倡导将混凝土结构划分为 B 区和 D 区：B 区指截面应变符合平截面假定的区域，按"梁式体系"计算；D 区，即应力扰动区，指截面应变分布不符合平截面假定的区域，一般位于集中力作用点附近或几何尺寸发生突变的部位。混凝土桥梁的典型应力扰动区如图 4-5 所示。

表 4-1 箱梁桥抗倾覆验算示例

项　目		支座编号							
		1−1	1−2	2	3−1	3−2	4	5−1	5−2
l_i(m)		4	0	0	4	0	0	4	0
支座竖向力 kN	R_{Gki}（永久作用标准值效应）	657	699	3 886	1 608	1 611	3 886	657	699
	$R_{\mathrm{Qki,11}}$（失效支座对应最不利汽车荷载的标准值效应）	−335	456	1 030	−245	508	260	−57	273
	$R_{\mathrm{Qki,31}}$	−229	515	1 068	−494	618	462	−119	314
	$R_{\mathrm{Qki,51}}$	−58	274	266	−247	503	1 031	−335	456
特征状态 1 验算	$1.0\,R_{\mathrm{Gki}} + 1.4\,R_{\mathrm{Qki,11}}$	188	1 337	5 328	1 265	2 322	4 250	577	1 081
	$1.0\,R_{\mathrm{Gki}} + 1.4\,R_{\mathrm{Qki,31}}$	336	1 420	5 381	917	2 476	4 533	490	1 138
	$1.0\,R_{\mathrm{Gki}} + 1.4\,R_{\mathrm{Qki,51}}$	576	1 082	4 259	1 262	2 315	5 330	188	1 337
	验算结论	满足要求							
特征状态 2 验算	稳定效应 $\sum R_{\mathrm{Gki}} l_i$(kN·m)	2 628	0	0	6 433	0	0	2 628	0
	失稳效应（kN·m） $\sum R_{\mathrm{Qki,11}} l_i$	1 340	0	0	980	0	0	228	0
	$\sum R_{\mathrm{Qki,31}} l_i$	916	0	0	1 976	0	0	476	0
	$\sum R_{\mathrm{Qki,51}} l_i$	232	0	0	988	0	0	1 340	0
	稳定性系数	$\sum R_{\mathrm{Gki}} l_i / \sum R_{\mathrm{Qki,11}} l_i$	4.59	$\sum R_{\mathrm{Gki}} l_i / \sum R_{\mathrm{Qki,31}} l_i$	3.47	$\sum R_{\mathrm{Gki}} l_i / \sum R_{\mathrm{Qki,51}} l_i$	4.57		
	验算结论	满足要求							

注：支座竖向力以向下为正，向上为负。

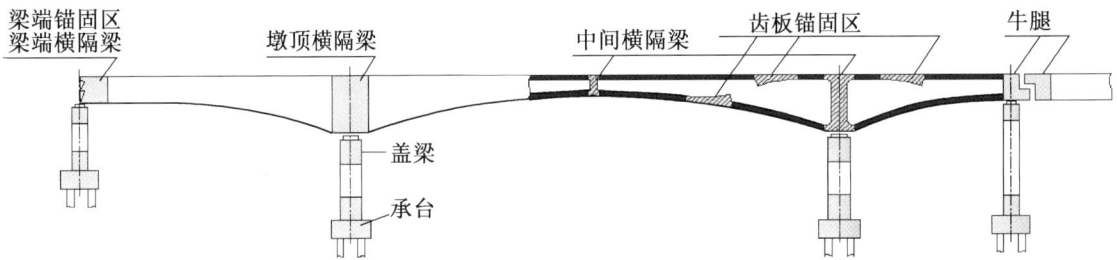

图 4-5　混凝土梁桥中的典型应力扰动区

应力扰动区常用的设计方法包括拉压杆模型方法、实体有限元模型方法或特殊受力情形简化公式方法:

(1) 拉压杆模型方法是基于连续体内传力路径的简化受力分析方法,已写入了美国规范 *AASHTO LRFD Bridge Design Specifications*(以下简称美国 AASHTO LRFD 规范)和欧洲规范 *Eurocode*。原规范在桩基承台的计算中引入了拉压杆模型方法,本次修订进一步把该方法拓展到后张预应力构件的锚固区、支座处横隔梁和墩台盖梁等构件。拉压杆模型方法以塑性下限定理为理论基础,国内外的应力扰动区试验和理论研究表明,拉压杆模型方法能够较好地反映应力扰动区的受力机制,且该方法用于应力扰动区承载力的计算是偏于安全的。

(2) 实体有限元模型方法,指采用弹性、弹塑性实体有限元模型,分析应力扰动区的应力分布,以此进行配筋设计的方法。

(3) 特殊受力情形的简化公式方法,指对典型应力扰动区,利用弹性力学或力流线模型推导出的内力解析公式,以此进行配筋设计的方法。本规范在第 8 章给出了典型应力扰动区的拉力简化计算公式,简化计算得到的拉力等同于拉压杆模型计算得到的拉杆内力。

4.1.10　混凝土结构的耐久性在很大程度上取决于施工质量和结构使用过程中的正确维护与例行检测,因此本条特作相应规定。《公路桥梁施工技术规范》(JTG/T F50—2011)已对施工过程中的质量控制、质量保证进行了详细规定,这里不再重复。

4.2　板的计算

4.2.1　四边支承的板,在均布荷载 q 作用下,长边跨中挠度为 $\Delta_1 = k \dfrac{q_1 l_1^4}{EI}$,短边跨中挠度为 $\Delta_2 = k \dfrac{q_2 l_2^4}{EI}$,以上 k 为系数,视板的支承条件而定,q_1 为长边分配的均布荷载,q_2 为短边分配的均布荷载,l_1 和 l_2 分别为长边和短边计算跨径,EI 为板的抗弯刚度。根据 $\Delta_1 = \Delta_2$,$q = q_1 + q_2$ 条件,可得:$q_1 = \dfrac{l_2^4}{l_1^4 + l_2^4}q$,$q_2 = \dfrac{l_1^4}{l_1^4 + l_2^4}q$;当 $\dfrac{l_1}{l_2} \geqslant 2$ 时,$q_1 \leqslant \dfrac{1}{16}q_2$,可见长边跨分配的荷载小于短边跨分配的荷载。如果以弯矩来比较,长跨弯矩与短跨弯矩之比为:

$$(M_1/M_2) = \frac{k'q_1 l_1^2}{k'q_2 l_2^2} = \frac{[l_2^4/(l_1^4 + l_2^4)]q}{[l_1^4/(l_1^4 + l_2^4)]q} \times \frac{l_1^2}{l_2^2} = \left(\frac{l_2}{l_1}\right)^2$$

当 $\frac{l_1}{l_2} \geq 2$ 时，$M_1 \leq \frac{1}{4}M_2$，以上 k' 为系数，视板的支承条件而定。因此，当 $\frac{l_1}{l_2} \geq 2$ 时，可以按长边作为支承，短边作为跨径，按单向板计算。如果 $\frac{l_1}{l_2} < 2$，则应按弹性力学方法分配荷载。《美国公路桥设计规范 *AASHTO* 14 版，1989》（以下简称《美国规范 *AASHTO* 14 版》）3.24.6，对于荷载分配的简化方法是：均布荷载 $q_2 = \frac{l_1^4}{l_1^4 + l_2^4}q$，集中荷载 $P_2 = \frac{l_1^3}{l_1^3 + l_2^3}P$（$q_2$ 和 P_2 为短边跨径所分配的均布荷载和集中荷载，q 为板上均布荷载，P 为板上集中荷载）。该规范还规定当 $\frac{l_1}{l_2} \geq 1.5$ 时，短边跨径作为单向板计算，其 $\frac{l_1}{l_2}$ 的限值较本规范为小。

4.2.2 由于支承点并非完全固结，弯矩计算跨径取净跨径加板厚，但不大于支承点中距。

与梁肋整体连接的板，支点截面偏安全地按固端考虑，其弯矩为：

$$M = -\frac{1}{12}ql^2 = -\frac{2}{3} \times \frac{1}{8}ql^2 = -0.67M_0 \approx -0.7M_0 \qquad (4\text{-}3)$$

式中：q——板单位长度上的均布荷载；

　　　l——板的计算跨径；

　　M_0——简支板跨中弯矩。

跨中截面的弯矩偏安全地按板的支承为弹性半固结考虑，其值为：

$$M = +\frac{1}{16}ql^2 = +\frac{1}{2} \times \frac{1}{8}ql^2 = +0.5M_0 \qquad (4\text{-}4)$$

当板厚与梁肋的高度比值不小于1/4时，支承构件对板的约束减小，跨中弯矩取 $+0.7M_0$。

4.2.3 垂直于板跨径方向的分布宽度，当车轮荷载位于板的跨径中部时，一般以车轮着地并通过铺装层扩散后再加一个计算跨径分数值的形式来表达，本条规定为通过铺装层扩散后再加一个1/3计算跨径。根据弹性理论，车轮荷载在跨中部位分布宽度一般为0.6~0.7倍计算跨径，故规定不小于2/3计算跨径。

箱梁顶板一般按照图4-6所示计算轮载的分布宽度。

4.2.4 根据奥尔森(Olsen)提出的试验数据，斜交板桥按正交板桥的计算条件如表4-2。整体式斜板桥在编号2和3内，当 $\phi < 15°$ 时可用正交桥计算，计算跨径按本条规定取用。装配式斜板桥为横向铰接，其单块预制板是跨宽比很大的窄板，相邻铰接板之间仅考虑传递剪力，属于编号1内类型，故凡斜交角 $\phi \leq 40°$ 的装配式斜板桥均可按计算跨径为斜跨的正交板桥计算；另据《公路桥梁设计手册》(1978)所载，当 $l > 1.25b'$（b' 为斜板支承边宽）、$\phi < 45°$时，斜板桥可按跨径为斜跨的正交桥计算。

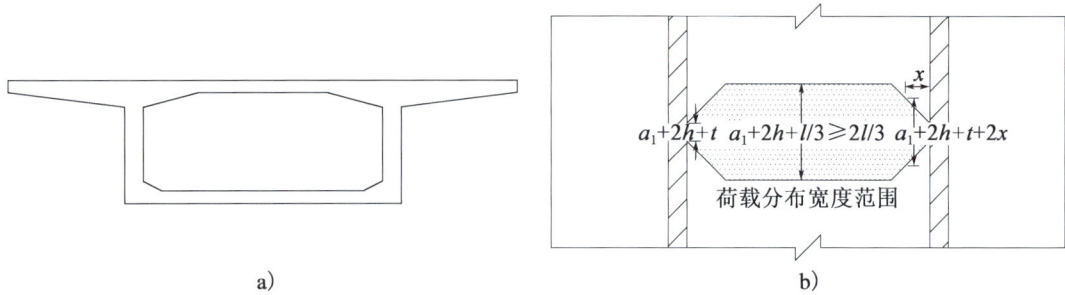

a)

b)

图4-6　轮载分布宽度计算示意

表4-2　斜板桥按正交板桥计算条件

编号	斜跨 l／板宽 b	斜交角 ϕ	计算跨径	主钢筋配置
1	≥1.3	≤40°	斜跨	平行于斜跨
2	1.3～0.7	<15°	正跨	中间部分垂直于墩台长度方向，边缘部分平行于斜跨
		15°<ϕ<40°	1/2（斜跨＋正跨）	
3	<0.7	<40°	正跨	垂直于墩台长度方向

注：斜跨指顺桥轴线的跨径，正跨指墩（台）间垂直距离，计算宽度为垂直于桥纵轴线的板宽 b。

4.2.5　本条车轮荷载分布适用于 l_c 值不大于2.5m 情况。当悬臂板 l_c 值大于2.5m 时，可采用沙柯公式计算悬臂根部单位宽度的负弯矩 m_x：

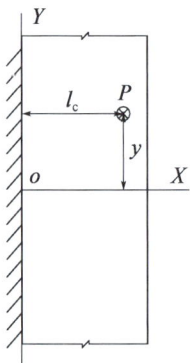

$$m_x = f(o, y) = -\frac{P}{\pi}A' \frac{1}{ch\left(\frac{A'y}{a_0} \middle/ \frac{l_c}{a_0}\right)} \qquad (4-5)$$

式中：P——集中荷载；

l_c——荷载沿 x 轴的作用位置；

a_0——悬臂跨径；

x, y——平面坐标系（图4-7）；

图4-7　m_x 计算示意　　A'——相关参数，按表4-3取值。

表4-3　参数 A' 的取值

荷载位置（l_c/a_0）	0.25	0.50	0.75	1.00
A'	1.07	1.17	1.30	1.53

注：荷载位置与表中数值不同时，可采用直线内插求解 A' 值。

式(4-5)计算值一般为式(4.2.5)计算值的1.15～1.30倍。此外，在车轮荷载作用点的下方，还会出现正弯矩情况，因此尚应考虑正弯矩配筋。

4.2.6　试验表明，当 $\tan\alpha > 1/3$ 时，应力流仍集中在 $\tan\alpha = 1/3$ 范围以内，承托的一部

分不起作用,因此板的计算高度 h_e ,当 $\tan\alpha > 1/3$ 时只能按 $\tan\alpha = 1/3$ 考虑。

4.3 梁的计算

4.3.1 超静定结构的作用效应与构件的抗弯刚度 E_cI 有关。由于混凝土反复承受作用, E_c 值有所减小;对于允许开裂的构件, I 值也有所减小。在以往超静定结构作用效应分析中,由于假设截面时尚无配筋数量,钢筋混凝土超静定结构的 E_cI 值,按 1975 年《公路桥梁设计规范》第 4.4 条乘以 1/1.5。现参考铁路方面有关钢筋混凝土超静定结构计算结构变形的规定,改为乘以 0.8。至于不允许开裂的预应力混凝土构件,以往设计中 E_cI 值不打折扣,但由于假设截面时尚无配筋数量,故不计预应力钢筋截面, I 值采用混凝土毛截面惯性矩,现仍按此方法计算。本条仅适用于作用效应分析,不适用于正常使用极限状态的挠度计算。

4.3.2 美国规范 AASHTO LRFD1994 版 4.6.2.6.1 规定,梁的翼缘有效宽度用于两种极限状态;而《英国混凝土桥设计规范 BS5400,1984》(以下简称《英国规范 BS5400》) 5.3.1.2 则规定,承载能力极限状态计算应采用截面全宽。本规范规定翼缘有效宽度用于两种极限状态,其理由是当梁内钢筋达到屈服点时,混凝土由于剪滞效应将首先在梁的有效宽度内破坏,此时偏安全地可认为已处于承载能力极限状态。对于预应力混凝土构件张拉时的应力计算,参照《德国混凝土桥设计规范 DIN1075》(以下简称《德国规范 DIN1075》)第 5.1.3.2 条规定,预加力作为轴向力产生的应力可按实际翼缘全宽计算;这是考虑有效宽度仅适用于受弯构件,轴向力产生的应力应按全宽计算。

4.3.3 T 形、I 形截面梁受弯时,在横桥向由于剪滞效应,贴近腹板的翼缘法向应力与腹板的法向应力相同,离腹板愈远则愈小(图 4-8)。这种在同一纤维层上沿翼缘宽度变化的法向应力,需用高等材料力学方法求解,可参阅程翔云编著《梁桥理论与计算》(以下简称《梁桥》)第六章。为了在计算中应用初等材料力学方法求解,采用了翼缘有效宽度或称翼缘计算宽度方法,即令翼缘有效宽度内的法向应力体积等于原翼缘全宽的法向应力体积,并按有效宽度内的翼缘任一纤维层的法向应力值与同一纤维层的腹板内的应力值相同,来确定翼缘有效宽度。如图 4-8 所示,设翼缘有效宽度为 b_f' ,在任一纤维层上,腹板两侧有效宽度所包括的虚线所示的等代法向应力面积应等于实线所示的实际法向应力的面积, λ_x (图 4-8)计算式(参阅铁摩辛柯著《高等材料力学》)为:

$$2\lambda_x = \frac{4l}{\pi(1+v)(3-v)} \tag{4-6}$$

式中: v ——梁材料泊松比,取 0.2;

   l ——梁计算跨径。

按上式计算, $2\lambda_x = 0.379l$ 。为偏安全计,简支梁有效宽度 b_f' 包括腹板在内取 $l/3$;连续梁取 $l/3$ 反弯点间距。连续梁各中间跨正弯矩区段反弯点间距取 0.6 l ,有效宽度为0.6 ×

$l/3 = 0.2l$；连续梁边跨正弯矩区段反弯点间距取 $0.8l$，有效宽度为 $0.8 \times l/3 = 0.27l$；连续梁各中间支点负弯矩区段反弯点间距取该支点相邻两跨计算跨径之和 $(l_i + l_{i+1})$ 的 0.2 倍，有效宽度取 $0.2 \times 1/3 \times (l_i + l_{i+1}) = 0.07(l_i + l_{i+1})$。

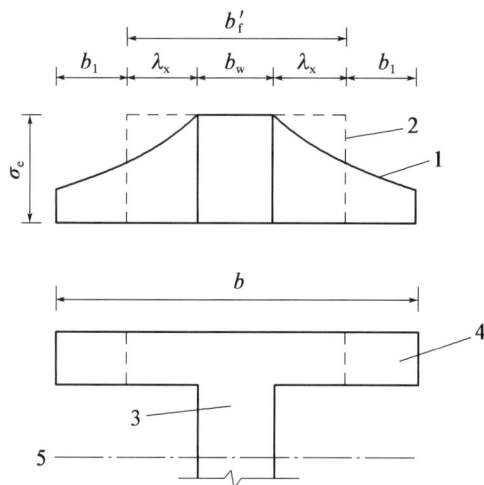

图 4-8　T 形截面梁应力示意

1-实际法向应力；2-等代法向应力；3-腹板；4-翼缘；5-中性轴；σ_e-等代法向应力

翼缘有效宽度的另一控制条件为腹板每侧计入 $5 \sim 8$ 倍悬臂板厚作为翼缘有效厚度。这与翼缘抗剪强度有关。

如图 4-8 所示，在有效宽度 b'_f 内（虚线）和原全宽 b 内（实线），两翼缘和腹板内的法向应力体积是相等的，因此，无论采用有效宽度及等代法向应力，或采用全宽度及实际法向应力，在正常使用极限状态（弹性状态）两者应是同一中性轴。所以当用有效宽度截面计算等代法向应力时，中性轴理应取用原全宽截面的中性轴。此项讨论详见《梁桥》第六章。公路上钢筋混凝土 T 形截面梁在设计时多数采用全宽；箱形截面梁（见本规范第4.3.4 条）则两中性轴位置相差不大。据此，本规范不作硬性规定。

4.3.4　箱形截面梁的翼缘有效宽度问题，其原理与 T 形截面梁一样。箱形截面梁翼缘有效宽度，目前比较通用的是《德国规范 DIN1075》推荐的方法。这个方法已为《德国钢桥设计规范 DIN1073》、《美国规范 AASHTO LRFD》所采用。《梁桥》第七章也介绍了这个方法。本规范也采用这个方法。

为了探讨《德国规范 DIN1075》关于箱形截面梁翼缘有效宽度的计算方法，原规范编制时，编制组委托湖南大学土木系对该方法进行实桥验算，湖南大学土木系对国内 20 座箱形截面连续梁和连续刚构桥，分别用下列步骤进行比较、验证：（1）空间有限元方法计算箱形截面梁因剪滞效应产生的顶、底板截面的法向应力及其峰值；（2）《德国规范 DIN1075》方法确定有效宽度，从而用初等材料力学方法求得梁的顶、底板截面的等代法向应力，此项应力相当于箱形截面梁因剪滞效应产生的在梁的顶、底板截面的法向应力峰值，以此与空间有限元方法计算的梁的顶、底板截面的法向应力峰值比较，来检验《德国规范 DIN1075》方法的合理性和精度;(3)平面有限元方法(初等材料力学方法)求梁的顶、底板截面平均应力 $\bar{\sigma}$;(4)求剪滞系数 $\lambda = \sigma_{max}/\bar{\sigma}$,$\sigma_{max}$ 自(1)或(2)中得出,$\bar{\sigma}$ 自(3)得出,这样从 λ =(1)/(3)与 λ =(2)/(3)可以对比《德国规范 DIN1075》方法的合理性和精度。20 座桥各项计算结果如表4-4 和表4-5 所示。

表 4-4　剪滞系数 λ 平均值比较表

(a)边跨跨内最大应力截面法向应力					
上翼缘			下翼缘		
(1)/(3)	(2)/(3)	(2′)/(3)	(1)/(3)	(2)/(3)	(2′)/(3)
1.006	1.023	1.024	1.049	1.023	1.023
(b)中点支点截面法向应力					
上翼缘			下翼缘		
(1)/(3)	(2)/(3)	(2′)/(3)	(1)/(3)	(2)/(3)	(2′)/(3)
1.217	1.329	1.266	1.348	1.327	1.291
(c)中间跨跨内最大应力截面法向应力					
上翼缘			下翼缘		
(1)/(3)	(2)/(3)	(2′)/(3)	(1)/(3)	(2)/(3)	(2′)/(3)
0.990	1.024	1.023	1.021	1.024	1.023

表 4-5　法向应力峰值平均值比较表

边跨内最大应力截面				中　间　支　点				中　间　跨			
上翼缘		下翼缘		上翼缘		下翼缘		上翼缘		下翼缘	
(1)/(2)	(1)/(2′)	(1)/(2)	(1)/(2′)	(1)/(2)	(1)/(2′)	(1)/(2)	(1)/(2′)	(1)/(2)	(1)/(2′)	(1)/(2)	(1)/(2′)
0.983	0.983	1.025	1.025	0.918	0.964	1.026	1.055	0.966	0.967	0.948	0.998

在表 4-4 中,(1)/(3)与(2)/(3)或(2′)/(3)对比,说明剪滞系数 λ 用空间有限元法(1)/(3)与用《德国规范 DIN1075》法(2)/(3)或(2′)/(3),都比较接近。在表 4-5 中,(1)/(2)或(1)/(2′)均接近于 1,说明用空间有限元法计算的应力峰值与用《德国规范 DIN1075》法计算的等代法向应力(相当于峰值)比较接近;(1)/(2)或(1)/(2′)小于 1 表示《德国规范 DIN1075》法计算的等代应力较空间有限元方法计算的应力峰值偏大,大于 1 表示偏小,但总的来看,偏差均在 5% 以内。在表 4-4 及表 4-5 中,(2)与(2′)不同处仅为(2)内用全宽度截面中性轴,而(2′)内用有效宽度截面中性轴;用(2)或(2′)求得的(2)/(3)与(2′)/(3)、(1)/(2)或(1)/(2′),都很为接近,说明在实际计算中,对于箱梁截面而言,中性轴位置的取用(见第 4.3.3 条说明),对计算结果影响不大。

在表 4-4、表 4-5 两表中:

(1)——空间有限元方法法向应力峰值。

(2)——《德国规范 DIN1075》方法采用有效宽度时的等代法向应力,相当于应力峰值;计算法向应力时,采用全宽度截面的中性轴。

（2′）——《德国规范 DIN1075》方法采用有效宽度时的等代法向应力，相当于应力峰值；计算法向应力时，采用有效宽度截面的中性轴。

（3）——平面有限元方法计算的上翼缘、下翼缘截面的法向应力（平均值）。

连续梁中间支点理论跨径 l_i，《德国规范 DIN1075》规定取用两相邻跨径中较大者，经验算，采用此项规定与按空间有限元计算偏差较大。经改以取用 0.15、0.16、0.18、0.20、0.25、0.30、0.35 倍的两相邻跨径之和验算，以 0.18 倍和 0.20 倍较为接近于空间有限元计算，所以取用了 0.20 倍两相邻跨径之和。以上各表内中间支点的有关数据也是以 0.20 倍两相邻跨径之和作为理论跨径 l_i 计算得到的。这项修正是对《德国规范 DIN1075》方法的唯一修正。

本次规范修编时，对比分析了美国规范《AASHTO LRFD 2007 版》、《德国规范 DIN1075》、《英国规范 BS5400》等有关于箱梁有效分布宽度的规定和说明。选取 8 个不同截面和结构形式的箱梁桥，分别按照原规范第 4.2.3 条规定进行计算分析，对其合理性和精度做了进一步考证。结果表明：原规范对于跨中有效分布宽度的规定与实体有限元法计算的较为接近，但近支座处的误差会随着单个箱室宽跨比增大而增大；对于单个箱室宽跨比不大的单箱多室梁，规范的有效分布宽度算法的适应性较好。

本次规范修订，增加了关于 ρ_s、ρ_f 的拟合函数式（4.3.4-2）和式（4.3.4-4），替换原规范中的 ρ_s、ρ_f 曲线图（图4-9）。这两个公式来源于张树仁等编著《钢筋混凝土及预应力混凝土桥梁结构设计原理》第 3 章。经验证，拟合函数式（4.3.4-2）和式（4.3.4-4）与图4-9 符合较好，便于使用。

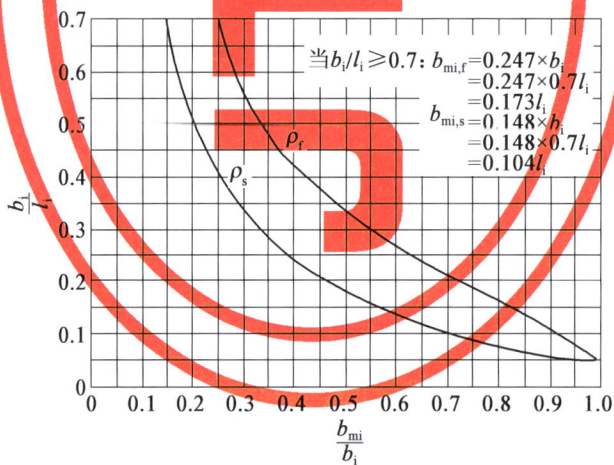

当 $b_i/l_i \geqslant 0.7$ 时：$b_{mi,f} = 0.247 \times b_i$
$= 0.247 \times 0.7 l_i$
$= 0.173 l_i$
$b_{mi,s} = 0.148 \times b_i$
$= 0.148 \times 0.7 l_i$
$= 0.104 l_i$

图 4-9 ρ_s、ρ_f 曲线图

注：1. $b_{mi,f}$ 为简支梁和连续梁各跨中梁段、悬臂梁中间跨的中部梁段，$b_i/l_i \geqslant 0.7$ 时翼缘的有效宽度。

2. $b_{mi,s}$ 为简支梁支点、连续梁边支点和中间支点、悬臂梁悬臂段，$b_i/l_i \geqslant 0.7$ 时翼缘的有效宽度。

4.3.5 连续梁中间支承处负弯矩图，理论上呈尖形，但实际上支承处有一定的支承宽度，支承处又设有横隔梁，支承反力在梁内有扩散分布，真实弯矩图呈圆滑的曲线形。假定支承反力按45°刚性角分布到梁的重心轴，重心轴上分布长度为 a，其单位荷载强度为 q（$=R/a$），由此产生一折减弯矩 $M' = qa^2/8$。将理论弯矩 M 减去 M'，即得折减后弯矩 M_e。

考虑到高梁可能折减过多,故规定 M' 不大于 M 的 10%。

4.3.6 连续梁作用效应与惯性矩的变化相关,但对于在沿跨长惯性矩变化较小包括承托高度、底坡均较小的梁,也可按常截面梁来计算作用效应。不考虑惯性矩变化对作用效应影响的限值,以支点惯性矩与跨中惯性矩之比不大于 2 较为适宜。

4.3.7 连续梁支点处设有横隔梁,使连续梁在该处截面发生急剧变化,这将使作用效应计算复杂化。为实用方便计,可不计横隔梁的影响。

4.3.8 连续梁应考虑梯度温差、基础不均匀沉降的作用,其他超静定结构尚应考虑均匀温差、混凝土收缩等作用。

对于预应力混凝土连续梁或其他超静定结构,尚应考虑由于预加力引起的弹性变形受到约束而产生的次效应:预加力对梁体产生偏心弯矩,这个偏心弯矩相当于一个外力,对梁支点产生次反力,次反力又引起次剪力和次弯矩,总的称为次效应。在《桥规 JTJ 023—85》第 3.4.7 条内规定在塑性阶段(相当于承载能力极限状态)可不计由预加力引起的次效应,现在考虑到在承载能力极限状态塑性铰尚未完全形成,所以在该状态时由预加力引起的次效应,应予以考虑。至于混凝土徐变对上述各项作用的影响,一般在定性上较多起卸载作用,可在规范有明确规定或具有可靠的计算方法条件下(如预应力损失、体系转换)予以考虑。

对于施工过程中不转换体系的预应力混凝土连续梁,在预加力瞬时损失完成后,尚有钢筋松弛、混凝土收缩和徐变的预应力损失在持续进行直至完成,从而次效应受到影响。要计算上述影响是个复杂的问题,反映上述各因素对次效应影响的概括的简化方法如下:徐变完成后,由预加力引起的总次效应(包括弹性变形和徐变),由预加应力时引起的弹性变形次效应乘以预应力钢筋张拉力的平均有效系数 C 求得。平均有效系数按式(4-7)计算:

$$C = P_e / P_i \tag{4-7}$$

式中:P_e——预应力损失全部完成后,预应力钢筋平均张拉力;

P_i——预应力瞬时(第一批)损失完成后,预应力钢筋平均张拉力。

预应力混凝土连续梁在施工中如转换体系,且转换后为超静定体系,就要考虑混凝土徐变的次效应。这项计算较为复杂,在一定条件下的简化方法如下:

(1)假定简支梁或悬臂梁的浇筑、预制、架设和转换为连续梁都在同一时间 τ 进行和完成。从 τ 时开始,混凝土徐变将受多余约束的制约,从而引起多余约束力的变化和结构内作用效应的变化。

(2)设先期结构受结构自重作用引起弯矩为 M_{1g}。先期结构上的自重,假如按作用于后期结构计算,其弯矩为 M_{2g}。设 τ 时将先期结构转换为后期结构,随着时间的增长,由于徐变的影响,M_{1g} 逐渐向 M_{2g} 接近,至 t 时达到 M_{gt}。

在后期结构上某一点设一铰作为基本结构(图 4-10),在该点上作用未知力 M_{gt},则在基本结构设铰处，$\mathrm{d}t$ 瞬间内由自重引起的徐变增量为 $\Delta_\mathrm{g}\mathrm{d}\phi_\mathrm{t}$。

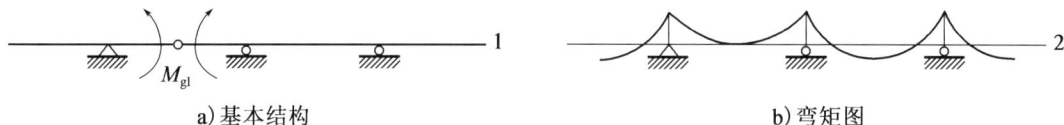

a）基本结构 b）弯矩图

图 4-10 体系转换时作用（荷载）效应重分布

在基本结构中，$\mathrm{d}t$ 瞬间内由于约束效应增量 $\mathrm{d}M_\mathrm{gt}$ 引起的弹性变形增量为 $\mathrm{d}M_\mathrm{gt}\cdot\delta$。

在基本结构中，$\mathrm{d}t$ 瞬间内由于 M_gt 引起的徐变增量为 $M_\mathrm{gt}\cdot\delta\cdot\mathrm{d}\phi_\mathrm{t}$。

$\mathrm{d}t$ 瞬间在基本结构设铰处的变形协调条件为：上述变形增量之和应等于零，即：

$$\mathrm{d}M_\mathrm{gt}\cdot\delta + M_\mathrm{gt}\cdot\delta\cdot\mathrm{d}\phi_\mathrm{t} + \Delta_\mathrm{g}\cdot\mathrm{d}\phi_\mathrm{t} = 0 \tag{4-8}$$

$$\frac{\mathrm{d}M_\mathrm{gt}}{\mathrm{d}\phi_\mathrm{t}} + M_\mathrm{gt} = -\frac{\Delta_\mathrm{g}}{\delta} = M_\mathrm{2g} \tag{4-9}$$

式中：Δ_g——基本结构受自重作用时，在设铰处引起的弹性变形（角度）；

δ——基本结构设铰处作用单位弯矩，在设铰处引起的弹性变形（角度）。

解式（4-9）得：

$$M_\mathrm{gt} = e^{-\phi_t}(M_\mathrm{2g}\cdot e^{\phi_t} + c) \tag{4-10}$$

利用初始条件，当 $t = \tau$ 时，$M_\mathrm{gt} = M_\mathrm{1g}$，代入式（4-10），求得 c：

$$c = -(M_\mathrm{2g} - M_\mathrm{1g})e^{\phi_t}$$

将 c 值代入式（4-10），得：

$$M_\mathrm{gt} = e^{-\phi_t}\left[M_\mathrm{2g}\cdot e^{\phi_t} - (M_\mathrm{2g} - M_\mathrm{1g})\cdot e^{\phi\tau}\right] = M_\mathrm{2g} - (M_\mathrm{2g} - M_\mathrm{1g})\cdot e^{-\phi_{(t,\tau)}} \tag{4-11}$$

或 $\quad M_\mathrm{gt} = M_\mathrm{2g} + M_\mathrm{1g} - M_\mathrm{1g} - (M_\mathrm{2g} - M_\mathrm{1g})\cdot e^{-\phi_{(t,\tau)}}$

$$= M_\mathrm{1g} + (M_\mathrm{2g} - M_\mathrm{1g})\cdot(1 - e^{-\phi_{(t,\tau)}}) \tag{4-12}$$

（3）式（4-11）、式（4-12）也适用于预加力引起的弯矩重分配计算，只需将 t 时预应力钢筋的有效预加力引起的弯矩，代替由自重引起的弯矩，即以 M_1pt 代 M_1g，M_2pt 代 M_2g：

$$M_\mathrm{pt} = M_\mathrm{1pt} + (M_\mathrm{2pt} - M_\mathrm{1pt})\cdot\left[1 - e^{-\phi_{(t,\tau)}}\right] \tag{4-13}$$

$$M_\mathrm{2pt} = M_\mathrm{2pt}^0 + M_\mathrm{2pt}' \tag{4-14}$$

$$M_\mathrm{1pt} = M_\mathrm{1pt}^0 + M_\mathrm{1pt}' \tag{4-15}$$

$$M_\mathrm{2pt}^0 = M_\mathrm{1pt}^0 \tag{4-16}$$

式中：M_2pt——先期结构预加力（t 时），按后期结构计算的弯矩；

M_1pt——先期结构预加力（t 时），按先期结构计算的弯矩；

$M_\mathrm{1pt}^0 = M_\mathrm{2pt}^0$——预加力初弯矩，在后期结构与先期结构中均相等；

M_2pt'——先期结构预加力，按后期结构计算的弹性次弯矩；

M_1pt'——先期结构预加力，按先期结构计算的弹性次弯矩，当先期结构为静定时，此值为零。

代入式（4-13）得：

$$M_\mathrm{pt} = M_\mathrm{1pt} + (M_\mathrm{2pt}' - M_\mathrm{1pt}')\cdot\left[1 - e^{-\phi_{(t,\tau)}}\right] \tag{4-17}$$

先期结构为静定结构时，$M_\mathrm{1pt}' = 0$，则式（4-17）简化为

$$M_{pt} = M_{1pt}^0 + M_{2pt}'\left[1 - e^{-\phi_{(t,\tau)}}\right] \tag{4-18}$$

在以上公式中，为简支梁加载龄期τ（亦为体系转换龄期）至计算所考虑的时间t的一段时间内的徐变系数。

（4）式(4-12)假定简支梁预制、架设、转换为连续梁是在同一时间τ时进行得出的。如果简支梁的加载龄期与转换为连续梁的时间相隔较长，则先期结构混凝土经历的这段时间的龄期对徐变的影响应加以考虑。若简支梁加载龄期为τ_0，转换成连续梁时间为τ，则式(4-12)可改变为：

$$M_{gt} = M_{1g} + (M_{2g} - M_{1g})(1 - e^{-[\phi_{(t,\tau_0)} - \phi_{(\tau,\tau_0)}]}) \tag{4-19}$$

同理，对于预加力引起的弯矩重分配计算，公式(4-17)可改变为：

$$M_{pt} = M_{1pt} + (M_{2pt}' - M_{1pt}')(1 - e^{-[\phi_{(t,\tau_0)} - \phi_{(\tau,\tau_0)}]}) \tag{4-20}$$

4.3.9 混凝土压应力在$0.3 \sim 0.6$倍混凝土立方强度时，可考虑混凝土应力与徐变成线性关系。通常混凝土压应力不超过立方强度之半，所以可以考虑徐变与应力保持线性关系。

4.3.10 日照辐射，梁体吸热，在截面内升温不一，形成温差梯度，称为正温差。由于日落后梁体反辐射散热，在截面内降温不一，形成温差梯度，称为反温差。无论正温差或反温差，均导致梁体截面发生温差应力。

4.4 拱的计算

4.4.1 目前，拱多按主拱圈裸拱受力计算；在构造细节上，在不导致拱上建筑发生过度约束效应的前提下，两者应具有良好的结合。

根据已建拱桥的技术资料，对车道荷载引起正弯矩效应的折减系数予以修正。

4.4.2 目前，拱轴线的选取方法为：先行假定各项有关拱的参数，然后用数解法算出全拱各点不考虑弹性压缩的自重压力线坐标，以选择相当的拱轴线。这样选择的拱轴线，除拱顶、拱脚与压力线符合外，其他各点也较为均匀，大致符合。

大跨径拱桥宜考虑恒载压力线偏离拱轴线引起荷载效应。

4.4.3 本条参考《公路圬工桥梁设计规范》（JTG D61—2005）（以下简称《圬工规范 JTG D61》）第5.1.3条制定。

4.4.7 验算拱的纵向稳定时采用的竖向荷载，需视验算时所设条件而定。验算拱的纵向稳定的计算长度，取自《圬工规范 JTG D61》第5.1.4条。这项规定在公路桥梁规范上已使用多年。《铁路桥梁技术规范》（TBJ 2-85）（以下简称《TBJ 2-85 规范》）第9.2.10条，拱的纵向稳定计算长度l_0为：

$$l_0 = \pi \sqrt{\frac{8f}{kl}} \cdot l \tag{4-21}$$

式中：l——拱的跨径；

f——拱的矢高；

k——按表 4-6 使用。

表 4-6　k 值 和 l_0 值

拱	$f/l = 0.1$			$f/l = 0.2$			$f/l = 0.3$		
	k	l_0		k	l_0		k	l_0	
无铰拱	60.7	$0.36l$	$0.36l_a$	101.0	$0.39l$	$0.36l_a$	115.0	$0.45l$	$0.37l_a$
双铰拱	28.5	$0.53l$	$0.53l_a$	45.4	$0.59l$	$0.54l_a$	46.5	$0.71l$	$0.58l_a$
三铰拱	22.5	$0.59l$	$0.59l_a$	39.6	$0.62l$	$0.57l_a$	46.5	$0.71l$	$0.58l_a$

注：l_a 为拱轴线长度。

式（4-21）源于《苏联铁路、公路、城市道路桥梁设计技术规范》（CH200－62）第 411 条或 1965 年李国豪主编《桥梁结构与振动》，是按抛物线拱受均布荷载时的临界水平推力公式推导出来的。由于公路拱桥线形多样，荷载也不是均布荷载，所以偏安全地将上述公式用于临界轴向力作用下的纵向稳定验算。根据表 4-6，拱圈纵向稳定计算长度，三铰拱、双铰拱和无铰拱分别取用 $0.58l_a$、$0.54l_a$ 和 $0.36l_a$。这些规定值，自 20 世纪 50 年代以来，一直为砖、石、混凝土拱所采用，1975 年《公路桥梁设计规范》延伸用于钢筋混凝土拱和钢拱。为了验证这些规定值，1975 年《公路桥梁设计规范》第 5.18 条的条文说明用圆弧拱受径向均布荷载下的临界轴向力作了比较，证明可行。上述苏联规范第 206 条和第 411 条，也分别规定式（4-21）适用于钢筋混凝土拱和钢拱的纵向计算长度。

当按本规范表 5.3.1 查取轴心受压构件的稳定系数时，对于变截面的拱圈或拱肋，可采用拱的换算等代截面惯性矩。换算等代截面惯性矩可按下法计算：将半个拱圈取直，为一简支梁，再取一跨径相同的等截面简支梁，在两者跨径中央作用一单位集中荷载，当该点挠度彼此相等时，后者惯性矩即视为该拱的换算等代截面惯性矩。当拱的截面变化不大时，可直接采用跨径 1/4 处的截面惯性矩。

4.4.8 板拱拱圈宽度小于 1/20 拱跨时应验算拱圈横向（平面外）稳定的规定，取自《圬工规范 JTG D61》第 5.1.4 条。这条规定在公路、铁路桥梁上较为通用。目前国内外已建拱桥中，宽跨比较小的有南斯拉夫克尔克 1 号桥，宽跨比 1/30，南斯拉夫另一座舍宾斯基桥，宽跨比 1/32.5，我国铁路也有几座拱桥宽跨比小于 1/20，如丹河桥宽跨比为 1/26.67。换言之，宽跨比为 1/20 及以上时可不验算板拱拱圈横向稳定，实践证明是可行且安全的。

无铰板拱的横向稳定宜用稳定计算程序验算，同时也可与下述计算方法作一比较。简化方法可近似地将板拱作为长度为 $l_0 = r\pi\sqrt{\dfrac{1}{k}}$ 的两端铰接的轴心受压构件，自本规范表 5.3.1 查取轴心受压构件稳定系数 φ，用本规范式（5.3.1）验算轴心受压强度。在上式中，r 为圆弧拱的计算半径。当为其他曲线拱时可用矢跨比 $\beta = f/l$，近似地换算为圆弧拱半径 r，即 $r = \dfrac{l}{2}\left(\dfrac{1}{4\beta} + \beta\right)$，$k$ 为系数，其值与圆弧拱圆心角（以弧度计）α 有关，k 参见表 4-7。

表 4-7 系 数 k

α/π	0.25	0.50	1.00
k	60.1	12.6	1.85

上述方法以圆弧无铰拱均布径向荷载的临界力 $N_{cr} = kEI_y/r^2$[见《公路设计手册：拱桥（上册）（1978）》式（9-12）]，使其等于上下铰接的直杆临界力 $\pi^2 EI_y/l_0^2$，解出 $l_0 = r\pi\sqrt{\dfrac{1}{k}}$。各种矢跨比的无铰板拱其横向稳定计算长度 l_0 如表 4-8 所示。对于表 4-7 内 α/π 中间值，用直线内插法确定。

表 4-8 无铰板拱横向稳定计算长度 l_0

矢跨比 f/l	1/3	1/4	1/5	1/6	1/7	1/8	1/9	1/10	乘数
计算长度 l_0	1.166 5	0.962 2	0.796 7	0.575 9	0.495 0	0.451 9	0.424 8	0.406 1	r

1975 年《铁路工程技术规范》第二篇第 2-317 条，对于拱的横向（平面外）的稳定，建议近似地将拱视为长度等于拱轴线长度的直杆进行计算。这个方法也曾在公路拱桥设计上应用。表 4-8 的计算长度 l_0，接近于拱轴线长度乘以两端固接系数 0.5。

用横系梁连接的肋拱横向稳定是一个较为复杂的问题，特大、大跨径拱桥宜用稳定计算程序计算，同时也可与下述简化法作一比较。公路和铁路桥目前均近似地将其视为长度等于拱轴长度的组合直杆进行计算。现介绍如下：

将以横系梁连接的拱肋作为平面桁架（图 4-11），其长度等于拱轴长度。

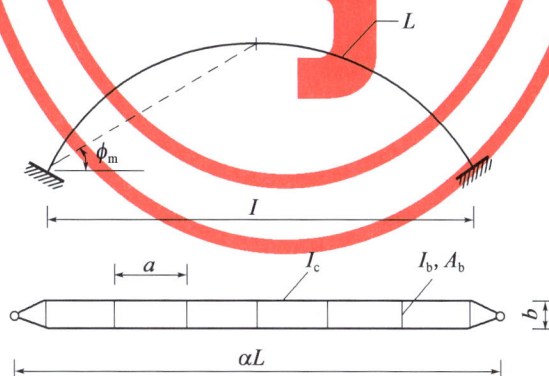

图 4-11 肋拱横向稳定计算长度

根据铁摩辛柯研究，以布置较密的横系梁连接的拱肋，其横向（平面外）的临界力为：

$$N_{cr} = \alpha_0 \frac{\pi^2 EI}{(\alpha L)^2} \tag{4-22}$$

令其等于两端铰接的直杆的临界力 $N'_{cr} = \dfrac{\pi^2 EI}{l_0^2}$，可解得：

$$l_0 = \alpha L / \sqrt{\alpha_0} \tag{4-23}$$

$$\alpha_0 = \cfrac{1}{1 + \cfrac{EI\pi^2}{(\alpha L)^2}\left(\cfrac{ab}{12EI_b} + \cfrac{a^2}{24EI_c} \times \cfrac{1}{1-\beta} + \cfrac{na}{bA_b G}\right)} \tag{4-24}$$

$$\beta = \frac{N_{cr}a^2}{2\pi^2 EI_c} \tag{4-25}$$

式中: l_0——拱横向稳定计算长度;

α——拱肋的拱脚支承条件系数, 双铰拱 $\alpha = 1$, 无铰拱 $\alpha = 0.5$;

L——拱轴长度;

EI——拱肋抗压弹性模量 E 与惯性矩 I 乘积; I 为两拱肋对桥纵轴线的横向惯性矩;

α_0——剪力影响系数;

a——横系梁间距(沿拱轴线量取);

b——拱肋轴线间距;

I_b——一根横系梁横截面对自身竖轴的惯性矩;

I_c——一根拱肋横截面对自身竖轴的惯性矩;

A_b——横系梁截面面积;

n——与横系梁截面形状有关系数, 矩形截面为 1.20, 圆形截面为 1.11;

G——横系梁的剪变模量。

计算时,先假定一个 β 值,代入式(4-24)求 α_0,再将 α_0 代入式(4-23)求 l_0,继而自式 (4-22)得 N_{cr},再用 N_{cr} 代入式(4-25)求 β。如果求得的 β 值与假定的 β 值相差较大,应再 假设一个 β 值,再试算。这样反复试算,直至最后求得的假定值与试算结果值接近。求得 β 值后,即可用式(4-23)及式(4-24)分别求得 α_0 和 l_0。

在求得横向稳定计算长度 l_0 后,即可按本规范表 5.3.1 查取纵向弯曲系数 ϕ。在查 取 ϕ 值时,截面最小回转半径 r 应取两拱肋截面对桥纵轴线的回转半径。查取 ϕ 值后,即 可按本规范式(5.3.1)验算轴心受压截面强度。

以上计算忽略了材料的非线性性质,其临界荷载可能偏大,因此,计算时需具备一定 的安全富余量。

4.4.9 本条参照《圬工规范 JTG D61》第5.1.6条制定。计算桥上横向风力时,需先将 全桥所受风力总和 F_{wh} 求出,在假拟的固定端水平直梁上满布均布荷载为 $q_{1w} = F_{wh}/l$ (l 为 计算跨径),其固定端弯矩为 $M_{1w} = q_{1w}l^2/12$;在假拟的竖向悬臂梁上满布均布荷载为 $q_{2w} = F_{wh}/2f$ (f 为计算矢高),其固定端弯矩为 $M_{2w} = q_{2w}f^2/2$。计算离心力时,需将全桥列车离心 力 P 求出,作用于固定端水平直梁上的均布荷载为 $q_{1c} = P/l$,其固定端弯矩为 $M_{1c} = q_{1c}l^2/12$; 作用于竖向悬臂自由端的集中荷载为 $P/2$,其固定端弯矩为 $M_{2c} = Pf/2$, $M_1 = M_{1w} + M_{1c}$, $M_2 = M_{2w} + M_{2c}$,代入本条式(4.4.9)即可得垂直于曲线平面的拱脚截面弯矩 M。

4.4.11 本条参照《圬工规范 JTG D61》第5.1.7条制定。

多跨无铰拱桥当桥墩抗推刚度与主拱抗推刚度之比大于 37 时,可简化为单跨无铰拱计算。根据《公路设计手册,拱桥(上册)》(1978 年版)表 7-5 和王国鼎《拱桥连拱计算》表 5-7,连拱按单拱计算的判别条件,抄录如表 4-9。按本条规定进行简化后,计算精度约为 95%。

表 4-9　连拱按单拱计算的计算精度

计算精度		0.98	0.95	0.90	0.85	0.80
墩、拱刚度比	拱桥手册	—	>37.0	>17.1	>10.3	>7.1
	连拱计算	>98.0	>38.0	>18.0	>11.3	>8.0

4.4.12　桁架拱为双铰拱体系,其外部为一次超静定。桁架拱杆件作用效应,如节点按铰接计算,与试验结果及按刚接点计算结果比较,均较为接近,但按铰接计算不考虑次内力,因此其下弦截面强度应具备不小于 20% 的余量。

4.4.13　刚架拱适用于跨径 80m 及以下的轻型拱桥,个别达到 90m(如广东阳山花溪大桥)。刚架拱由拱腿(相当于下弦)与跨中实腹段组成拱肋。在此拱肋基础上,拱跨两侧设上弦杆与实腹段连接。为减少上弦杆受弯和受压长度,可在上弦杆中部与拱脚之间设斜撑。上弦杆的两个桥端支点设活动支座。刚架拱应具有较强的横向联结系。

4.4.14　本条参照《TBJ 2 – 85 规范》第 9.2.9 条制定。系杆拱桥任一截面中的弯矩在系梁及拱中的分配与两者抗弯刚度比值有关。当 $E_a I_a / E_b I_b < \frac{1}{100}$ 时($E_a I_a$ 和 $E_b I_b$ 分别为拱肋和系梁抗弯刚度),弯矩可仅由系梁承受;当 $E_a I_a / E_b I_b > 100$ 时,弯矩可仅由拱肋承受。上述的拱与梁连接处由于抗弯刚度悬殊,可视为铰接。

4.5　耐久性设计要求

4.5.2　结构所处环境是影响其耐久性的外因。本次修订对影响混凝土结构耐久性的环境类别进行了较详细的分类。结构设计时,可根据实际情况确定合适的环境类别。

行业标准《公路工程混凝土结构耐久性设计细则》按照腐蚀机理以及交通行业传统经验,将我国公路工程混凝土结构所处的环境划分为 7 大类:一般环境、冻融环境(无盐、酸、碱等作用)、近海或海洋氯化物环境、除冰盐等其他氯化物环境、盐结晶环境、化学腐蚀环境和磨蚀环境,同时根据不同环境类别对混凝土结构的劣化腐蚀影响程度,将环境作用等级划分为 6 个级别。本规范考虑混凝土桥梁的特点和环境对结构的影响,参考《公路工程混凝土结构耐久性设计细则》的规定,对环境类别进行了规定。

4.5.4　预应力钢筋存在应力腐蚀、氢脆等不利于耐久性的弱点,且直径一般较细,对腐蚀比较敏感,破坏后果严重。因此,需对预应力钢筋、连接器、锚夹具、锚头等容易遭受腐蚀的部分采取有效的保护措施。

提高混凝土的抗渗、抗冻性能有利于混凝土结构在恶劣环境下的耐久性。混凝土抗冻性能和抗渗性能的等级划分、配合比设计及试验方法等，可参照现行《公路工程混凝土结构耐久性设计细则》的规定执行。

潮湿是腐蚀的必要条件，调查表明：通风良好的结构与通风不良的潮湿、水气易于凝聚的结构相比，混凝土腐蚀情况差异比较大。

5 持久状况承载能力极限状态计算

5.1 一般规定

5.1.1 本节所述承载能力极限状态计算,均指对持久状况下的结构。这种状况的承载能力极限状态应包括对构件的抗弯、抗压、抗拉、抗剪、抗扭等的强度及受压构件的稳定进行计算;必要时,还应对结构的倾覆和滑移进行验算。这是结构设计最主要的部分。

5.1.2 本条所列式(5.1.2-1)是构件承载能力极限状态计算的一般表达式,其形式与原规范基本相同。

(1) 表达式在作用效应项乘以一个结构重要性系数 γ_0,以表示对不同安全等级的桥梁结构可靠度的调整。

(2) 表达式中的作用效应,本规范给出的是设计值,其分项系数已计入其中;在材料强度指标上,表达式给出已将分项系数考虑在内的设计值。

(3) 预应力混凝土连续梁等超静定结构的承载能力极限状态计算,应考虑预应力引起的次效应。这是因为试验表明,这种结构在破坏时次效应部分或全部存在。当用软钢作连续梁的预应力钢筋时,若配筋率较低,界限受压区高度较小,可以形成塑性铰转动,破坏时预应力钢筋部分进入流限,次效应虽然消失较多但仍存在。当用硬钢作预应力钢筋或仍用软钢但界限受压区高度较大时,截面不能形成明显的塑性铰转动,破坏时次效应始终存在。

5.1.3 本条关于构件正截面承载力计算的基本假定,基本沿用了原规范的规定:

(1) 仍维持平截面假定。试验表明,在纵向受拉钢筋的应力达到屈服强度之前以及达到屈服强度后的一定塑性转动范围内,截面的平均应变基本符合平截面假定。引用平截面假定可以将各种类型截面(包括周边配筋截面)在单向或双向受力情况下的正截面承载力计算贯穿起来,提高了计算方法的逻辑性和条理性,使计算公式具有明确的物理概念。目前,国际上的主要规范均采用平截面假定。

(2) 体内钢筋与混凝土黏结性能良好,两者变形协调。

5.1.4 本条关于受弯构件和偏心受力构件正截面受压区混凝土压应力计算的基本假定,沿用了原规范的规定:

（1）受压区混凝土应力图形维持等效矩形应力块，β 值为矩形应力块高度 x 与实际受压区高度 x_0 之比。C50 及以下强度混凝土取 $\beta = 0.8$，C80 及以上强度混凝土取 $\beta = 0.74$，中间按直线内插求得。

（2）矩形应力块的等效应力取混凝土的轴心抗压强度设计值。

5.1.5 本条式（5.1.5-1）、式（5.1.5-2）用于计算体内钢筋应力，由截面应变的平截面假定和钢筋与混凝土变形协调条件，得如下关系：

相对受压区高度

$$\xi = \frac{x}{h_0} = \frac{\beta \varepsilon_{cu}}{\varepsilon_{cu} + \varepsilon_s} \tag{5-1}$$

钢筋应变为

$$\varepsilon_s = \varepsilon_{cu}\left(\frac{\beta}{\xi} - 1\right) \tag{5-2}$$

所以钢筋应力为

$$\sigma_s = \varepsilon_s E_s = \varepsilon_{cu} E_s\left(\frac{\beta h_0}{x} - 1\right) \tag{5-3}$$

预应力钢筋的应力将上式 E_s 换为 E_p，加上截面消压时预应力钢筋已有应力 σ_{p0}。按以上公式算得的钢筋应力 σ_s 或 σ_p 以受拉为正，以受压为负。适用的条件是：

普通钢筋应力

$$-f'_{sd} \leqslant \sigma_{si} \leqslant f_{sd}$$

预应力钢筋应力

$$-(f'_{pd} - \sigma_{p0i}) \leqslant \sigma_{pi} \leqslant f_{pd}$$

5.1.6 先张法预应力混凝土构件，当计算端部锚固区段正截面和斜截面的抗弯承载力时，锚固区段内预应力钢筋的抗拉强度设计值，在锚固起点处取为零，在锚固终点处取为 f_{pd}，两点之间按直线内插取值。本条表 5.1.6 中预应力钢筋的锚固长度 l_a（mm）是由式（5-4）计算并不小于受拉钢筋最小锚固长度得到的。

$$l_a = \alpha \frac{f_{pd}}{f_{td}} d \tag{5-4}$$

式中：f_{pd}——锚固钢筋的抗拉强度设计值；

f_{td}——锚固区混凝土的抗拉强度设计值；

α——锚固钢筋的外形系数，七股钢绞线 $\alpha = 0.17$，螺旋肋钢丝 $\alpha = 0.13$；

d——锚固钢筋的公称直径，当用束筋时取等效直径 $\sqrt{n}d$，n 为单筋根数，d 为单筋直径。

规范表 5.1.6 中数值系按每种钢筋的某一抗拉强度设计值计算而得，设计时当采用的钢筋抗拉强度设计值有变化时，则其锚固长度应按表值以强度比例增减。本次修订预应力钢筋的种类有所调整，见表 3.2.2-2，表 5.1.6 也作了相应的变化。

先张法预应力混凝土构件通常在预应力钢筋的端部设置硬塑料套管或硬塑料围裹，如图5-1所示。这时，预应力钢筋的失效长度不应过长，从抗弯或抗剪承载力控制截面算起，预应力钢筋的锚固长度应满足表5.1.6的要求。

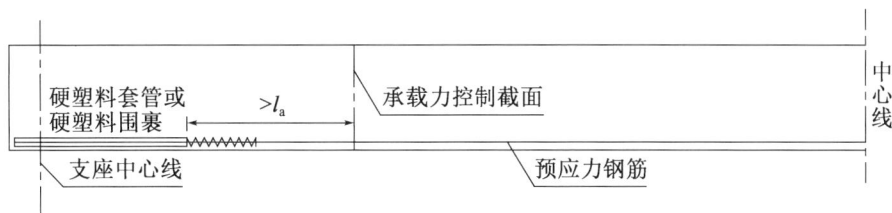

图5-1　先张法预应力钢筋的锚固长度要求

5.2　受弯构件

5.2.1　受弯构件纵向受拉钢筋和受压区混凝土同时达到各自强度设计值时，构件正截面相对界限受压区高度ξ_b，可依据平截面假定建立的下列公式求得：

（1）对热轧普通钢筋

$$\xi_b = \frac{\beta}{1 + \dfrac{f_{sd}}{\varepsilon_{cu}E_s}}$$

（5-5）

（2）对钢绞线和钢丝

$$\xi_b = \frac{\beta}{1 + \dfrac{0.002}{\varepsilon_{cu}} + \dfrac{f_{pd} - \sigma_{p0}}{\varepsilon_{cu}E_p}}$$

（5-6）

式中：　β——受弯构件受压区矩形应力块高度x与实际受压区高度x_0的比值，按本规范表5.1.4的规定取用；

f_{sd}、f_{pd}——普通钢筋、预应力钢筋的抗拉强度设计值；

ε_{cu}——受弯构件受压边缘混凝土的极限压应变，按本规范第5.1.5条的规定取用；

σ_{p0}——受拉区纵向预应力钢筋合力点处混凝土法向应力等于零时预应力钢筋的应力。

式(5-5)中所有计算参数均为已知，可以直接计算出ξ_b值，列入规范表格。式(5-6)中只有σ_{p0}为未知数，可根据以往预应力混凝土构件的设计经验，对$(f_{pd} - \sigma_{p0})$作一定范围的设定，计算出最大和最小的ξ_b值。混凝土强度等级对ξ_b值的影响不大，可作适当合并。最后确定规范表5.2.1的数值时，选用了计算的最小值，尽可能使构件取得较好的延性。对配置预应力螺纹钢筋的预应力混凝土受弯构件，按以往设计经验取与钢绞线、钢丝相同的ξ_b值。

5.2.2～5.2.6　受弯构件抗弯承载力的设计表达式系根据下列基本假定建立：
（1）极限状态计算时，受拉区体内钢筋应力取抗拉强度设计值f_{sd}或f_{pd}；

（2）极限状态计算时，受压区体内钢筋应力取抗压强度设计值f'_{sd}或f'_{pd}；

（3）体外预应力钢筋的应力取其使用阶段扣除预应力损失后的有效应力$\sigma_{pe,ex}$。与体内预应力钢筋相比，体外预应力钢筋位于混凝土箱梁外，仅在锚固装置和转向装置处受到箱梁约束，与截面变形不协调，存在体外束的二次效应问题，即体外预应力钢筋的位移与箱梁变形不一致而引起的附加预应力效应，如图5-2所示。《桥梁体外预应力设计技术》(徐栋，2008)以30m和50m的简支梁、3×70m的连续梁、$(100 + 180 + 100)$m的连续刚构为样本桥梁，分析二次效应对汽车荷载作用下混凝土应力的影响不超过3%；通过设置转向装置，可以减小二次效应，如图5-2中$e_1 < e_2$，其中在箱梁挠度最大点设置竖向位移约束装置，对减小体外预应力钢筋的二次效应最为有效。因此，体外预应力桥梁的整体受力分析可不计体外束的二次效应。由于体外预应力钢筋与混凝土截面变形不协调，在混凝土结构构件达到承载能力极限状态时，体外预应力钢筋并没有达到屈服强度。计算构件的抗弯极限强度时，体外预应力钢筋的极限应力σ_{pu}一般取有效预应力σ_{pe}与应力增量$\Delta\sigma$之和。应力增量与跨高比、配筋率、预应力钢筋配设方式等因素有关，各国规范有所差异，如表5-1。偏于保守的考虑，在计算承载能力时，建议参照欧洲CEB-FIP 90规范，体外预应力钢筋的应力取其使用阶段扣除预应力损失后的有效应力。

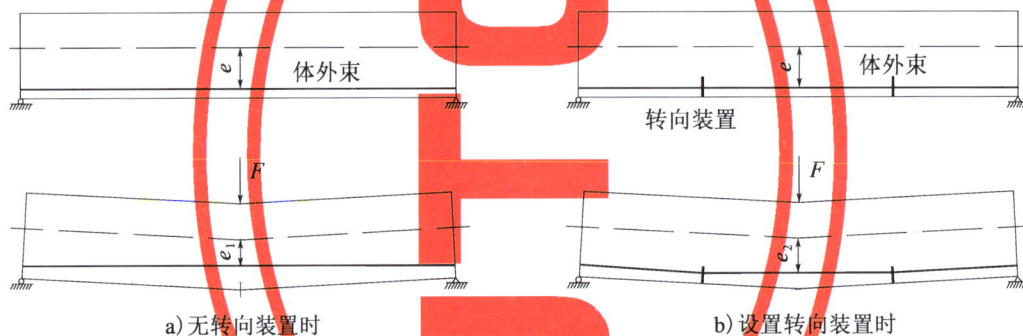

a) 无转向装置时　　　　　　　　b) 设置转向装置时

图5-2　体外预应力钢筋的二次效应示意($e_1 < e_2 < e$)

表5-1　各国规范对承载能力极限状态体外预应力钢筋极限应力的规定

规范	美国 AASHTO LRFD 规范	《无粘结预应力混凝土结构技术规程》(JGJ 92—2004)	欧洲 CEB-FIP 90
极限应力	$\sigma_{pu} = \sigma_{pe} + 103\text{MPa}$	$\sigma_{pu} = \sigma_{pe} + \Delta\sigma_p$ $\Delta\sigma_p = (240 - 335\xi_0)\left(0.45 + 5.5\dfrac{h}{l_0}\right)$	$\sigma_{pu} = \sigma_{pe}$

注:ξ_0-综合配筋指标;l_0-受弯构件计算跨度;h-受弯构件截面高度。

本规范第5.1.5条给出了截面任意位置上纵向体内钢筋应力的计算公式，当纵向体内钢筋的位置靠近截面中性轴时，采用上述假定计算承载力时，易产生较大误差，应根据实际情况计算任意位置上纵向体内钢筋应力，进而进行正截面抗弯承载力计算。

为防止受弯构件的超筋设计，规范规定了截面受压区高度的限制条件$x < \xi_b h_0$，其中相对界限受压区高度ξ_b，通过计算在本规范表5.2.1中列出。当给定钢筋种类和混凝土强度等级，根据ξ_b可求得相应的受拉钢筋配筋率ρ_b，这个ρ_b即为受弯构件界限（最大）配筋率。因此，截面受压区高度的限制条件也就是限制受弯构件的配筋率。超过这个限制

条件,受弯构件有可能出现超筋,也有可能出现脆性破坏。一般来说,当设计计算的受压区高度不能满足上述要求时,表明受拉区纵向钢筋配置过多或构件高度不足,需要进行调整;当构件受拉区配置不同种类钢筋时,应选用相应于各种钢筋较小的 ξ_b,以使构件维持更多的延性。但是,这个限制条件只是从理论上得到保证,当 x 与 $\xi_b h_0$ 接近或相等时,受弯构件仍有可能发生具有明显脆性破坏特征的界限破坏。因此,在实际工程中应尽量避免出现两者接近或相等的情况。为了确保构件不发生脆性破坏,国外有些规范将构件的配筋率限制得较低,如美国规范规定 $\rho \leqslant 0.75\rho_b$。

在受弯构件正截面抗弯承载力的计算中,为了使配置在受压区的纵向体内钢筋达到其抗压强度设计值,规范规定了截面受压区高度 x 需符合第5.2.2条中式(5.2.2-4)或式(5.2.2-5)的要求;当不符合要求时,则可按第5.2.4条或第5.2.6条提供的公式近似地计算。该公式是假定受压区混凝土的压力点在受压纵向钢筋的合力点上,以该点为矩心取矩建立起来的。

5.2.7 受弯构件的纵向受拉钢筋一般按照承载能力极限状态计算要求、正常使用极限状态计算要求和构造要求配置。当由正常使用极限状态计算要求和构造要求配置的纵向受拉钢筋截面面积大于承载能力极限状态计算要求配置的纵向受拉钢筋截面面积时,计算混凝土受压区高度 x 时,可仅计入按承载能力极限状态计算要求配置的纵向受拉钢筋。

5.2.9 本条关于受弯构件斜截面抗剪承载力的验算,与原规范比较有下列变化:

(1) 修改了配设竖向预应力钢筋的受弯构件计算 V_{cs} 时 $\rho_{sv}f_{sv}$ 的取值。原规范规定:当采用竖向预应力钢筋时,V_{cs} 计算公式中的 ρ_{sv} 和 f_{sv} 应换以 ρ_{pv} 和 f_{pv},ρ_{pv} 和 f_{pv} 分别为竖向预应力钢筋的配筋率和抗拉强度设计值。原规范的规定在计算同时配置箍筋和竖向预应力钢筋的受弯构件 V_{cs} 时,有待商榷。在本次修编中,假定极限状态下竖向预应力钢筋的应力为其抗拉强度设计值 f_{pv},并考虑竖向预应力钢筋的有效性,引入折减系数0.6,V_{cs} 计算公式中的 $\rho_{sv}f_{sv}$ 替换为 $(\rho_{sv}f_{sv}+0.6\rho_{pv}f_{pv})$。

(2) 对于变高度梁段,一般有限元计算时已经考虑截面形心位置变化引起的附加剪力,没有必要重复计入。本次规范修订,删除了原规范条注中有关"变高度(承托)的钢筋混凝土连续梁和悬臂梁,在变高度梁段内当考虑附加剪应力影响"的规定。

(3) 计算有效高度 h_0 时,纵向受拉钢筋可不计已弯起钢筋。

抗剪表达式中一些计算参数的具体说明如下:

(1) 本规范对混凝土和箍筋的抗剪贡献,采用了两项积。《桥规 JTJ 023—85》规定:钢筋混凝土构件抗剪表达式为 $V_{cs}=0.0349bh_0\sqrt{(2+p)\sqrt{R\mu_k R_{gk}}}$ (kN),截面尺寸单位以厘米表示。经与其他规范和资料比较,式中纵向钢筋配筋百分率对抗剪承载力的贡献,随配筋百分率的提高而增长过快,将式中的 $(2+p)$ 改为 $(2+0.6p)$。考虑混凝土标准试件、箍筋抗拉强度设计值的变化以及上述纵向钢筋配筋百分率和计量单位的改变,经换算后本规范的抗剪表达式改为 $V_{cs}=0.45\times10^{-3}bh_0\sqrt{(2+0.6p)\sqrt{f_{cu,k}}\rho_{sv}f_{sv}}$。该式的抗剪承载力实质上与《桥规 JTJ 023—85》大致相等。与《GBJ 10—89 规范》一般受弯构件和其他资料比较,这个抗剪承载力的取值属于偏低值。按这个公式计算,构件在使用阶段的斜裂缝宽度一般可控制在 0.2mm 以内。

(2) 公路桥梁多数采用 T 形截面梁或带翼缘的箱形截面梁,一项钢筋混凝土梁的抗剪试验表明,受压翼缘的存在,可以提高梁的抗剪承载力。50 根模型试验得到的实际抗力平均值与按原规范公式计算的抗力值之比,矩形截面梁为 1.67;T 形截面梁为 2.18,表明 T 形截面梁的抗剪承载力比矩形截面梁提高 30%。原苏联规范对 T 形梁的抗剪计算取受压翼缘的提高系数 $\beta_f = 1 + 0.75(b'_f - b)b'_f/bh_0$,但 $\beta_f \leq 1.2$,受压翼缘宽度 b'_f 取不大于 $b + 2h'_f$ 或 $2b$,按这个规定计算,我国公路桥梁的 β_f 一般大于 1.2。有资料介绍,翼缘宽度为腹板厚度 2 倍时,T 形梁的抗剪承载力与矩形梁相比提高 20% 左右,再增大翼缘宽度,其影响就较小了。考虑上述情况,同时考虑这项有利影响主要出于翼缘悬出宽度,与箍筋关系不大,而本规范将其乘在混凝土和箍筋共同抗剪上,因此,本规范取受压翼缘的影响系数 $\alpha_3 = 1.1$。据此计算 T 形梁的斜截面抗剪承载力,在公路钢筋混凝土桥梁常用混凝土强度等级和纵向钢筋配筋率下,一般仍偏低于《GBJ 10—89 规范》一般受弯构件和其他资料。

(3) 对于连续梁的斜截面抗剪,国内外试验表明,连续梁近边支点梁段,其混凝土和箍筋共同抗剪的性质与简支梁相同,斜截面抗剪承载力可按简支梁的规定计算;连续梁近中间支点梁段,则有异号弯矩的影响,抗剪承载力有所降低。原苏联科学研究院和同济大学等单位的研究都证明了这一点。试验指出,当广义剪跨比较大 $[m = M/(Vh_0) = 2.67]$ 时,梁破坏时在反弯点两侧出现两条主斜裂缝,它们各不越过反弯点,沿梁顶和梁底的纵向钢筋的应力性质(拉、压)完全与弯矩图正负号一致[见图 5-3a)];当剪跨比较小 $[m = M/(Vh_0) = 1.0]$ 时,梁破坏时主斜裂缝越过了反弯点,跨越了正、负弯矩区[见图 5-3b)],于是与主斜裂缝相交的纵向钢筋产生了应力重分配,原来受压的变为受拉,沿纵筋的黏结力遭到破坏,出现撕裂裂缝,降低了抗剪的销栓作用;受压区混凝土的压力也加大了,减小了混凝土的抗剪能力。上述这些原因导致承受异号弯矩的连续梁抗剪能力的降低。

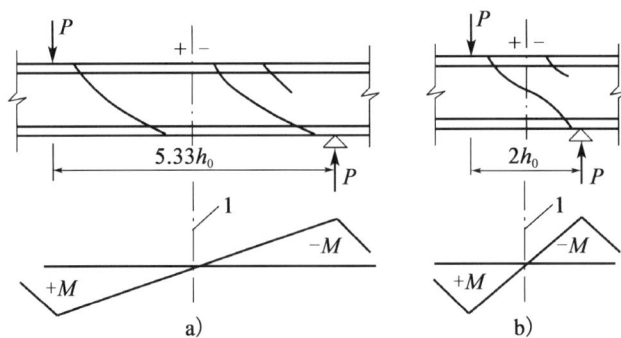

图 5-3 承受异号弯矩钢筋混凝土梁的典型剪切破坏

1-反弯点

根据国内外 160 根承受异号弯矩的等高度无腹筋梁的混凝土抗力 V_c^s 试验资料($f_{cu,k} = 19.0 \sim 55.9\text{MPa}, m = 0.34 \sim 6.0, \rho = 10\% \sim 4.76\%$),与按《桥规 JTJ 023—85》钢筋混凝土简支梁所采用的混凝土计算抗力 V_c^j 比较,V_c^s/V_c^j 平均低 12%。另有 151 根有腹

筋梁的抗力 V_{cs}^s 试验资料（$f_{cu,k} = 19.0 \sim 45.0\mathrm{MPa}$，$\rho = 0.47\% \sim 4.76\%$，$\rho_{sv}f_{sv} = 0.39 \sim 7.51\mathrm{MPa}$），与按《桥规 JTJ 023—85》钢筋混凝土简支梁计算的混凝土和箍筋共同抗剪能力 V_{cs}^j 比较，V_{cs}^s/V_{cs}^j 平均低7%。原苏联科学研究院的研究结论是平均低13%。综合以上试验分析，本规范取平均降低值10%，也即取异号弯矩影响系数 $\alpha_1 = 0.9$。此值对剪跨比较小情况略为偏小；而对剪跨比较大情况略为偏大。

为了验证采用 $\alpha_1 = 0.9$ 以后连续梁的抗剪能力，特地进行了4根较大尺寸（5m + 5m）两跨连续梁的试验，所得剪力试验值/剪力计算值的结果表明：两根等高度连续梁分别为2.05及1.98；两根变高度连续梁分别为1.95及1.81。此处剪力试验值为连续梁中间支点的最大实测破坏剪力；剪力计算值为按《桥规 JTJ 023—85》计算的混凝土和箍筋共同抗剪承载力乘以异号弯矩影响系数0.9与弯起钢筋抗剪承载力之和。显而易见，连续梁在考虑异号弯矩影响系数以后，即使计入受压翼缘影响系数仍具有足够抗剪安全储备。

（4）国内外研究均表明，预加应力可以提高梁的抗剪能力。这主要是轴压力能阻滞斜裂缝的出现和开展，增加了混凝土剪压区高度，从而提高了混凝土所承担的抗剪能力；预应力混凝土梁的斜裂缝长度比钢筋混凝土梁有所增长，也提高了斜裂缝内箍筋的抗剪能力。

原苏联《建筑法规》（СНИП 2.03.01—84）对预加应力的提高系数规定为：

$$\alpha_2 = 1 + \phi_n \leqslant 1.5 - \phi_f \tag{5-7}$$

$$\phi_n = 0.1\frac{\sigma_{a0}}{f_{tk}} \tag{5-8}$$

式中：ϕ_f——受压翼缘提高系数，$\phi_f = 0.1$，表明预加应力提高系数最大只能到1.4；

f_{tk}——混凝土抗拉强度标准值；

σ_{a0}——混凝土预加轴心压应力，偏安全地取矩形截面形心处（$h/2$）的 σ_{a0}（T形、箱形截面由于形心轴上移，其截面形心处的 σ_{a0} 恒大于矩形截面的 σ_{a0}）。

按本规范的规定，使用阶段截面边缘混凝土纤维的最大压应力等于 $0.5f_{ck}$，则 $\sigma_{a0} = 0.5f_{ck}/2 = 0.25f_{ck}$，于是 $\alpha_2 = 1 + \phi_n = 1 + 0.1\sigma_{a0}/f_{tk} = 1 + 0.025f_{ck}/f_{tk}$。在预应力混凝土梁适用的范围内，混凝土平均的 $f_{ck}/f_{tk} \approx 12.3$，则 $\alpha_2 = 1 + \phi_n = 1 + 0.025 \times 12.3 = 1.30$，本规范取 $\alpha_2 = 1.25$。

根据国内外52根矩形、T形和I形截面无腹筋（排除箍筋抗剪因素）预应力混凝土简支梁的抗剪试验资料（$f_{cu,k} = 22.6 \sim 70.0\mathrm{MPa}$，$\rho = 0.9\% \sim 3.29\%$，$m = 1.03 \sim 6.7$），以及30根有腹筋的预应力混凝土简支梁的试验资料（$f_{cu,k} = 29.4 \sim 62.5\mathrm{MPa}$，$\rho = 1.58\% \sim 2.63\%$，$\rho_{sv}f_{sv} = 1.036 \sim 3.451\mathrm{MPa}$，$m = 2 \sim 4$），其剪力破坏试验值 V_c^s 和 V_{cs}^s，与按《桥规 JTJ 023—85》钢筋混凝土简支梁计算的混凝土抗剪计算值 V_c^j 和混凝土与箍筋共同抗剪的计算值 V_{cs}^j 进行比较，前者的 V_c^s/V_c^j 平均值为3.38；后者的 V_{cs}^s/V_{cs}^j 平均值为2.27。由此可见，即使考虑受压翼缘影响系数 $\alpha_3 = 1.1$ 后，比取 $\alpha_2 = 1.25$ 仍然大得很多，是安全可取的。但对允许出现裂缝的预应力混凝土梁，由于构件达到承载力时预加应力可能已经消失；或者当钢筋的合力对截面引起的弯矩与外弯矩方向相同时，预应力钢筋不能充分发挥轴压作用，这两种情况均不考虑预加应力的有利作用，取 $\alpha_2 = 1.0$。

（5）本条式（5.2.9-3）、式（5.2.9-5）是与斜截面相交的弯起钢筋抗剪公式。试验证明，预应力混凝土连续梁的弯起体内钢筋在破坏阶段大部分可达到屈服强度，所以仍可用与预应力混凝土简支梁相同的弯起体内钢筋抗剪公式。式（5.2.9-3）、式（5.2.9-4）基本保持《桥规　JTJ 023—85》抗剪水平，仅作钢筋抗拉强度设计值和计量单位的变换。同济大学李国平在《体外预应力混凝土桥梁设计计算方法》对体外预应力梁进行了抗剪性能试验，结果表明：体外预应力梁发生剪切破坏时，体内预应力钢筋的应力可以达到屈服强度，体外预应力钢筋的应力增加幅度较小。因此计算 $V_{pb,ex}$ 时，体外预应力钢筋应力取使用阶段体外预应力钢筋扣除预应力损失后的有效应力 $\sigma_{pe,ex}$。

5.2.10　本条斜截面水平投影长度 C 的计算式（5.2.10）即是原规范的公式。试验表明：等高度和变高度的钢筋混凝土连续梁斜截面剪切破坏的倾角与简支梁接近一致，钢筋混凝土受弯构件的斜截面水平投影长度可统一取值；预应力混凝土连续梁的试验表明，破坏时其主斜裂缝长度比钢筋混凝土梁增大了 1.3～1.5 倍，本规范仍用钢筋混凝土梁的公式计算斜截面水平投影长度，增大范围内的腹筋没有被利用，所以是偏安全的。

5.2.11　本条关于"抗剪上限值"的式（5.2.11），用于防止钢筋混凝土梁的斜裂缝开展过宽或出现斜压破坏。在计算中如不能满足该公式的要求，就应加大梁的截面尺寸或提高混凝土的强度等级。

5.2.12　本条关于"抗剪下限值"的式（5.2.12），用于确定有腹筋梁与无腹筋梁的界限。当梁或某一梁段符合该公式的要求时，其箍筋可按构造要求配置。式（5.2.12）对预应力混凝土构件考虑了预加应力的有利影响，但当钢筋合力引起的截面弯矩与外弯矩的方向相同时，或允许出现裂缝的预应力混凝土受弯构件，该有利影响仍不应被利用。

5.2.13　本条规定了钢筋混凝土简支梁、等高度和变高度（承托）连续梁的抗剪配筋设计方法。这个方法就是利用已绘制的剪力设计值包络图，把箍筋间距和弯起钢筋及弯起点确定下来。本规范规定混凝土和箍筋共同承担不少于最大设计剪力的 60%，弯起钢筋则承担不超过最大设计剪力的 40%。

预应力混凝土受弯构件一般是不配置普通弯起钢筋的，抗剪配筋设计也只是确定箍筋间距。只要在由作用引起的最大设计剪力中减去由预应力弯起钢筋引起的剪力设计值后，就可与钢筋混凝土受弯构件同样计算。例如，对预应力混凝土简支梁和连续梁可按下列公式计算箍筋间距 s_v（mm）：

$$s_v = \frac{0.2 \times 10^{-6} \alpha_1^2 \alpha_2^2 \alpha_3^2 (2 + 0.6p) \sqrt{f_{cu,k}} A_{sv} f_{sv} b h_0^2}{(\gamma_0 V_d - V_{pb})^2} \tag{5-9}$$

式中：V_d——由作用引起的用于配筋设计的剪力设计值（kN），按本条规定取用；

　　　V_{pb}——与斜截面相交的体内预应力弯起钢筋抗剪承载力设计值（kN），按本规范式（5.2.9-4）计算。

5.3 受压构件

5.3.2 本条保留了原规范的规定。国外试验得出,在侧压下80～100MPa级高强混凝土的强度提高值比普通强度的混凝土约低25%。国内对高强混凝土钢管柱的试验也表明,80MPa混凝土的套箍系数为1.8,而普通强度的混凝土为2.0～2.1。可以认为,套箍系数随着混凝土强度等级的提高而降低,本规范取为:C50及以下取 $k=2.0$;C50～C80取 $k=2.0～1.7$。

5.3.3 本条给出判别偏心受压构件大小偏压的相对界限受压区高度 ξ_b,其计算公式与受弯构件判别是否超筋的 ξ_b 相同,都是按平截面假定推导出来的。对钢筋混凝土偏压构件,计算公式中有关混凝土和钢筋的参数都是已知的,所以可以采用受弯构件已经算出的 ξ_b 值。对预应力混凝土偏压构件,计算公式中含有未知数 σ_{p0},它在设置预应力钢筋和其他条件后才能算得;如果与受弯构件一样,预先假定 σ_{p0} 算出 ξ_b 并订入规范,则在具体构件计算中可能出现:假定为大偏心构件,计算结果是小偏心构件;而按小偏心构件计算,结果又是大偏心构件。因此,对预应力混凝土偏压构件本规范给出 ξ_b 的计算公式,让设计人员根据构件具体条件计算。

5.3.4 本条关于偏心受压构件正截面承载力计算的基本公式及大、小偏压构件的判断原则,与原规范是相同的。

本条列入了矩形截面对称配筋的钢筋混凝土小偏压构件钢筋截面的近似计算公式,目的在于该构件进行配筋设计时,可直接算出所需钢筋截面面积。在公路桥梁中钢筋混凝土偏压构件较多(较少采用预应力混凝土偏压构件),其中不乏有矩形对称配筋截面,这个由偏压构件基本公式变换而来的求 A_s(或 A_s')公式,可为该类构件的设计提供方便条件。

对偏心受压构件的验算,《桥规　JTJ 023—85》曾给出一个求中性轴位置(受压区高度)的计算公式,该公式是把截面内力对轴向力作用点取矩得到的。也有其他方法求得中性轴位置,例如将本规范式(5.3.4-1)、式(5.3.4-2)联立解得受压区高度 x,此时,两式均取为等号。所以本规范不再列出此类公式,无须规定采用什么公式,由设计者自行考虑计算。

对于公路桥梁大量存在的钢筋混凝土偏心受压构件,采用配筋设计也许比先配筋后验算要方便得多。配筋设计时,当 $\eta e_0 \leq 0.3h_0$ 时,可按小偏压构件计算;当 $\eta e_0 > 0.3h_0$ 时,可先按大偏压构件计算,但所得受拉钢筋的截面面积要大于本规范第9.1.12条规定的最小配筋率,否则,钢筋截面面积按小偏压构件计算。对对称配筋的偏压构件,这个判别条件不一定适用,当 $A_s = A_s'$ 时,可直接按轴向力 $\gamma_0 N_d$ 与受压区混凝土的压力相等来判别,对矩形截面即 $\gamma_0 N_d \leq f_{cd} b \xi_b h_0$ 为大偏压构件,$\gamma_0 N_d > f_{cd} b \xi_b h_0$ 为小偏压构件。

5.3.7 本条系参照《GBJ 10—89 规范》制订。截面腹部均匀配置纵向钢筋的偏心受压构件,其正截面的承载力由两部分组成:一是由混凝土与上、下两边的纵向钢筋 A_s' 和 A_s 构成的承载力;二是由腹部均匀配置的纵向钢筋 A_{sw} 构成的承载力。

前者与一般钢筋混凝土偏心受压构件同样计算,利用本规范式(5.3.5-1)、式(5.3.5-2)并经简单转化可得:

轴向力 $$N_{cs} = f_{cd}\left[\xi bh_0 + (b_f' - b)b_f'\right] + f_{sd}'A_s' - \sigma_s A_s$$

弯矩 $$N_d e = f_{cd}\left[\xi(1 - 0.5\xi)bh_0^2 + (b_f' - b)h_f'\left(h_0 - \frac{h_f'}{2}\right)\right] + f_{sd}'A_s'(h_0 - a_s')$$

后者可根据基本假定,并利用平衡方程和变形协调条件进行计算,但计算过程繁琐,不便于设计应用。一般采用简化的方法,要求腹部纵向钢筋等直径、等间距布置,且每排不少于 4 根,假定这些钢筋的截面变换为一钢带,其截面积为 A_{sw},钢带高度为 $h_{sw} = h_0 - a_s'$。

根据第 5.1.3 条至第 5.1.5 条的基本假定,可作出此类构件的计算简图,如图 5-4 所示。

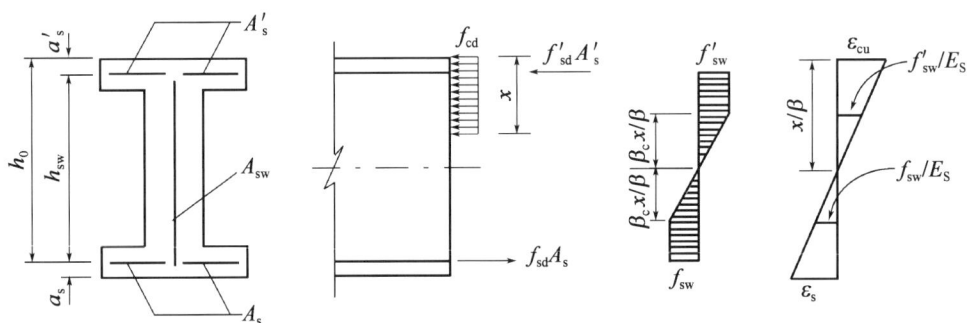

图 5-4 沿截面高度均匀配筋的偏压构件承载力计算

设均匀配置的钢筋(钢带)应变到达屈服时的纤维距中性轴的距离为 $\beta_c x/\beta$,则由图 5-4 可得:

$$\frac{f_{sw}/E_s}{\varepsilon_{cu}} = \frac{\beta_c x/\beta}{x/\beta} = \beta_c \tag{5-10}$$

$$\beta_c = \frac{f_{sw}/E_s}{\varepsilon_{cu}} \tag{5-11}$$

β_c 与钢筋种类有关,当均匀配置的钢筋种类选定后,β_c 为一定值。对常用的钢筋可近似地取 $\beta_c = 0.4$,这对构件承载力影响不大。钢筋混凝土构件,混凝土强度等级一般不大于 C50,所以 β 可取为 0.8。

当 $\xi \leqslant \xi_b$ 时,按大偏心受压计算得:

轴向力

$$N_{sw} = \left(1 + \frac{\xi - \beta}{0.5\beta\omega}\right)f_{sw}A_{sw}$$

弯矩

$$M_{sw} = \left[0.5 - \frac{(\xi - \beta)^2 + \frac{1}{3}(\beta_c \xi)^2}{(\beta \omega)^2} \right] f_{sw} A_{sw} h_{sw}$$

当 $\xi > \xi_b$，按小偏心受压计算得：

轴向力

$$N_{sw} = \left\{ 1 - \frac{[\beta - (1 - \beta_c)\xi]^2}{1.6 \omega \beta_c \xi} \right\} f_{sw} A_{sw}$$

弯矩

$$M_{sw} = \left\{ 0.5 - \frac{[\beta - (1 - \beta_c)\xi]^3}{3.85 \omega^2 \beta_c \xi} \right\} f_{sw} A_{sw} h_{sw}$$

将上面按平截面假定写出的均匀配筋承载力 N_{sw}、M_{sw} 的表达式分别用直线及二次曲线近似地拟合,同时把 $\beta_c = 0.4$ 代入,得到：

$$N_{sw} = \left(1 + \frac{\xi - \beta}{0.5 \beta \omega} \right) f_{sw} A_{sw}$$

$$M_{sw} = \left[0.5 - \left(\frac{\xi - \beta}{\beta \omega} \right)^2 \right] f_{sw} A_{sw} h_{sw}$$

最后将两部分承载力相加：

$$\sum N = N_{cs} + N_{sw}$$

$$\sum M = N_d e + M_{sw}$$

上式 N_{sw} 为负值时表示受拉,正值时表示受压;M_{sw} 为负值时与 $N_d e$ 同向,正值时与 $N_d e$ 反向。

5.3.8 为简化圆形截面偏压构件的承载力计算方法,参照现行《混凝土结构设计规范》(GB 50010)(简称《规范 GB 50010》)的规定,对原规范计算公式进行了修改。与原规范相比,两者公式推导的基本原理是一致的,不同的简化处理方法,导致不同的表达式,两者的计算结果非常接近。应用本条公式时,对 α 进行试算和迭代,可确定正截面承载力。

5.3.9 长细比较大的偏心受压构件,由于在竖向荷载作用下由构件挠曲引起的二阶弯矩,目前尚无简便的方法计算,因此,国内外规范大多采用偏心距增大系数 η 与构件计算长度 l_0 相结合的方法进行简化计算来考虑二阶弯矩对截面承载力的影响。这种方法的基本思路是,先以两端铰支等偏心距的受压标准构件为基础,通过试验分析,给出标准构件中点截面偏心距增大系数 η 的表达式,然后再以计算长度 l_0 来体现与不同杆端约束条件下各偏心受压构件相应的标准构件长度,也即用长度 l_0 的标准构件算出的 η 值使能接近构件控制截面中二阶弯矩的实际情况。这种简化方法计算简便,但是近似的。其中 l_0 只能根据工程经验和参照某些理论分析结果来确定。

在竖向荷载作用下,两端铰支且偏心距 e_0 相等的标准受压构件,其偏心距增大系数可按下式表示：

$$\eta = \frac{e_0 + f_{max}}{e_0} = 1 + \frac{f_{max}}{e_0} \qquad (5\text{-}12)$$

本条给出的 η 表达式是按极限曲率理论建立起来的。式(5-12)中构件中点最大挠度 f_{max} 可用积分法求得：

$$f_{max} = \frac{l_0^2}{\beta r_c} \qquad (5\text{-}13)$$

$$\eta = 1 + \frac{1}{e_0}\left(\frac{l_0^2}{\beta r_c}\right) \qquad (5\text{-}14)$$

式中，β 为与构件曲率分布有关的系数，当曲率分布符合正弦曲线时，$\beta = \pi^2 \approx 10$；$\frac{1}{r_c}$ 为控制截面的极限曲率，取决于控制截面上受拉钢筋和受压边缘混凝土的应变值。

试验表明，对大偏心受压构件，当构件达到承载力极限状态时，可近似地取界限受压状态时的极限曲率；当考虑长期荷载作用影响后，根据平截面假定可写为：

$$\frac{1}{r_c} = \frac{\phi \varepsilon_{cu} + \varepsilon_y}{h_0} \qquad (5\text{-}15)$$

式中：ε_{cu}——受压区边缘混凝土极限压应变，取 $\varepsilon_{cu} = 0.003\,3$；

ε_y——受拉钢筋达到屈服强度时的应变，取与 HRB400 级钢筋抗拉强度标准值对应的应变，即 $\varepsilon_y = 0.002\,0$；

ϕ——荷载长期作用下混凝土徐变引起的应变增大系数，取 $\phi = 1.25$。

在界限条件下，将荷载偏心率和长细比对曲率的影响（见后）分别用 ζ_1、ζ_2 表示，则：

$$\eta = 1 + \frac{1}{e_0}\left(\frac{\phi \varepsilon_{cu} + \varepsilon_y}{h_0} \cdot \frac{l_0^2}{\beta}\right)\zeta_1 \zeta_2 \qquad (5\text{-}16)$$

用上述具体数值代入，并让 $h \approx 1.1 h_0$，可以得到计算偏心受压构件 η 的公式：

$$\eta = 1 + \frac{1}{1\,300 e_0 / h_0}\left(\frac{l_0}{h}\right)^2 \zeta_1 \zeta_2 \qquad (5\text{-}17)$$

式(5-17)中的 ζ_1 为截面曲率修正系数，主要取决于相对偏心率 e_0/h_0，所以也称荷载偏心率对截面曲率的影响系数。如前所述，η 的计算公式是在控制截面界限极限曲率的基础上建立起来的，大偏心受压构件符合这个前提。但对非界限条件的构件如小偏心受压构件，就不符合这个前提。在极限状态时，小偏心受压构件受拉钢筋的应力达不到屈服强度，受压区边缘混凝土的极限压应变也会随受压区高度的增大而有所减小，这样，截面曲率将随轴向压力的增大而减小。因此，需要引入 ζ_1 进行修正。ζ_1 的计算公式取自《GBJ 10—89 规范》，它是在 $e_0/h_0 = 0.3$ 时基本不修正的情况下建立起来的。

式(5-17)中的 ζ_2 是构件长细比对截面曲率的影响系数。试验表明，随着构件长细比的增大，构件达到极限状态时控制截面的曲率将减小，故此引入 $\zeta_2 = 1.15 - 0.01 l_0/h$ 进行修正。该公式的适用范围为 $15 \leqslant l_0/h \leqslant 30$。当 $l_0/h < 15$ 时，影响不显著，无须修正，取 $\zeta_2 = 1$；当 $l_0/h > 30$ 时，构件已由材料破坏变为失稳破坏，不在考虑范围之内。当 $l_0/h = 30$ 时，最小值 $\zeta_2 = 0.85$。

《桥规 JTJ 023—85》曾规定,当构件长细比 $l_0/i > 28$(或 $l_0/h > 8$)时,方考虑二阶弯矩的影响。参考工民建规范和国外有关规范以后,本规范不考虑二阶弯矩的界限条件,沿用了原规范的 $l_0/i \leqslant 17.5$(或 $l_0/h \leqslant 5.0$)。

5.3.11 试验表明,双向偏心受压构件的破坏形态与单向偏心受压构件的破坏形态相似,所以单向偏心受压构件正截面承载力计算的基本假定也适用于双向偏心受压构件。但由于破坏时受压区的形状较为复杂,如用正截面承载力计算的基本假定来精确计算双向偏心受压构件的承载力,过程势必复杂繁琐。目前各国规范均采用近似的计算方法。本条双偏心受压构件抗压承载力的计算表达式,是尼克丁(N. V. Nikitin)根据材料力学的方法按单向偏心受压构件推导建立的,只用于截面承载力的复核验算。现就公式来源说明如下:

设一承受轴向压力的构件,其截面极限轴心压力为 N_{u0} 时的压应力为 σ_{u0};偏心距为 e_x、极限偏心压力为 N_{ux} 时的压应力为 σ_{ux};偏心距为 e_y、极限偏心压力为 N_{uy} 时的压应力为 σ_{uy};双向偏心距为 e_x 和 e_y、极限压力为 N_{uxy} 时的压应力为 σ_{uxy}。如构件换算截面面积为 A_0,x 轴方向的换算截面抵抗矩为 W_{0x},y 轴方向的换算截面抵抗矩为 W_{0y},则可得:

$$\sigma_{u0} = \frac{N_{u0}}{A_0} \tag{5-18}$$

$$\sigma_{ux} = N_{ux}\left(\frac{1}{A_0} + \frac{e_x}{W_{0x}}\right) \tag{5-19}$$

$$\sigma_{uy} = N_{uy}\left(\frac{1}{A_0} + \frac{e_y}{W_{0y}}\right) \tag{5-20}$$

$$\sigma_{uxy} = N_{uxy}\left(\frac{1}{A_0} + \frac{e_x}{W_{0x}} + \frac{e_y}{W_{0y}}\right) \tag{5-21}$$

在极限状态下,

$$\sigma_{u0} = \sigma_{ux} = \sigma_{uy} = \sigma_{uxy}$$

由式(5-19):

$$\frac{e_x}{W_{0x}} = \frac{\sigma_{ux}}{N_{ux}} - \frac{1}{A_0} = \frac{\sigma_{u0}}{N_{ux}} - \frac{1}{A_0} = \frac{N_{u0}}{A_0 N_{ux}} - \frac{1}{A_0}$$

由式(5-20):

$$\frac{e_y}{W_{0y}} = \frac{\sigma_{uy}}{N_{uy}} - \frac{1}{A_0} = \frac{\sigma_{u0}}{N_{uy}} - \frac{1}{A_0} = \frac{N_{u0}}{A_0 N_{uy}} - \frac{1}{A_0}$$

将以上 $\dfrac{e_x}{W_{0x}}$、$\dfrac{e_y}{W_{0y}}$ 代入式(5-21),得:

$$\sigma_{uxy} = N_{uxy}\left(\frac{1}{A_0} + \frac{N_{u0}}{A_0 N_{ux}} - \frac{1}{A_0} + \frac{N_{u0}}{A_0 N_{uy}} - \frac{1}{A_0}\right) = \frac{N_{uxy}}{A_0}\left(\frac{N_{u0}}{N_{ux}} + \frac{N_{u0}}{N_{uy}} - 1\right) \tag{5-22}$$

在式(5-22)两边乘以 A_0,得:

$$\sigma_{uxy}A_0 = \sigma_{u0}A_0 = N_{u0} = N_{uxy}\left(\frac{N_{u0}}{N_{ux}} + \frac{N_{u0}}{N_{uy}} - 1\right) \tag{5-23}$$

将式（5-23）除以 N_{u0}，得：

$$N_{uxy}\left(\frac{1}{N_{ux}} + \frac{1}{N_{uy}} - \frac{1}{N_{u0}}\right) = 1$$

移项后

$$\frac{1}{N_{uxy}} = \frac{1}{N_{ux}} + \frac{1}{N_{uy}} - \frac{1}{N_{u0}}$$

N_{uxy} 应大于或等于双向偏心荷载轴向力设计值 $\gamma_0 N_d$，于是：

$$\frac{1}{\gamma_0 N_d} \geqslant \frac{1}{N_{uxy}} = \frac{1}{N_{ux}} + \frac{1}{N_{uy}} - \frac{1}{N_{u0}}$$

移项即得本条式（5.3.11）：

$$\gamma_0 N_d \leqslant \frac{1}{\dfrac{1}{N_{ux}} + \dfrac{1}{N_{uy}} - \dfrac{1}{N_{u0}}} \tag{5-24}$$

5.4 受拉构件

5.4.3、5.4.4 这两条参照了现行《规范 GB 50010》的规定。

对沿周边均匀配置纵向钢筋的圆形截面钢筋混凝土偏心受拉构件,其正截面承载力基本符合 $\dfrac{N_d}{N_{ud}} + \dfrac{M_d}{M_{ud}} = 1$ 的变化规律,且略偏于安全;此公式改写后即为式（5.4.4）,试验表明:它也适用于对称配筋矩形截面钢筋混凝土双向偏心受拉构件。将 $\dfrac{e_0}{M_{ud}} = \sqrt{\left(\dfrac{e_{0x}}{M_{ux}}\right)^2 + \left(\dfrac{e_{0y}}{M_{uy}}\right)^2}$ 代入式（5.4.4）,获得式（5.4.3）。

5.5 受扭构件

5.5.1 矩形截面纯扭构件极限扭矩的计算,目前有变角度空间桁架和斜弯曲两种计算理论和模型。箱形截面当其壁厚与相应壁高（或壁宽）之比达到一定数值后,也可与矩形截面一样计算。按照上述两种理论计算可以得出相同的极限扭矩:

$$T_u = 2\sqrt{\zeta}\frac{f_{sv}A_{sv1}A_{cor}}{s_v} \tag{5-25}$$

式中,参数 ξ 是受扭的纵向钢筋与箍筋的配筋强度比,等于:

$$\zeta = \frac{f_{sd}A_{st}s_v}{f_{sv}A_{sv1}U_{cor}} \tag{5-26}$$

ζ 具有表征受扭构件破坏裂缝与构件纵轴线倾角 α 的几何意义。《桥规 JTJ 023—85》假定 α 一般呈现约45°,而变角度空间桁架计算模型取斜压杆倾角 α 并非定值45°,按下列公式计算:

$$\tan\alpha = \sqrt{\frac{1}{\zeta}} = \sqrt{\frac{f_{sv}A_{sv1}U_{cor}}{f_{sd}A_{st}s_{v}}} \qquad (5\text{-}27)$$

当 $\alpha = 45°$ 时,$\zeta = 1$,则由式(5-26)得:

$$\frac{f_{sv}A_{sv1}}{s_{v}} = \frac{f_{sd}A_{st}}{U_{cor}}$$

将和上面的关系代入式(5-25),可得如下两种形式:

$$T_{u} = 2\frac{f_{sv}A_{sv1}A_{cor}}{s_{v}} \qquad (5\text{-}28)$$

$$T_{u} = 2\frac{f_{sd}A_{st}A_{cor}}{U_{cor}} \qquad (5\text{-}29)$$

将符号换为《桥规 JTJ 023—85》的符号,式(5-28)、式(5-29)就是《桥规 JTJ 023—85》第 4.1.23 条式(4.1.23-1)、式(4.1.23-2)。也就是说,《桥规 JTJ 023—85》矩形截面纯扭构件极限扭矩的计算公式,是按 $\alpha = 45°$、$\zeta = 1$ 的假定推导出来的。但《桥规 JTJ 023—85》和式(5-25)均未考虑混凝土的抗扭作用。

试验表明,《桥规 JTJ 023—85》的计算公式,当构件的配筋率较低时,由于没有考虑混凝土的抗扭作用,偏于保守;当配筋率较高时,由于纵向钢筋和箍筋不能同时屈服,计算值又偏高。因此,需要对《桥规 JTJ 023—85》的计算公式作必要的修正。除了上述螺旋形破坏裂缝的倾角 α 进行修正外,不少学者认为极限扭矩的计算公式中还应反映试验中观测到的混凝土强度的影响,建议采用如下的计算模式:

$$T_{u} = T_{c} + \alpha_{t}\frac{f_{sv}A_{sv1}A_{cor}}{s_{v}} \qquad (5\text{-}30)$$

公式右边第一项 T_{c} 为混凝土的抗扭承载力,第二项为钢筋的抗扭承载力。本条所列式(5.5.1-1)的这两项均取自国家标准《GBJ 10—89 规范》,反映混凝土抗扭的第一项取开裂扭矩 T_{cr}(取 $0.7f_{td}W_{t}$ 的 50%),而第二项反映钢筋抗扭作用的系数 α_{t} 取 $1.2\sqrt{\zeta}$。总的抗扭能力取试验数据的偏下值。试验表明,当式中的 ζ 值在 $0.5 \sim 2.0$ 范围时,钢筋混凝土构件破坏时纵向钢筋和箍筋基本上能同时屈服,为稳妥起见,取限制条件 $0.6 \leqslant \zeta \leqslant 1.7$。$\zeta = 1.2$ 左右为钢筋达到屈服的最佳值。因截面内力平衡的需要,不对称布置的纵向钢筋在计算中只取对称布置的纵向钢筋截面面积。

对钢筋混凝土箱形截面纯扭构件承载力的计算,本规范参照国外规范,其第一项混凝土抗扭承载力乘以 β_{a}(取 $4\frac{t_{2}}{b}$ 或 $4\frac{t_{1}}{h}$ 两者较小值,并不大于 1)予以折减。

预应力混凝土纯扭构件的试验表明,预应力提高抗扭承载力的前提是纵向钢筋不能屈服,当预加力产生的混凝土法向应力不超出规定的限值时,纯扭构件抗扭承载力可提高 $0.08\frac{N_{p0}}{A_{0}}W_{t}$。考虑到实际上应力分布不均匀等不利影响,规范只取提高值 $0.05\frac{N_{p0}}{A_{0}}W_{t}$,且仅限于偏心距 $e_{p0} \leqslant h/6$ 的情况。在计算 ζ 时,不考虑预应力钢筋的作用。

试验还表明，预应力承载力的有利作用应有所限制，故此当 $N_{p0} > 0.3f_{cd}A_0$ 时，应取 $N_{p0} = 0.3f_{cd}A_0$。

在扭矩作用下的钢筋混凝土结构或构件，若扭矩系由荷载直接引起，并可由静力平衡条件求得，一般称为平衡扭转；若扭矩系由结构或相邻构件间的转动受到约束所引起，并由转动变形的连续条件所决定，一般称为协调扭转或附加扭转。由于后者的连续变形可引起内力重分布，对设计的扭矩起到折减作用。本节规定的抗扭计算公式均未考虑协调扭矩或附加扭矩，也即本规范有关受扭构件的计算仅适用于平衡扭转。

5.5.2 本条式(5.5.2-1)是假定钢筋混凝土构件矩形截面进入全塑性状态时，出现与截面各边成45°剪应力界限分布区，形成的剪力流 τ_t 对截面的扭转中心取矩导得的。由平衡条件可得（图5-5）：

$$T = \left\{ 2\frac{b}{2}(h-b)\frac{b}{4} + 4\frac{b}{2}\frac{b}{2}\frac{1}{2}\frac{b}{3} + 2\frac{b}{2}\frac{b}{2}\left[\frac{2}{3}\frac{b}{2} + \frac{1}{2}(h-b)\right] \right\}\tau_T$$

$$= \frac{b^2}{6}(3h-b)\tau_T$$

因此
$$W_t = \frac{b^2}{6}(3h-b) \tag{5-31}$$

箱形截面的受扭塑性抵抗矩，按上述公式计算实心矩形截面与箱室空心矩形截面之差。

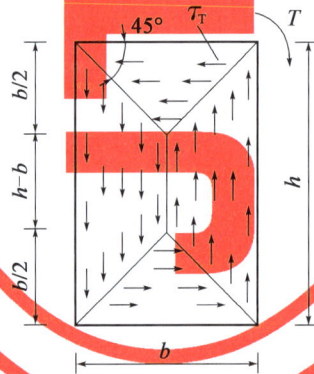

图5-5　剪力流分布图

5.5.3 试验表明，受扭构件当抗扭钢筋配置过多时，可能出现混凝土被压坏而钢筋达不到屈服强度，必须限制截面的最小尺寸。也就是使截面混凝土剪应力不超过某一限值，类似构件斜截面抗剪承载力计算时的上限值。对弯剪扭构件，由于其受力的复杂性，目前只能将扭矩产生的剪应力与弯剪产生的剪应力叠加起来，使其总和不超过混凝土强度的规定限值。本条规定的限值基本维持《桥规 JTJ 023—85》的水平。在设计中，当由剪扭产生的剪应力超过规范式(5.5.3-1)规定的限值时，就应修改构件截面尺寸或提高混凝土强度等级。

本条式(5.5.3-2)类似于构件斜截面抗剪计算的下限值，按该公式计算并满足限值的要求时,构件可不配置抗扭钢筋。但为了防止脆断和保证构件破坏时具有一定延性,仍应按本规范第9.3.13条构造要求配筋。式(5.5.3-2)规定限值与《桥规 JTJ 023—85》相近。

5.5.4 目前,钢筋混凝土剪扭构件的承载力一般按受扭构件承载力和受剪构件承载力分别进行计算,然后叠加起来。但是共同承受剪扭的构件,其剪力和扭矩对构件内的混凝土和箍筋均有一定影响。如果采取简单地叠加,对箍筋和混凝土尤其是混凝土是偏于不安全的。试验表明,构件在剪扭共同作用下,其截面的某一受压区域内承受剪切和扭转应力的双重作用,这必将降低构件内混凝土的抗剪和抗扭能力。由于受扭构件受力情况比较复杂,目前采取箍筋所承担的承载力进行简单叠加,而混凝土的承载力则在受剪构件和受扭构件承载力的计算公式中均引入一个剪扭构件混凝土承载力的降低系数 β_t。本规范计算 β_t 的式(5.5.4-3)取自《GBJ 10—89 规范》,它是根据剪扭构件计算所得的剪扭承载力相关曲线接近于按试验所得的剪扭相关曲线,并进行适当简化而得的,现说明如下:

无腹筋和有腹筋的剪扭构件试验研究后认为,剪扭构件中其混凝土所能承受的强度,若以(T_c/T_{co},V_c/V_{co})为无量纲坐标,其剪扭试验值的相关曲线接近于 1/4 圆的规律性,由此可画出剪扭构件混凝土强度相关关系,如图 5-6 所示。上述 T_c 和 V_c 为有腹筋剪扭构件中混凝土所能承受的抗扭和抗剪强度;T_{co} 和 V_{co} 为有腹筋纯扭构件中和有腹筋受弯构件中混凝土所能承受的抗扭强度和抗剪强度。为简化计算,将在图 5-6 中 1/4 圆曲线 EF 近似地以 EG、GH、HF 三折线来代替,将 GH 延长交于坐标轴 C 及 D,并取 $\angle OCD = 45°$,则 $CE = DF = b$。

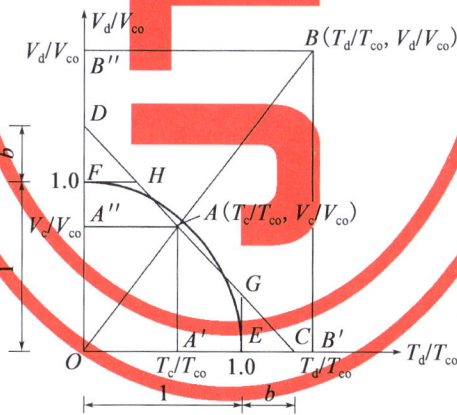

图 5-6　剪扭构件混凝土强度相关关系

由 $\Delta AA'C$ 可得:

$$\frac{\dfrac{V_c}{V_{co}}}{1 + b - \dfrac{T_c}{T_{co}}} = 1$$

则

$$V_c = 1 + b - \frac{T_c}{T_{co}} \tag{5-32}$$

又因 $\Delta OAA'' \approx \Delta OBB''$，得：

$$\frac{\dfrac{V_c}{V_{co}}}{\dfrac{V_d}{V_{co}}} = \frac{\dfrac{T_c}{T_{co}}}{\dfrac{T_d}{T_{co}}}$$

因此

$$\frac{V_c}{V_d} = \frac{T_c}{T_d} \tag{5-33}$$

将式（5-32）代入式（5-33），得：

$$\frac{T_c}{T_d} = \left[1 + b - \frac{T_c}{T_{co}} \right] \frac{V_{co}}{V_d}$$

整理后得：

$$T_c = \frac{(1+b)V_{co}}{\dfrac{V_d}{T_d} + \dfrac{V_{co}}{T_{co}}} \tag{5-34}$$

将式（5-32）代入式（5-33），得：

$$V_c = \left[(1+b) - \frac{(1+b)}{\dfrac{V_d}{T_d} + \dfrac{V_{co}}{T_{co}}} \frac{V_{co}}{T_{co}} \right] V_{co} = \left[(1+b) - \frac{(1+b)}{1 + \dfrac{V_d}{T_d} \dfrac{T_{co}}{V_{co}}} \right] V_{co}$$

令

$$\beta_t = \frac{1+b}{1 + \dfrac{V_d}{T_d} \dfrac{T_{co}}{V_{co}}} \tag{5-35}$$

则

$$V_c = (1 + b - \beta_t) V_{co} \tag{5-36}$$

由式（5-34）可导出：

则

$$T_c = \frac{1+b}{1 + \dfrac{V_d}{T_d} \dfrac{T_{co}}{V_{co}}} T_{co} = \beta_t T_{co} \tag{5-37}$$

取式（5-36）、式（5-37）中 $b = 0.5$，可算出 $\dfrac{V_d}{V_0} \sim \dfrac{T_d}{T_0}$ 相关曲线与试验所得相关曲线吻合最好。此处，V_d 和 T_d 为有腹筋剪扭构件的抗剪和抗扭荷载设计值；V_0 和 T_0 为有腹筋受弯构件所能承受的抗剪和纯扭构件所能承受的抗扭强度。

《GBJ 10—89 规范》对有腹筋受弯构件混凝土的抗剪强度取 $V_{co} = 0.07 f_c b h_0$（f_c 相当于本规范的 f_{cd}）；对有腹筋纯扭构件混凝土的抗扭强度取 $T_{co} = 0.35 f_t W_t$（f_t 相当于本规范的 f_{td}），并 $f_t \approx 0.1 f_c$，$b = 0.5$，代入式（5-35），得：

$$\beta_t = \frac{1.5}{1 + 0.5 \dfrac{V_d}{T_d} \dfrac{W_t}{b h_0}} \tag{5-38}$$

对预应力混凝土构件，混凝土抗扭承载力的降低系数 β_t 可不计预应力影响。

将 β_t 分别代入式（5-36）和式（5-37），得：

$$V_c = 0.07(1.5 - \beta_t)f_c bh_0 \qquad (5\text{-}39)$$

$$T_c = 0.35\beta_t f_t W_t \qquad (5\text{-}40)$$

这就是《GBJ 10—89 规范》有腹筋剪扭构件混凝土的抗剪和抗扭承载力的计算公式（箍筋抗剪和抗扭承载力取与受弯构件抗剪和纯扭构件抗扭相同）。本规范对剪扭构件承载力未作专门研究，其中抗扭承载力录自该规范；但剪扭构件中以受弯构件为基础的抗剪承载力，本规范长期以来一向采用两项积（混凝土和箍筋共同抗剪，不分项计算）公式，不能直接套用《GBJ 10—89 规范》只对混凝土项进行折减的公式，需作适当调整。经对各种构件的计算比较，将剪扭构件抗剪折减系数由 $(1.5 - \beta_t)$ 改为 $(10 - 2\beta_t)/20$，使本规范按总抗剪值折减的降低值占总抗剪值的百分数，与《GBJ 10—89 规范》按混凝土抗剪值折减的降低值占总抗剪值的百分数大致接近。

5.5.5 T 形、工形和带翼缘箱形截面的钢筋混凝土受扭构件，在承载力的计算中可将其截面划分为几个矩形截面。划分的原则是：先按截面总高度划出腹板或矩形箱体，然后再划出受压翼缘和受拉翼缘。T 形或 I 形截面受纯扭构件的试验表明，破坏时第一条斜裂缝首先出现在腹板侧面中部，当腹板宽度大于翼缘厚度时，如将悬出翼缘部分去掉，可看出腹板侧面裂缝与顶面裂缝基本相连，形成了断断续续、相互贯通的螺旋形斜裂缝，也即腹板裂缝的形成受翼缘的影响不大，其自身具有独立性。依此，可将腹板和翼缘分开分别进行抗扭计算。划分出的腹板或矩形箱体按剪扭构件计算；受压翼缘和受拉翼缘不考虑受剪仅按纯扭构件计算。试验同时表明，对于配有闭合式箍筋的翼缘，其截面抗扭承载力是随翼缘悬出部分的增加而提高。但悬出部分过大，翼缘与腹板连接时整体刚度减弱，同时受弯变形后翼缘易于断裂，因此，翼缘的抗扭作用因悬出部分过大反而显著降低。本规范取悬出长度不超过其厚度的 3 倍。每个矩形基本单元体所承受的扭矩设计值，按其截面受扭塑性抵抗矩与总截面的受扭塑性抵抗矩的比值从构件总扭矩中分担。

受压翼缘受扭塑性抵抗矩的计算公式 $W'_{tf} = \dfrac{h'^2_f}{2}(b'_f - b)$ 作如下说明：按本规范式 (5.5.2-1)，矩形截面受扭塑性抵抗矩为 $W_t = \dfrac{b^2}{6}(3h - b)$，该式可写为 $\alpha b^2 h$，$\alpha = \dfrac{1}{6}\left(3 - \dfrac{b}{h}\right)$，$\alpha$ 为与截面短边 b 对长边 l 的比值有关的系数，翼缘截面狭长，对全塑性材料，可令 $b/h = 0$，则 $\alpha = \dfrac{1}{2}$，$W_t = \dfrac{1}{2}b^2 h$；就翼缘而言，$W'_{tf} = \dfrac{h'^2_f}{2}(b'_f - b)$，$h'_f$ 为翼缘短边，$(b'_f - b)$ 为翼缘长边。

5.5.6 在实际桥梁工程中，真正纯扭构件或剪扭构件是很少的，大多是同时承受弯矩、剪力和扭矩的构件。这些弯剪扭构件的配筋按本规范第 5.5.5 条规定，可划分为几个矩形截面分别计算和配置。例如，抗弯纵向钢筋应按受弯构件正截面抗弯承载力计算所需的钢筋截面面积，配置在受拉区边缘；矩形截面或 T 形、工形截面腹板及带翼缘箱形截面的矩形箱体,应按剪扭构件计算,由抗扭承载力计算所需的纵向钢筋截面面积沿腹板或矩形箱体周边均匀对称布置,而箍筋则为按斜截面抗剪承载力和抗扭承载力计算所需截面面积之和布置;T形、工形和带翼缘箱形截面的受压翼缘或受拉翼缘,应按纯扭构件的抗扭承载力计算所需的纵向钢筋和箍筋截面面积,其中纵向钢筋沿翼缘周边均匀对称布置。

5.6 受冲切构件

5.6.1 本条是关于不配置抗冲切钢筋的钢筋混凝土板抗冲切承载力计算的规定。公式(5.6.1)中的0.7是经验系数;β_h是考虑板的抗冲切承载力随板厚的增大而降低所设立的截面高度尺寸效应系数;对于腹内配有预应力钢筋的板,考虑预加应力可以阻止斜裂缝的出现和开展,增加混凝土剪压区的高度,有利于板的抗冲切作用,因而在公式中增加了这项有利的因素。

5.6.2 在实际工程中,当单靠混凝土抗冲切不能满足要求或增加板厚有困难时,仅提高混凝土强度等级并不能合理地解决冲切承载力的问题,此时需要设置抗冲切钢筋。试验资料表明,配置抗冲切钢筋后板的抗冲切承载力有明显增加;它的位置应布置在集中荷载作用面的附近,否则,抗冲切承载力提高不显著;此外,抗冲切钢筋的锚固也很重要,锚固不好将影响其强度的充分发挥。

试验研究表明,配有抗冲切钢筋的混凝土板,其破坏形态和受力特性与有腹筋的受弯构件相似,当抗冲切钢筋达到一定数量后,板的抗冲切承载力几乎不再提高。因此,需要对抗冲切钢筋加以限制,也就是对板的受冲切截面加以限制,就像对受弯构件抗剪截面进行限制一样。国内外规范对此都作了一些规定,即配置抗冲切钢筋的板的最大抗冲切承载力不超过不配抗冲切钢筋的板的抗冲切承载力的1.5倍。这样,一般可以充分发挥抗冲切钢筋的作用,避免使用阶段过宽的斜裂缝。

国外研究资料认为,在各种形式的抗冲切钢筋中,以箍筋和弯起钢筋的效果较好。箍筋或弯起钢筋应布置在斜裂缝可能出现的地方。在配有抗冲切钢筋的混凝土板中,由于斜裂缝的出现和开展,使混凝土的抗冲切能力有所降低,斜裂缝出现时的荷载大约为未配置抗冲切钢筋混凝土板冲切破坏荷载的一半。

在冲切破坏锥体以外不需要配置抗冲切钢筋的截面,尚需按混凝土板进行抗冲切验算,以防止冲切破坏在该处提前发生。此时,计算最不利周长取在冲切破坏锥体以外$0.5h_0$处。

5.7 局部承压构件

5.7.1 本条基本保持了原规范的表达形式,对部分参数作下列说明:

（1）在计算混凝土局部承压提高系数β值时,A_l和A_b均不扣除孔道面积。同时,考虑了实际工程中常用的带有喇叭管的锚具垫板A_{ln}的取值,此值来自以往工程设计和实践经验。

（2）高强度的混凝土，其局部承压强度提高系数，无论是极限承载力阶段还是开裂阶段，都比普通强度的混凝土要低，本规范用修正系数 η_s 来考虑这个随混凝土强度等级（C50～C80）提高而降低的影响。

（3）荷载和材料均采用设计值，对后张法构件锚头局压区预应力分项系数取为 1.2。

5.7.2 本条基本保持了原规范的表达形式，对部分参数作下列说明：

（1）计算局部承压提高系数 β_{cor} 时，A_{cor} 和 A_l 也不扣除预留孔道面积。

（2）式(5.7.2-1)右边第二项引入间接钢筋影响系数 k，以表示间接钢筋局部承压强度提高系数随混凝土强度等级的提高而降低。

6 持久状况正常使用极限状态计算

6.1 一般规定

6.1.1 正常使用极限状态设计应按作用频遇组合和作用准永久组合计算作用效应；作用频遇组合为永久作用标准值与主导可变作用频遇值、伴随可变作用准永久值的组合，与原规范的短期效应组合类同；作用准永久组合为永久作用标准值与主导可变作用准永久值的组合，与原规范的长期效应组合类同。

一般认为，汽车荷载是公路桥梁的主导活载，本条明确规定在正常使用极限状态计算中可不计冲击作用。

6.1.2 全预应力混凝土构件，在作用频遇组合作用下构件任何截面的受拉边缘不允许出现拉应力，因此需要保持较大的预应力度。部分预应力混凝土构件，意味着在作用频遇组合作用下控制截面受拉边缘已出现拉应力或裂缝，与全预应力构件比较，此时的预应力度有所降低。预应力度的降低，表示预应力钢筋可以少用，这是设计部分预应力构件的目的之一。部分预应力的 A 类构件，其控制截面受拉边缘的拉应力受到限制；拉应力超过限值直到出现裂缝均属于部分预应力 B 类构件。

部分预应力不但改善构件预压区的受力状况，节省预应力钢材甚至降低构件高度，而且避免出现梁的过大反拱，尤其跨径较小而活载较大的桥梁，更能收到好处。部分预应力即使是允许开裂的 B 类构件，在桥梁使用期内的大部时间，其裂缝是闭合的。只有荷载达到设计最大值的短时间内构件才可能开裂。按照本规范的规定，部分预应力构件必须进行混合配筋，一般预应力钢筋设置在非预应力钢筋里面，只要设计合理，预应力钢筋不致因裂缝遭受腐蚀。

6.1.3 《大跨径预应力混凝土梁式桥设计施工技术指南》（张喜刚，2012）梳理了箱梁桥的典型裂缝，分析了混凝土开裂与应力指标的关系，如表6-1。不考虑材料、施工温度、施工工艺等不可控因素，从结构设计计算方面，表6.1.3能够保证箱梁抗裂性验算的完整性。

6.1.4 本条关于预应力钢筋张拉控制应力的规定，与原规范相比有下列变化：

（1）多年来的实践证明，体内预应力钢丝和钢绞线采用原规范的张拉控制应力，在设计与施工上均未出现问题。所以，本规范关于体内预应力钢丝和钢绞线的张拉控制应力仍维持原规范的规定。

表 6-1　箱梁的典型裂缝与对应的应力指标

裂 缝 示 意	应 力 指 标
桥墩处顶板横向裂缝、腹板上缘竖向裂缝	箱梁负弯矩引起的纵向正应力
跨中处底板横向裂缝、腹板下缘竖向裂缝	箱梁正弯矩引起的纵向正应力
顶板在腹板处的纵向裂缝	桥面板局部负弯矩引起的横向正应力
顶板在跨中处的纵向裂缝	桥面板局部正弯矩引起的横向正应力
底板在腹板处的纵向裂缝	预应力钢束外崩力引起的横向正应力
底板在跨中处的纵向裂缝	预应力钢束外崩力引起的横向正应力
$L/4 \sim 3L/4$ 跨区域贯通顶板、腹板、底板的螺旋状裂缝	顶板主拉应力
	底板主拉应力
$L/4$ 跨及梁端处腹板斜裂缝	腹板主拉应力

（2）体外预应力钢绞线的张拉控制应力与其预应力损失、活载应力增量和使用阶段拉应力限值密切相关。以 30m、50m 和 75m 梁桥为样本，控制使用阶段体外预应力钢绞线的应力不超过 $0.60f_{pk}$，推算得到体外预应力钢绞线的张拉控制应力取 $0.68f_{pk}$ ~ $0.71f_{pk}$。因此，本规范规定体外预应力钢绞线的张拉控制应力取 $0.70f_{pk}$。

（3）在预应力螺纹钢筋张拉时，存在钢筋断裂现象，另参考现行《混凝土结构设计规范》（GB 50010），适当降低了预应力螺纹钢筋的张拉控制应力。

需要指出，本规范规定的张拉控制应力，对后张法构件是指梁体内锚下的钢筋应力；当梁端设有锚圈时，锚圈张拉控制应力为锚下钢筋应力加上锚圈口应力损失值；如锚圈口应力损失较大，则锚圈张拉控制应力也不能超过本条规定的最大值，例如钢丝和钢绞线不能超过 $0.8f_{pk}$。这里所谓的锚圈张拉控制应力，是指当张拉钢筋时千斤顶油压表不受其他因素干扰时，就是油压表显示的总张拉力除以预应力钢筋截面面积所得的应力值。

6.1.6 本条列出了由预加力引起的混凝土法向应力的计算公式。

（1）先张法构件只用于简支结构，所以预加力的压力线与预应力钢筋的重心线是重合的，计算截面混凝土应力可以用一般偏心受压构件的公式。

（2）后张法体内预应力混凝土构件，当为简支梁时，仍可参照先张法构件采用偏心受压构件的公式；当为连续梁等超静定结构时，由于预加力对超静定梁引起的结构变形受到支座的约束，将产生支座次反力，次反力又引起次弯矩，使得沿梁长各个截面内混凝土应力的分布重心（预加力的压力线）与预应力钢筋的中心线不在同一平面上，如果仍用偏心受压构件的公式计算混凝土应力，则应采用混凝土压力中心对净截面重心轴的偏心距，而不是采用预应力钢筋中心线对净截面重心轴的偏心距。因此，后张法体内预应力混凝土连续梁等超静定结构，不但要考虑次弯矩的作用，而且要单独计算混凝土的法向应力。

（3）后张法体内和体外混合预应力混凝土构件，参照后张法体内预应力混凝土构件，计算由预加力引起的混凝土法向应力。

6.1.7 本条列出了预应力钢筋和普通钢筋合力及其偏心距的计算公式。当预应力混凝土构件中配置了普通钢筋，由于混凝土收缩和徐变的影响，使普通钢筋产生与预压力相反的内力，减少了受拉区混凝土的预压应力，降低了构件的抗裂性能，计算时需加考虑。为简化计算，假定普通钢筋的应力等于混凝土收缩和徐变引起的预应力损失值，这种简化计算当预应力钢筋和普通钢筋重心位置不重合时是有误差的。

6.1.8 在先张法预应力混凝土构件的端部锚固区段（不计图 5.1 中端部失效部分），由于受预应力钢筋锚固传递应力的影响，预应力钢筋的实际应力是按曲线规律变化的，但可以近似地假定在钢筋传递长度范围内按直线变化。本条表 6.1.8 中预应力钢筋的传递长度 l_{tr}（mm）系按式（6-1）计算求得：

$$l_{tr} = \beta \frac{\sigma_{pe}}{f_{tk}} d \tag{6-1}$$

式中：σ_{pe}——放张时预应力钢筋的有效预应力值；

β——预应力钢筋外形系数，七股钢绞线，$\beta = 0.16$；螺旋肋钢丝，$\beta = 0.14$；

f_{tk}——混凝土轴心抗拉强度标准值；

d——预应力钢丝、钢绞线的公称直径（mm），见本规范第 3.2.1 条条文说明表 3-2，当用束筋时取等效直径 $\sqrt{n}\,d$，n 为单筋根数，d 为单根预应力钢丝、钢绞线的直径。

表 6.1.8 中的预应力传递长度 l_{tr} 是按该表给定的混凝土强度等级和有效预应力值 σ_{pe} 求得，实际工程中当预应力钢筋放张时混凝土强度等级不正好是表列值时，其预应力传递长度应按相应的两级之间以直线插入求出；当有效预应力值也非表列值时，则其预应力传递长度应在插入求出的基础上，再按实际的 σ_{pe} 与表列 σ_{pe} 的比例增减。

6.2　钢筋预应力损失

6.2.1　本条所列 $\sigma_{l1} \sim \sigma_{l6}$ 是预应力混凝土构件计算中常遇的预应力损失，对桥梁正常使用极限状态设计具有重要影响，而各项损失又涉及多方面因素，情况较为复杂。因此，这里需要特别指出，各项预应力损失值应首先考虑采用结合工程具体条件由试验确定的数据，对一些大工程尤其需要这样做。当无条件进行试验或无可靠的实测资料时，才取用本规范给出的数据和计算方法。

本规范未给出的其他预应力损失，如预应力钢筋与锚圈口之间摩擦、先张法台座变形引起的损失等，当计算需要时，要求预先通过试验确定，或采用生产厂家及施工单位常年积累的数据。

6.2.2　在公式（6.2.2）中，按抛物线、圆弧曲线变化的空间曲线及可分段后叠加的广义空间曲线，夹角之和 θ 可按下列近似公式计算：

（1）抛弧线、圆弧曲线

$$\theta = \sqrt{\alpha_v^2 + \alpha_h^2} \tag{6-2}$$

（2）广义空间曲线

$$\theta = \sum \sqrt{\Delta\alpha_v^2 + \Delta\alpha_h^2} \tag{6-3}$$

式中：α_v、α_h——按照抛物线、圆弧曲线变化的空间曲线预应力钢筋在竖直方向、水平方向投影所形成抛物线、圆弧曲线的弯转角；

$\Delta\alpha_v$、$\Delta\alpha_h$——广义空间曲线预应力钢筋在竖直方向、水平方向投影所形成分段曲线的弯转角增量。

在本次修订时，查阅了国内外文献，对比了参数 μ 和 k 的取值，并结合已有的试验数据和实桥施工监控成果，考虑到国内当前施工水平，即波纹管逐节段拼接定位、平直度误差及局部漏浆等因素的影响，适当放大了参数 μ 和 k 的取值：塑料波纹管摩擦系数 μ 由原规范规定的 0.14 ~ 0.17 调整为 0.15 ~ 0.20。

在本次修订时，参考厂家提供的数据，补充了体外预应力钢绞线的 μ 值和 k 值。

6.2.3 本条及本规范附录 G 关于由锚具变形和钢筋回缩等引起的预应力损失的计算，与原规范基本相同，仅修改了带螺帽锚具的螺帽缝隙：当采用一次张拉锚固时，Δl 取 $2 \sim 3\text{mm}$；当采用二次张拉锚固时，Δl 取 1mm。

6.2.4 本条计算 σ_{l3} 的公式与原规范相同。这是一个普通的材料力学公式，是设定预应力钢筋的线膨胀系数 $\alpha_c = 1 \times 10^{-5}/{}^\circ\text{C}$、弹性模量 $E_p = 2.0 \times 10^5 \text{ MPa}$ 建立的。本规范给出的钢丝弹性模量为 2.05×10^5，钢绞线的弹性模量为 1.95×10^5，两者平均值为 2.0×10^5，所以符合原规范的本意。

先张法构件加热养护时，由钢筋与台座温差引起的预应力损失，只是在钢筋与混凝土尚未粘结的情况下才能发生；当钢筋与混凝土一旦粘结共同工作后，就不再发生因温差引起的预应力损失。利用这个关系，采用分阶段的养护措施，可以减少钢筋的应力损失：第一阶段用低温养护，温差控制在 20℃ 左右，以此计算预应力损失；待混凝土达到某一强度，其与钢筋的粘结力足以抗衡温差变形，钢筋应力不再损失，再进行第二阶段的高温养护。

6.2.5 先张法构件一般采用预应力直线钢筋，且放张时所有预应力钢筋几乎同时被割断。计算式（6.2.5-2）中钢筋重心处由全部钢筋预应力产生的混凝土法向预压应力 σ_{pc} 时，预应力钢筋的有效预应力值 σ_{pe} 取 $\sigma_{con} - \sigma_{l2} - \sigma_{l3} - 0.5\sigma_{l5}$。

后张法构件，往往配置很多纵向预应力钢筋，其中有较多预应力钢筋要弯起，而且它们总是逐束张拉的，按式（6.2.5-1）计算预应力损失，首先要计算每束后批张拉的预应力钢筋在完成张拉钢筋的重心处产生的混凝土法向预压应力 $\Delta\sigma_{pc}$，这是一个繁琐的计算过程，除非利用电算程序，手工计算是有一定难度的。

为此，本规范给出一个计算后张法构件由混凝土弹性压缩引起的预应力损失的简便方法，列于本规范附录 H。该方法是假定每束预应力钢筋的预加力相同，且取它们弹性压缩损失的平均值建立起来的，所以是一个近似的简化方法。假设后批张拉钢筋在完成张拉钢筋重心处产生混凝土预压应力为 $\Delta\sigma_{pc}$，相应的混凝土压应变为 $\Delta\sigma_{pc}/E_c$，显然，完成张拉钢筋也有相同的应变，从而形成预应力损失：

$$\sigma_{l4} = E_p \frac{\Delta\sigma_{pc}}{E_c} = \alpha_{EP}\Delta\sigma_{pc} \qquad (6\text{-}4)$$

如有 m 束预应力钢筋，则第 i 束钢筋的弹性压缩损失将由其后批张拉的 $(m-i)$ 束钢筋所引起，如果 m 束钢筋是同类型的，而且假定所有钢筋均位于全部钢筋重心处，则第 i 束钢筋的预应力损失为：

$$\sigma_{l4(i)} = (m-i)\alpha_{EP}\Delta\sigma_{pc} \qquad (6\text{-}5)$$

式中，$\Delta\sigma_{pc}$ 为全部钢筋重心处，由张拉一束钢筋产生的混凝土法向压应力。

显而易见，m 束钢筋的弹性压缩损失是各不相同的，最先张拉的一束钢筋损失最大，

$\sigma_{l4(1)}=(m-1)\alpha_{EP}\Delta\sigma_{pc}$，最后张拉的一束钢筋没有损失 $\sigma_{l4(m)}=(m-m)\alpha_{EP}\Delta\sigma_{pc}=0$。简化计算时，取 m 束(根)钢筋的弹性压缩损失平均值：

$$\sigma_{l4}=\left[\sigma_{l4(1)}+\sigma_{l4(2)}+\cdots+\sigma_{l4(m)}\right]/m=\sum_{i=1}^{m}\sigma_{l4(i)}/m$$

$$=\sum_{i=1}^{m}(m-i)\alpha_{EP}\Delta\sigma_{pc}/m=\alpha_{EP}\Delta\sigma_{pc}\sum_{i=1}^{m}(m-i)/m$$

$$=\frac{m}{2}\alpha_{EP}\Delta\sigma_{pc} \tag{6-6}$$

这就是本规范附录 H 所列计算钢筋弹性压缩应力损失的公式。

这里对如何计算钢筋重心处混凝土法向预压应力，作两点补充说明。

（1）在确定 $\Delta\sigma_{pc}$ 或 σ_{pc} 时，预应力钢筋的有效预应力值 σ_{pe} 取 $\sigma_{con}-\sigma_{l1}-\sigma_{l2}$；

（2）当预应力钢筋弯起后，对于沿梁长方向各个不同截面，$\Delta\sigma_{pc}$ 是有差异的，计算时有两种取法。本规范取按应力计算需要控制的截面，因为这些截面的几何特性、预应力损失等均有现成的数据，可以利用；铁路规范则规定，简支梁取跨径 1/4 截面上的 $\Delta\sigma_{pc}$，连续梁、连续刚构取若干有代表性截面上 $\Delta\sigma_{pc}$ 的平均值。

6.2.6 关于预应力钢筋的松弛损失，原上海铁道学院作了深入研究，经 7 年试验分析后提出下列钢丝、钢绞线松弛损失终极值的计算公式为：

$$\sigma_{l5}=\psi\left(0.52\frac{\sigma_{pe}}{f_{pk}}-0.26\right)\sigma_{pe} \tag{6-7}$$

该式仅适用于普通松弛的钢丝和钢绞线。通过公路桥梁跨径为 10~20m 的预应力混凝土空心板和跨径为 25~50m 的预应力混凝土简支梁的实例计算，当一次张拉时，$\sigma_{pe}/f_{pk}=0.63~0.68$，损失终极值 $\sigma_{l5}=(0.07~0.093)\sigma_{pe}$。而现行国家标准关于普通松弛钢丝和钢绞线，其在初始应力为 $0.7f_{pk}$、1 000h 的松弛率不大于 8%。两者相比之下，式(6-7)是可以接受的。该式当 $\sigma_{pe}/f_{pk}=0.5$ 时，$\sigma_{l5}=0$。

目前，实际工程中大量使用低松弛的钢丝和钢绞线，为了适应这种实际情况的需要，本规范将式(6-7)再乘以钢筋松弛系数 ξ，即为：

$$\sigma_{l5}=\psi\xi\left(0.52\frac{\sigma_{pe}}{f_{pk}}-0.26\right)\sigma_{pe} \tag{6-8}$$

据徐金声等著的《现代预应力混凝土楼盖结构》中介绍，低松弛钢丝、钢绞线的应力松弛值约为普通松弛的 1/4；有关预应力混凝土用钢丝、钢绞线的现行国家标准则规定前者为后者的 0.31，为安全起见，本规范取 $\xi=0.3$。

预应力螺纹钢筋的松弛损失值，根据以往的设计经验，采用《桥规 JTJ 023—85》冷拉钢筋的规定值。

当需计算钢筋阶段松弛损失时，本规范附录 C 给出了钢筋松弛损失中间值与终极值的比值。该比值摘自铁道部有关资料，只适用于钢丝和钢绞线。

6.2.7 本条中式(6.2.7-1)、式(6.2.7-2)分别用于计算构件受拉区和受压区均配置纵向预应力钢筋时的预应力损失值。对泵送混凝土,其收缩、徐变引起的预应力损失值宜根据实际情况适当增大。

6.3 抗裂验算

6.3.1 长期以来,公路桥梁预应力混凝土构件的抗裂验算,都是以构件混凝土的拉应力是否超过规定的限值来表示的,分为构件正截面抗裂验算和斜截面抗裂验算。

（1）正截面抗裂验算

对于 A 类预应力混凝土构件,在长期荷载下的抗裂验算本规范规定为 $\sigma_{lt} - \sigma_{pc} \leq 0$,此处 σ_{lt} 为作用准永久组合下产生的构件混凝土边缘的法向拉应力。作用准永久组合仅包括结构自重和直接施加的活载,不考虑间接施加的其他作用。

在正截面抗裂中还应考虑允许开裂的 B 类构件,尽管它在作用频遇组合下是开裂的,但仍希望在结构自重作用下控制截面受拉边缘不出现拉应力。

（2）斜截面抗裂验算

预应力混凝土桥梁的腹部出现斜裂缝是不能自动闭合的,它不像构件的正截面裂缝,在使用阶段的多数情况下是闭合的。因此,对构件的斜截面抗裂应更严格些,也更应引起设计人员的重视。无论哪类受弯构件均不希望出现斜裂缝,本规范都要求进行斜截面抗裂验算。由于梁体内有预应力存在,尤其是后张法预应力混凝土构件,预应力钢筋可合理地布置,对大跨径桥梁,在主拉应力较大的梁段,往往设置了竖向预应力钢筋,能大大抵消由作用引起的主拉应力,因而也容易满足斜截面抗裂的要求。

但是也应该指出,试验统计表明,混凝土抗拉强度的离散性是很大的,规范中混凝土的抗拉强度按 95% 保证率取其标准值(《桥规 JTJ 023—85》按 85% 保证率取值),如果施工不十分重视混凝土质量,或设计也考虑得不周全,则将使实际桥梁的主拉应力超出规范规定值的概率大大地增加。国内外规范对混凝土主拉应力的限制大体在接近的水平上,例如,《GBJ 10—89 规范》规定,严格要求不出现裂缝的构件,$\sigma_{tp} \leq 0.85 f_{tk}$;一般要求不出现裂缝的构件,$\sigma_{tp} \leq 0.95 f_{tk}$;铁路规范规定 $\sigma_{tp} \leq f_{tk}$,而《桥规 JTJ 023—85》规定 $\sigma_{tp} \leq 0.8 f_{tk}$。公路规范低于国内其他两本规范。按照上述规定,无论是铁路桥梁或是建筑结构,多年来都不曾听到有不良反映,公路桥梁一般也是正常的。但是,近年来不时传来在公路大跨径连续梁和连续刚构桥上发生斜裂缝的消息,个别桥梁甚至在施工阶段就已发生。斜裂缝具有规律性,说明桥梁实际主拉应力已超过混凝土的极限拉应力。尽管这些斜裂缝多半是稳定的,不致引起桥梁的安全事故,但它损坏了桥梁外观,可能造成人们心理上的不安。为此,本规范根据对这些桥梁的调查分析资料,在消除或减轻可能引起病害的原因方面作些补充规定或提出更严格的规定。

本条第 2 款是斜截面主拉应力限值的规定,其中 σ_{tp} 是按本规范第 6.3.3 条公式计算的,在作用(或荷载)频遇组合下的混凝土主拉应力,对于预应力混凝土连续梁和连续刚构,除了考虑直接施加于桥梁的荷载如恒载、汽车外,还应考虑间接作用如日照温差、混凝土收缩和徐变等影响,但是由于箱形截面主拉应力形成的复杂性,在实际计算中不是把所有的不利因素都考虑在内,因而桥梁实际存在的应力往往比计算的大。近年来也修建了大量的受力简单的简支梁,无论是先张法或后张法,极少听说出现有规律性的斜裂缝,说明这类桥梁在承受主拉应力上不存在问题。因此,本规范在确定主拉应力限值方面分两种情况对待。对工地现浇的多数是跨径较大的连续梁桥和连续刚构桥,吸取近年来修建的不曾发生斜裂缝的一些桥梁的设计经验,全预应力混凝土桥梁将其主拉应力限制在大约1.0MPa左右,即$\sigma_{tp} \leqslant 0.4f_{tk}$,A类和B类预应力混凝土构件适当放宽至$\sigma_{tp} \leqslant 0.5f_{tk}$;对于预制的大多跨径较小的桥梁,根据多方面意见,其主拉应力限值比《桥规 JTJ 023—85》也有一定程度降低。

6.3.3 本条基本与原规范的规定相同。近年在新建的大跨径预应力箱形截面连续梁和连续刚构中出现不少有规律的斜裂缝,这些桥都配有竖向预应力钢筋,在设计中它们对克服主拉应力起到很大作用。计算分析表明,如果这些竖向预应力钢筋不能充分发挥,桥梁腹板的主拉应力就将超过规范规定的限值,有可能出现斜裂缝。调查表明,竖向预应力钢筋一般施工质量不理想,甚至发现几乎失效的情况,由它引起的混凝土竖向压应力很可能达不到计算值。考虑到目前的这些现实情况,同时也考虑竖向预应力较困难的施工条件,本规范仍沿用了原规范在计算σ_{cy}的公式乘以0.6的折减系数。同时,在本规范第9.4.1条中规定了竖向预应力钢筋的纵向间距为500~1 000mm。调查同时发现,在连续梁和连续刚构桥边孔的现浇梁段,以往设计时为照顾施工方便大多配置了直线预应力钢筋,而这些梁段也均出现斜裂缝。为此,本规范在第9.4.7条规定了这些梁段中需配置曲线预应力钢筋,以发挥曲线筋对减小主拉应力的作用。

本条中式(6.3.3-2)右边第2项是计算由作用频遇组合产生在主拉应力点的混凝土法向应力,式中用M_s代表作用频遇组合值。但是,有些作用产生的效应不仅有弯矩M而且还有轴向力N,它们对主应力点的法向应力都有影响。因此,对这些作用应单独计算主应力点的法向应力,再与其他作用产生的法向应力叠加。

原规范规定在计算竖向应力时,仅考虑竖向预应力钢筋的预加力效应。本次修编参照《预应力混凝土梁式桥梁设计施工技术指南》(鲍卫刚,2009),还考虑了横向预应力钢筋的预加力、横向温度梯度和汽车荷载,这些作用按照频遇组合计算。

6.4 裂缝宽度验算

6.4.2 本条裂缝宽度的限值,是指在作用频遇组合并考虑长期效应的影响下构件的垂直裂缝,不包括施工中混凝土收缩过大、养护不当及渗入氯盐过多等引起的其他非受力裂缝。对裂缝宽度的限制,应从保证结构耐久性、钢筋不被锈蚀及过宽的裂缝影响结构外观、引起人们心理上的不安等因素考虑。但如采取切实措施,在施工上保证混凝土的密实性,在设计上采用必要的保护层厚度,要比用计算控制构件的裂缝宽度重要得多。

B类预应力混凝土构件,应有选择地使用,地处有侵蚀物质严重影响的桥梁,不应采用B类预应力混凝土构件。

6.4.3 本条中式(6.4.3)是通过对影响混凝土构件裂缝宽度因素的分析及国际上的统一认识,在原规范计算公式的基础上进一步改进后得到的。其中,钢筋配筋率由原规范采用的构件截面纵向受拉钢筋配筋率 ρ,改为纵向受拉钢筋的有效配筋率 ρ_{te}。

对于圆形截面钢筋混凝土构件裂缝宽度的计算,原规范采用了不同于矩形、T 形和 I 形截面构件的公式,考虑到本规范的裂缝宽度公式本身是一个根据试验得到的经验公式,为统一起见,本次规范修订圆形截面构件的裂缝宽度计算也采用式(6.4.3),只是纵向受拉钢筋和有效钢筋配筋率的计算公式不同,见第 6.4.5 条。

为了与钢筋混凝土构件统一,预应力混凝土受弯构件的裂缝验算也采用了式(6.4.3)。但公式中 E_s 改为 E_p,预应力钢筋的应力 σ_{ss} 取截面消压后钢筋的应力增量。

6.4.4 本条列出了构件开裂截面纵向受拉钢筋的应力 σ_{ss} 的计算公式。

（1）矩形、T 形和 I 形截面钢筋混凝土构件的应力

钢筋混凝土受弯构件的钢筋应力,仍沿用了《桥规 JTJ 023—85》的计算公式,其裂缝截面的内力臂采用 $0.87h_0$,多年来的使用结果证明,效果很好;其他钢筋混凝土受力构件及预应力混凝土受弯构件钢筋应力的计算公式沿用了原规范的规定。

钢筋混凝土偏心受拉构件钢筋应力的计算公式,是由轴向拉力 N_s 与截面内力对受压区钢筋合力点取矩建立起来的,不论是大偏心受拉或小偏心受拉都用这个公式,开裂截面的内力臂均采用 $Z = h_0 - a'_s$,是近似的。

钢筋混凝土偏心受压构件钢筋应力的计算公式是由轴向压力 N_s 与截面内力对截面受压区合力点取矩建立起来。钢筋混凝土偏心受压构件,当 $l_0/h > 14$ 时,试验表明应考虑构件挠曲对轴向力偏心距的影响,可近似地采用式(5.3.9-1)。但构件处于裂缝受力阶段,该公式中作用偏心率和构件长细比对截面曲率的影响系数 ζ_1 和 ζ_2 可不考虑,均令其等于 1.0;控制截面的曲率也不能取用承载能力极限状态时曲率,参照《GBJ 10—89 规范》取其 1/2.85。

（2）圆形截面钢筋混凝土偏压构件

原规范通过试验给出了圆形截面钢筋混凝土大偏心受压构件最大钢筋应力的计算公式,计算中发现受混凝土强度等级的影响很大。实际上,由于混凝土弹性模量随混凝土强度等级的变化幅度比较小,纵向钢筋应力不应随混凝土强度等级有较大的变化。本规范第 6.4.4 条中,钢筋混凝土矩形、T 形和 I 形截面构件钢筋应力的简化计算公式均与混凝土强度等级无关。基于钢筋混凝土构件正截面分析采用的平截面假定,编写组研究推导得到圆形截面钢筋混凝土大偏心受压构件最大钢筋应力的计算公式,但公式是两个超越方程构成的非线性方程组,工程应用困难。分析方程组解析解的简化计算公式,再通过圆形截面构件裂缝宽度的试验结果对公式的参数进行校正,提出了规范中的钢筋应力计算公式。

（3）预应力混凝土受弯构件

预应力混凝土受弯构件受拉钢筋应力的计算公式,与钢筋混凝土偏心受压构件钢筋

应力的计算公式相类似,它也是由内、外力对受压区合力点取矩建立的,只是所计算的钢筋应力是应力增量,需要在外力 M_s 中减去预应力钢筋和普通钢筋合力点处混凝土法向预应力等于零时的合力斤 N_{p0} 所形成的力矩 $N_{p0}(Z-e_p)$;此外,对预应力混凝土连续梁等超静定结构,尚应考虑由预加力引起的次弯矩 M_{p2}。钢筋混凝土偏心受压构件和预应力混凝土受弯构件裂缝截面的内力臂 Z,本规范采用同一模式。

6.4.5 矩形、T 形和 I 形截面钢筋混凝土构件的有效钢筋配筋率按纵向受拉钢筋截面重心到构件截面受拉边缘距离的 2 倍确定;但对于圆形截面钢筋混凝土偏心受压构件,纵向钢筋的拉应力不同,如图 6-1 所示,到中性轴的距离越远,钢筋的拉应力越大,对裂缝的约束作用越强,而中性轴的另一侧为压应力。按照圆周上均匀化钢筋对裂缝的约束作用与到中性轴距离成正比的原则,通过理论分析,得到约束裂缝钢筋的有效面积,再与图 6-1 中阴影区的面积相除,得到式(6.4.5-2)表示的圆形钢筋混凝土构件的有效配筋率计算公式。公式中的系数 β 反映了纵向受拉钢筋对裂缝的贡献,与图 6-1 中的半压力角 ϕ 有关,而 ϕ 与构件的受力状态有关。经过数值分析,给出计算 β 的简化公式。

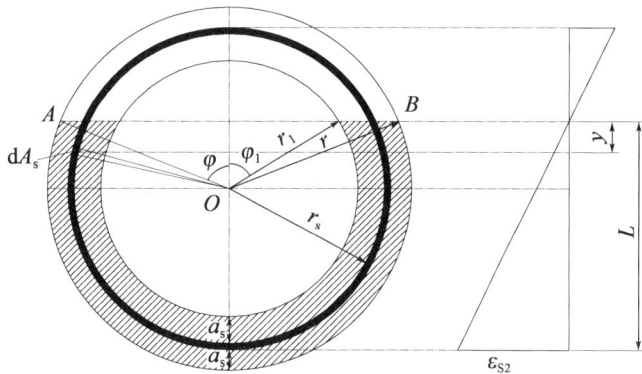

图 6-1 圆形截面构件的有效受拉区

6.5 挠度验算

6.5.2 本规范计算钢筋混凝土受弯构件的挠度时,采用式(6.5.2-1)计算等效截面的刚度,该公式来自东南大学有关研究资料。据介绍,对 198 根钢筋混凝土受弯构件的统计,试验值与计算值比值的平均值 $\mu=1.106$,标准差 $\sigma=0.153$,变异系数 $\delta=0.138$。

将一根带裂缝的受弯构件视为一根不等刚度的构件[图 6-2a)],裂缝处刚度最小,两裂缝间刚度最大,图 6-2b)实线表示截面刚度变化规律。为便于分析,取一个其长度为 l_{tr} 的裂缝区段,近似地分解为 $\alpha_1 l_{tr}$ 整体截面区段和 $\alpha_2 l_{tr}$ 开裂截面区段[图 6-2c)]。根据试验分析,α_1 和 α_2 与开裂弯矩 M_{cr} 和截面上所受弯矩 M_s 的比值有关,可按下列公式确定:

$$\alpha_1 = \left(\frac{M_{cr}}{M_s}\right)^2 \tag{6-9}$$

$$\alpha_2 = 1 - \left(\frac{M_{cr}}{M_s}\right)^2 \tag{6-10}$$

把图 6-2c)变刚度构件等效为[图 6-2d)]等刚度构件,采用结构力学方法,按在端部弯矩作用下构件转角相等的原则,可求得等刚度受弯构件的等效刚度 B。

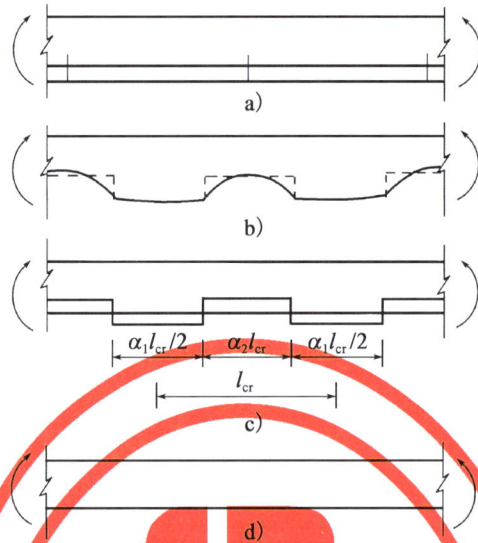

图 6-2 构件截面等效示意

根据图 6-2c)所示变截面构件,求出裂缝区段两端截面的相对转角 θ_1:

$$\theta_1 = \frac{\alpha_1 l_{cr} M_s}{B_0} + \frac{\alpha_2 l_{cr} M_s}{B_{cr}}$$ (6-11)

根据图 6-2d)所示等截面构件,求出裂缝区段两端截面的相对转角 θ_2:

$$\theta_2 = l_{cr} \frac{M_s}{B}$$ (6-12)

令 $\theta_1 = \theta_2$,可得:

$$\frac{1}{B} = \frac{\alpha_1}{B_0} + \frac{\alpha_2}{B_{cr}}$$ (6-13)

将式(6-9)、式(6-10)代入式(6-13),整理后得:

$$B = \frac{B_0}{\left(\frac{M_{cr}}{M_s}\right)^2 + \left[1 - \left(\frac{M_{cr}}{M_s}\right)^2\right]\frac{B_0}{B_{cr}}}$$ (6-14)

式中,开裂弯矩 $M_{cr} = \gamma f_{tk} W_0$。

对于允许开裂的预应力混凝土受弯构件,据东南大学研究资料介绍,如将 $M_{cr} = M_0 + M_{cr,r}$ 代入式(6-14)(M_0 为消压弯矩,$M_{cr,r}$ 为对应于开裂预应力混凝土受弯构件的非预应力混凝土受弯构件的开裂弯矩),并根据试验资料进行适当修正,也可得到与钢筋混凝土构件统一的预应力混凝土受弯构件等效截面的抗弯刚度。但是,通过对公路桥梁现有受弯构件的试算,按此等效刚度计算的挠度,比按《桥规 JTJ 023—85》计算的大得多。因此,本规范仍保留《桥规 JTJ 023—85》的计算方法,只根据多座预应力混凝土公路桥梁的实桥试验,将构件刚度作适当调整。

6.5.3 本规范在计算受弯构件挠度时考虑了荷载长期效应的影响,并以弹性挠度乘以挠度长期增长系数表示。即随着时间的增长,构件的刚度要降低,挠度要增大。这是因为:受压区混凝土发生徐变;受拉区裂缝间混凝土与钢筋之间的黏结逐渐退出工作,钢筋平均应变增大;受压区与受拉区混凝土收缩不一致,构件曲率增大;以及混凝土弹性模量降低等。

本条挠度长期增长系数 η_θ 来自 1985 年《部分预应力混凝土结构设计建议》中的下列公式:

$$\eta_\theta = \frac{M_l\theta + (M_s - M_l)}{M_s} \tag{6-15}$$

为便于计算进行以下简化:

式中 M_l 和 M_s 的比值,在公路桥梁常遇的恒、活载比例下平均约为 $M_l/M_s = 0.56$,即取平均值 $M_l = 0.56M_s$。

式中 θ 为荷载长期作用下挠度增长影响系数,对钢筋混凝土受弯构件,θ 与受压区纵向钢筋配筋率 ρ' 有关,当 $\rho' = 0$ 时,取 $\theta = 2.0$。公路桥梁钢筋混凝土受弯构件通常不配受压区纵向受力钢筋或配置少量钢筋,可近似地取 $\theta = 2.0$;预应力混凝土受弯构件一般也取 $\theta = 2.0$,这对允许开裂的 B 类构件偏高,但属安全方面;C50 及以上的高强混凝土 徐变较小,构件挠度增长也较少,同时受压区钢筋对减少长期挠度的效果较差,按《高强混凝土结构设计与施工指南》,当 $\rho' = 0$ 时,$\theta = 1.85 \sim 1.65$。

将 $M_l = 0.56M_s$ 及 θ 值代入式(6-15),经调整后即可得本条钢筋混凝土及预应力混凝土受弯构件的挠度长期增长系数 η_θ。考虑到本规范的挠度限值仍保持《桥规 JTJ 023—85》的规定,而计入荷载长期效应影响后挠度计算值增加了,尤其是预应力混凝土构件,故将高强的混凝土 η_θ 的取值,由最低限的 C50 改为 C40,把一部分预应力混凝土受弯构件包括在内,即 C40 时,$\eta_\theta = 1.45$;C80 时,$\eta_\theta = 1.35$,中间强度等级按直线插入取值。

6.5.5 梁的挠度验算并使其计算值不超过规范规定的限值,这是检验梁是否具有足够的刚度。而梁的预拱度设置则是谋求桥梁建成后有一个平顺行车的条件。因此,梁的预拱度也是设计人员应该认真考虑的问题。

钢筋混凝土桥梁的预拱度设置的原则是:当由结构自重和静活载产生的挠度超过 $l/1\ 600$ 时,应设置预拱度,其值为结构自重和半个活荷载挠度的挠度。这样,桥梁建成后梁的跨中可维持半个活荷载挠度的上拱度,侧面观察也比较美观。本规范的预拱度设置,考虑了荷载长期效应的影响。

一般认为预应力混凝土梁总是向上拱曲,无须设置预拱度。这对全预应力混凝土桥梁也许是对的,因为全预应力混凝土梁的预应力度 $\lambda = M_0/M_s \geqslant 1$,消压弯矩 M_0 始终大大地超过结构自重引起的弯矩。但对部分预应力混凝土梁,尤其是允许开裂的预应力混凝土梁,梁的上拱度将大为减小,如果桥梁的恒活载比例较大时,随时间增长而梁有可能逐渐向下挠曲。因此,预应力混凝土梁在必要时也要设置预拱度。本规范按下列两种情况考虑:

（1）当预应力产生的长期反拱值大于按荷载频遇组合计算的长期挠度时,此时梁的上拱值已经很大,在消除结构自重的长期挠度后,桥梁仍保持大于活载频遇值长期挠度的上拱值,无须设置预拱度,而且要考虑预加应力反拱值过大对桥梁造成不利影响。当桥梁的恒活载比例较小时,发生这种不利影响的可能性就较大。因此,桥梁设计阶段要充分预计到这种情况,采取适当措施例如降低预应力度或反预拱等。

（2）当预加应力的长期反拱值小于按荷载频遇组合计算的长期挠度时,此时在消除结构自重的长期挠度后桥梁的上拱值很小,一般与桥梁跨径不成比例,需要设置预拱度,其值取用荷载频遇组合的长期挠度值与预加应力长期反拱值之差,即使桥梁的上拱值保持活载频遇值的长期挠度值。

6.5.6 公路桥梁一般情况下不计算施工阶段的构件挠度。但有些大跨径桥梁施工期相对较长,当采用悬臂浇筑或预制拼装施工方法时,需要计算悬臂端挠度以便加以控制。此时,混凝土的收缩、徐变未达到终极值,需根据加载龄期和计算挠度龄期进行计算。

7 持久状况和短暂状况构件的应力计算

7.1 持久状况预应力混凝土构件应力计算

7.1.1 预应力混凝土构件由于施加预应力以后截面应力状态较为复杂,按照以往公路桥梁设计惯例,除了计算构件承载力外,还要计算弹性阶段的构件应力。这些应力包括正截面混凝土的法向压应力、钢筋的拉应力和斜截面混凝土的主压应力。构件应力计算实质上是构件的强度计算,是对构件承载力计算的补充。计算时作用取其标准值,汽车荷载应计入冲击系数,预加应力效应应考虑在内,所有荷载分项系数均取为1.0。对预应力混凝土简支结构,只计算预加应力引起的主效应;预应力混凝土连续梁等超静定结构,除此之外尚应计算预加应力、温度作用等其他可变作用引起的次效应。

7.1.4 预应力混凝土受弯构件开裂截面的应力计算,可把在外弯矩 M_k 和预应力钢筋及非预应力钢筋合力 N_{p0} 作用下的受弯构件,转化为仅有一距截面重心轴 e_{0N} 的轴向力 N_{p0} 作用的偏心受压构件进行。对后张法预应力混凝土连续梁等超静定结构,上述外弯矩 M_k 应包括所有作用引起的弯矩,此外,还应加入由预加应力引起的次弯矩 M_{p2}。

由本规范图 7.1.4 得:

$$N_{p0}(h_{ps} + e_N) = M_k \pm M_{p2} \qquad (7-1)$$

$$e_N = \frac{M_k \pm M_{p2}}{N_{p0}} - h_{ps} \qquad (7-2)$$

式中:h_{ps}——预应力钢筋及非预应力钢筋合力点至受压区边缘的距离;

e_N——偏心压力 N_{p0} 至受压区边缘的距离。

本条中式(7.1.4-1)、式(7.1.4-5)为一般的材料力学公式。

配置在受拉区的非预应力钢筋,截面消压后出现的拉应力不大,本条不再列计算公式。

7.1.5 本条给出了预应力混凝土受弯构件按第7.1.2条、第7.1.3条和第7.1.4条计算的应力叠加,以及叠加后的应力限值。

使用阶段构件受压区混凝土的最大压应力,对不开裂构件应是由作用标准值组合引起的压应力 σ_{kc} 与由预加应力引起的预拉区混凝土拉应力 σ_{pt} 的代数和;对开裂构件则为由作用标准值组合引起的开裂截面混凝土压应力 σ_{cc}。

构件受拉区预应力钢筋的最大拉应力,对不开裂构件应是扣除全部预应力损失后预应力钢筋的有效预应力 σ_{pe} 与由作用标准值组合引起的钢筋应力 σ_p 之和;对开裂构件则为预应力钢筋合力点处混凝土法向应力等于零时的预应力钢筋的有效预应力 σ_{p0} 与由作用标准值组合引起的开裂截面预应力钢筋应力增量 σ_p 之和;体外预应力钢绞线取扣除全部预应力损失后预应力钢筋的有效预应力 $\sigma_{pe,ex}$。

混凝土最大压应力均为混凝土抗压强度标准值的 0.5 倍,钢丝和钢绞线均为其抗拉强度标准值的 0.65 倍,上述最大应力的限值与《桥规 JTJ 023—85》相当。

在本次修订中,补充了体外预应力钢绞线的应力限值,体外预应力体系的疲劳性能是决定体外预应力钢绞线在使用阶段应力限值的主要因素,不仅要考虑体外预应力钢绞线在汽车荷载作用下的疲劳应力幅,还要考虑锚具、转向器处等局部受力的不确定性,世界各国规范对此应力限值的规定有较大的不同,如表 7-1 所示。参考体内预应力钢绞线的拉应力限值,考虑体外预应力钢绞线体系疲劳性能,规定其限值为 $0.60f_{pk}$;适当降低了预应力螺纹钢筋的拉应力限值,原规范规定为 $0.80f_{pk}$,本规范修订为 $0.75f_{pk}$。

表 7-1　国际主要规范对持久状况体外预应力钢绞线拉应力限值的规定

规范	美国	日本	德国	法国
拉应力限值	$0.72f_{pk}$	$0.70f_{pk}$	$0.70f_{pk}$	$0.60f_{pk}$

7.1.6　本条作了下列两项规定:

(1) 关于预应力混凝土受弯构件斜截面主压应力的计算及其限值的规定。这项计算及规定是防止构件腹板在预加应力和使用阶段作用下被压坏,作为斜截面抗剪承载力的补充;过高的主压应力也会导致斜截面抗裂能力的降低。

(2) 按弹性阶段计算构件腹部的主拉应力,并按规定设置箍筋及计算箍筋数量,作为构件斜截面抗剪承载力计算的补充。按本条计算的箍筋用量应与斜截面抗剪承载力计算的箍筋用量进行比较,实际取用两者较多者。

7.2　短暂状况构件的应力计算

7.2.1　本节关于构件短暂状况的应力计算,实属构件弹性阶段的强度计算,施工荷载采用标准组合,但有特别规定者除外。短暂状况一般不进行正常使用极限状态计算,可以通过施工措施或构造布置来弥补,防止构件过大变形或出现不必要的裂缝。

7.2.3　构件施加预应力时,混凝土要达到一定的强度和弹性模量。

(1) 混凝土的收缩和徐变处于初期,过早施加预应力,将引起较大的预应力损失,一方面不能充分利用预应力,另一方面有可能引起构件微裂缝,降低构件抗裂性能。

(2) 目前有些施工单位为加快施工进度,常在混凝土中掺入早强剂,这样,混凝土强度很快达到要求,但混凝土的弹性模量未相应提高,施加预应力后构件出现很大变形。

本条参照《公路桥涵施工技术规范》(JTG/T F50—2011)第 7.7.4 条和第 7.8.5 条的

规定,施加预应力时混凝土强度要求调整为80%,另补充了对弹性模量的要求。

7.2.4~7.2.6 这几条是关于短暂状况钢筋混凝土受弯构件的应力计算及应力限值的规定。说明如下:

（1）所有正截面和斜截面的应力计算,均系用弹性阶段钢筋混凝土结构的计算公式,有关弹性阶段受弯构件的基本假定都适用。

（2）当受压区配有纵向钢筋时,在计算受压区高度 x_0 和惯性矩 I_{cr} 公式中的受压钢筋的应力应符合 $\alpha_{ES}\alpha'_{cc} \leqslant f'_{sd}$ 的条件;当 $\alpha_{ES}\alpha'_{cc} > f'_{sd}$ 时,则各公式中所含的 $\alpha_{ES}A'_s$ 应以 $\dfrac{f'_{sd}}{\sigma'_{cc}}A'_s$ 代替,此处,f'_{sd} 为受压钢筋强度设计值,σ'_{cc} 为受压钢筋合力点相应的混凝土压应力。当受拉区配置有多层钢筋时,在计算开裂换算截面惯性矩的公式中所含 $\alpha_{ES}A_s(h_0 - x_0)^2$ 项,应用 $\alpha_{ES}\sum_{i=1}^{n} A_{si}(h_{0i} - x_0)^2$ 代替,此处 n 为受拉钢筋层数,A_{si} 为第 i 层全部钢筋的截面面积,h_{0i} 为第 i 层钢筋 A_{si} 重心至受压区边缘的距离。

7.2.8 本条规定了预应力混凝土受弯构件,在预施应力阶段预压区和预拉区混凝土法向应力的限值。预压区和预拉区系指施加预应力时形成的压应力区和拉应力区。

预压区边缘混凝土的压应力限值,是吸取国内施工经验和参考国内外规范确定的,也是《桥规 JTJ 023—85》的规定值,将高强的混凝土和普通强度的混凝土合并为一个限值。预压区混凝土应力过高,不但出现过大上拱度,而且沿构件纵向可能出现裂缝。多年的实践证明,规范规定是恰当的。

预拉区混凝土边缘的拉应力 σ'_{ct} 不应超过 $1.15f'_{tk}$,$1.15f'_{tk}$ 是《桥规 JTJ 023—85》的规定值。当 $\sigma'_{ct} \leqslant 0.7f'_{tk}$ 时,尽管混凝土质量有保证时,预拉区一般不会出现裂缝,但对于受拉的混凝土,由于混凝土抗拉强度离散性较大,仍应配置一定数量的纵向钢筋,以分布可能发生的裂缝,这比《桥规 JTJ 023—85》的要求有所提高。当 $\sigma'_{ct} = 1.15f'_{tk}$ 时,仍小于 $\gamma f'_{tk}$。从理论上讲一般不会开裂,但拉应力已较高,如预施应力不准确或混凝土拉应变的离散性过大等,出现裂缝的可能性很大,更需配置较多的纵向钢筋。

预拉区配置的纵向钢筋,其直径尽可能地小些,有利于将裂缝均匀地分布。

8 构件计算的规定

8.1 组合式受弯构件

8.1.1 本节组合式受弯构件系指施工时把预制构件作为支撑,在其上浇筑混凝土层并与其组合的受弯构件。

8.1.3 在计算组合式受弯构件时,应考虑现浇混凝土层及预制构件两者收缩差引起的应力,其计算方法相当于现浇混凝土层内降温若干度,计算原理与反温差计算类同。

8.1.6 试验表明,影响组合梁结合面受剪承载力的主要因素为混凝土强度、箍筋配筋率和钢筋抗拉强度。根据试验数据,当箍筋配筋率大于或等于 0.001 时,对抗剪作用影响较大,其近似回归式为:

$$\frac{\tau_u}{f_{cd}} = 0.14 + \rho_{sv}\frac{f_{sd}}{f_{cd}} \tag{8-1}$$

式中:τ_u——结合面极限剪应力;

$\quad f_{sd}$——箍筋抗拉强度设计值;

$\quad f_{cd}$——混凝土轴心抗压强度设计值;

$\quad \rho_{sv}$——箍筋配筋率,$\rho_{sv} = A_{sv}/bs_v$,其中 A_{sv} 为组合梁上竖向截面的箍筋各肢总截面面积,s_v 为箍筋间距,b 为梁的结合面宽。

由图 8-1,斜截面的结合面承受的剪力为 F,支座反力为 V,结合面上的剪应力为 τ,支座至验算截面距离为 a,结合面梁宽为 b,力臂为 z,各力平衡式为:

$$Va = \tau abz$$

于是:
$$\tau = \frac{V}{bz} \tag{8-2}$$

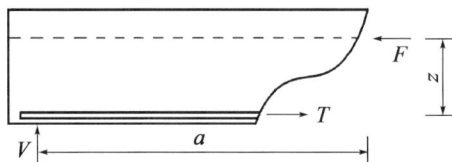

图 8-1 组合梁的结合面受剪图式

F-结合面水平剪力;V-竖向剪力;T-主钢筋拉力;z-内力臂

取 $\tau = \tau_u$,$V = V_d$,$z = 0.85h_0$ 代入式(8-2),再将该式代入式(8-1),且 $\rho_{sv} = A_{sv}/bs_v$,引入

结构重要性系数 γ_0，即得：

$$\gamma_0 V_d \leqslant 0.12 f_{cd} b h_0 + 0.85 f_{sd} \frac{A_{sv}}{s_v} h_0 \tag{8-3}$$

此式即为本条公式(8.1.6)。

8.1.7 本条中式(8.1.7-1)、式(8.1.7-2)参考《美国 AASHTO 规范 14 版》8.16.6.5.3 (英制已换算为 SI 制)制定。

8.1.11 本条公式(8.1.11-1)系考虑组合构件的特点，对本规范第 6.4.3 条内的 C_2 计算式作不同形式的表达。本条公式(8.1.11-2)系参照《混凝土结构设计规范》(GBJ 10—89 规范》)公式(7.5.9-1)制定。公式(8.1.11-2)内限值 $0.75 f_{sk}$，系考虑组合构件在施工阶段，以截面高度小的预制构件承担该阶段全部荷载，使受拉钢筋中的应力比假定用组合构件全截面承担同样荷载为大。这一现象通常称为"受拉钢筋应力超前"。当现浇层达到设计强度从而形成组合构件后，整个截面受 M_{2s} 作用，受拉钢筋又产生应力增量。此时，组合构件受拉钢筋应力仍较截面相同的一般整体构件的受拉钢筋应力为大，并有可能使受拉钢筋在 $M_s = M_{1Gk} + M_{2s}$ 作用下过早达到屈服，故对 σ_{ss} 作出 $0.75 f_{sk}$ 的限值。公式(8.1.11-2)内当 $M_{1Gk} < 0.35 M_{1u}$ 时，取 $h_1 = h$，系参照《GBJ 10—89 规范》第 7.5.9 条规定及汪一骏《混凝土结构(基本构件)》9.3.1 制定。

8.1.12、8.1.13 组合式受弯构件的挠度，较之一般整体构件为大，因此组合式受弯构件的计算刚度，应较一般整体构件为小。参照《GBJ 10—89 规范》第 5.3.3 条内一般受弯构件短期刚度计算公式和第 7.5.15 条内叠合式受弯构件短期刚度计算公式，对之进行对比分析，组合式钢筋混凝土和预应力混凝土受弯构件刚度，按本规范式(6.5.2-1)和式(6.5.2-4)分别乘以 0.9 和 0.85 的折减系数。

8.1.14 组合式受弯构件的挠度长期增长系数，参照《GBJ 10—89 规范》第 5.3.2 条一般受弯构件长期刚度计算与第 7.5.14 条叠合构件长期刚度计算，对之进行对比分析，结合本规范一般受弯构件与组合构件情况，从而确定本条组合构件挠度长期增长系数。

8.1.15 本条参考《GBJ 10—89 规范》第 7.5.13 条制定。

8.2 后张预应力混凝土锚固区

8.2.1 后张预应力混凝土的锚固区受到预应力锚固集中力的作用，存在局部承压和应力扩散问题，是混凝土桥梁中的典型应力扰动区。本条参考《美国 AASHTO LRFD 规范》，进一步将后张锚固区划分为局部区(local zone)和总体区(general zone)两个区域(图 8-2)，以便根据其各自的受力特点分别进行计算。

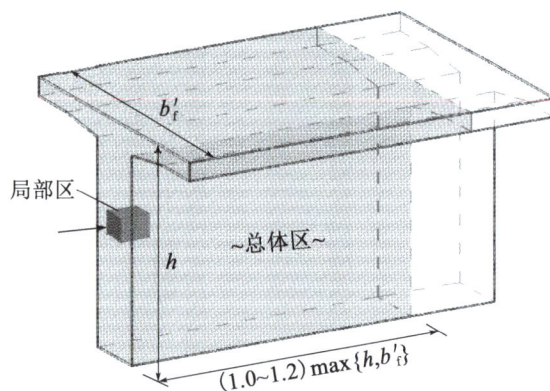

图8-2　总体区和局部区的划分

局部区为锚下直接承受锚固力的区域,其主要关切是三向受压,除进行锚下局部承压验算外,锚具产品还应满足现行《公路桥梁预应力钢绞线用锚具、夹具和连接器》(JT/T 329)中的传力性能试验要求。

总体区的范围为局部区之外的锚固区部分,应关注预应力扩散引起的拉应力,进行抗裂配筋设计。研究表明,满足第 B.3.3 条拉杆承载力验算条件的配筋,可以同时满足抗裂设计要求。本条参考我国《混凝土结构设计规范》(GB 50010—2010)和《美国 AASHTO LRFD 规范》,在计算总体区各受拉部位的拉力设计值时,将锚固力设计值 P_d 取为 1.2 倍张拉控制力;同时,要求在锚固力设计值作用下,受拉钢筋的应力不大于普通钢筋抗拉强度设计值。按上述方法配筋,能够使得锚固区的裂缝宽度满足结构使用性能的要求,裂缝宽度不超过 0.15mm,这是有大量试验根据的。其中,《美国 AASHTO LRFD 规范》参照的是得克萨斯大学的试验研究成果(共 100 余个试件),《混凝土结构设计规范》(GB 50010)参照的是清华大学和中国建筑科学研究院的试验研究成果(共 50 余个试件)。

在后张预应力混凝土端部锚固区的总体区内,存在多个受拉区域:

(1) 锚固力从锚垫板向全截面扩散过程中,会产生横向拉应力(或称劈裂应力),其合力称为劈裂力。从力学原理上理解,端部锚固力可以用两条力流线反映其扩散传递路径,根据力的平衡条件,在压力流的转向区必然存在横向劈裂力,见图 8-3a)。此外,通过开展三维有限元分析,也可以获得沿锚固力作用线的横向应力分布,对横向拉应力区进行积分也可获得劈裂力,见图 8-3b)。

(2) 当锚固力作用在截面核心(使截面上只出现纵向压应力的作用点范围)之外时,锚固区受拉侧边缘还存在纵向拉应力[图 8-4a)],其合力为边缘拉力。

(3) 锚固面压陷在锚固面边缘产生剥裂应力,其合力称为剥裂力[图 8-4b)]。

8.2.2 本条给出了端部锚固区锚下劈裂力的计算方法(图 8-4)。对于 T 梁(或箱梁)的端部锚固区,可将承受端面锚固力的腹板按矩形截面平板看待,偏心距 e 的大小仍从原 T 形(或箱梁)截面形心起算。

拉应力迹线　　压应力迹线

P_d

锚固力中线

劈裂力

压力传递路径

a) 应力迹线与力流线

横向拉应力
（劈裂应力）

P_d

b) 锚固中心线上的横向应力分布

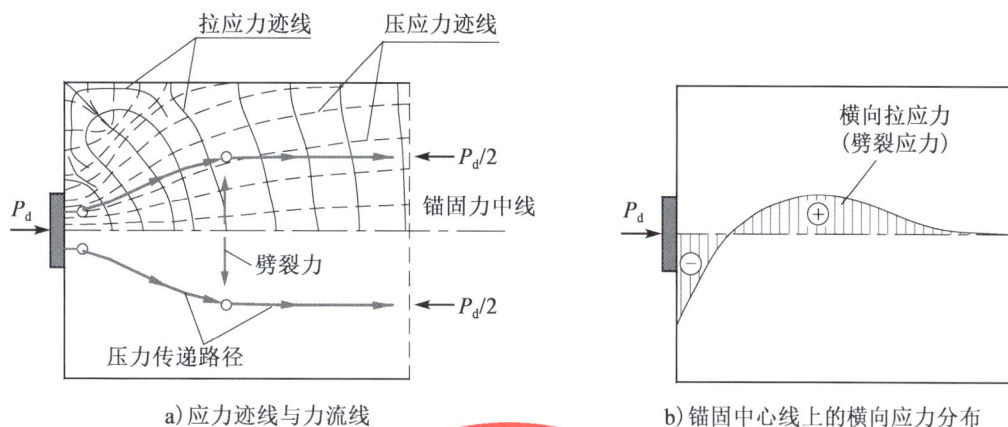

图 8-3　端部锚固区内的劈裂力产生原理

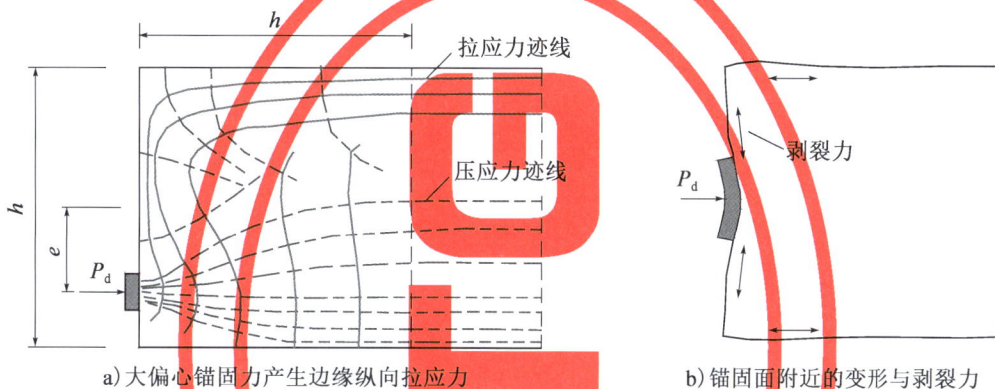

拉应力迹线

压应力迹线

剥裂力

P_d

a) 大偏心锚固力产生边缘纵向拉应力

b) 锚固面附近的变形与剥裂力

图 8-4　端部锚固区内的边缘纵向拉力和剥裂力产生原理

单个锚头引起的劈裂力计算式(8.2.2-1)是在《美国 AASHTO LRFD 规范》相关规定的基础上,进一步考虑锚固偏心距影响,所推导出的修正公式。该公式为锚固主平面内的劈裂力计算公式,当截面高宽比大于 3 时具有足够的计算精度。研究表明,锚固力在宽度方向扩散引起的劈裂应力值小,且分布在锚垫板下局部区范围,不影响主平面内的劈裂力。

劈裂力作用位置 d_b 主要考虑了锚固偏心距和力筋倾角的影响。力筋倾角的正负按图 8-5 进行判断:当锚固力作用线从起点指向截面形心时取正值;当锚固力作用线逐渐远离截面形心时取负值。

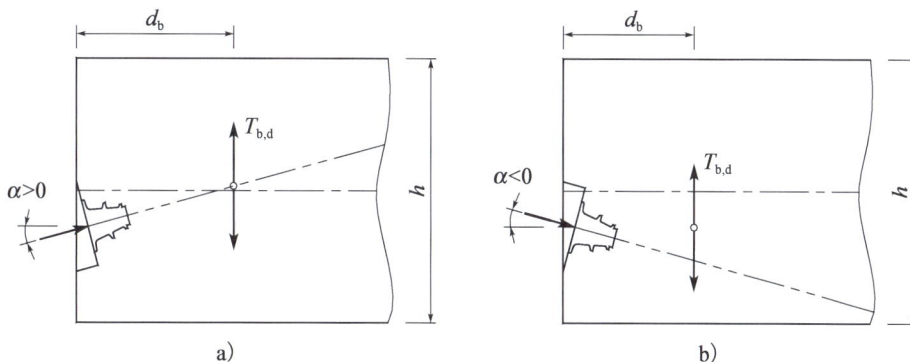

d_b

$T_{b,d}$

$\alpha > 0$

h

a)

d_b

$T_{b,d}$

$\alpha < 0$

h

b)

图 8-5　力筋倾角正负的判断

有限元分析表明,当多个锚固力的间距较近时,可近似认为单个等效锚固力与一组锚固力引起的扩散效应相同。根据《美国 AASHTO LRFD 规范》,当相邻锚固点中心距 s 小于 1.5 倍锚垫板宽度 a 时(即 $s < 1.5a$),可看做一组密集锚头。研究表明,可将该距离要求进一步放宽至 $s < 2a$。

8.2.3 在端部锚固区内,由锚固力引起的局部压陷和周边变形协调要求,会产生表面剥裂应力,其应力峰值可能高达 0.5 倍该锚固力引起的全截面平均压应力,但由表及里迅速衰减。通过对剥裂拉应力在其分布面上的积分,可以得到表面剥裂力(图 8-6),根据莱昂哈特等学者针对多种典型情况的研究,剥裂力的量值一般不超过锚固力的 2%。《美国 AASHTO LRFD 规范》建议根据 0.02 倍最大锚固力进行配筋,以控制表面裂缝的开展。

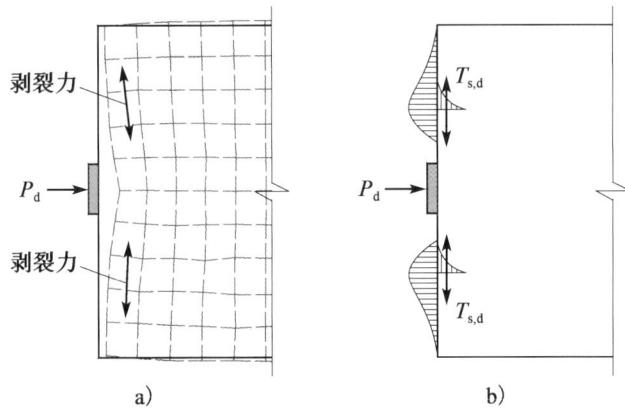

图 8-6 锚固面附近的变形与剥裂力

8.2.4 在端部锚固区内,大间距锚固力的扩散会引起端面剥裂力,比如:T 梁梁端上下两组锚头间距较大时,会在锚固端面产生剥裂应力,可能引发剥裂裂缝[图 8-7a)];作用于箱梁腹板的锚固力,一部分力流向底板和顶板扩散,会在底板和顶板前端产生横向剥裂力,可能引发纵向开裂[图 8-7b)]。

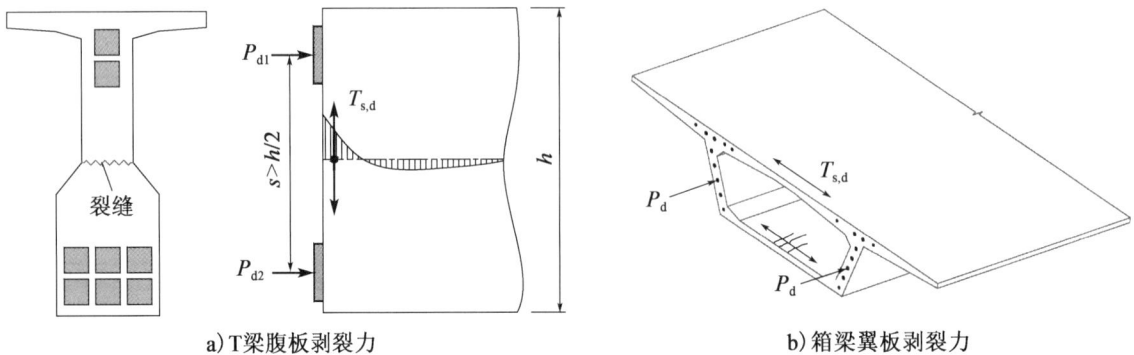

a)T梁腹板剥裂力　　　　b)箱梁翼板剥裂力

图 8-7 大间距锚头间的剥裂力及可能产生的裂缝

8.2.5 本条给出了大偏心锚固时边缘拉力的计算方法。在对后张梁进行分次分批张拉施工时,则可能出现大偏心锚固的情形,此时需要进行受拉侧边缘最不利拉力的计算。

8.2.6 后张预应力三角齿块锚固区存在着集中锚固力的作用、几何形体上的突变以及预应力钢束弯曲引起的径向力作用,是一个受力十分复杂的典型应力扰动区,需要配置钢筋以满足抗裂和承载力的要求。

三维实体有限元分析表明,齿板内存在下列典型局部作用(图8-8):

(1) 齿板锚下横向拉应力分布,称之为"锚下劈裂效应"。

(2) 齿块端面根部凹角区的拉应力集中,称之为"悬臂齿根受拉效应"。

(3) 锚后拉应力集中现象,称之为"锚后牵拉效应"。

(4) 底板下缘拉应力区,称之为"局部弯曲效应"。

(5) 预应力钢束转向区域拉应力集中的现象,来源于"径向力效应"。

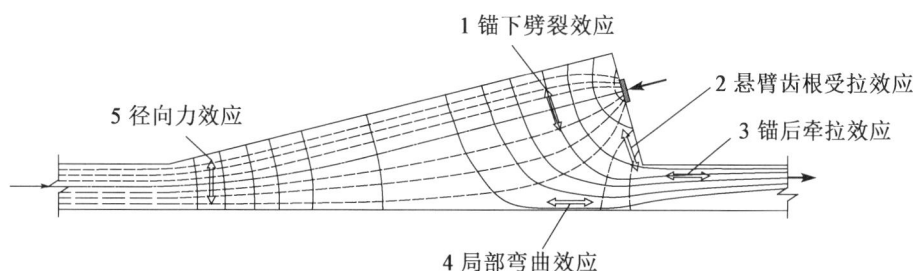

图8-8 后张预应力齿块锚固区内的五种局部受拉作用

本条给出的5个受拉部位的拉力设计值计算公式适用于一般的三角齿块锚固区,抵抗这些力的配筋范围规定见本规范第9.4.20条。公式的来源如下:

(1) 齿块根部区的拉力 $T_{s,d}$ 主要由锚具周边压陷及凹角处应力集中引起,有限元分析表明该值大于剥裂力,近似取为锚固力的4%。

(2) 齿块锚后牵拉应力主要分布在齿块后方的内表面,其分布范围小,但合力值 $T_{tb,d}$ 较大,易产生锚后拉裂。虽然该部位壁板的纵向压应力对于锚后牵拉应力有一定抵消作用,但偏安全地一般予以忽略。《美国 AASHTO LRFD 规范》建议锚后牵拉力取为张拉控制力的25%。本条以预应力锚固力设计值 P_d 表达,取为 $0.2P_d$。

(3) 其余三个部位的拉力设计值是针对独立齿块,按平面受力情形推导的。其中,齿块锚下劈裂力 $T_{b,d}$ 和局部受弯边缘拉力 $T_{et,d}$,类似于大偏心端部锚固区内的劈裂力和边缘拉力计算方法;径向力引起的拉力 $T_{R,d}$ 计算公式是根据预应力等效荷载的自平衡条件得到的,$T_{R,d} = 2P_d \sin(\alpha/2) \approx P_d\alpha$。

需要注意的是,根据本条公式计算出的受力钢筋面积是抵抗这五种局部拉力效应的最小理论用量,不是在该区域已有构造钢筋布置上的增加量。例如,针对某箱梁底板上的三角齿块区域,若出于总体设计考虑的底板上下层纵向钢筋已超过抵抗"锚后牵拉力"和"边缘局部弯曲"所需钢筋用量时,则可不必增加;若小于该计算值,则需补足加强。

8.3 支座处横隔梁

8.3.1 支座处横隔梁一般由横桥向受力控制。对于单箱室横隔梁,当横隔梁的支座中线与腹板中线在横桥向重合时,跨内荷载不经由横隔板而直接传递至支座,可按构造要求确定横隔梁配筋;当支座支承中线与腹板中线有一定偏离时,应通过计算确定横隔梁配筋。

研究表明,跨内荷载主要通过腹板上的分布剪力传递至横隔梁,在进行横隔梁的配筋设计时,主要关注横向受弯引起的横隔梁顶部拉力。分析表明,当横隔梁的宽高比 $B_w/h > 2$ 时,跨中截面的正应力呈线性分布,可按浅梁进行设计;当横隔梁的宽高比 $B_w/h \leq 2$ 时,应视为应力扰动区,宜按本规范第8.3.2条计算横隔梁中央截面的顶部拉力,也可采用拉压杆模型或实体有限元方法进行计算。图8-9给出了单支座支承和双支座支承横隔梁的拉压杆模型示意,反映了支座反力在横隔梁内的力流传递路径及其产生的受拉效应。一般地,支座处横隔梁内的节点为弥散节点(没有明确几何边界的节点),压杆和节点承载力不控制设计,只需进行拉杆配筋验算。

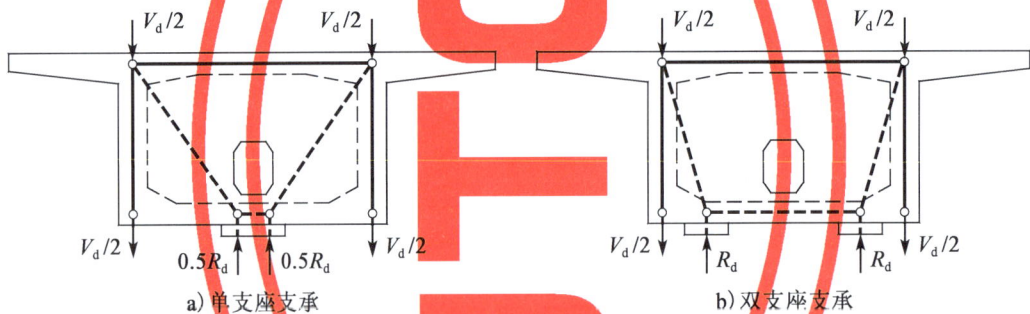

图8-9　支座处横隔梁的拉压杆模型示意

8.3.2 研究表明,当横隔梁宽高比 $B_w/h > 2$ 时,该类深梁中央截面的横向拉力可按浅梁计算;当宽高比 $B_w/h \leq 0.5$ 时,横向拉力趋于定值 $0.2V_d$,另外,这样窄而高的横隔梁在实际桥梁中也很少。宽高比 $0.5 \leq B_w/h \leq 2$ 的单箱室横隔梁在工程上十分常见,应重点关注其顶部抗裂钢筋或横向预应力的设计。本条公式是按照侧边承受均布剪力的两端悬臂深梁受力图示推导出的。当宽高比在 0.5~2 之间时,顶部横向拉力近似呈线性变化。通过与弹性有限元分析结果对比(图8-10),表明该公式可以较好地考虑横隔梁宽高比、支座间距对顶部横向拉力的影响。

三维实体有限元分析表明,支反力在墩顶区域具有空间扩散的特征。除了在横隔梁厚度(b)范围内存在横向受拉效应外,在其两侧一定范围的箱梁顶板内也存在同样的横向受拉效应。从纵桥向看,墩顶区域 3b 范围内的顶部普通钢筋和(或)横向预应力筋均对抵抗横向拉力 $T_{t,d}$ 有效(图8-11);从梁高方向看,箱梁顶板厚度范围内的普通钢筋和(或)横向预应力筋对抵抗横向拉力有效。

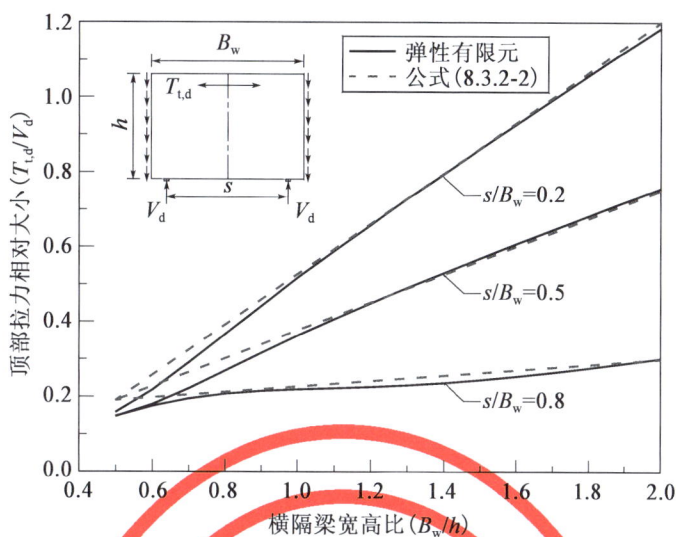

图8-10 规范公式计算结果与有限元分析结果的对比

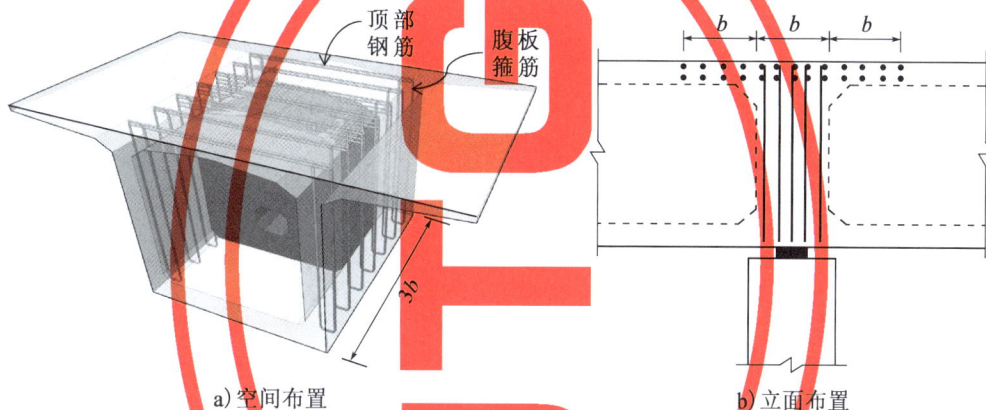

a)空间布置　　　　　　　　　　　　b)立面布置

图8-11 抵抗顶部水平拉力的横隔梁普通钢筋布置范围

8.4 墩台盖梁

8.4.1 排架墩台在横桥向由盖梁与柱(桩)组成框架结构。原规范规定,如盖梁与柱的抗弯刚度(应为线刚度 EI/l)之比大于5,盖梁可简化为简支梁计算;当多跨时简化为连续梁,其中 l 可取结构节点间轴线长度。由于桩基础及柱式墩的大量采用,柱(桩)尺寸加大,根数减少,盖梁与柱的线刚度之比一般不大于5,本次修编改为排架墩应按刚架计算。

为便于计算,可将每根基桩模拟为图8-12中固接于底部的等效基础,固结点深度一般取 $1.8/\alpha$,α 为桩的变形系数,按《公路桥涵地基与基础设计规范》(JTG D63—2007)的规定取值。

8.4.2 近20年来国内外试验研究表明,当简支梁 $2.0 < l/h \leqslant 5.0$,连续梁 $2.5 \leqslant l/h \leqslant 5.0$ 称为"短梁",其受力特征类似于深梁,与一般梁有所区别。所以在水工部门[见《水工混凝土结构设计规范》(DL/T 5057—1996)(以下简称《DL/T 5057—1996 规范》)]和

建筑部门将 $l/h \leq 5$ 的梁统称为深受弯构件(包括短梁和深梁)。深受弯构件的截面计算不同于一般受弯构件;对于深受弯构件中的深梁,其构造有特殊要求。

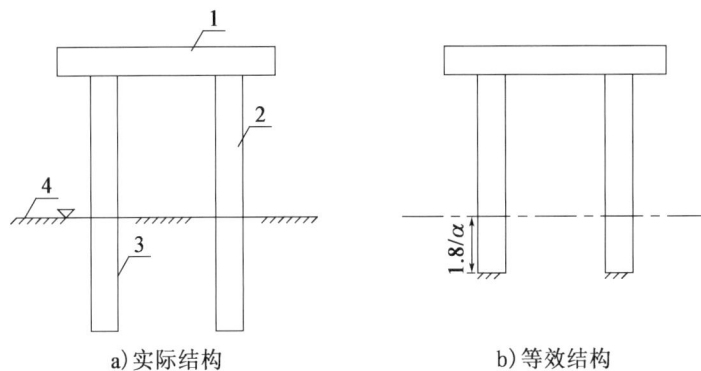

图8-12 排架墩桩基结构模拟

1-盖梁;2-柱;3-桩;4-地面

据调查分析,公路桥的墩台盖梁,其跨高比 l/h 绝大多数在 $3 \sim 5$ 之间,属于深受弯构件的短梁,但未进入深梁范围,所以其计算方法应按深受弯构件计算,而其构造则不必按深梁的特殊要求。

深受弯构件不同于一般受弯构件,其跨高比 l/h 定为不大于5的理由(参阅《DL/T 5057—1996规范》)为:

(1) 根据简支梁和连续梁加载以后跨中截面和中间支座截面的应变分布和开裂后平均应变分布,以及有限元分析和结构试验实测数据可知,当 $l/h \leq 5$ 时不符合平截面假定。

(2) 根据梁的受剪试验,$l/h \leq 5$ 的梁不会出现斜拉破坏。

(3) 根据弹性分析,当 $l/h \leq 5$ 时,剪切变形对梁的挠度影响仅为7.8%左右,可以忽略不计。

(4) 《美国规范ACI 318—89》、《加拿大规范CAN 3-A23-3-M84》和《新西兰规范NZS 3101 1982》等规范也有类似的规定。

8.4.3 深受弯构件的正截面抗弯承载力仍采用内力臂表达式。本条两个公式系参考建筑部门有关资料制定。深受弯构件截面由于不符合平截面假定,内力臂 z 较一般受弯构件为小,故内力臂乘以修正系数。

8.4.4 钢筋混凝土盖梁的抗剪面尺寸控制条件系按照本规范公式(5.2.11),并参考建筑部门有关资料制定。按本条公式,当 $l/h \leq 5$ 时,其计算结果与本规范公式(5.2.11)一致;当 $l/h = 2$ 时,其计算结果为本规范公式(5.2.11)的0.8倍,这个比例与建筑部门有关资料相应公式的对比值是一致的。

8.4.5 钢筋混凝土盖梁的斜截面抗剪承载力计算公式系按本规范公式(5.2.9-2),并参考《DL/T 5057—1996规范》第10.6.4条及建筑部门有关资料制定。按本条公式,当 $l/h = 5$ 时,其计算结果与本规范公式(5.2.9-2)一致,随着跨高比的减小而增大;当 $l/h = 2$

时,为 $l/h=5$ 的 1.33 倍,这个比例与建筑部门有关资料相应公式的对比值接近。

8.4.6 当墩柱盖梁的外悬臂部分承受集中力作用时,若作用点至柱边缘的距离小于或等于盖梁截面高度时,属于悬臂深梁,可按拉压杆模型方法计算。本条给出了拉杆和压杆内力及其承载力的计算方法。

关于圆截面柱换算为方截面柱,参照《钢筋混凝土承台设计规程》(CECS 88∶97)(以下简称《CECS 88∶97 规程》)第 4.2.8 条,计算承台冲切及斜截面受剪承载力时,圆形截面桩换算为边长等于 0.8 倍直径的方形截面桩;根据平板在圆柱和方柱下的冲切承载力塑性解,圆柱的直径 d 和方柱的边长 b 存在换算关系 $b=(\pi/4)d$,根据国外试验资料有 $d=1.2b$ 的关系,故采用 $b=0.8d$。以后关于圆柱与方柱的换算均采用这个比值。

8.4.7 布置有双支座的独柱式桥墩盖梁(墩帽)在工程上较为常见,此类盖梁受力类似于深梁或牛腿,本条给出了拉压杆模型的构形建议以及顶部拉杆内力计算方法。一般地,墩帽拉压杆模型中斜压杆的有效横截面积较大,压杆和节点承载力不控制设计,只需进行拉杆配筋验算。

8.4.8 钢筋混凝土盖梁特征裂缝宽度计算,可用一般构件裂缝计算公式,但构件受力特征系数[相当于本规范公式(6.4.3)内 C_3]取为 $\dfrac{1}{3}\left(\dfrac{0.4l}{h}+1\right)$,当 $l/h=5$ 时,即为一般受弯构件公式。上述公式参照《DL/T 5057—1996 规范》第 10.6.10 条制定,该规范曾对 34 根简支梁做了验证。

8.4.9 跨高比 $l/h \leqslant 5.0$ 的钢筋混凝土盖梁线刚度较大,挠度均可满足本规范第 6.5.3 条规定的要求,可不作验算。

8.5 桩基承台

8.5.1 本条公式(8.5.1)为简化公式。对特大桥、大桥的承台,特别对强大水平力如地震作用下的高桩承台,应采用更精确的方法,如考虑土的变形(m 法等)进行计算。

8.5.2 承台极限承载力计算,有"梁式体系"计算方法和"拉压杆模型"计算方法,前者为国内两本规范所采用,后者为《美国 AASHTO—LRFD 规范》5.6.3.1 所规定。《美国 AASHTO LRFD 规范》5.13.2.4.1 对于性质与承台相似的牛腿和梁托,规定当悬臂长度大于梁托或牛腿高度时,按悬臂梁计算,当小于牛腿或梁托高度时,用"拉压杆模型"方法计算。1982 年国际预应力协会(FIP)的《钢筋混凝土与预应力混凝土结构设计建设》(草案)内,把悬臂长度与梁高之比小于或等于 1 时作为悬臂深梁考虑。据此,本规范规定当外排桩中心距墩台边缘大于承台高度时,按"梁式体系"方法计算;当外排桩中心距墩台边缘小于或等于承台高度时,按"拉压杆模型"方法计算。

梁式体系是传统的承台计算方法,根据《JGJ 94—94 规范》有关说明,承台呈梁式破坏,即挠曲裂缝在平行于墩台的两个边出现,说明承台在两个方向呈梁式承受荷载,而不是呈双向板式承受荷载。考虑到公路桥梁由于有两个方向的水平力和弯矩同时作用,在同一排内各桩竖向力不同,而当水平力和弯矩方向改变,最大竖向力与最小竖向力也随之各自向相反方向变化,所以将一排桩内受力最大一根桩的竖向力作为全排每桩的计算竖向力。

8.5.3 公路桥梁的桩基承台,不设箍筋或弯起钢筋。斜截面抗剪主要由混凝土承受,参照《桥规 JTJ 023—85》公式(5.1.10-2)右式第 1 项为:

$$Q_h = \frac{0.008(2+P)\sqrt{R}bh_0}{m} \tag{8-4}$$

式中:Q_h——由混凝土承受的剪力(kN);

R——《桥规 JTJ 023—85》混凝土标号;

b——通过斜截面受压区顶端截面上的最小腹板宽度(cm);

h_0——构件有效高度(cm);

m——剪跨比。

该式中 P 为纵向受拉钢筋配筋百分率,说明纵向钢筋对抗剪也有一定作用,可制约斜裂缝的开展,阻止中性轴的上升;现将$(2+P)$改为$(2+0.6P)$(见本规范第5.2.9条的条文说明),同时考虑混凝土"标号"改为"强度等级"后的强度变化,以及计量单位的改变,综合各种因素后再引入结构重要性系数γ_0,便得本条公式(8.5.3),即:

$$\gamma_0 V_d \leqslant \frac{0.9 \times 10^{-4} \times (2+0.6P)\sqrt{f_{cu,k}}}{m}bh_0 \tag{8-5}$$

关于 $m < 0.5$ 时采用 $m = 0.5$ 的规定,系与《JGJ 94—94 规范》公式(5.6.8-2)比较后制定,避免剪跨比过小时出现较大抗剪承载力。

承台是短臂高梁,其剪跨比远较一般梁为小,目前试验数据较少,所以在制定公式时与《JGJ 94—94 规范》规定的计算公式进行了比较,如表8-1所示。

表 8-1 斜截面抗剪承载力比较表

剪跨比	JGJ 94—94 ($\times bh_0$)N	本规范($\times bh_0$)N		剪跨比	JGJ 94—94 ($\times bh_0$)N	本规范($\times bh_0$)N	
0.3	2.50	$P=0.20$	1.91	1.1	1.07	$P=0.60$	0.97
0.5	1.88	$P=0.30$	1.96	1.3	0.94	$P=0.70$	0.84
0.7	1.50	$P=0.40$	1.44	1.5	0.83	$P=0.80$	0.74
0.9	1.25	$P=0.50$	1.15	1.7	0.78	$P=0.90$	0.67

注:1.表中混凝土强度等级为C25;b 为承台计算宽度(mm);h_0为承台有效高度(mm),见《JGJ 94—94 规范》,不考虑纵筋对抗剪的贡献,故与 P 值无关。

2.按本规范公式,当剪跨比小于0.5时取为0.5。

3.P值的取用考虑了常规设计中与剪跨比的对应关系。

计算 V_d 时,每排桩的竖向力设计值,取其中一根最大值乘以该排桩的根数,如图 8-13 所示。

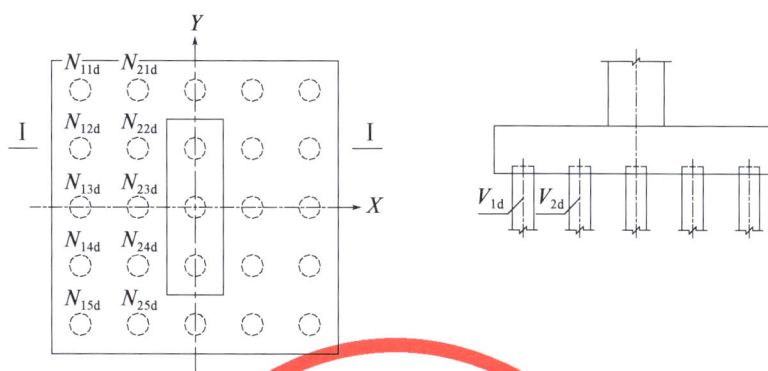

图 8-13 V_d 计算示意

第一排桩的竖向力设计值 $V_{1d} = 5\max(N_{11d}, N_{12d}, N_{13d}, N_{14d}, N_{15d})$ (8-6)

第二排桩的竖向力设计值 $V_{2d} = 5\max(N_{21d}, N_{22d}, N_{23d}, N_{24d}, N_{25d})$ (8-7)

单根桩的竖向力设计值 $N_{ijd}(N_{11d}, N_{21d}, \cdots)$ 按本规范第 8.5.1 条的规定计算。

8.5.4 公路桥梁的桩基承台往往较厚,当外排桩中心距离墩台边缘小于或等于承台高度时,应按拉压杆模型方法进行设计计算。对于两桩承台的计算,本条沿用原规范所建议的拉压杆模型(图 8.5.4),将墩身对承台顶面的作用力,用距离墩柱边缘为 a 的两个集中力替代,并将桩基反力的作用点位置取在桩中心。

原规范在研究墩身作用点位置取值时,首先选定外排桩中心距桥墩边缘距离等于承台高度,再分别采用"梁模型"和"拉压杆模型"计算承台底面拉力,通过使承台底部钢筋用量近似相等的条件,经试算后推荐 $a = 0.15h_0$。

针对桩基反力不相等的两桩承台,原规范在条文说明中建议了一种"带竖向腹杆的拉压杆模型"(图 8-14)。

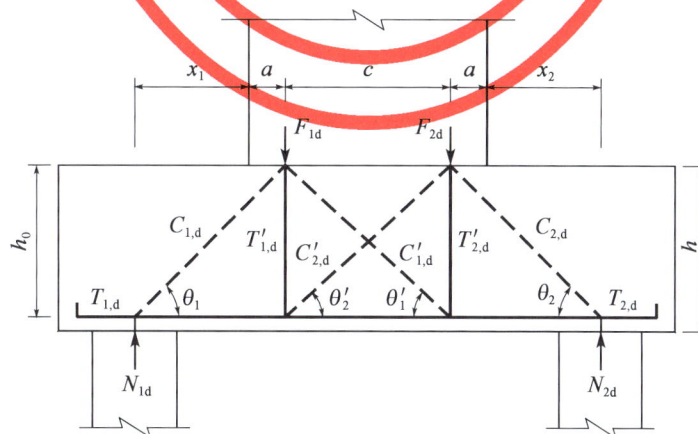

图 8-14 带竖向腹杆的拉压杆模型

该模型的构形与受力分析,可用下例说明:设 $N_{1d} = 6\,000\text{kN}, N_{2d} = 5\,000\text{kN}, x_1 = x_2 =$

$1\,250\text{mm}, h_0 = 1\,880\text{mm}, c = 3\,000\text{mm}, a = 0.15h_0 = 282\text{mm}$。根据模型杆件之间的几何关系

有：$\theta_1 = \theta_2 = \tan^{-1}\dfrac{h_0}{x_1 + a} = \tan^{-1}\dfrac{1\,880}{1\,250 + 282} = 50.82°$，$\theta'_1 = \theta'_2 = \tan^{-1}\dfrac{h_0}{c - 2a} = $

$\tan^{-1}\dfrac{1\,880}{3\,000 - 2 \times 282} = 27.66°$。根据左桩顶节点的受力平衡条件,可得：$C_{1,d} = \dfrac{N_{1d}}{\sin\theta_1} = $

$7\,740.3\text{kN}, T_{1,d} = \dfrac{N_{1d}}{\tan\theta_1} = 4\,890.0\text{kN}, C'_{1,d} = \dfrac{T_{1,d}}{\cos\theta'_1} = 6\,177.0\text{kN}$；由右桩顶节点的平衡条件

得：$C_{2,d} = \dfrac{N_{2d}}{\sin\theta_2} = 6\,450\text{kN}, T_{2,d} = \dfrac{N_{2d}}{\tan\theta_2} = 4\,075.0\text{kN}, C'_{2,d} = \dfrac{T_{2,d}}{\cos\theta'_2} = 5\,147.5\text{kN}$；再由承台下

缘两个中节点的受力平衡得：$T'_{1,d} = C'_{1,d}\sin\theta'_1 = 3\,774.0\text{kN}, T'_{2,d} = C'_{2,d}\sin\theta'_2 = 3\,145.0\text{kN}$。

由此可得承台顶部集中作用力：$F_{1d} = C_{1,d}\sin\theta_1 + C'_{1,d}\sin\theta'_1 - T'_{1,d} = 6\,629.0\text{kN}$；$F_{2d} = $

$C_{2,d}\sin\theta_2 + C'_{2,d}\sin\theta'_2 - T'_{2,d} = 4\,371.0\text{kN}$。

经验算：$F_{1d} + F_{2d} = N_{1d} + N_{2d} = 11\,000\text{kN}$,说明该拉压杆模型是满足受力平衡条件的。最后,按拉杆拉力 $T_d = \max(T_{1,d}, T_{2,d}) = 4\,890\text{kN}$ 进行承台底部的配筋计算；也可按图8.5.4确定斜压杆宽度,并进行压杆承载力计算。

实际上,当两排桩的桩基反力不相等时,也可参照承受两个不相等竖向力的深梁构建承台的拉压杆模型(图8-15),与承受两个相等竖向力的梯形拉压杆模型相比,为满足静力平衡,此时承台顶部的压杆带有水平倾角。

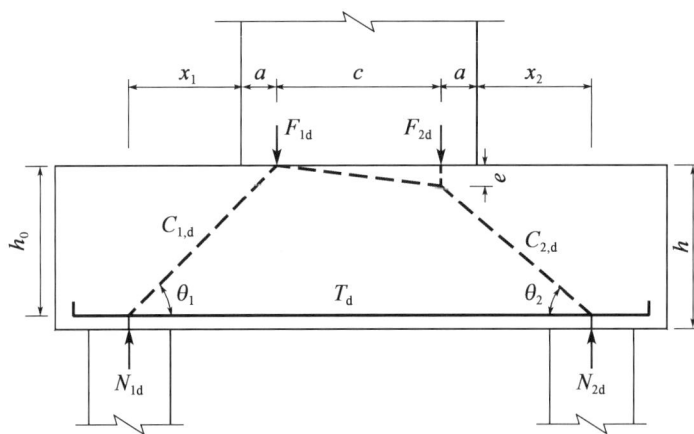

图8-15　带倾角水平压杆的拉压杆模型

在前述算例中,根据模型的几何关系和平衡条件可得：$\theta_1 = \tan^{-1}\dfrac{h_0}{x_1 + a} = 50.82°$；

$C_{1,d} = \dfrac{N_{1d}}{\sin\theta_1} = 7\,740.3\text{kN}, T_d = \dfrac{N_{1d}}{\tan\theta_1} = 4\,890.0\text{kN}$；$\theta_2 = \tan^{-1}\dfrac{N_{2d}}{T_d} = 45.67°, C_{2,d} = \sqrt{N_{2d}^2 + T_d^2} = $

$6\,993.7\text{kN}$；$e = h_0 - (a + x_2)\tan\theta_2 = 314\text{mm}$。

对比以上两种拉压杆模型,可见承台底部拉杆拉力设计值一致,各斜压杆压力设计值也比较接近。

另外在本次修订时,参照《混凝土结构设计规范》(GB 50010—2010)第8.5.2条,适当降低了承台受拉钢筋的最小配筋率要求,由原规范的0.2%改为0.15%。

8.5.5 本规范公式(5.6.1)的抗冲切承载力公式为:

$$\gamma_0 F_{ld} \leqslant 0.7\beta_h f_{td} U_m h_0 \tag{8-8}$$

对于承台,$\beta_h = 0.85$。

该式适用于破坏锥体斜面与水平面夹角为45°情况。本规范图8.5.5a)所示向下冲切破坏锥体斜面与水平面夹角不小于45°,因此应根据不同夹角乘以冲切承载力系数 α_{px} 和 α_{py};当冲跨比 λ_x 或 λ_y 为1,即夹角为45°时,α_{px} 或 α_{py} 为1,本条内公式与公式(8.5.5-1)与公式(8-17)便协调一致。同理,本规范图8.5.5b),向上冲切破坏锥体斜面与水平面夹角不小于45°,因此也应乘以冲切承载力系数 α'_{px} 和 α'_{py}。有关冲切承载力系数参考了《CECS 88:97规程》有关规定。

本条第1款为柱或墩台压力向下冲切,采用自柱或墩台边缘向下与相应的桩顶边缘连线构成锥体。锥体斜面与水平面夹角不应小于45°,如小于45°,应按与水平面成45°夹角向下划线,此时,自柱或墩台边缘向下的线可能不与桩顶边缘相交,而交于承台底边某点,桩则位于锥体以外。

本条第2款为位于柱或墩台向下冲切的锥体以外的角桩或边桩反力向上冲切,采用自角桩或边桩边缘向上与柱式墩台边缘的连线构成的锥体。锥体斜面与水平面夹角不应小于45°,如小于45°,应按与水平面成45°夹角向上划线,此时,自桩边缘向上的线可能不与柱或墩台边缘相交,而交于承台顶面某点。图8.5.5b)内边桩边缘两侧各取 h_0 的长度,也就是采用45°的冲切角度。

8.6 铰

8.6.1 线接触的圆柱形铰的最大压应力按赫尔茨公式(见《机械设计手册》)为:

$$\sigma_{max} = 0.564 \sqrt{\frac{P}{l} \times \frac{\left(\frac{1}{r_1} - \frac{1}{r_2}\right)}{\frac{1-v_1^2}{E_1} + \frac{1-v_2^2}{E_2}}} \tag{8-9}$$

式中:P——铰受压面压力;

E_1、E_2——上、下圆柱体混凝土弹性模量,$E_1 = E_2 = E_c$;

v_1、v_2——上、下圆柱体混凝土泊松比,$v_1 = v_2 = v_c$。

其余符号含义见本规范第8.6.1条。

按本规范第3.1.6条,$v_c = 0.2$,代入公式(8-9)得:

$$\sigma_{max} = 0.407 \sqrt{\frac{PE_c}{l}\left(\frac{1}{r_1} - \frac{1}{r_2}\right)} \tag{8-10}$$

圆柱形铰的平均压力为:

$$f_{cm} = \frac{\pi}{4}\sigma_{max} = 0.32 \sqrt{\frac{PE_c}{l}\left(\frac{1}{r_1} - \frac{1}{r_2}\right)} \tag{8-11}$$

当构件截面受力进入承载能力极限状态时不一定符合上述赫尔茨公式，所以仍宜按弹性状态、容许应力方法来确定承载能力。根据《桥规 JTJ 023—85》并参考 1975 年《公路桥涵设计规范》，混凝土轴心抗压容许应力取铰的压力取 $0.75f_{cd}$，铰的压力取 $P = \gamma_0 F_{hd}/1.3$，考虑混凝土局部承压提高系数 β 及其修正系数 η_s（见本规范第 5.7.1 条），于是 $f_{cm} = 0.75\beta\eta_s f_{cd}$，以上 f_{cd} 为本规范混凝土轴心抗压强度设计值，γ_0 为结构重要性系数，F_{hd} 为铰的压力设计值，代入公式（8-11），并引入"$\geqslant$"号：

$$0.75\beta\eta_s f_{cd} \geqslant 0.32\sqrt{\frac{\gamma_0 F_{hd} E_c}{1.3l}\left(\frac{1}{r_1} - \frac{1}{r_2}\right)}，\text{解出后得：}$$

$$\gamma_0 F_{hd} \leqslant \frac{7.14\,(\beta\eta_s f_{cd})^2 l}{E_c\left(\dfrac{1}{r_1} - \dfrac{1}{r_2}\right)} \tag{8-12}$$

受压面宽度为：

$$b = \frac{P}{f_{cm}l} = \frac{\gamma_0\dfrac{F_{hd}}{1.3}}{0.32l\sqrt{\dfrac{\gamma_0 F_{hd} E_c}{1.3l}\left(\dfrac{1}{r_1} - \dfrac{1}{r_2}\right)}} = 2.74\sqrt{\frac{\gamma_0 F_{hd}}{E_c\left(\dfrac{1}{r_1} - \dfrac{1}{r_2}\right)l}} \tag{8-13}$$

8.6.2 铰体的横向拉力公式系参照《公路设计手册，拱桥（上册）》（1978 年版）制定。铰体内横向拉力按 E. Morsch 所提出的公式为：

$$z = 1.5\frac{a-b}{4h}P \tag{8-14}$$

式中： z——铰体内横向拉力；

  P——铰的受压面压力；

  a、b、h——见本规范图 8.6.1。

E. Morsch 公式适用于弹性状态。根据《桥规 JTJ 023—85》并参考 1975 年《公路桥涵设计规范》，各级钢筋容许应力平均取 $0.68f_{sd}$，铰的压力取 $P = \gamma_0 F_{hd}/1.3$，其中 f_{sd} 为本规范钢筋抗拉强度设计值，γ_0 为结构重要性系数，F_{hd} 为铰的压力设计值。设钢筋截面面积为 A_s，将上述各式代入公式（8-14）并引入"$\geqslant$"号，便得 $0.68f_{sd}A_s \geqslant 1.5\dfrac{a-b}{4h}\times\dfrac{\gamma_0 F_{hd}}{1.3}$，解出后得：

$$\gamma_0 F_{hd} \leqslant \frac{h}{0.425(a-b)}f_{sd}A_s \tag{8-15}$$

据 1977 年北京市政二公司等四个单位试验和研究资料，他们认为铰体的横向拉力约为铰的受压面压力的 $0.25 \sim 0.3$ 倍，而侧向拉力（铰的长度方向），可取受压面压力的 0.1 倍。横向拉力与侧向拉力之比为 $2.5 \sim 3.0$。所以在确定铰的横向钢筋截面面积以后，侧向钢筋截面面积取横向的 0.4 倍。

铰高度采用其宽度的 0.8～1.25 倍,系沿用苏联《铁路、公路、城市道路设计技术规范》(CH 200—62)第 329 条规定。这个数值在 20 世纪 50 年代即为公路、铁路部门所采用。

8.7 支座

8.7.1 桥梁支座是联系上下部结构并传递上部结构反力的传力装置,也是形成结构体系的关键部件,如果支座选型、布置不够完善会造成因结构体系受力变化带来的影响,因此支座的合理选择、合理布置在设计中至关重要。

如球型支座能适应较大的转动角度,但转动刚度较小,在弯桥设计中为增大主梁抗扭刚度,一般采用盆式橡胶支座,只有转角较大或其他特殊要求时才采用球型支座。

结构设计时,应充分考虑支座安装施工时的温度,以及施工阶段的其他因素,如预应力张拉等。否则,易出现成桥后支座受力和变形"超量",造成支座剪切变形过大等病害。

8.7.2 板式橡胶支座的各项基本设计数据,主要根据我国 1992 年编制 JT/T 4—1993 行业标准,对不同规格支座进行的各项力学性能试验的结果,其中抗压弹性模量做了 147 个试块,抗剪弹性模量做了 105 对试块,转角试验做了 61 对试块,四氟聚乙烯滑板支座与不锈钢板摩擦系数做了 24 个试块,破坏试验做了 51 个试块。支座试块经试验后,用数理统计法确定各项设计参数。2003 年修订 JT/T 4—1993 行业标准时,根据实际使用经验,对板式橡胶支座又进行了部分力学性能试验,其中用同一台全自动化压剪试验机进行了 42 块抗压弹性模量试验、30 块抗剪弹性模量试验;同时,还在不同支座生产厂家进行了一定数量的支座力学性能试验。在上述试验的基础上,参考了国外一些新的规范、标准,如《美国 AASHTO LRFD 规范》、欧洲标准 CEN/TC 167 N185、BS5400 等,制定了本条各项数据。

8.7.3 板式橡胶支座各项计算,均按正常使用极限状态和使用阶段计算。这在国际上有些也用这一方式,如《美国 AASHTO LRFD 规范》的 14.7.5.3.2 也以支座承受的平均压应力验算支座抗压承载力。

第 1 款板式橡胶支座的承压面积,采用有效面积,即限于设承压的加劲钢板平面面积部分。

第 2 款中式(8.7.3-2)～式(8.7.3-5)内 Δ_l,由上部结构温度变化、混凝土收缩和徐变产生的支座剪切变形,可直接自上部结构长度变化计算中求得;由纵向力和支座直接设置于有纵坡的梁底面下,在支座顶面由支座承压力顺纵坡方向产生的剪切变形,需先行算出分配给支座的剪切力,再计算剪切变形值。纵向力标准值 F_k,支座橡胶层总厚度 t_e,纵向力引起的剪切变形 Δ_l,支座剪变模量 G_e,支座平面毛面积 A_g,支座剪切角正切值 $\tan\alpha$,其关系为 $\tan\alpha = \dfrac{\Delta_l}{t_e} = \dfrac{F_k}{A_g G_e}$,$\Delta_l$、$F_k$、$\tan\alpha$ 三者只要已知其中一值,即可求得其他值,如图 8-16

所示。

计算时可取单个支座的各项参数进行计算。

板式上部结构的橡胶支座，当横桥向系平行于墩台横坡或盖梁横坡设置时，应考虑支点压力平行于横坡方向的分力产生的横桥向的剪切变形。由于支座平行于墩台帽横坡或盖梁横坡设置，所以在横桥向没有不均匀的压缩变形，仅有剪切变形，其计算方法与纵向剪切变形相同。

第 2 款中式（8.7.3-6）、式（8.7.3-7）对支座总厚度 t_e 与支座周边尺寸关系作了规定，系考虑支座如过厚影响行车的平稳性，但过薄则又影响支座的剪切变形和转角，所以应有一个适当的范围。

第 3 款关于橡胶支座竖向平均压缩变形计算，《桥规 JTJ 023—85》第 3.5.6 条未考虑橡胶弹性体体积模量，这次修订时，参考美国、欧洲的规范、标准，考虑了橡胶弹性体体积模量，其值取 2000MPa。公式（8.7.3-9）内，$\delta_{c,m} \geq \theta \dfrac{l_a}{2}$ 是为了满足转角要求，使之不致脱空；$\delta_{c,m} \leq 0.07t_e$ 是为了限制竖向压缩变形，不致影响支座稳定，见图 8-17。

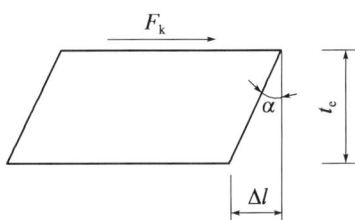

图 8-16　支座橡胶层剪切变形　　　　　　图 8-17　支座的压缩变形

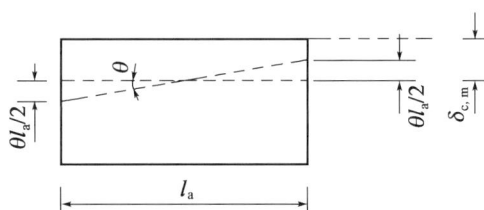

第 4 款公式（8.7.3-10）内，橡胶支座中加劲钢板，由于受竖横向荷载而受拉，其值与竖向荷载、剪切力、钢板上下的橡胶层厚度有关，公式中 K_p 为应力校正系数，欧洲标准为 1.3，国际铁联为 2，本规范采用 1.3。

8.7.4　抗滑稳定沿用《桥规 JTJ 023—85》规定，也采用使用阶段计算。本条公式（8.7.4-5）汽车荷载（计入冲击系数）取其标准值的 0.5 倍，系经试算确定，采用较小的反力值。

8.7.5　聚四氟乙烯滑板支座，其摩擦力不应大于支座内橡胶层容许的剪切变形。本条中式（8.7.5-1）、式（8.7.5-2）内"≤"号右边 $G_e A_g \tan\alpha = F_k$（见第 8.7.3 条的条文说明）。F_k 为 $\tan\alpha$ 限值时的容许水平力，要使此值不小于摩擦力，控制因素是 A_g 的取值。滑板支座如 A_g 采用较小，不满足本条规定，在较大的摩擦力情况下，将使支座内橡胶层产生过度的剪切变形。

8.8　桥梁伸缩装置

8.8.1　根据已建桥梁使用情况，不少桥梁的伸缩装置未达规定使用时限即遭损坏。过早损坏的原因除材质、施工安装等因素外,有的施工图设计未标明施工安装时有关数据且图示不完备,影响伸缩装置安装质量。本条规定了设计、选型、图示应注意事项。

8.8.2 伸缩装置的伸缩量计算,影响伸缩量及伸缩装置在使用过程中的变形的因素较多,除本条所列者外,其他可能影响伸缩装置变形的因素有:梁端转角;由于日照、日落引起竖向及横向梯度温差,导致伸缩装置竖向、纵向变形;弯桥的汽车离心力导致伸缩装置横向错动;某些斜桥的端跨采用不等跨梁长导致伸缩缝不等量变形等。在计算伸缩量时应乘以伸缩量增大系数 β。β 值在德国规范和《公路桥梁伸缩装置》一书内取为 1.3,本规范定为 1.2~1.4,可根据各种不利因素及可能出现的有利因素选择。

混凝土收缩和徐变,在多年后完成,此时伸缩装置将拉开一定距离,对伸缩装置的闭口将具有较多富余量。由于混凝土收缩和徐变在伸缩装置安装完成后缓慢进行直到完成,这个因素在计算中不考虑,但可在确定伸缩量增大系数 β 时作为有利因素考虑。

板式橡胶支座由于制动力引起的剪切变形导致伸缩装置的伸缩,它与制动力作用方向、连续桥面或连续梁分段、板式橡胶支座的布置方式等有关,需根据实际情况计算其对伸缩装置的最不利的闭口量和开口量。

柔性排架墩墩顶设有板式橡胶支座时,排架墩墩顶与板式橡胶支座两者刚度串联,在制动力作用下,可用串联刚度计算两者由于制动力引起的位移,可参阅《连续桥面简支梁墩台实例(修订版)》。

9 构造规定

9.1 一般规定

9.1.1 根据对我国混凝土结构耐久性的调研和分析，参考《公路工程混凝土结构耐久性设计细则》以及国内外相应规范、标准的有关规定，对混凝土保护层厚度进行了下列调整：

（1）混凝土保护层厚度不小于钢筋直径，是为了保证握裹层混凝土对钢筋的锚固。

（2）从混凝土碳化、脱钝和钢筋锈蚀的耐久性角度考虑，不再以纵向受力钢筋的外缘计算混凝土保护层的最小厚度，改为以最外侧钢筋（纵向受力钢筋、箍筋、分布钢筋）的外缘计算。

（3）根据本规范第4.5节对环境类别的划分，按照构件类别和设计使用年限，规定了混凝土保护层厚度的要求。

9.1.2 混凝土保护层厚度也不宜过大。当保护层很厚时，应采取有效措施减少其厚度或对厚保护层混凝土进行拉结，防止混凝土开裂剥落、下坠。通常为保护层采用纤维混凝土或加配钢筋网片。为保证防裂钢筋网片不致成为引导锈蚀的通道，应对其采取有效的绝缘和定位措施，此时网片钢筋的保护层厚度可适当减小。

9.1.3 本条参照《德国混凝土和钢筋混凝土设计与施工规范 DIN1045，1978》（以下简称《德国规范 DIN1045》）18.11，对等代直径大于36mm 的束筋的混凝土保护层内设钢筋网作了具体规定。本条规定与混凝土保护层厚度无关，任何保护层厚度均设置。

关于组成束筋的单根钢筋的直径、根数等限值，系参照美、德规范制定。

9.1.4 钢筋最小锚固长度 l_a 按式（9-1）计算得出：

$$l_a = f_{sk} \frac{\pi d^2}{4} \times \frac{1}{\pi d \tau} = \frac{f_{sk} d}{4 \tau} \tag{9-1}$$

式中：f_{sk}——钢筋抗拉强度标准值；

d——钢筋直径；

τ——钢筋与混凝土极限锚固黏结应力，取自《英国混凝土桥设计规范 BS5400，1984》（以下简称《英国规范 BS 5400》），如表9-1。

表 9-1　钢筋与混凝土极限锚固应力(MPa)

钢　　筋	混凝土强度等级			
	C25	C30	C35	≥C40
光圆钢筋受拉	1.4	1.6	1.8	1.9
光圆钢筋受压	1.7	1.9	2.1	2.1
带肋钢筋受拉	2.5	2.8	3.1	3.3
带肋钢筋受压	3.1	3.5	3.8	4.1

对于受压钢筋,美、德规范均规定端部弯钩对受压钢筋不起作用,即如同直端。对于受拉钢筋,钢筋端部设弯钩者,其锚固长度按《德国规范 DIN1045》18.5.2.2 乘以 0.7。

9.1.5、9.1.6　弯钩和箍筋尺寸参照现行《混凝土结构工程施工质量验收规范》(GB 50204)(以下简称《GB 50204 规范》)和《公路桥涵施工技术规范》(JTG/T F50)制定。

9.1.7　绑扎接头的钢筋直径限值参照现行《GB 50010 规范》第 8.4.2 条。

9.1.8　焊接接头有关规定参照现行《GB 50204 规范》第 5.4.5 条制定。

9.1.9　受拉钢筋绑扎接头有关规定参照现行《GB 50204 规范》第 5.4.6 条制定。束筋搭接参照《德国规范 DIN1045》18.11.5 制定。根据《GB 50204 规范》第 5.4.6 条及美、德规范,在施工条件困难时,允许绑扎接头多于 25%,但搭接长度应加长,有关规定系参照现行《GB 50010 规范》表 8.4.4 制定。

9.1.12　本条沿用了原规范的规定。

(1)受压构件破坏时,要避免混凝土突然脆性压溃,取决于纵筋的最小配筋率和箍筋的配置。此外,受压构件混凝土受压后由于混凝土徐变,一部分压力将自原由混凝土承受者转移到钢筋;所以,受压钢筋的配筋率较高。美国规范和德国规范对于受压构件的钢筋配筋率分别不小于 1% 和 0.8%,但如设计所取用的混凝土截面面积大于实际需要的截面面积,可按减少后的混凝土实际需要的截面面积的配筋率配筋。《英国规范 BS 5400》5.8.4.1 规定柱内钢筋截面面积 A_s 不小于柱截面面积的 1% 或不小于 $0.15N/f_y$(N 为极限轴向荷载,f_y 为钢筋屈服强度,如一直径 1.5m 柱,$N = 25\ 000$kN,$f_y = 335$MPa,$A_s = 11\ 194$mm² 相当于 0.6%),取较小者。由于规定了一些限制条件,国外规范规定的受压构件最小含筋率,实际上也在 0.6% 上下。在国外规范,轴心受压构件或偏心受压构件统称为受压构件或柱,本规范也同样将轴心受压构件与偏心受压构件列为同一类型,其最小含筋量的规定也相同。《桥规 JTJ 023—85》规定轴压构件的纵向钢筋最小配筋率为 0.4%,原规范提高至 0.5%,并规定当混凝土强度等级 C50 及以上时,属高强度混凝土,提高至 0.6% 。这里沿用了原规范的规定。

（2）受弯构件的受拉钢筋最小配筋率是根据混凝土开裂的弯矩，与同尺寸的钢筋混凝土梁所能承担的弯矩相等而确定的，其目的是当混凝土受拉边缘出现裂缝时，梁不致因配筋过少而脆性破坏。按上述要求钢筋混凝土构件受拉钢筋最小配筋百分率取为 $45f_{td}/f_{sd}$ 。

9.1.13　本条公式(9.1.13)对于预应力混凝土受弯构件最小配筋率的要求，其性质与上述钢筋混凝土受弯构件类似，可表达为 $M_{ud} \geq M_{cr}$ 。

9.2　板

9.2.6　斜板的钢筋布置沿用了原规范的规定，原规范参考了国外相关规范，说明如下：

（1）《英国规范 BS 5400》5.8.10.1 要求斜板主钢筋的布置尽量与主弯矩方向接近。

（2）《美国 AASHTO LRFD 规范,1994 版》C9.7.1.3 内说明，当斜交角不大于 25°时，整体式斜板主钢筋可以平行于桥纵轴线布置，其影响受力仅及 10% 。《英国规范 BS 5400》5.8.10.2 指出，整体实心斜板通常将钢筋(受力钢筋和分布钢筋)在垂直于和平行于支承轴线两个方向布置，再在自由边布置一条平行于边缘的钢筋带。

（3）预制单片板是宽跨比小的窄板，其受弯情况接近于跨径为斜长的正交板。《英国规范 BS 5400》5.8.10.2 指出，在大斜交角、小宽跨比情况下，可把钢筋平行于和垂直于自由边布置。

（4）根据沃格特(Vogt)研究，简支斜板在钝角方向有负弯矩，其方向垂直于钝角平分线；根据杭伯格(Hornberg)研究，简支斜板在钝角端支点反力较正交板大数倍。因此，在垂直于钝角平分线设上层钢筋，以承受负弯矩；在平行于钝角平分线设置下层钢筋，以承受板底拉力。

9.3　梁

9.3.1　装配式 T 梁桥必须设置端横隔梁。根据我国设计图纸，在装配式 T 梁中，需加设中间横隔梁。《美国 AASHTO 规范 14 版》8.12.2 规定 T 形截面梁计算跨径大于 12m 时，应在最大弯矩处设一根中间横隔梁；此项规定与我国目前采用者接近。

箱形截面梁必须设置端横隔板；弯箱形截面梁尚应设置中间横隔板。《美国 AASHTO 规范 14 版》8.12.1、8.12.3、9.10.3.3、9.10.3.5 等规定内半径小于 240m 的弯箱梁应设置中间横隔板，钢筋混凝土弯箱梁中间横隔板中距不大于 12mm，预应力混凝土弯箱梁中间横隔板中距需视结构受力情况而定。

9.3.2　T 形和 I 形截面梁，在与腹板相连处的翼缘厚度，《桥规 JTJ 023—85》规定为不小于梁高的 1/12，其值与现行设计图纸较为偏小，现参考《铁路桥涵技术规范》(TBJ 2—85)

（以下简称《TBJ 2—85 规范》）第 5.3.15 条，改为不小于梁高的 1/10，当设有承托时，可计入承托加厚部分厚度。

箱形截面梁的桥面板和底板，在板的跨中部分厚度不应小于板净跨的 1/30 且 200mm；经与国内 17 座矩形截面箱形梁尺寸对照，多数较为接近。《美国 AASHTO 规范 14 版》9.9.1、9.9.2 也有类似的规定。

原规范规定 T 形、I 形截面梁和箱形截面梁的腹板厚度不应小于 140mm，在本次修订时，要求腹板厚度不应小于 160mm。当腹板厚度有变化时，其过渡段长度不小于 12 倍腹板厚度差，系参照《美国 AASHTO 规范 14 版》8.11.3 及 9.9.3 规定。

连续梁承托底坡不宜大于 1/6，以避免截面过剧变化。

9.3.3 钢筋最小净距系沿用《桥规 JTJ 023—85》第 6.2.12 规定。

9.3.4 悬臂板长度较大时，在车轮作用点下方可能出现正弯矩，参阅本规范第 4.2.5 条的条文说明。

9.3.5 箱形截面梁的底板钢筋，《桥规 JTJ 023—85》仅对预应力混凝土结构有所规定（第 6.2.36 条），顺桥向和横桥向均设不小于 0.25% ~ 0.30% 混凝土截面面积的钢筋。原规范参考《美国 AASHTO 规范 14 版》8.17.2.3、9.2.4 等规定，对于钢筋混凝土桥，配置不小于 0.4% 的混凝土截面面积的钢筋，对于预应力混凝土桥，配置不小于 0.3% 的混凝土截面面积的钢筋，本次修订沿用了原规范的规定。

9.3.6 钢筋混凝土 T 形截面或箱形截面梁的翼缘有效宽度以外，受弯时截面应力较小，配置受力主钢筋作用不大，故要求受力主钢筋设于有效宽度内。在有效宽度以外，设置 0.4% 的构造钢筋，此系参照《美国 AASHTO 规范 14 版》8.17.2.1 制定。

9.3.7 梁腹板两侧设置纵向构造钢筋，主要用于腹板防裂，特别是腹板受拉区防裂。《桥规 JTJ 023—85》第 6.2.10 条规定纵向钢筋截面面积，整体浇筑混凝土梁不小于 $(0.000\,5 ~ 0.001\,0)bh$；焊接骨架薄壁梁不小于 $(0.001\,5 ~ 0.002\,0)bh$。据反映，腹板两侧裂缝时有发生，侧面钢筋嫌少。本条不再分整体浇筑梁和焊接骨架薄壁梁，两侧面的钢筋截面面积合计取用 $(0.001\,0 ~ 0.002\,0)bh$，对薄壁梁宜取上限。国外规范均对侧面钢筋较为重视，如《英国规范 BS 5400》5.8.4.2 规定每侧面至少应设 $0.000\,5bh_0$ 的钢筋；《美国 AASHTO 规范 14 版》8.17.2.1.3 规定梁高大于 610mm 时，受拉区应设 10% 的受拉钢筋截面面积的侧面钢筋，其他侧面每米高度应设 264mm^2 钢筋。此外，支点附近剪力较大区段和预应力钢筋锚固区段，纵向钢筋有利于防裂，其间距宜适当加密。

9.3.8 本条参考《GBJ 10—89 规范》第 6.1.5 条及汪一骏等主编《混凝土结构》（以下简称《混凝土结构》）8.6.12 制定。本条规定主要为充分保证截断钢筋的锚固长度和斜截面受弯承载力。

9.3.9 在梁支承部位,由于支座反力局部荷载在梁底面引起复杂的应力;为增强支座附近斜截面抗弯和斜截面抗剪能力以及抵抗梁底面拉应力,受拉主钢筋至少有 1/5 或两根伸入梁的支座部位。本条系沿用《桥规 JTJ 023—85》第 6.2.13 条规定。

9.3.10 本条沿用《桥规 JTJ 023—85》第 6.2.17 条,并参考了《GBJ 10—89 规范》第 7.2.5 条和《混凝土结构》8.7 制定。本条主要为保证斜截面抗弯承载力不小于正截面抗弯承载力。

9.3.11 本条系沿用《桥规 JTJ 023—85》第 6.2.14 条规定,但对焊接钢筋骨架的钢筋层数和直径加以限制。

9.3.12 混凝土在出现斜裂缝前,主拉应力主要由混凝土承受,箍筋内应力很小,但当裂缝一经出现,箍筋内应力骤增,箍筋过少不足以抵抗由开裂截面转移过来的斜拉应力,因此有必要规定最小箍筋配筋率。本规范参照美国 ACI 318—05 规范,最小箍筋配筋率取 $1.2\dfrac{0.35}{f_{sv}}$,以此规定箍筋配筋率 ρ_{sv},对 HPB300 钢筋不小于 0.14%,对 HRB400 钢筋不小于 0.11%。

箍筋除用于斜截面抗剪外,如还用于支撑计算受压钢筋使之不受压屈,此时必须做成封闭式,且其布置方式应与受压构件的箍筋一样(见本规范第 9.6.1 条及其说明)。至于所箍为受拉钢筋时,《桥规 JTJ 023—85》规定箍筋每边所箍受拉钢筋不多于五根,本条内现不作规定,箍筋作为定位钢筋,只要施工安装能保持受拉钢筋的正确位置,其所箍纵向受拉钢筋不受限制。

箍筋间距过大,可能有些斜裂缝在两箍筋间出现而不与箍筋相交,《桥规 JTJ 023—85》规定箍筋间距不大于梁高的 3/4 和 500mm,现参照《美国 AASHTO 规范 14 版》18.19.3 和《GB 50010—2002 规范》表 10.2.10,改为不大于梁高的 1/2 和 400mm。钢筋绑扎搭接接头范围内,为增强钢筋的锚固力,要求加密箍筋间距。在梁的支点附近,剪力较大,为防止裂缝发展,箍筋应予以加密。

9.3.13 弯剪扭的箍筋最小配筋率应考虑受剪与受扭相互作用的影响。根据《混凝土结构》4.5.2 及 8.4.2,纯扭构件最小配箍率为 $0.055f_{cd}/f_{sv}$;按本规范第 9.3.12 条,受弯构件的抗剪箍筋的最小配筋率为 0.11% ~ 0.14%(本条内以 c 概括表达)。弯剪扭构件的配箍率则通过与剪扭构件混凝土承载力降低系数 β_t(第 5.5.4 条)呈线性关系,在上两者之间确定,其计算式见本条第 3 款公式 $\left[(2\beta_t-1)\left(0.055\dfrac{f_{cd}}{f_{sv}}-c\right)+c\right]$;当纯扭构件 $\beta_t=1.0$ 时该式为 $0.055f_{cd}/f_{sv}$,当受剪构件 $\beta_t=0.5$ 时该式为 c。

弯剪扭构件的纵向钢筋最小配筋率,不应小于受弯构件纵向受力钢筋的最小配筋率与剪扭构件纵向受力钢筋最小配筋率之和。对受弯构件纵向受力钢筋配筋率按本规范第9.1.12条采用。对剪扭构件,参照《混凝土结构》4.5.2 与 8.4.2 和《GBJ 10—89 规范》第7.2.10条,剪扭构件纵向钢筋最小配筋率取为 $0.08(2\beta_t - 1)f_{cd}/f_{sv}$;对于纯扭构件,$\beta_t = 1.0$,此时最小配筋率为 $0.08f_{cd}/f_{sv}$,对于纯剪构件,$\beta_t = 0.5$,此时最小配筋率为零。

9.3.14 具有曲线形的梁腹,受拉区的纵向受力钢筋在拉力作用下有向下变位的趋势,使混凝土保护层剥落,因此在曲线部分要加密箍筋。设于拐角处的受拉钢筋,其受力情况与上述梁腹近凹面处的受拉钢筋类似,此时可把交叉的受拉钢筋在相交点各延伸一段锚固长度。

设梁腹圆曲线半径为 r,曲线部分主钢筋拉力为 F,则曲线单位弧长上的圆心方向径向压力为 $u = F/r$,弧长 s_v(箍筋间距)内的径向压力为 $F_c = us = (F/r)s_v$。如主钢筋截面面积为 A_s,抗拉强度设计值为 f_{sd},则钢筋拉力 $F = f_{sd}A_s$;将 F 值代入 F_c 的计算式,得 $F_c = f_{sd}A_s s_v/r$。设箍筋单肢截面面积为 A_{sv1};箍筋抗拉强度设计值为 f_{sv},双肢箍筋抗拉力 $F_r = 2f_{sv}A_{sv1}$。双肢箍筋应与其所箍的主钢筋拉力引起的径向压力平衡,令 $F_r = F_c$,可得 $A_{sv1} = (f_{sd}/f_{sv}) \times (A_s s_v/2r) = m(A_s s_v/2r)$,其中 $m = f_{sd}/f_{sv}$,便得规范公式(9.3.14-1)。规范公式(9.3.14-2)为圆曲线公式,当非圆曲线时,也可近似地利用该式。

9.3.15 环形搭接用于 T 形截面梁桥面板横桥向连接已有多年,且用于通用设计图。环形接头所有钢筋在同一截面上有 100% 搭接接头,搭接长度(两个半圆环顶端距离)仅20 倍钢筋直径左右,而且相邻两梁翼缘连接段内有两个距离很近的搭接接头,这就要求采取一定的加强接头的措施,可在半圆环内设置通长纵向钢筋。此外,连接段内的桥面板厚度,应满足钢筋的混凝土保护层和圆环直径的需要,不宜取用较小的尺寸。

9.3.16 本条沿用《桥规 JTJ 023—85》第 6.2.31 条的规定,组合梁现浇板最小厚度参照已建桥制定。参照《GBJ 10—89 规范》第 7.5.17 条,预制件顶面应做凹凸不小于 6mm 的粗糙面。

9.3.17 组合梁的结合面受剪承载力,当结合面配筋率低于 0.10% 时,箍筋对结合面不起作用(见《混凝土结构》9.2.3)。《英国规范 BS 5400》7.4.2.3 规定,组合梁内梁与板之间应设有 0.15% 的结合面积的结合系筋,其间距不小于板厚的 4 倍,且不小于 600mm。

9.4 预应力混凝土上部结构

9.4.1 预应力梁的梁端锚头集中,应力复杂,故要求加密箍筋。T 形截面梁的马蹄内,预应力钢筋密集,张拉时相当于受压构件,故马蹄内应另设箍筋。在梁支座中心附近,剪力较大且锚固区有拉应力,故箍筋应加密。

预应力混凝土梁的端部在张拉与成桥各阶段的受力十分复杂，其箍筋直径和间距，除应同时满足斜截面抗剪承载力验算（第5.2.9条）和锚下劈裂力配筋验算（第8.2.1条与第8.2.2条）的规定外，本条还规定在梁端1倍梁高范围内，箍筋间距不应大于120mm。《桥规 JTG D62—2004》规定梁端箍筋的间距不应大于100mm，此次将箍筋间距增大20mm，主要是考虑到梁端钢筋一般比较密集，结合工程实践，适当增大箍筋间距，有利于混凝土的浇筑振捣密实。

9.4.3 本条根据本规范第3.2.2条规定作了调整。光面剪力钢丝与混凝土黏结力较差，据建筑科学院试验资料，构件的破坏均由于钢丝滑移而引起，钢丝强度未发挥，配以直径5mm、标准强度1 100MPa的光圆钢丝受弯构件，破坏弯矩仅及设计值的40% ~ 50%；配以直径3mm、标准强度1 600MPa的光圆钢丝受弯构件，破坏弯矩为设计值的90%，所以光圆钢丝应采用压痕措施加强黏结力。

9.4.4 本条沿用了原规范，并根据第3.2.2条规定作了相应调整。

9.4.5 为了使预应力钢筋放松时引起的冲击不致破坏端部混凝土，钢筋端部周围混凝土应局部加强。本条沿用了原规范的规定。

9.4.6 现有锚具基本采用带喇叭管的锚垫板，因此取消了垫板厚度要求的规定。

9.4.7 本条沿用了原规范的规定。当预应力钢筋集中布置在端部截面的下部或同时布置于上部和下部时，预加力在梁端部产生的垂直于梁长方向的拉应力，使构件端部产生纵向裂缝，因此要求将部分预应力钢筋弯起后尽可能沿端部高度均匀布置。根据国外试验资料，锚下拉应力一般分布在梁端沿跨径方向3/4梁高长度的区段内；另根据铁路部门调查，在梁端出现沿管道的纵向裂缝；因此均需要加密梁端箍筋（见本规范第9.4.1条）和增设钢筋网。此外，在梁端部适当加厚腹板厚度，也是防止梁端纵向裂缝的有效措施。

9.4.8 对于曲线形管道，如直梁竖曲线钢筋、弯梁钢筋和加厚齿板钢筋等的管道，其曲线平面内侧受曲线预应力钢筋的挤压，混凝土保护层在曲线平面内和平面外均受剪，所以梁底面保护层和侧面保护层均需加厚或设拉筋。参照《美国 AASHTO LRFD 规范》5.10.4.3.1和5.10.4.3.2，曲线平面内剪力 F_{in}、平面外剪力 F_{out} 和抗剪力 V_c（单位均为N/mm）为：

$$F_{in} = \frac{P}{r} \leqslant V_c \tag{9-2}$$

$$F_{out} = \frac{P}{\pi r} \leqslant V_c \tag{9-3}$$

$$V_c = 0.33\phi d_c \sqrt{f'_{ci}} \tag{9-4}$$

式中：ϕ——材料抗剪系数，$\phi=0.9$；

P——预应力钢筋张拉力（N）；

f'_{ci}——预应力钢筋传力锚固时的混凝土圆柱体（$\phi150mm \times 300mm$）抗压强度（MPa）；

d_c——管道中心至曲线平面内或平面外混凝土保护层的距离（mm）。

同一混凝土制成的边长为150mm的立方体强度与圆柱体强度比值为1/0.8。如传力锚固时的混凝土立方体强度为f'_{cu}，则应以$0.8f'_{cu}=f'_{ci}$代入(9-4)，抗剪值便为$V_c=0.33\times0.9d_c\sqrt{0.8f'_{cu}}=0.266d_c\sqrt{f'_{cu}}$。$d_c$为混凝土保护层厚度$c_{in}$或$c_{out}$加管道外缘半径$d_s/2$，将其代入式(9-4)并引入式(9-2)、式(9-3)，便得本条文中的式(9.4.8-1)、式(9.4.8-3)。

预应力钢筋张拉力为P，则曲线单位弧长上的径向压力$u=P/r$，弧长s_v（箍筋间距）的径向压力为$F_c=us_v=(p/r)s_v$。如箍筋单肢截面面积为A_{sv1}，双肢箍筋的抗拉力为$F_r=2f_{sd}A_{sv1}$，令$F_c=F_r$，便得到式(9.4.8-2)。

9.4.10 本条沿用了原规范的规定。曲线形预应力钢筋，如曲线半径过小，张拉时引起较大的管道摩擦力及径向压力。对于特殊的管道和预应力钢筋，如斜拉桥桥塔内围箍用的半圆形预应力钢筋，其半径在1.5mm左右，由于采用特殊措施，可以不受此限。

9.4.11 参照VSL产品标准，补充了预应力钢筋的最小切线长度。由于构造和受力要求，钢丝束、钢绞线束采用夹片式锚具时，不允许钢束的曲线部分进入锚固区段，即要求锚下钢束应具有一定的直线段长度。图9-1给出了不同最小断裂负荷时对应的最小直线段长度L_{min}，供设计人员参考。

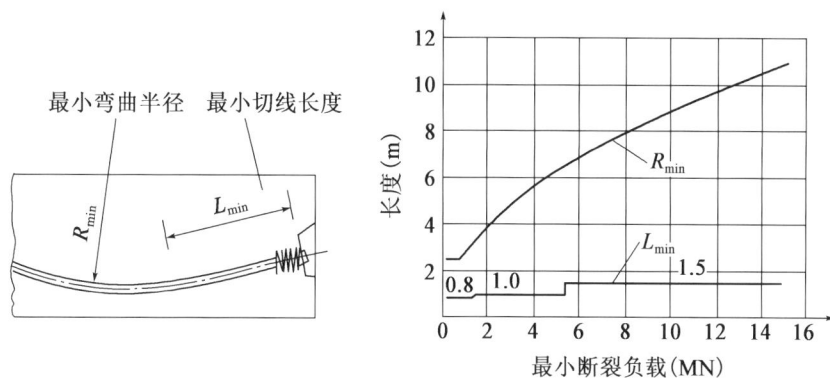

图9-1 钢束的最小断裂负荷与R_{min}、L_{min}的关系曲线

9.4.14 本条沿用了原规范的规定。预应力钢筋的预拉应力摩擦损失，除偏离线形外，主要是曲线管道与预应力钢筋间的摩擦损失。为减少摩擦损失，要求预应力钢筋减少整根通长的连续弯曲和加大曲线半径。在预应力钢筋设置时通常采用两种方式来达到上述目的，一种方式是预应力钢筋逐段张拉、锚固、接长，再张拉、锚固、接长，接长方法有直接用连接器接长和逐段锚固、逐段搭接；另一种方式是采用变化的梁高，使整根曲线钢筋曲

率减小。这两种方式也可结合使用,使预应力钢筋的设置更趋合理。

9.4.15 本条沿用了原规范的规定。预应力钢筋在梁内布置应避免急剧增减,以免在同一截面内设锚过多而削弱截面,同时也避免由于预应力突变在腹板内引起过大的剪应力或主拉应力的变化。

在连续梁的1/4~1/3跨径区段,活载作用下正负弯矩交替出现。顶推连续梁施工顶推阶段,大部分截面交替出现正负弯矩。在上述情况下,预应力钢筋宜分散布置于梁的腹板上下及其相邻翼缘上,使正负弯矩都有预应力钢筋承受。

在连续梁中间支撑处,反力集中,应力状态复杂。支点反力在梁腹板底部引起纵向水平拉应力。所以,在中间支点附近梁腹板内及其下方的翼缘内应布置顺桥向非预应力钢筋。

9.4.16 本条沿用了原规范的规定。在预压力作用下,锚具周围混凝土表层有拉应力;锚下的扩散角范围内混凝土受压力,但在此范围内沿传力方向还有一个枣核形的拉力区。这说明锚具周围表层及锚下混凝土内应力复杂,所以在构件受拉区不宜设置锚具,而宜设于截面重心处或受压区。

预应力钢筋伸出于板外锚固时,锚固齿板内拉筋设置可参阅本规范第9.4.8条。

9.4.17 节段预制拼装桥梁在越江跨海通道和城市桥梁中广泛应用(如表9-2),体现综合效益好的特点,符合现代桥梁工厂化、大型化、机械化、标准化的发展趋势。根据已建节段预制拼装桥梁的结构特点,规定本条的构造要求。

表9-2　我国节段预制拼装桥梁一览表

序号	桥　梁	建成时间	跨径(m)	序号	桥　梁	建成时间	跨径(m)
1	上海浏河大桥	2000	42	6	江苏崇启大桥引桥	2011	50
2	上海沪闵高架	2002	35	7	南京四桥引桥	2012	50
3	苏通大桥引桥	2008	75	8	厦漳大桥引桥	2013	70
4	厦门集美大桥	2008	100	9	嘉绍大桥引桥	2013	70
5	上海长江大桥引桥	2009	60				

(1) 已建的节段预制拼装箱梁桥基本采用体内-体外混合配束和环氧树脂胶接缝的结构,环氧树脂胶接缝要用0.3~0.5MPa压应力予以压紧。采用细石混凝土的湿接缝,一般设置在箱梁合拢留出的断缝或针对拼装误差的调整缝。

(2) 复合剪力键的基本构造及功能如下:

①腹板剪力键:由多个矩形键块(槽)组成,承受正常使用阶段接缝截面的剪力。

②顶板剪力键:由多个长条形键块(槽)组成,用于节段拼装时对接定位。

③底板剪力键:由多个长条形键块(槽)组成,用于节段拼装时对接定位。

④加腋区剪力键:设置在腹板与顶板(底板)结合区,用于节段拼装时对接定位。

9.4.18 后张预应力构件的端部锚固区,应在相应区域配置受拉钢筋,以抵抗劈裂力、剥裂力以及边缘纵向拉力,如图9-2所示。

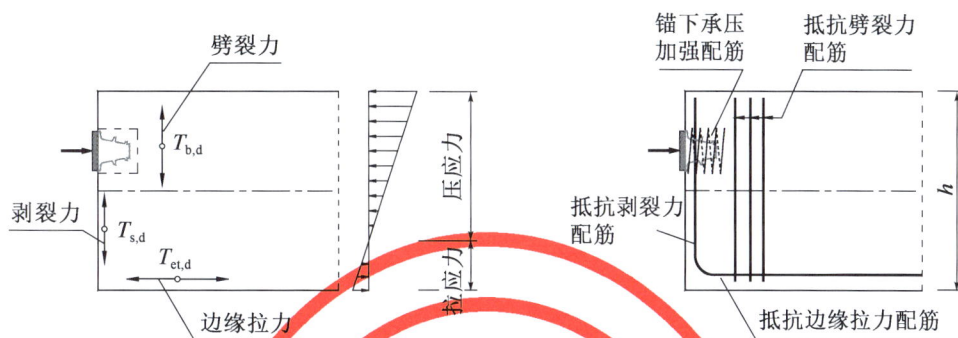

图9-2 端部锚固区局部拉力与配筋示意

9.4.19 本条规定了后张预应力锚固齿块的立面构造尺寸要求。从齿块宽度方向看,可以区分为独立齿块、角隅齿块和满布于壁板的齿块。为保证传力的平顺和可靠,一般优先考虑采用在翼板与腹板交接处的角隅齿块。

9.4.20 本条是在根据本规范第8.2.6条和附录B完成齿块及其附着壁板(即顶板、底板或腹板)局部配筋量计算之后,给出的配筋构造规定。参考了我国的工程实践、美国AASHTO公路桥梁设计规范、日本混凝土桥梁设计规范、VSL公司后张预应力设计手册及美国德克萨斯大学奥斯汀分校的相关研究成果。

在齿块所附着的壁板内,抵抗锚后牵拉与边缘局部侧弯的纵向钢筋的横向配置范围见图9-3。

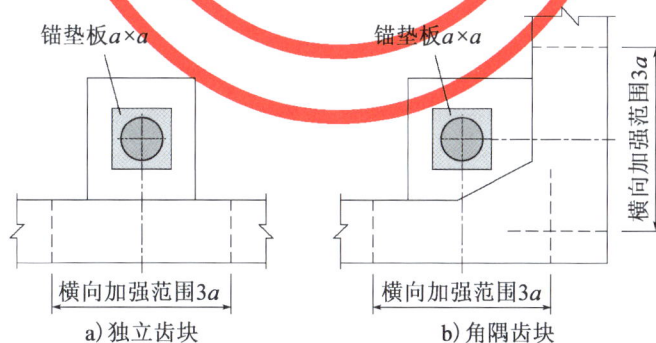

图9-3 齿块壁板内纵向加强钢筋的横向配置范围

此外,在图8.2.6所示齿块区的五种受拉效应之外,考虑到锚固力在传递至壁板后,还要在壁板宽度方向扩散,宜在齿块前端壁板内配置横向加强钢筋以抵抗劈裂力(图9-4),该位置的纵向裂缝在试验研究和实际工程中均有发现。

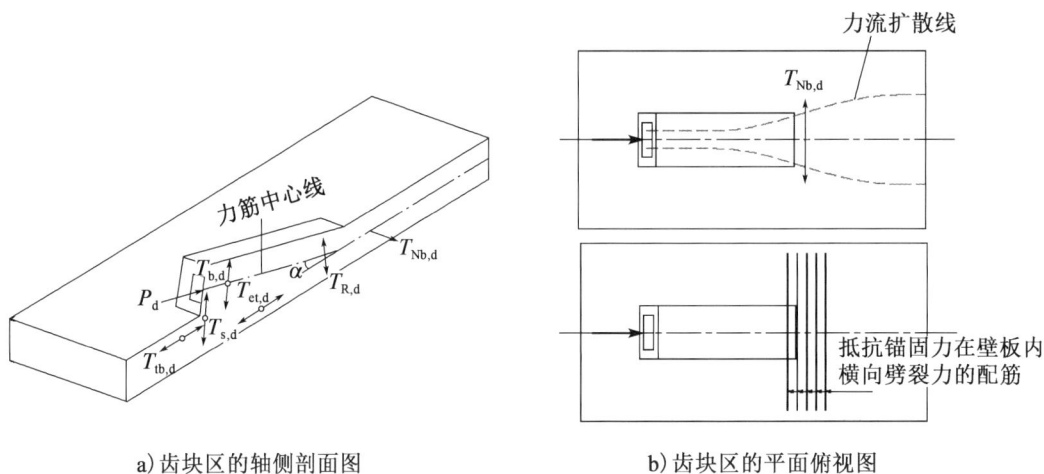

a) 齿块区的轴侧剖面图　　　　　　　　b) 齿块区的平面俯视图

图 9-4　锚固力在壁板宽度方向的劈裂效应与配筋

9.4.24　转向块构造说明如下：

（1）块式转向构造：用于转向钢束数量较少的情况，或用于转向构造之间钢束的定位。

（2）横肋式转向构造：用于横向转向力较大的情况，或转向构造之间钢束的定位。

（3）竖肋式转向构造：用于竖向转向力较大的情况。

（4）横梁式转向构造：用于横梁位置。

9.4.25～9.4.27　参照已建节段预制拼装桥梁的工程经验制定。体外预应力钢筋在锚固位置、转向构造、定位构造和减震装置之间的自由长度取用 8m 以上长度时应根据计算确定，并应考虑对结构受力的影响。

体外预应力钢筋进入锚固构造后宜适当转向（图 9-5），避免预应力钢筋应力波动直接传递至锚具夹片。

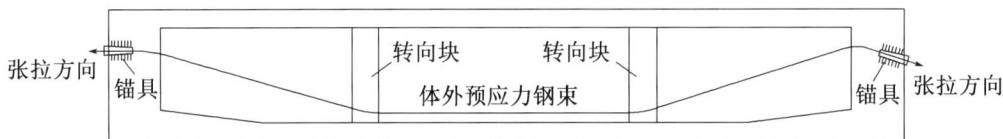

图 9-5　体外预应力钢筋在锚固构造处适当转向示意

9.5　拱桥

9.5.1　据徐凤云《SRC 拱桥及 CEST 拱桥设计优化研究》一文中统计分析，44 座跨径 100m 及以上竣工的钢筋混凝土拱桥中，矢跨比 1/4 者 4 座，1/5 者 4 座，1/6 者 11 座，1/7 者 7 座，1/8 者 13 座，1/10 者 1 座；26 座跨径 66m 至 313m 设计、在建、竣工的钢骨架钢筋混凝土拱桥和钢管混凝土拱桥中，矢跨比 1/4 者 8 座，1/5 者 10 座，1/6 者 7 座，1/8 者

1座;11座跨径100m至330m在建、竣工的钢筋混凝土桁架式组合拱桥中,矢跨比1/6者3座,1/7者1座,1/8者6座,1/9者1座。本次修订将钢筋混凝土拱桥的矢跨比,一般在1/5至1/8之间调整为1/4.5至1/8之间。

空腹拱的拱上建筑跨径一般取主拱跨径的1/8至1/15,这样主拱受力较为均匀;但从配合景观来考虑,也可适当采用稍大的比值。

悬链线拱轴线,随着拱上建筑的轻型化及矢跨比的趋小,拱轴系数也趋小,据上述《SRC拱桥及CEST拱桥设计优化研究》一文分析,跨径自100m至312m的12座拱桥,拱轴系数m自2.24至1.347。对于桁式组合拱,其底弦可取较小的m值或采用抛物线。

9.5.2 空腹式拱桥的拱上建筑,一般采用墙式墩或排架式墩和简支板或简支梁结构,以适应主拱的变形。支座可采用橡胶支座。如果采用连续桥面,在主拱的墩台立柱顶面应设滑动支座和伸缩缝;在拱顶附近,因拱上建筑墙式墩或排架式墩较矮,抗推刚度较大,也宜设置滑动支座和伸缩缝。

9.5.4 拱肋间横系梁与拱肋组成空腹桁架,增强了拱桥的横向刚度。拱上建筑立柱下方设横系梁,有助于荷载的横向分布。

9.5.5 横向联结系对于中承拱和系杆拱的整体性和稳定性至为重要。在浇筑拱肋混凝土时,还可利用已就位的横向联结系加强施工稳定性。拱顶设横系梁,拱顶两侧的弯矩影响线零点附近设横系梁或K形撑,桥面处设横梁,桥面以下设剪力撑。以广西邕宁邕江大桥为例,主跨312m,全拱设拱顶横系梁一道,拱顶正弯矩影响线零点附近设K形撑两道,桥面设横梁两道,桥面以下设剪刀撑两道,此外,另在桥面以上拱肋间设横系梁四道。

9.5.6 桁架拱桥端部结构高度较大,其上弦杆端节点与墩台上方无连接,故需设竖向剪力撑以保持横向稳定。为加强桁架拱的横向水平刚度,端节间还应设水平剪刀撑。在其他节间亦应适当设置竖向剪刀撑和水平向剪刀撑。

9.5.7 桁式组合拱桥是贵州省于1981年创建的一种新型拱桥。目前最大跨径的桁式组合拱桥是贵州江界河大桥,主跨330m。

桁式组合拱是桁架拱和桁式T形刚构(加挂孔)两种桥型综合发展的产物。桁式组合拱把桁架拱位于拱端的上、下弦杆与桥台固结,在跨中0.5至0.6跨长段的两端将上弦断开,下弦仍保持连续。这样形成了上梁下拱的组合结构体系。拱轴线一般用二次抛物线。

桁式组合拱桥的杆件,跨径稍大一些都采用箱形截面,如主跨330m江界河大桥,主跨160m的广西京南大桥,上、下弦杆均为三室箱梁;斜杆、竖杆为两个分离箱梁,其间用横系梁联结。

桁式组合拱桥在端部因上弦与桥台固结,在拱脚后面应设短边孔。边孔长度与主孔长度之比接近于0.5时,因边孔力臂较长,其尾部反力较小,对施工阶段受力有利,而对使用期间受力不利;若比值接近于0.2,则上述情况反之。江界河大桥,边孔与主孔跨长之比,左边孔为0.24,右边孔为0.16;广西京南大桥,边孔与主孔跨长之比,左边孔为0.24,右边孔为0.31;以上边孔长度包括台身长度。

桁式组合拱桥上弦断点位置,据贵州道真桥与剑河桥分析,跨径中段两端的断点位置各以距拱顶0.3倍主孔跨径为宜。广西京南大桥取0.3倍,江界河大桥取0.25倍。

9.5.8 本条系沿用《桥规 JTJ 023—85》第6.3.3条部分内容。拱桥的横系梁、K形撑、剪刀撑,为了具备一定刚度,其截面短边尺寸不应小于长度的1/15。横系梁、K形撑和剪刀撑与拱肋相交处,由于截面急剧变化,局部应力较大,所以应设倒角平缓过渡。

9.5.9 桁架杆件在节点处交汇,形成节点块。据江界河大桥所做节点光弹性模型试验,杆件交汇处局部应力集中。为缓和节点应力集中现象,在节点块边缘即杆件相邻边缘间应设过渡线。节点块边缘设包络钢筋对改善应力集中,防止相邻杆件之间劈裂及拉杆从节点块拔出,具有一定作用。

9.5.11 本条系沿用《桥规 JTJ 023—85》第6.3.2条规定。软土地区或严寒地区的桁架拱桥、刚架拱桥,由于地基沉降或温度下降等因素,使拱脚受力不利;因此,其下弦钢筋应适量增设。

9.5.12 本条内容与《公路圬工桥涵设计规范》(JTG D61)第5.2.3条一致。多孔拱桥桥墩,以修建柔性墩较多,连拱作用显著,所以要求每三至五孔设置一个承受恒载的单向推力墩,或采取其他抗单向推力的措施。

9.5.13 在桥面系设置连续纵梁,可以增加桥面系的整体性,防止因局部吊杆失效,引起桥梁的整体垮塌。

9.6 柱、墩台和桩基承台

9.6.1 本条与本规范第5.3.1条所规定的一般轴心受压构件相适应,与本规范第5.3.2条规定的配置密布的螺旋环形筋或焊接环形箍筋的间接钢筋轴心受压构件有区别,后者的构造要求另见本规范第9.6.2条规定。

箍筋主要靠其折角点(折角不大于135°)来约束纵向钢筋。纵向钢筋离折角点愈远,箍筋对纵向钢筋的约束愈弱。考虑桥梁构件尺寸较大的特点,在原规范的基础上规定纵向钢筋位置如超过规定范围除可设复合箍筋外还可设计系筋,如图9.6.1所示。

9.6.2 本条与本规范第 5.3.2 条规定的配有螺旋式或焊接环式间接钢筋的受压构件相适应。与本规范第 9.6.1 条一般受压构件比较,由于间接钢筋布置较密,其长细比又有限制,不考虑纵向弯曲系数,因此具有较高承载力。本条与原规范规定一致。

9.6.3 偏心受压构件与轴心受压构件有同样的构造要求。在国外规范中,轴心受压和偏心受压统称为受压构件或柱,其构造要求也是一样。偏心受压构件需在受弯方向设置受力钢筋,在侧面非受弯方向则应设置构造钢筋,公路桥墩台多双向偏心受压,此时两个方向均设受力钢筋。本条与原规范规定一致。

9.6.4 表层钢筋网参照《美国 AASHTO 规范 14 版》8.20 规定,折合每米 264mm²,本规范采用 250mm²,相当于每米设直径 8mm 钢筋五根。本条与原规范规定一致。

9.6.5 盖梁计算跨径一般为 2.5~7.0m,跨高比 l/h 在 3~5 之间(跨高比随跨径增大而减小),属深受弯构件范畴,但不属深梁(简支深梁 $l/h \leqslant 2$,连续深梁 $l/h \leqslant 2.5$);由于跨高比 l/h 小于一般梁,加之盖梁与墩台柱固结,梁的伸缩受到约束,因此侧面宜设置一定数量的构造钢筋,本条规定系参照常用设计图制定。盖梁因受集中荷载,剪力较高,所以要求采用等级较高的混凝土。本条与原规范规定一致。

9.6.7 本条参照《规范 GB 50010》第 9.3.4 条和第 9.3.5 条制定。

9.6.8 本条参照《规范 GB 50010》第 9.3.6 条制定。

9.6.9 公路连续梁桥中箱梁的抗倾覆性能与下部结构的结构形式密切相关。根据公路箱梁桥结构类型调研、抗倾覆稳定性参数分析和已发生事故桥梁的调研,本条规定了公路箱梁桥的下部结构类型,在结构设计时应予以重视。

(1)箱梁的抗倾覆性能与支座的横向间距和箱梁的抗扭跨径密切相关。已发生倾覆的桥梁采用了连续的独柱单支座式桥墩(图 4-1),造成箱梁的抗扭跨径过大,不能有效保障箱梁的抗倾覆性能。公路箱梁匝道桥中独柱墩的典型结构如图 9-6 所示。其中墩梁固结体系,将箱梁的倾覆失稳问题转换为构件的承载力问题,适用于高桥墩;独柱双支座式桥墩缩小了箱梁的抗扭跨径,能够显著提高箱梁的抗倾覆性能。

(2)公路的特殊节点,如跨越道路需要在中央分隔带设置的墩位,因桥下净空限制,需采用独柱单支座式桥墩,应控制一联中连续的独柱单支座数量,以保障箱梁的抗倾覆性能满足本规范第 4.1.8 条的规定。

(3)一般情况下在主梁的墩台处均需设置"横向限位"构造,特别是斜、弯、异型桥及采用四氟滑板式橡胶支座的上部结构,根据其受力特点及四氟滑板式橡胶支座的滑移特性,主梁端部会产生水平转动和横向位移,为保持梁体平面线型和伸缩装置的正常使用,保证梁体安全,应在主梁的墩台处设置横向限位构造。纵坡较大时,主梁爬移问题显著,

— 239 —

对此一般采取设置墩梁固结、纵向限位挡块等措施。

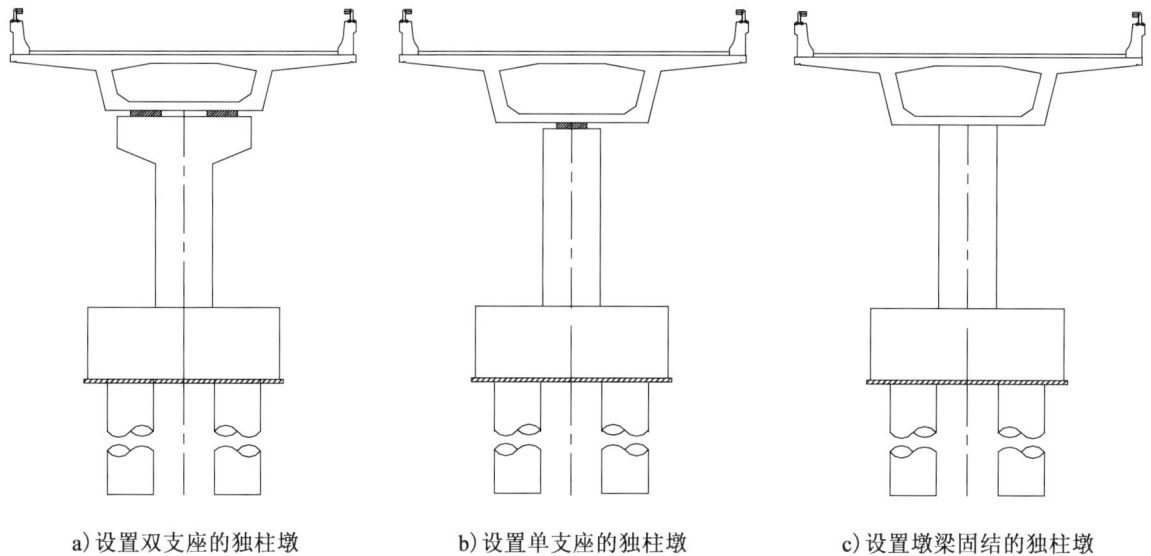

a)设置双支座的独柱墩　　　　　b)设置单支座的独柱墩　　　　　c)设置墩梁固结的独柱墩

图 9-6　独柱墩的典型结构形式

9.6.10　桩基承台高度,《公路桥涵地基与基础设计规范》(JTG D63—2007)(以下简称《JTG D63—2007 规范》)第 5.2.5 条规定不宜小于 1.5m,除按此要求外一般宜取桩直径的 1.0~2.0 倍;对于大型钻孔桩(例如直径 2.5m 以上的钻孔桩),其倍数尚宜增加。

承台的纵筋布置,《钢筋混凝土承台设计规程》(CECS 88:97)(以下简称《CECS 88:97 规程》)认为与对破坏机理的认识有关。按塑性绞线(本规范为"梁式体系")方法计算时,往往采用均匀正交配筋,如《建筑桩基规范》(JGJ 94—94)(以下简称《JGJ 94—94 规范》)第 4.2.3.2 条和第 5.2.2.1 条所规定;在当前公路桥梁上也多如此。按空间桁架模型(本规范为"拉压杆"体系)方法计算时,纵筋往往集中布置在通过桩顶的板带内,如莱昂哈特《钢筋混凝土结构配筋原理》16.8。上述两种配筋方式,其优缺点尚难定论。本规范规定受力主钢筋应设于距桩中心 1.5 倍桩直径范围内,超出上述范围部分应另设置配筋率不小于 0.1% 构造钢筋,综合了两种不同的配筋方式。当桩距拉开到大于或等于 3 倍桩直径时,参考莱昂哈特《钢筋混凝土结构配筋原理》16.8,在距桩中心各一倍桩直径的中间区段内应设置吊筋。这是因为两桩之间的纵向主钢筋没有桩的直接承托,却有部分"压杆"压力向其施压,可能致使两桩之间的中间部分纵向钢筋下压而导致混凝土裂缝,故桩距较大时应配置吊筋。公路桥梁的桩基一般多采用最小中距 2.5 倍桩直径,所以如上述设置构造钢筋和吊筋情况不多,但因地基原因或避开地下管线干扰则有可能拉大桩距。

为便于施工,承台的顶面、侧面一般不设置表层钢筋,本次修编取消了原规范该要求。

按《JTG D63—2007 规范》第 5.2.5 条,承台内桩身顶面须设一层每米宽度 1 200~1 500mm² 的钢筋网,本条仍予列入。桩身顶面在承台底面以上 150~200mm(《JTG D63—2007 规范》第 5.2.6 条),则主钢筋在承台底面以上至少 180mm。由于主钢筋的混凝土保护层很厚,故应在桩身顶设钢筋网。

9.7 支座和伸缩装置

9.7.2 氯丁橡胶具有较好的耐老化性能,为我国多数桥梁所采用,但其耐寒性较差,所以寒冷地区按《公路桥梁板式橡胶支座》(JT/T 4—2004)和《公路桥梁盆式橡胶支座》(JT 391—2009)规定,采用三元乙丙橡胶支座或天然橡胶支座。

9.7.3 在确定支座布置时,有下列注意事项:

(1) 梁的一个支点上,纵向只能设一个支座,如多于一个,则由于梁端产生挠角使支座受力不均匀。

(2) 在横桥向,虽然没有上述纵桥向的问题,但多于两个也会受力不匀,所以横向不宜多于两个。

9.7.4 一般采取在墩帽顶设垫石、板底设垫块等措施,使支座保持水平,避免支座的剪切变形。

9.7.6 通常板式支座受橡胶性能的影响,设计使用寿命一般为 20～30 年左右,盆式支座、球型支座的使用寿命比板式橡胶支座长,但也低于主体结构的设计寿命。因此,进行桥梁结构设计时,应考虑桥梁在服役期间支座的维护和更换问题,设置支座的墩台必须留有检查和更换支座的构造措施。

9.7.7 目前公路桥梁常用的伸缩装置,包括模数式伸缩装置、梳齿板式伸缩装置和无缝式伸缩装置,其伸缩量范围为 20～3000mm,其详细的技术要求见现行《公路桥梁伸缩装置通用技术条件》(JT/T 327)。

9.8 涵洞、吊环和铰

9.8.2 本条参照《混凝土结构设计规范》(GB 50010—2010)第 9.7.6 条制定,与原规范相比,有下列变化:

(1) 以 HPB300 钢筋替换 R235 钢筋;

(2) 对自重荷载作用下的钢筋应力限值进行了调整,由 50MPa 调整为 65MPa。

根据耐久性要求,恶劣环境下吊环钢筋绑扎接触配筋骨架时应隔垫绝缘材料或采取可靠的防锈措施。

9.8.3 铰的构造参考《公路设计手册:拱桥(上册)(1978)》及 1958 年《铁路桥涵设计规范》制定。

附录 A 桥梁结构的实用精细化分析模型

A.1 一般规定

A.1.1 桥梁结构的实用精细化分析模型主要解决桥梁的空间效应问题,用于弥补单梁模型分析的不足。实用精细化模型针对不同的桥有不同的适用性:

(1) 空间网格模型可以考虑桥梁全部的空间效应,并可以完整给出表 6.1.3 的验算指标。

(2) 折面梁格模型能考虑箱梁的剪力滞效应以及结构沿横桥向不均匀的弯曲变形,但不能计算截面顶板和底板的水平剪应力,无法校核表 6.1.3 中的顶板主拉应力和底板主拉应力。折面梁格模型可同步分析纵、横向构件,适用于宽箱梁桥的纵、横梁分析。

(3) 7 自由度单梁模型适合于薄壁效应显著的箱梁桥,特别是弯箱梁桥的整体分析,可以得到表 6.1.3 中的顶板、底板和腹板的主拉应力。7 自由度单梁模型是单梁模型,需要满足全截面的平截面假定,所以不能计算剪力滞效应;此外,桥面板分析、预应力钢束在箱梁底板产生的外崩力效应等,需要另建模型进行分析。

A.2 应用原则

A.2.1 空间网格模型将复杂的桥梁结构离散成多块板,每一个板元离散成十字交叉的正交梁格,以十字交叉的纵横划分梁的刚度等代成板的刚度,一片正交梁格就像是一张"网"。至此,桥梁结构采用空间网格来表达,如图 A-1 所示。

A.2.2 折面梁格模型将箱梁截面以垂直于截面主轴方向的切割线切开,保持各纵向划分梁的形心位置不变,并采用横向划分梁将各纵向划分梁联系在一起形成的一个单层的折面格构式模型,如图 A-2 所示。

A.2.3 采用 3 自由度或 6 自由度梁计算时,扭转效应产生正应力和剪应力放大效应是估算的。目前采用的箱梁宽度比以往要宽,统一采用 1.15 的应力放大系数并不准确。以 3 座预应力混凝土直线箱梁桥(主跨 100m,箱宽 11.85m;主跨 268m,箱宽 16.5m;主跨 130m,箱宽 16.5m) 为样本桥梁,7 自由度单梁模型分析结果显示,在图 A-3 中 A 点(腹板上缘)、B 点(截面重心)、C 点(腹板下缘)以及 D 点(底板边缘),活载剪应力放大系数为 1.5 ~ 2.0。

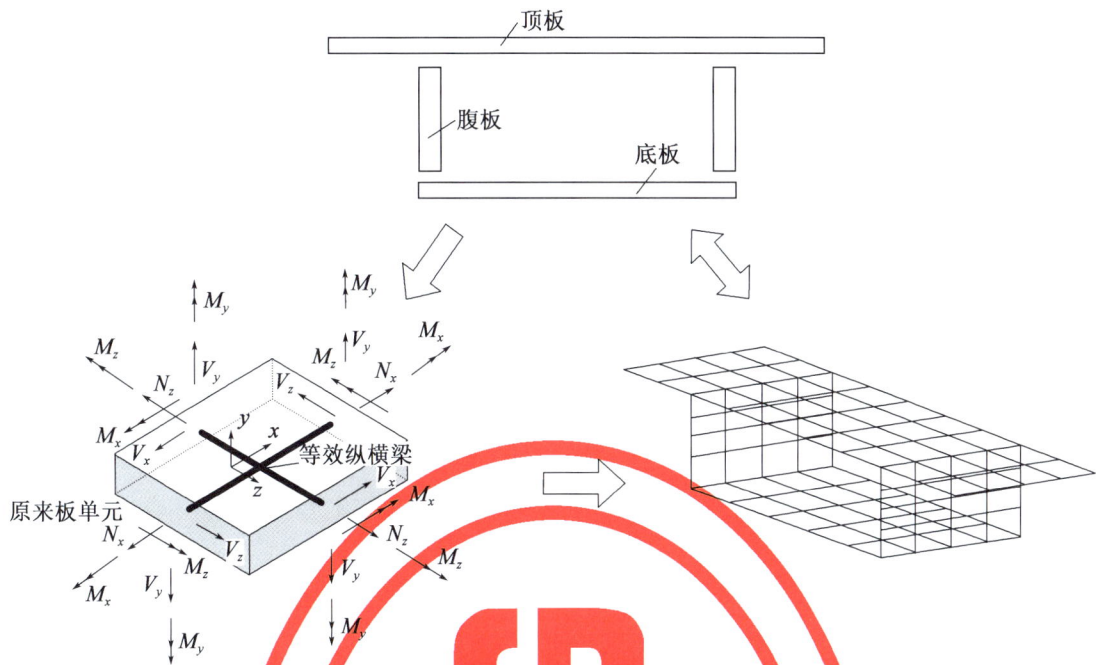

图 A-1　空间网格模型简化原理示意

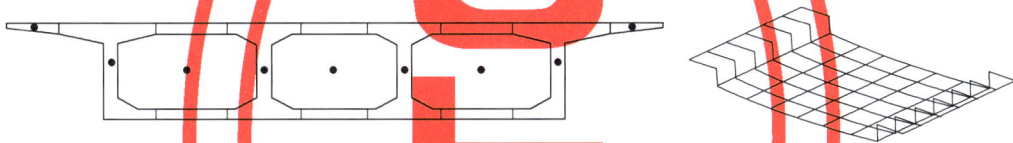

图 A-2　结构离散及折面梁格模型示意

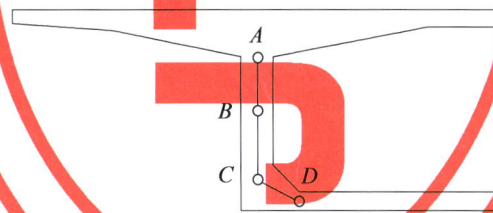

图 A-3　箱梁应力计算位置示意

附录 B　拉压杆模型分析方法

B.1　一般规定

B.1.1　混凝土结构内部的力流扰动,主要来源于两种因素:一是集中力的作用(图 B-1),应力扰动区的范围取 1 倍梁高;二是截面几何尺寸的突变(图 B-2),应力扰动区的范围取毗邻区的梁高。

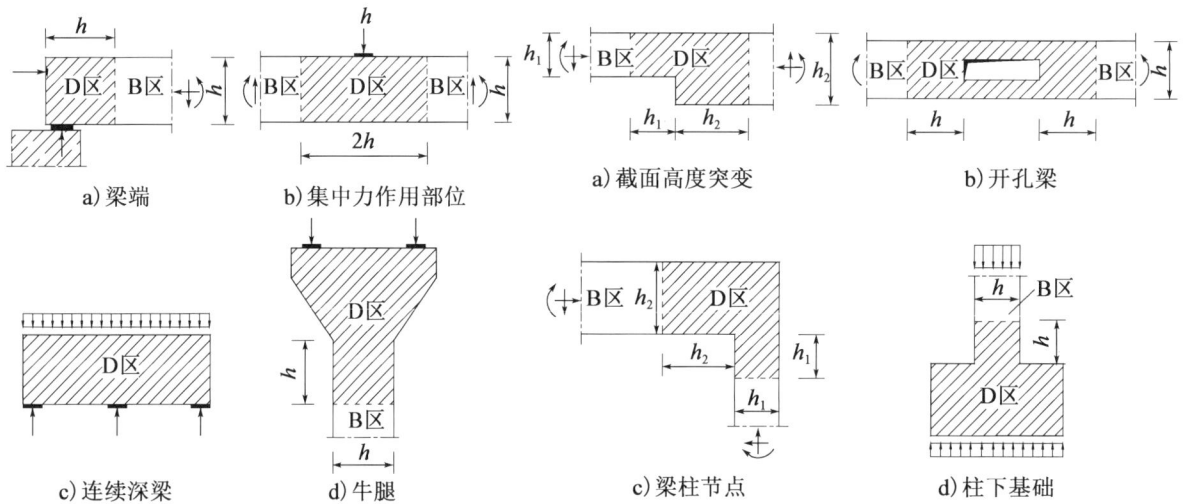

图 B-1　承受集中力作用的部位

图 B-2　几何形状突变的部位

B.1.2　拉压杆模型是从混凝土结构连续体内抽象出的一种简化力流分析模型,由压杆、拉杆和节点组成,用以反映结构内部的传力路径。例如,图 B-3 示出了一种深梁内集中力传递的拉压杆模型,以及一种端部锚固区内集中锚固力扩散的拉压杆模型。

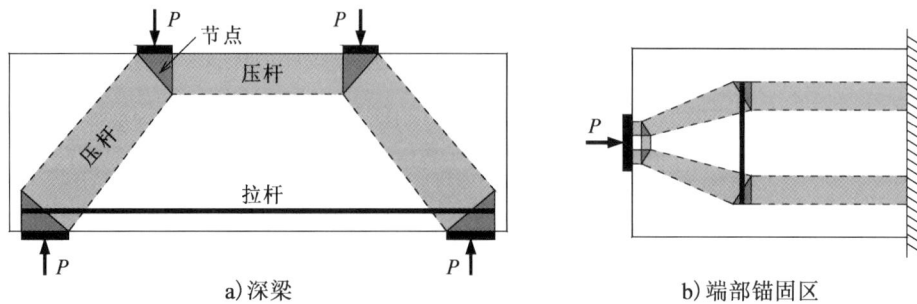

图 B-3　拉压杆模型的基本组成

拉杆是受拉构件,一般由普通钢筋或预应力钢筋构成。压杆代表压力场的合力,压杆的形状根据压力扩散情况,可以是棱柱形、瓶形或扇形。节点位于压杆、拉杆轴线与集中力的交汇处,是力流转向区域。根据节点区交汇杆件的类型,节点可分为 CCT 型(压-压-拉,由多根压杆与一根拉杆围成的节点区)、CCC 型(压-压-压,仅由压杆围成的节点区)、CTT 型(压-拉-拉,由 1 根压杆及 2 根或 2 根以上拉杆围成的节点区)和 TTT 型(拉-拉-拉,全部由拉杆围成的节点区)。根据节点区力流转向的明确程度,节点可分为集中节点(如图 B-1 深梁中的节点)和弥散节点(如图 B-1 端部锚固区内的中部节点)。集中节点处,一般至少有一个明确的边界力作用面;弥散节点代表一个力流转向区,其边界往往不明晰,在此处压杆和拉杆的交汇范围比较宽,一般无须进行节点承载力验算。

在基于拉压杆模型的设计步骤中,"构建应力扰动区的拉压杆模型"是比较困难的一个环节。在理论上,可按本规范第 B.2.2 条中建议的方法构建拉压杆模型,例如,本规范给出了桥墩悬臂盖梁、墩帽和桩基承台等应力扰动区的拉压杆模型。但是,对于后张端部锚固区、三角齿块锚固区和支座处横隔梁等应力扰动区,构建拉压杆模型的工作量往往很大,且带有研究的性质。为此,本规范直接给出了这些应力扰动区的拉杆内力设计值计算公式,这样就可以免去构建拉压杆模型和求解模型这两个步骤。

B.2 构建方法

B.2.1 拉压杆模型应满足以下两个必要条件:

(1) 静力平衡条件,即模型中各节点满足平衡方程。

(2) 材料屈服准则,即模型中各杆件和节点的应力小于材料屈服应力。

从理论上讲,拉压杆模型是一种塑性力学下限分析方法,会给出偏于保守的承载力估计。针对同一应力扰动区问题,可以有多种拉压杆模型的选择。

然而,由于混凝土结构的特点,并不是任意的模型都是合适的。为避免结构中出现超出混凝土塑性变形能力的应力重分布,压杆和拉杆的位置和走向应反映混凝土结构内部的力流传递路径,这是拉压杆模型构建时应遵循的基本原则。以图 B-4 所示深梁为例,拉杆、压杆的布置反映了主拉、主压应力的走向,拉杆、压杆的内力大小与关键截面弹性应力的合力一致。依据这样的构形进行结构配筋设计,并结合合理构造配筋,既可满足承载力需求,也能有效地控制正常使用阶段的裂缝宽度,减少结构在受力过程中的应力重分布。

B.2.2 尽管国际学术界对拉压杆模型的构形方法付出了巨大的努力,迄今仍没有普适性的简明方法。目前常用的方法有:荷载路径法、应力迹线法、力流线法、最小应变能准则、最大强度准则等,简介如下:

(1) 荷载路径法是根据经验直接勾画出结构内部力流传递路径的方法,因此,需要设计者有良好的概念和工程经验,一般用于结构几何形体和荷载工况相对简单的情形。

(2) 应力迹线法的思路是保证拉杆、压杆的走向与主要应力迹线指向一致,再通过对一些关键截面应力积分获得合力准确位置,即拉杆或压杆所在位置。

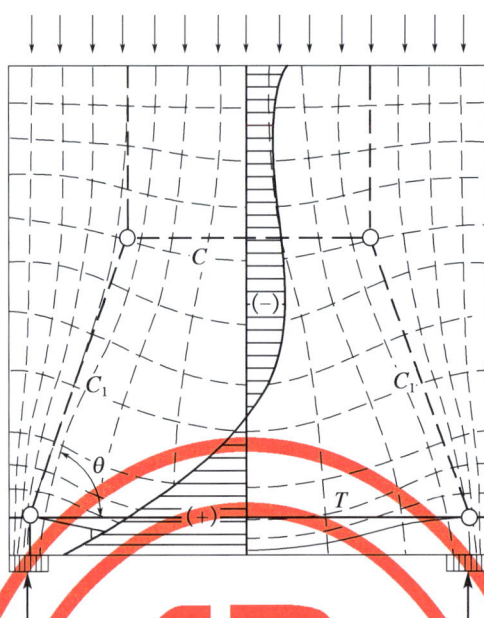

图 B-4　按结构弹性应力构建拉压杆模型

（3）力流线法是定量化的荷载路径法，通过给出力流线解析方程或算法，得到较为精确的压力传递力流线，借助压力线的横向分力求解横向拉力或劈裂力位置，进而形成完整的拉压杆模型构形。

（4）最小应变能准则认为荷载在结构中引起的真实变形，总是使结构的应变能最小，对于由连续体离散化而来的拉压杆模型也应当满足最小应变能准则，基于这一原理的多种结构拓扑优化方法，也是获得拉压杆模型的途径之一。

（5）最大强度准则认为，拉压杆模型遵循塑性下限定理，在各种可能的拉压杆模型中，强度最大的模型最逼近真实的受力路径，运用这一准则可以确定模型构形中的关键参数。

B.2.3　研究表明，随着拉杆与压杆之间夹角的减小，压杆的混凝土有效抗压强度快速降低。当拉杆与压杆之间的夹角过小时（一般以 25°为界限值），依据最大强度准则，这样的构形不能真实反映力流的传递路径，因而是不恰当的构形。

B.3　验算内容

B.3.1　本条给出了拉压杆模型的承载力验算内容，包括拉杆抗拉承载力验算和压杆抗压承载力验算。一般地，在确保支承面局部承压和钢筋可靠锚固的情形下，节点的承载力等同于与其交汇压杆的承载力，因而无须再进行节点承载力验算。

拉杆和压杆的轴向力设计值，可通过对所构建的拉压杆模型进行静力求解得出。例如，本规范给出了几种典型应力扰动区的拉压杆模型，如第 8.4.6 条、第 8.4.7 条和第 8.5.4 条；在这些情形下，可以根据已确知的模型构形求算出拉杆和压杆的轴向力设计值。对于构建拉压杆模型比较困难的一些复杂应力扰动区,则可根据力流模型理论得到的解析公式,如第8.2.2条、第8.2.6条和第8.3.2条,直接计算出拉杆的内力设计值。

B.3.2~B.3.4 拉压杆模型中拉杆和压杆的承载力设计值计算方法,主要借鉴了《美国 AASHTO LRFD 规范》的相关规定,并按我国规范的材料指标进行了换算。

拉杆一般由普通钢筋或预应力钢筋构成,钢筋的锚固长度或锚固构造必须满足要求,以避免锚固失效情况的发生。压杆承载力由具有明确边界的压杆端面抗压承载力控制。对于一端为弥散节点的压杆,其边界往往不十分明晰,此处压杆范围比较宽,一般不控制设计。本规范给出了带有明确边界的两种典型压杆,即:①由支承面和钢筋共同约束的压杆;②支承面和相邻压杆共同约束的压杆。

混凝土压杆的等效抗压强度设计值 $f_{ce,d}$,主要考虑了垂直于压杆方向横向拉应变的影响进行折减。当验算的压杆端面相邻节点为 CCC 型时[图 B.3.3-1)],混凝土压杆的等效抗压强度设计值 $f_{ce,d}$ 取为 $0.85\beta_s f_{cd}$。

在《美国 AASHTO LRFD 规范》中,混凝土压杆的等效抗压强度设计值 $f_{ce,d}$ 表达为:

$$f_{ce,d} = \frac{0.7f'_c}{0.8 + 170\varepsilon_1} \leqslant 0.85 \times 0.70 f'_c \qquad (\text{B-1})$$

$$\varepsilon_1 = \varepsilon_s + (\varepsilon_s + \varepsilon_2)\cot^2\alpha_s \qquad (\text{B-2})$$

$$\varepsilon_s = \frac{T_{i,d}}{A_s E_s} \qquad (\text{B-3})$$

式中:f'_c——$\phi150\text{mm} \times 300\text{mm}$ 混凝土圆柱体 28d 特征抗压强度;

ε_s——拉杆钢筋拉伸应变;

α_s——压杆压力作用线与拉杆拉力作用线的夹角;

$T_{i,d}$——与压杆相交的拉杆拉力;

A_s——与压杆交的拉杆钢筋截面面积;

E_s——拉杆钢筋弹性模量;

ε_2——压杆方向压缩应变,取 0.002。

按照我国规范的材料指标,对式(B-1)换算如下:

同一混凝土制成的边长 150mm 立方体 28d 抗压强度标准值 $f_{cu,k}$ 与 $\phi150\text{mm} \times 300\text{mm}$ 圆柱体 28d 特征抗压强度 f'_c 的关系约为:

$$f'_c = 0.80 f_{cu,k} \qquad (\text{B-4})$$

在本规范第 3.1 节的条文说明中,混凝土棱柱体抗压强度标准值 f_{ck} 与立方体抗压强度标准值 $f_{cu,k}$ 的关系为:

$$f_{ck} = 0.88\alpha f_{cu,k} \qquad (\text{B-5})$$

式中 α 按以往试验资料和《高强混凝土结构设计与施工指南》(以下简称《高强混凝土指南》)建议取值,C50 及以下混凝土 $\alpha = 0.76$;C55~C80 混凝土,$\alpha = 0.78 \sim 0.82$。另外,考虑 C40 以上混凝土具有脆性,取折减系数 C40~C80 为 1.0~0.87,中间按直线插入。

混凝土轴心抗压强度设计值 f_{cd} 与混凝土抗压强度标准值 f_{ck} 的关系为：

$$f_{cd} = \frac{f_{ck}}{1.45} \tag{B-6}$$

综合公式（B-4）、公式（B-5）和公式（B-6），得到：

$$0.70 f'_c = \beta_c f_{cd} \tag{B-7}$$

将公式（B-7）代入公式（B-1），即得公式（B.3.3-2）。

参数 β_c 与混凝土强度等级有关，不同混凝土强度等级对应的 β_c 值如表 B-1 所示。

表 B-1　不同混凝土强度等级对应的 β_c 值

混凝土强度	C25 ~ C40	C45	C50	C55	C60	C65	C70	C75	C80
β_c	1.29	1.32	1.33	1.34	1.34	1.35	1.36	1.36	1.37

为方便起见，适当归并上表中数值，对于 C25 ~ C50 取 1.30，C55 ~ C80 取 1.35。

附录 C 混凝土收缩应变和徐变系数计算及钢筋松弛损失中间值与终极值的比值

C.1 收缩应变

C.1.1、C.1.2 式(C.1.1-1)~式(C.1.1-5)参照 1990 年《CEB-FIP 模式规范》(以下简称《CEB-FIP 规范》)的规定编写。

表 C.1.2 所列数据,可近似地适用于 -20 ~ +40℃之间季节性变化的混凝土。如要更精确地考虑,所有表列数值只适用于混凝土平均温度 10~20℃之间,否则,应按下列方法对大约从 0℃至 +80℃的范围、对混凝土平均温度 20℃的实际偏差的影响进行修正。按下列公式对名义收缩系数和收缩发展系数进行修正:

(1) 名义收缩系数

$$\beta_{RH,T} = \beta_{RH}\beta_{sT} \tag{C-1}$$

$$\beta_{sT} = 1 + \left(\frac{8}{103 - 100\frac{RH}{RH_0}}\right)\left(\frac{T/T_0 - 20}{40}\right) \tag{C-2}$$

式中:$\beta_{RH,T}$——依温度而定的系数,用来代替公式(C.1.1-2)中的 β_{RH};

β_{RH}——按公式(C.1.1-4)计算的系数;

RH——年平均相对湿度(%),当 40% ≤ RH < 70%,取 RH = 55%;70% ≤ RH < 99%,取 RH = 80%;

T——实际温度(℃);

$T_0 = 1℃$;

$RH_0 = 100\%$。

(2) 收缩发展系数

$$\alpha_{st}(T) = 350\left(\frac{h}{h_0}\right)^2 \cdot e^{-0.06(T/T_0 - 20)} \tag{C-3}$$

式中:$\alpha_{st}(T)$——依温度而定的系数,用来代替公式(C.1.1-5)中的乘积 $350(h/h_0)^2$;

T——实际温度(℃);

$T_0 = 1℃$。

C.1.3 按照本条规定,得到混凝土的收缩应变终极值如表 C-1。

表 C-1　混凝土收缩应变终极值 $\varepsilon_{cs}(t_u, t_0)$（$\times 10^{-3}$）

加载龄期(d)	40%≤RH<70%				70%≤RH<99%			
	理论厚度 h(mm)				理论厚度 h(mm)			
	100	200	300	≥600	100	200	300	≥600
3~7	0.50	0.45	0.38	0.25	0.30	0.26	0.23	0.15
14	0.43	0.41	0.36	0.24	0.25	0.24	0.21	0.14
28	0.38	0.38	0.34	0.23	0.22	0.22	0.20	0.13
60	0.31	0.34	0.32	0.22	0.18	0.20	0.19	0.12
90	0.27	0.32	0.30	0.21	0.16	0.19	0.18	0.12

注:1. 本表适用于由一般的硅酸盐类水泥或快硬水泥配制而成的混凝土。

2. 本表适用于季节性变化的平均温度 -20℃ ~ +40℃。

3. 表中数值系按强度等级 C40 混凝土计算所得,对 C50 及以上混凝土,表列数值应乘以 $\sqrt{\dfrac{32.4}{f_{ck}}}$,式中 f_{ck} 为混凝土轴心抗压强度标准值(MPa)。

4. 计算时,表中年平均相对湿度 40%≤RH<70%,取 RH=55%;70≤RH<99%,取 RH=80%。

5. 表中理论厚度 $h=2A/u$,A 为构件截面面积,u 为构件与大气接触的周边长度。当构件为变截面时,A 和 u 均可取其平均值。

6. 表中数值按 10 年的延续期计算。

7. 构件的实际传力锚固龄期、加载龄期或理论厚度为表列数值中间值时,收缩应变终极值可按直线内插法取值。

C.2　徐变系数

C.2.1、C.2.2　式（C.2.1-1）~ 式（C.2.1-7）参照 1990 年《CEB-FIP 模式规范》(以下简称《CEB-FIP 规范》)的规定编写。

表 C.2.2 所列数据,可近似地适用于 -20 ~ +40℃ 之间季节性变化的混凝土。如要更精确地考虑,所有表列数值只适用于混凝土平均温度 10 ~ 20℃ 之间,否则,应按下列方法对大约从 0℃ 至 +80℃ 的范围、对混凝土平均温度 20℃ 的实际偏差的影响进行修正。按下列公式对名义徐变系数和徐变发展系数进行修正:

（1）名义徐变系数

$$\phi_{RH,T} = \phi_T + (\phi_{RH} - 1) \cdot \phi_T^{1.2} \tag{C-4}$$

$$\phi_T = e^{0.015(T/T_0 - 20)} \tag{C-5}$$

式中:$\phi_{RH,T}$——依温度而定的系数,用来代替公式（C.2.1-2）中的 ϕ_{RH};

　　　ϕ_{RH}——按式（C.2.1-3）计算的系数;

　　　T——实际温度（℃）。

　　　$T_0 = 1℃$。

（2）徐变发展系数

$$\beta_{H,T} = \beta_H \beta_T \tag{C-6}$$

$$\beta_T = e^{[1500/(273 + T/T_0) - 5.12]} \tag{C-7}$$

式中:$\beta_{H,T}$——与温度有关的系数,用来代替公式（C.2.1-6）中的 β_H;

　　　β_H——按式（C.2.1-7）计算的系数;

　　　T——实际温度（℃）;

$T_0 = 1℃$。

此外，表 C.2.2 中数值系按强度等级 C40 混凝土计算所得。试验表明，高强的混凝土收缩量，尤其是徐变量要比普通强度的混凝土有所减少，且与 $\sqrt{f_{ck}}$ 成反比。因此，本规范对 C50 及以上混凝土的收缩应变和徐变系数，按计算所得的表列值乘以 $\sqrt{\dfrac{32.4}{f_{ck}}}$ 进行折减。式中 32.4 为 C50 混凝土轴心抗压强度标准值，f_{ck} 为 C50 及以上混凝土轴心抗压强度标准值。

C.2.3 按照本条规定，得到混凝土的徐变系数终极值如表 C-2。

表 C-2　混凝土徐变系数终极值 $\phi(t_u, t_0)$

加载龄期 （d）	$40\% \leqslant RH < 70\%$				$70\% \leqslant RH < 99\%$			
	理论厚度 h（mm）				理论厚度 h（mm）			
	100	200	300	≥600	100	200	300	≥600
3	3.78	3.36	3.14	2.79	2.73	2.52	2.39	2.20
7	3.23	2.88	2.68	2.39	2.32	2.15	2.05	1.88
14	2.83	2.51	2.35	2.09	2.04	1.89	1.79	1.65
28	2.48	2.20	2.06	1.83	1.79	1.65	1.58	1.44
60	2.14	1.91	1.78	1.58	1.55	1.43	1.36	1.25
90	1.99	1.76	1.65	1.46	1.44	1.32	1.26	1.15

注：1. 本表适用于由一般的硅酸盐类水泥或快硬水泥配制而成的混凝土。

2. 本表适用于季节性变化的平均温度 -20 ~ +40℃。

3. 表中数值系按强度等级 C40 混凝土计算所得，对 C50 及以上混凝土，表列数值应乘以 $\sqrt{\dfrac{32.4}{f_{ck}}}$，式中 f_{ck} 为混凝土轴心抗压强度标准值（MPa）。

4. 计算时，表中年平均相对湿度 $40\% \leqslant RH < 70\%$，取 $RH = 55\%$；$70 \leqslant RH < 99\%$，取 $RH = 80\%$。

5. 表中理论厚度 $h = 2A/u$，A 为构件截面面积，u 为构件与大气接触的周边长度。当构件为变截面时，A 和 u 均可取其平均值。

6. 表中数值按 10 年的延续期计算。

7. 构件的实际传力锚固龄期、加载龄期或理论厚度为表列数值中间值时，徐变系数终极值可按直线内插法取值。

C.2.4 原规范中混凝土收缩徐变计算主要参照《CEB-FIP 规范》的计算模型。其适用范围为：应力水平 $\sigma_c/f_c(t_0) < 0.4$，暴露在平均温度 5 ~ 30℃ 和平均相对湿度 $RH = 40\% ~ 99\%$ 的环境中，并且主要针对普通硅酸盐水泥混凝土。本次规范修订，考虑到目前大部分预应力混凝土结构为提高混凝土的工作性、耐久性等而掺加矿物掺合料的特点，结合交通运输部西部项目课题《桥梁混凝土性能长期演变规律与跟踪观测技术的研究》(2006 318 223 02—08) 有关掺粉煤灰的混凝土的徐变特性的研究成果，增加了掺粉煤灰混凝土的徐变系数。

混凝土掺加粉煤灰后，影响与徐变相关主要机理为：

（1）影响混凝土的强度发展：预应力混凝土的张拉一般在 7d 之内完成，而掺加粉煤灰对混凝土早期强度的影响最为明显。

（2）影响混凝土的细微观结构：掺加粉煤灰以后，混凝土中胶凝材料的水化机理改变、细微观结构发生变化，影响混凝土材料徐变效应。

该课题采用 C40 混凝土和 C50 混凝土，试验研究了掺加粉煤灰混凝土的徐变特性，试验结果见图 C-1 ~ 图 C-4。

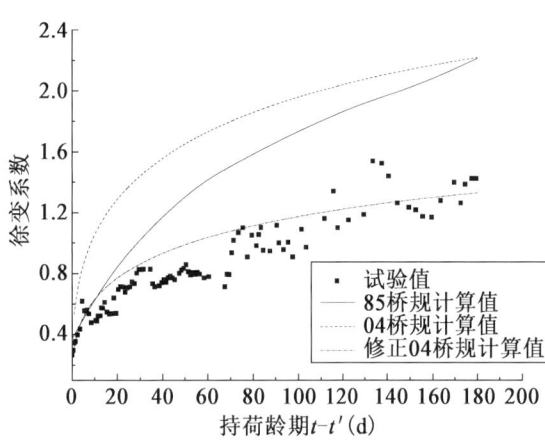

图 C-1　15% 粉煤灰掺量 C40 混凝土试验曲线、
规范模型与修正模型计算值对比

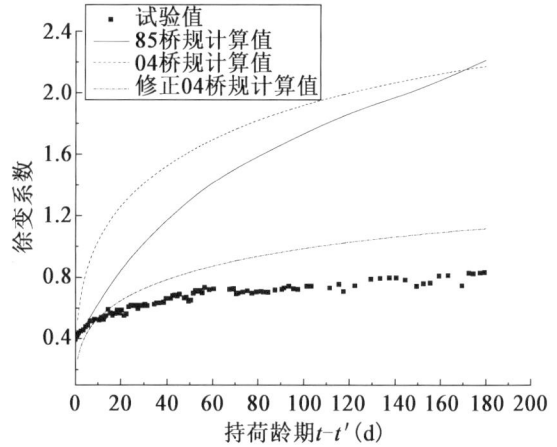

图 C-2　30% 粉煤灰掺量 C40 混凝土试验曲线、
规范模型与修正模型计算值对比

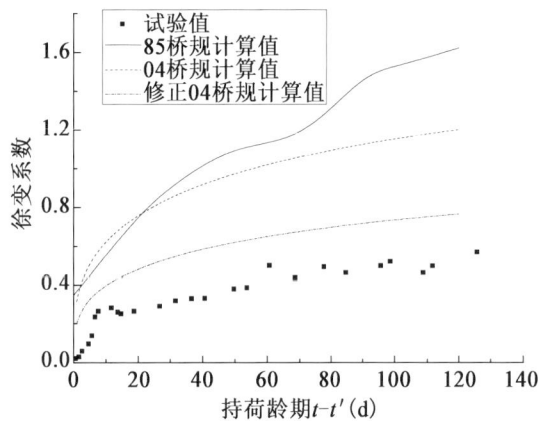

图 C-3　10% 粉煤灰掺量 C50 混凝土试验曲线、
规范模型与修正模型计算值对比

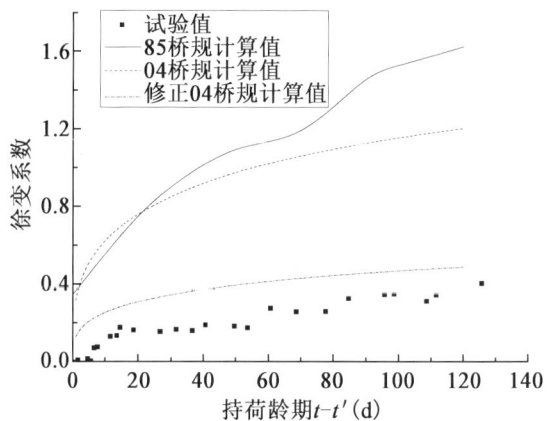

图 C-4　30% 粉煤灰掺量 C50 混凝土试验曲线、
规范模型与修正模型计算值对比

可以看出，掺加粉煤灰后规范模型计算值与试验实测值有较大的差别，偏差可能高达 40%。考虑到掺加粉煤灰以后对混凝土材料与徐变特性相关的细微观结构、早期水化效应等影响，该课题提出对混凝土名义徐变系数进行修正的方法，修正系数见式（C-8）：

$$\varphi(\alpha, t_0) = \beta(\alpha) \cdot \gamma(\alpha, t_0) \tag{C-8}$$

式中：$\gamma(\alpha, t_0)$ 是混凝土强度修正系数；$\beta(\alpha)$ 是与粉煤灰掺量有关的混凝土材料修正系数。根据试验结果得到的修正系数计算表达式见式（C-2）。

$$\gamma(\alpha, t_0) = \frac{1}{\left[1.451 - 1.689 \times t_0^{-0.360} \times (1 + \alpha)^{0.416}\right]^{0.5}} \tag{C-9}$$

$$\beta(\alpha) = 1 - 1.027\,3\alpha^{0.4218}$$

表 C.3.1 即是根据式（C-9）计算得到。

附录 D　温差作用效应计算公式

温差作用的温度梯度呈非线性变化,但梁截面变形服从平面假定,致使梁截面的温差变形在纵向纤维之间受到约束,在截面上产生自平衡的纵向约束应力,称为自应力。如图 D-1 所示;b) 为温度梯度(无约束的自由应变图形与温度梯度同);c) 为平面变形,为最终应变;d) 内阴影部分为自由应变与最终应变之差,即由纤维之间的约束产生的自应力应变。

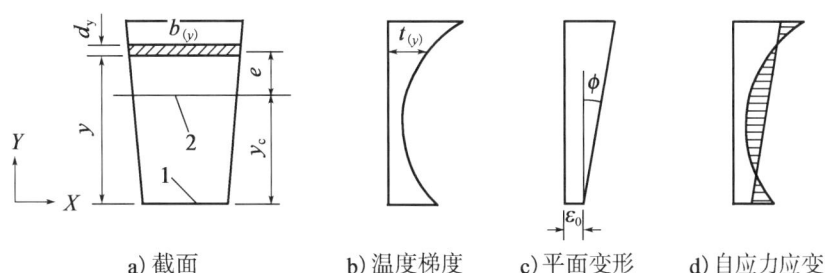

a) 截面　　　　b) 温度梯度　　　　c) 平面变形　　　　d) 自应力应变

图 D-1　温度梯度计算模式

1-基轴;2-重心轴

沿梁高的自由应变(纵向纤维之间不受约束时)$\varepsilon_{t(y)}$ 与温度梯度一致,即:

$$\varepsilon_{t(y)} = \alpha_c t_{(y)} \tag{D-1}$$

由于纵向纤维之间相互约束,梁截面应变应符合平面假定,梁截面上的最终应变 $\varepsilon_{f(y)}$ 应为直线分布,即:

$$\varepsilon_{f(y)} = \varepsilon_0 + \phi y \tag{D-2}$$

式中:ε_0——基轴 $y = 0$ 处应变;

　　ϕ——截面变形曲率;

　　y——基轴以上任一点求应变的坐标;

　　α_c——混凝土线膨胀系数。

自由应变与最终应变之差,即图 D-1d) 的阴影部分,系纤维之间的约束产生,其值为:

$$\varepsilon_{\sigma(y)} = \varepsilon_{t(y)} - \varepsilon_{f(y)} = \alpha_c t_{(y)} - (\varepsilon_0 + \phi y) \tag{D-3}$$

阴影部分的应力(自应力)为:

$$\sigma_{s(y)} = E_c \varepsilon_{\sigma(y)} = E_c \left[\alpha_c t_{(y)} - (\varepsilon_0 + \phi y) \right] \tag{D-4}$$

全截面上轴向力 N 和弯矩 M 为:

$$N = E_c \int_h \varepsilon_{\sigma(y)} b_{(y)} \mathrm{d}y = E_c \int_h (\alpha_c t_{(y)} - \varepsilon_0 - \phi y) b_{(y)} \mathrm{d}y$$

$$= E_c \left[\alpha_c \int_h t_{(y)} b_{(y)} \mathrm{d}y - \varepsilon_0 \int_h b_{(y)} \mathrm{d}y - \phi \int_h y b_{(y)} \mathrm{d}y \right] \tag{D-5}$$

$$M = E_c \int_h \varepsilon_{\sigma(y)} b_{(y)} (y - y_c) \mathrm{d}y = E_c \int_h (\alpha_c t_{(y)} - \varepsilon_0 - \phi y) b_{(y)} (y - y_c) \mathrm{d}y$$

$$= E_c \left[\alpha_c \int_h t_{(y)} b_{(y)} (y - y_c) \mathrm{d}y - \varepsilon_0 \int_h b_{(y)} (y - y_c) \mathrm{d}y - \phi \int_h b_{(y)} (y - y_c) y \mathrm{d}y \right] \quad (\text{D-6})$$

式中：E_c——混凝土材料弹性模量；

$b_{(y)}$——y 处的梁宽。

对于任何截面，$N = 0$，$M = 0$，即内力总和为零。

式（D-5）、式（D-6）可分别改写为：

$$\varepsilon_0 \int_h b_{(y)} \mathrm{d}y + \phi \int_h y b_{(y)} \mathrm{d}y = \alpha_c \int_h t_{(y)} b_{(y)} \mathrm{d}y \quad (\text{D-7})$$

$$\varepsilon_0 \int_h b_{(y)} (y - y_c) \mathrm{d}y + \phi \int_h b_{(y)} (y - y_c) y \mathrm{d}y = \alpha_c \int_h t_{(y)} b_{(y)} (y - y_c) \mathrm{d}y \quad (\text{D-8})$$

在式（D-7）、式（D-8）内

$$\int_h b_{(y)} \mathrm{d}y = A \quad (\text{D-9})$$

$$\int_h y b_{(y)} \mathrm{d}y = A y_c \quad (\text{D-10})$$

$$\int_h b_{(y)} (y - y_c) y \mathrm{d}y = \int_h b_{(y)} y^2 \mathrm{d}y - \int_h b_{(y)} y y_c \mathrm{d}y = I_b - \int_h b_{(y)} y y_c \mathrm{d}y = I_g \quad (\text{D-11})$$

$$\int_h b_{(y)} (y - y_c) \mathrm{d}y = 0 \quad (\text{对重心轴的静面积矩为零})$$

式中：A——截面面积；

$\quad I_b$——截面面积对基轴惯性矩；

$\quad I_g$——截面面积对重心轴惯性矩。

将式（D-9）～式（D-11）代入式（D-7）、式（D-8）内。

$$\varepsilon_0 A + \phi A y_c = \alpha_c \int_h t_{(y)} b_{(y)} \mathrm{d}y \quad (\text{D-12})$$

$$\phi I_g = \alpha_c \int_h t_{(y)} b_{(y)} (y - y_c) \mathrm{d}y \quad (\text{D-13})$$

由式（D-12）、式（D-13）可得：

$$\varepsilon_0 = \frac{\alpha_c}{A} \int_h t_{(y)} b_{(y)} \mathrm{d}y - \phi y_c \quad (\text{D-14})$$

$$\phi = \frac{\alpha_c}{I_g} \int_h t_{(y)} b_{(y)} (y - y_c) \mathrm{d}y \quad (\text{D-15})$$

设在坐标 y 处，截面内一厚度为 i 的微小单元面积 A_y 处温度梯度值为 t_y，以 t_y 为常值代入式（D-14）、式（D-15），并注意积分区段仅在 i 厚度范围内有值。因此：$\int_h b_{(y)} \mathrm{d}y = \phi \int_h b_{(y)} \mathrm{d}y = A_y$，$t_{(y)} = t_y$，$y - y_c = e_y$（单元面积 A_y 对全面积重心的偏心距）。

$$\phi = \frac{\alpha_c}{I_g} \int_h t_{(y)} b_{(y)} (y - y_c) \mathrm{d}y = \frac{\alpha_c}{I_g} \int_i t_{(y)} b_{(y)} (y - y_c) \mathrm{d}y = \frac{\alpha_c t_y A_y e_y}{I_g} \quad (\text{D-16})$$

$$\varepsilon_0 = \frac{\alpha_c}{A} \int_h t_{(y)} b_{(y)} \,\mathrm{d}y - \phi y_c = \frac{\alpha_c}{A} \int_i t_{(y)} b_{(y)} \,\mathrm{d}y - \phi y_c = \frac{\alpha_c t_y A_y}{A} - \frac{\alpha_c t_y A_y e_y y_c}{I_g} \qquad (\text{D-17})$$

自公式(D-4)可求得任意点应力 $\sigma_{s(y)}$:

$$\sigma_{s(y)} = E_c \left[\alpha_c t_{(y)} - (\varepsilon_0 + \phi_y) \right]$$

$$= E_c \alpha_c t_y - \frac{E_c \alpha_c t_y A_y}{A} + \frac{E_c \alpha_c t_y A_y e_y y_c}{I_g} - \frac{E_c \alpha_c t_y A_y e_y y}{I_g} \qquad (\text{D-18})$$

如令: $\qquad N_{ti} = A_y t_y \alpha_c E_c, \ M_{ti} = - N_{ti} e_y = - A_y t_y \alpha_c E_c e_y$

$$\sigma_{s(y)} = - \frac{N_{ti}}{A} + \frac{M_{ti}}{I_g}(y - y_c) + t_y \alpha_c E_c \qquad (\text{D-19})$$

这个公式是由于一个单元面积 A_y 内的温度作用,在截面任一点产生的应力;对于分为很多块单元面积上不同 t_y 的作用,应用分段总和法,也就是本规范附录 D 内的公式。在本规范附录 D 内,N_t 相当于本说明 N_{ti} 的总和; M_t^0 相当于 M_{ti} 的总和; y 相当于 $(y - y_c)$,即附录 D 内的坐标以截面重心轴为准。

式(D-19)适用于正温差,如为反温差,则整个公式前冠以负号。

本附录公式对于开裂截面,如钢筋混凝土构件或允许开裂的预应力混凝土 B 类构件,在计算温差作用效应时,可不考虑中性轴以下开裂截面的温度梯度。计算温差应力时,采用开裂截面的重心轴、换算截面面积和惯性矩。

附录 E   受压构件计算长度的简化计算公式

图 E-1a)为理想化的偏心受压构件,端部受支座提供的转动约束和横向约束。将这些约束理想化为转动和横向弹簧,其弹簧刚度分别用 K_A、K_B 和 K_F 表示,如图 E-1b)所示。构件弯矩、转角和侧向位移与构件刚度 K_A、K_B 和 K_F 具有如下关系:

$$K_A = \frac{M_A}{\theta_A} \qquad (E-1)$$

$$K_B = \frac{M_B}{\theta_B} \qquad (E-2)$$

$$K_F = \frac{M_A + M_B + N\Delta}{\Delta \cdot l} \qquad (E-3)$$

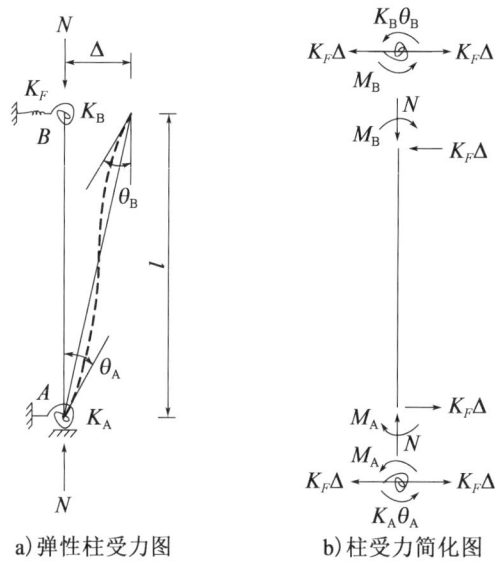

a)弹性柱受力图　　　　b)柱受力简化图

图 E-1　弹性约束柱

式中,N 为构件承受的轴力;Δ 为构件两端的相对位移;l 为构件实际长度;M_A、M_B 分别为构件两端弯矩,其转角位移方程分别为:

$$M_A = \frac{EI}{l}\left[s_{ii}\theta_A + s_{ij}\theta_B - (s_{ii} + s_{ij})\frac{\Delta}{l} \right] \qquad (E-4)$$

$$M_B = \frac{EI}{l}\left[s_{ji}\theta_A + s_{jj}\theta_B - (s_{ji} + s_{jj})\frac{\Delta}{l} \right] \qquad (E-5)$$

式中,s_{ii}、s_{ij}、s_{ji} 和 s_{jj} 为稳定函数,按下式计算:

$$s_{ii} = s_{jj} = \frac{\lambda l \sin(\lambda l) - (\lambda l)^2 \cos(\lambda l)}{2 - 2\cos(\lambda l) - \lambda l \sin(\lambda l)} \qquad (E-6)$$

$$s_{ij} = s_{ji} = \frac{(\lambda l)^2 - \lambda l \sin\lambda l}{2 - 2\cos\lambda l - \lambda l \sin\lambda l} \tag{E-7}$$

式中，$\lambda = \sqrt{\dfrac{N}{EI}}$。

将式（E-4）和式（E-5）代入式（E-1）～式（E-3），经简化后可得：

$$\begin{bmatrix} s_{ii} + k_A & s_{ij} & -(s_{ii} + s_{ij}) \\ s_{ij} & s_{ii} + k_B & -(s_{ii} + s_{ij}) \\ -(s_{ii} + s_{ij}) & -(s_{ii} + s_{ij}) & 2(s_{ii} + s_{ij}) - (kl)^2 + k_F \end{bmatrix} \begin{bmatrix} \theta_A \\ \theta_B \\ \dfrac{\Delta}{l} \end{bmatrix} = \begin{bmatrix} 0 \\ 0 \\ 0 \end{bmatrix} \tag{E-8}$$

其中，

$$k_A = \frac{K_A l}{EI}, k_B = \frac{K_B l}{EI}, k_F = \frac{K_F l^3}{EI}$$

式（E-8）可用矩阵符号表示为：

$$KD = 0 \tag{E-9}$$

式中，K 为刚度矩阵，D 为变形矩阵。为求得有效解，须取：

$$\det|K| = 0 \tag{E-10}$$

即

$$\begin{vmatrix} s_{ii} + k_A & s_{ij} & -(s_{ii} + s_{ij}) \\ s_{ij} & s_{ii} + k_B & -(s_{ii} + s_{ij}) \\ -(s_{ii} + s_{ij}) & -(s_{ii} + s_{ij}) & 2(s_{ii} + s_{ij}) - (kl)^2 + k_F \end{vmatrix} = 0 \tag{E-11}$$

整理式（E-11），得：

$$\begin{aligned} & [k_A + k_B + k_F - (\lambda l)^2](s_{ii}^2 - s_{ij}^2) + \{(k_A + k_B)[k_F - (\lambda l)^2] + 2k_A k_B\}s_{ii} + \\ & 2k_A k_B s_{ij} + k_A k_B[k_F - (\lambda l)^2] = 0 \end{aligned} \tag{E-12}$$

即

$$\begin{aligned} & \left[1 + \frac{k_F - (\lambda l)^2}{k_A + k_A}\right](s_{ii}^2 - s_{ij}^2) + \left[k_F - (\lambda l)^2 + \frac{2k_A k_A}{k_A + k_A}\right]s_{ii} + \\ & \frac{2k_A k_B}{k_A + k_B}s_{ij} + \frac{k_A k_B}{k_A + k_B}[k_F - (\lambda l)^2] = 0 \end{aligned} \tag{E-13}$$

将式（E-6）和式（E-7）代入式（E-13）得：

$$\begin{aligned} & \left[1 + \frac{k_F - \left(\frac{\pi}{k}\right)^2}{k_A + k_B}\right]\left(\frac{\pi}{k}\right)^2 + \left[k_F - \left(\frac{\pi}{k}\right)^2 + \frac{2k_A k_B}{k_A + k_B}\right]\left(1 - \frac{\pi/k}{\tan(\pi/k)}\right) + \\ & \frac{2k_A k_B}{k_A + k_B}\left[\frac{\pi/k}{\sin(\pi/k)} - 1\right] + \frac{k_A k_B}{k_A + k_B}\left[k_F - \left(\frac{\pi}{k}\right)^2\right]\left[\frac{2\tan(\pi/2k)}{\pi/k} - 1\right] = 0 \end{aligned} \tag{E-14}$$

式中 $\lambda l = \sqrt{\dfrac{N}{EI}}l = \pi\sqrt{\dfrac{N}{N_e}} = \dfrac{\pi}{k}$，$k$ 为计算长度系数，$N_e = \dfrac{\pi^2 EI}{l^2}$，$N = \dfrac{\pi^2 EI}{(kl)^2}$。

对于一端固定、一端有转动和水平弹性约束的构件，底端固支约束，即 $k_A = \infty$，式（E-14）简化为：

$$\left(\frac{\pi}{k}\right)^2 + \left[k_F - \left(\frac{\pi}{k}\right)^2 + 2k_B\right]\left(1 - \frac{\pi/k}{\tan(\pi/k)}\right) + 2k_B\left[\frac{\pi/k}{\sin(\pi/k)} - 1\right] +$$

$$k_B\left[k_F - \left(\frac{\pi}{k}\right)^2\right]\left[\frac{2\tan(\pi/2k)}{\pi/k} - 1\right] = 0 \qquad (\text{E-15})$$

解式(E-15)即可得到 k 值如下:

$$k = 0.5\exp\left[\frac{0.35}{1 + 0.6k_B} + \frac{0.7}{1 + 0.01k_F^2} + \frac{0.35}{(1 + 0.75k_B)(1 + 1.15k_F)}\right] \qquad (\text{E-16})$$

对于一端固定、一端仅有水平弹性约束的构件,取 $k_B = 0$,代入式(E-15)得:

$$\tan\left(\frac{\pi}{k}\right) = \frac{\pi}{k} - \frac{1}{k_F}\left(\frac{\pi}{k}\right)^3 \qquad (\text{E-17})$$

直接对式(E-17)进行数值计算,得到:

$$k = 2 - \frac{1.3k_F^{1.5}}{9.5 + k_F^{1.5}} \qquad (\text{E-18})$$

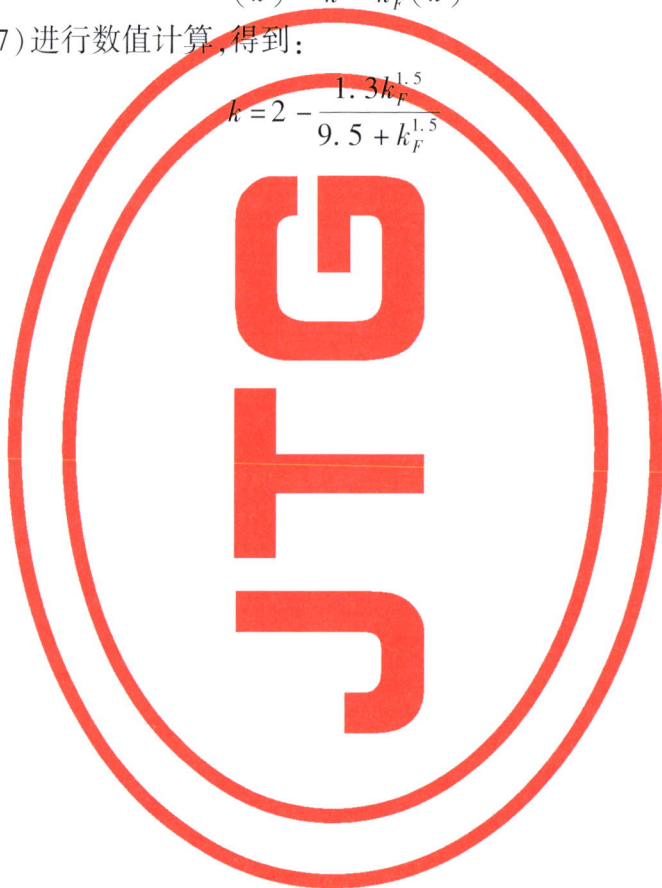

附录 F　沿周边均匀配置纵向钢筋的圆形截面钢筋混凝土偏心受压构件正截面抗压承载力计算

将式(5.3.8-1)和式(5.3.8-2)表示为极限承载力的形式：

$$N_u = \alpha f_{cd} A \left(1 - \frac{\sin 2\pi\alpha}{2\pi\alpha}\right) + (\alpha - \alpha_t) f_{sd} A_s \tag{F-1}$$

$$N_u \eta e_0 = \frac{2}{3} f_{cd} A r \frac{\sin^3 \pi\alpha}{\pi} + f_{sd} A_s r_s \frac{\sin \pi\alpha + \sin \pi\alpha_t}{\pi} \tag{F-2}$$

式(F-2)除以式(F-1)得到：

$$\eta \frac{e_0}{r} = \frac{\dfrac{2}{3} \dfrac{\sin^3 \pi\alpha}{\pi} + \rho \dfrac{f_{sd}}{f_{cd}} \dfrac{r_s}{r} \dfrac{\sin \pi\alpha + \sin \pi\alpha_t}{\pi}}{\alpha \left(1 - \dfrac{\sin 2\pi\alpha}{2\pi\alpha}\right) + (\alpha - \alpha_t) \rho \dfrac{f_{sd}}{f_{cd}}} \tag{F-3}$$

由式(F-1)得到：

$$n_u = \alpha \left(1 - \frac{\sin 2\pi\alpha}{2\pi\alpha}\right) + (\alpha - \alpha_t) \rho \frac{f_{sd}}{f_{cd}} \tag{F-4}$$

其中 $n_u = \dfrac{N_u}{A f_{cd}}$。

一般情况下，钢筋所在钢环半径与构件截面半径之比 $\dfrac{r_s}{r} = 0.85 \sim 0.95$，取 $\dfrac{r_s}{r} = 0.9$，给定 $\eta \dfrac{e_0}{r}$ 和 $\rho \dfrac{f_{sd}}{f_{cd}}$ 的值，由式(F-3)可求得半压力角 α 的值，代入式(F-4)即得到 n_u 的值。

在混凝土强度等级 C30~C50 的范围内，$f_{cd} = 13.8 \sim 22.4$ MPa；工程中作为纵向钢筋使用的钢筋的最小屈服强度设计值为 330MPa(HRB400、HRBF400、RRB400)，最大为 400MPa(HRB500)，纵向钢筋配筋率按 0.5%~4% 考虑，则 $\rho \dfrac{f_{sd}}{f_{cd}}$ 的最小值为 $0.005 \times \dfrac{330}{22.4} = 0.074$，最大值为 $0.04 \times \dfrac{400}{13.8} = 1.159$，则取 $\rho \dfrac{f_{sd}}{f_{cd}} = 0.06 \sim 1.20$，另取 $\eta \dfrac{e_0}{r} = 0.05 \sim 10$，按上述方法计算得到附表 F-1 中 n_u 值。

附录 G　预应力曲线钢筋由锚具变形、钢筋回缩和接缝压缩引起的考虑反向摩擦后的预应力损失简化计算

G.0.2　预应力钢筋在扣除管道正摩擦损失后的应力分布，假定为一根直线 caa'（图 G-1），计算表明，这样的假定出现在锚固前瞬间其误差是不大的。锚固时，张拉预应力钢筋将发生一个数值为 $\sum \Delta l$ 的回缩值。由回缩引起的反向摩擦损失，以张拉端为最大，随离开张拉端的距离而逐渐衰减，到反向摩擦影响长度 l_f 时为零。超过 l_f 之后，预应力钢筋仍保持锚固前的应力不变，也即不受回缩的影响。由于假定正向摩擦与反向摩擦的管道摩擦系数是相等的，所以代表锚固前和锚固后瞬间预应力钢筋应力变化的两根直线 ca 和 ea 的斜率也是相同的，但摩擦力方向则相反。这样，锚固后预应力钢筋的应力分布线可用折线 eaa' 来代表（图 G-1）。

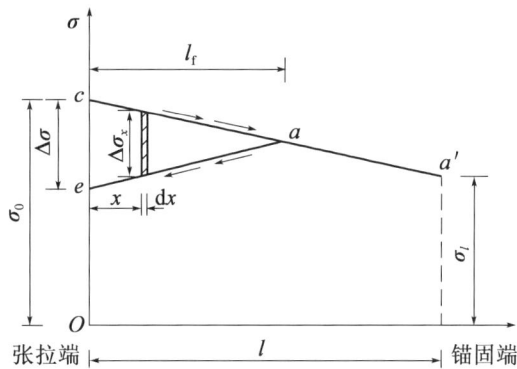

图 G-1　锚固前后预应力钢筋应力变化示意图

从图 G-1 可知，由于 ca 和 ea 两条直线是对称的，张拉端的预应力损失可用式（G-1）求得：

$$\Delta \sigma = 2\Delta \sigma_d l_f \tag{G-1}$$

式中：$\Delta \sigma_d$——单位长度由管道摩擦引起的预应力损失值，其值为 $(\sigma_0 - \sigma_l)/l$；

　　　l_f——预应力钢筋回缩的影响长度。

回缩（反向摩擦）影响长度 l_f 可根据回缩值 $\sum \Delta l$ 用积分法（也就是计算 cae 面积）求得：

$$\sum \Delta l = \int_0^{l_f} \Delta \varepsilon \mathrm{d}x = \int_0^{l_f} \frac{\Delta \sigma_x}{E_p} \mathrm{d}x = \int_0^{l_f} \frac{2\Delta \sigma_d x}{E_p} \mathrm{d}x = \frac{\Delta \sigma_d}{E_p} l_f^2$$

移项得

$$l_f = \sqrt{\frac{\sum \Delta l \cdot E_p}{\Delta \sigma_d}} \tag{G-2}$$

式（G-2）只适用于一端张拉时 l_f 不超过构件全长，如正摩擦损失较小，应力降低曲线比较平坦，或者回缩值较大，则 l_f 有可能超过构件全长，此时，只能用在 l 范围内钢筋变形与锚具回缩变形相协调，并通过试算方法来求预应力损失值。

附录 J 允许开裂的 B 类预应力混凝土受弯构件受压区高度计算

规范图 7.1.4 表示 B 类预应力混凝土受弯构件转化为在偏心压力 N_{p0} 作用下的开裂截面及应力图。假定开裂截面的中性轴位于腹板内,按内外力对偏心压力 N_{p0} 作用点取矩为零,即 $\sum M_{Np0} = 0$,可得:

$$\frac{\sigma_{cc}x}{2} \cdot b'_f \left(e_{0N} - C + \frac{x}{3}\right) - \frac{1}{2}\left(\frac{x - h'_f}{x}\right)\sigma_{cc}(x - h'_f)(b'_f - b)\left(e_{0N} - C + h'_f + \frac{x - h'_f}{3}\right) +$$

$$A'_p\sigma'_p(e_{0N} - C + a'_p) + A'_s\sigma'_s(e_{0N} - C + a'_s) - A_P\sigma_p(e_{0N} - C + h_p) - \tag{J-1}$$

$$A_s\sigma_s(e_{0N} - C + h_s) = 0$$

由规范图 7.1.4 得下列关系:

$$\left.\begin{array}{l}\sigma_p = \alpha_{EP}\sigma_{cc}\dfrac{h_p - x}{x}, \sigma_s = \alpha_{ES}\sigma_{cc}\dfrac{h_s - x}{x} \\[3mm] \sigma'_p = \alpha_{EP}\sigma_{cc}\dfrac{x - \alpha'_p}{x}, \sigma'_s = \alpha_{ES}\sigma_{cc}\dfrac{x - \alpha'_s}{x}\end{array}\right\} \tag{J-2}$$

令

$$e_{0N} - C = e_N, b'_f - b = b_0$$

$$e_{0N} - C + h_p = g_p, e_{0N} - C + h_s = g_s$$

$$e_{0N} - C + a'_p = g'_p, e_{0N} - C + a'_s = g'_s$$

将式(J-2)和以上数据代入式(J-1),展开并按 x 方次合并整理,可得规范附录 J 式(J.0.1-2)~式(J.0.1-5)。